대한민국의 법률가

변화하는 법조에 관한 경험적 탐구

이재협 편

박영사

추 천 사

　오래 전 런던의 법률서적 전문점을 돌아다니다 흥미로운 그림을 발견했다. 두 사람이 각각 소의 뿔과 꼬리를 힘껏 잡아당기고 있는데 한 사람은 피골이 상접하다. 그 사이에는 머리에 금발 가발을 쓰고 다리에 스타킹을 착용한 비만한 사내가 희희낙락하면서 소의 젖을 짜고 있다. 그 사내가 변호사이다. 이 그림은 여러 버전으로 재생되어 어렵지 않게 구할 수 있게 되었고 이제는 인터넷에서도 쉽게 찾아볼 수 있다. 그림은 분쟁당사자의 곤경을 이용하여 돈을 버는 변호사의 이미지를 재미있게 형상화하고 있다. 미국의 유명한 법사회학자 마크 갈란터(Marc Galanter)는 나에게 저서 한 권을 주면서 물었다. 한국에는 변호사에 대해 어떤 농담이 있느냐고. 별로 생각나는 것이 없어서 제대로 답변하지 못했다. 갈란터의 저서는 *Lawyering the Bar: Lawyer Jokes & Legal Culture*(2005)라는 제목을 가지고 있었다. 변호사를 소재로 한 농담을 소개하고 그것들의 사회적 함의를 분석한 책이었다. 이처럼 영미권에서는 법률가를 둘러싸고 긍정적이든 부정적이든 많은 언설이 생산, 유통되어 왔다. 그러한 일차적 언설은 이론적 메타언어로 치장된 학자들의 이차적 언설의 소재가 되며 이차적(학문적) 지식의 생산을 자극한다. 법조(legal profession) 연구는 영미권의 '법과 사회' 연구의 가장 주된 주제의 하나로 자리잡았다.

　한국은 어떠한가? 한국은 법률전문직의 발전이 늦은데다 늦게 형성된 법조조차 국가사법의 틀 속에서 성장하였기 때문에 법조를 둘러싼 세간의 논의는 양적으로 제한되었을 뿐만 아니라 영미권의 공론과는 상당히 다른 모습을 보여왔다. 법률가는 매우 어려운 시험에 합격한 지적 엘리트이고 그들의 직무는 공공적 성격을 가진다는 인식이 널리 유포되어 있다. 법조를 비판하는 언설들도 그러한 표준적 이미지를 평가의 준거로 삼는다. 그러한 인식과 담론의 프레임은 불가역적인 시장화의 파고 속에 도전을 받지만 여전히 법률가의 존재양식을 정당화하거나 비판하기 위한 근거를 제공한다. 현재 벌어지고 있는 사법시험 존치 논란도 법률가와 그들의 직무에 대한 앞의 인식을 바탕에 깔고 있다.

한국 법조의 현실이 가지는 특징적 면모들로 인해 한국의 법조 연구는 영미권의 연구에서 개발된 이론과 관점, 그리고 연구의 주제들과 상당한 차이를 보인다. 예를 들어, 『법률가의 탄생』(2012)의 저자 이국운도 지적하듯이, 영미권의 비판적 법조 연구에서 흔히 보이는 '시장통제모델'(market control model)은 한국의 법률시장을 설명하는 데 상대적으로 활용도가 낮으며 설명력도 제한되어 있다고 생각된다. 한국에서 법조 연구와 법률서비스시장 개선 논의는 주로 관료사법의 폐해를 조명하고 치유하는 데 주안점을 두어왔다. 그러한 관심으로부터 비롯된 연구는 1990년대 법학교육 및 법조인 양성제도 개혁의 요청이 거세지면서 급증했다. 『법과 사회』와 같은 학술지를 보면 그때부터 지금까지 법조와 법조인 양성제도에 대한 특집에 매우 빈번히 지면을 할애했음을 알 수 있다. 이 한국형 법조 연구는 제도사의 서술과 담론 분석 등 몇 가지 방법에 비중을 두면서 양적으로 확대되고 질적으로 심화되었다. 치열한 비판의식과 공력을 담은 의미 있는 연구들이 생산되었다.

그러나 연구 대상인 법조의 지형이 특수한 까닭에 연구방법과 다루는 쟁점, 서술의 형태가 그에 맞게 개발된 것이 자연스럽다 하더라도 아쉬운 것은 세계의 법조 연구에서 활용되는 양적, 질적 연구의 방법을 충실히 구사하는 실증적 연구가 충분히 활성화되지 못했다는 점이다. 그와 같은 아쉬움이 이 책의 의의를 크게 만든다. 이 책에 수록된 연구들은 설문조사와 통계분석 등 실증적 연구방법을 통한 사실의 발견에서 큰 진전을 보이고 있으며, 이 분야에서 세계적으로 유명한 해외 연구자들의 참여를 통해 글로벌한 차원에서 전개되는 법률서비스시장의 지형 변화 속에 한국 법조가 경험하는 현실을 바라보는 안목을 제시해주기 때문이다.

　이 책에 수록된 연구 중 몇 편은 이미 서울대학교 법학연구소와 법과사회 이론학회 등이 주관한 학술행사, 그리고 일부 학술지를 통해 세간에 공개되었고, 현행 법학전문대학원 교육을 통한 법조인 양성제도의 평가를 둘러싼 공론장의 각축 속에 원용됨으로써 화제를 불러일으켰다. 저자들은 그 연구들이 제시하는 사실들을 믿고 싶어 하지 않는 사람들로부터 유·무형의 연구외적 압력과 공격을 받기도 했다. 그만큼 이 책이 가지는 실천적 의의와 영향력은 다대하다. 그렇다고 이 책의 연구가 어느 하나의 정치적, 정책적 지향성을 갖는 것이 아니라는 점을 강조하고 싶다. 저자들은 현실의 복잡하고 미묘한 실상을 그대로 전하는 한편 대립하는 정책적 방안의 공과와 득실을 균형 있게 비교하는 성실하고 겸허한 연구자의 자세를 견지하고 있다. 진영논리가 학문의 세계에도 깊숙이 들어와 있는 오늘의 세태를 생각할 때 저자들의 자세는 귀감이 아닐 수 없다.

　이 책의 출간을 진심으로 축하하며, 이 책에 의해 격이 높아진 한국형 법조 연구의 글로벌한 가치를 향후 세계의 독자들도 음미할 수 있기를 기대한다.

연세대학교 법학전문대학원 교수
법과사회이론학회장
이철우

    서울대학교 법학도서관 앞에는 이준 열사의 동상이 서있다. 헤이그 만국
평화회의에 파견된 고종황제의 밀사인 그는 1895년에 세워진 법관양성소를 처
음으로 졸업한 검사이다. 독립운동가로서의 명망 때문에 법률가로서의 삶은
그다지 널리 알려져 있지 않지만, 황제의 외척 세력을 기소하고 무겁게 구형하
는 등 강직한 직무수행으로 백성들의 칭송을 받았다 한다. 우리나라에 근대적
법학교육이 도입된 이후 생겨난 법조직역의 연원을 거슬러 올라가 보면 자주
독립과 민주화, 법치주의 실현을 위해 헌신한 수많은 인물들을 만나게 된다.
독립투사들을 무료 변론하는 변호사로 활동하다 광복 이후 대한민국 사법의
기초를 다진 김병로 초대 대법원장, 최초의 여성법률가로서 여성의 지위향상
과 차별적인 가족법 개정을 위해 평생을 바친 이태영 변호사, 권위주의 정권의
압제에 유린된 기본권 수호를 위해 인권변호사로 활약한 조영래 변호사가 대
표적이다.

    이와 같이 법치주의의 확립과 정의의 실현을 위해 헌신하는 법률가들의
상이 우리 사회에서 법률가들에게 요구하는 덕목을 반영하고 있는 듯하다. 구
한말 근대적 법률직역이 등장한 이래로 법률가들은 우리 사회를 이끄는 소수
의 지적 엘리트로 자리 잡았다. 우리나라의 법률가들은 대단히 어려운 선발과
정을 통과한 사람들로서 능력과 근면함에 있어 우리 사회의 최상위의 집단에

속해 왔다. 법률가들에 대한 일반인들의 선망과 기대치도 매우 커서 다른 직역보다 상대적으로 높은 수준의 공공성과 윤리의식이 요구되어 왔다. 변호사법에서도 사회정의 실현과 인권옹호와 같은 공적 가치를 구현하는 사명을 법률가들에게 부여하고 있다.

그런데 우리 사회는 지난 반세기 동안 산업화, 민주화, 세계화의 과정을 겪으면서 급속도로 변화해 왔고, 법률가의 역할과 법률가에게 요구되는 덕목도 시대에 따라 점차 달라지고 있다는 관찰이 있다. 사법관료의 시대에서 '서비스로서의 법', '서비스맨으로서의 변호사'와 같이 전문직으로의 법률가상과 역할이 나타나고 있는 것도 같은 맥락이다. 또한 김두식 교수가 『불멸의 신성가족』(2009)에서도 지적하듯이 법률가들이 소수정예라는 선민의식으로 무장하여 '그들만의 리그'를 견고히 구축하고 있어 일반인들이 범접할 수 없다는 비판이 있어왔던 것도 사실이다. 과연 우리 사회에서 법률가의 의미와 역할은 무엇인가? 과거에 요구되었던 법률가로서의 역할과 의미가 오늘날에도 똑같이 적용될 수 있을까?

법조인 양성제도와 선발제도가 바뀌고 법률시장이 개방된 것은 급변하는 국내·외 환경의 변화에 대응하고 그러한 시대에 걸맞는 능력과 자질을 겸비한 법률가들을 배출하기 위함이었다. 이제는 법률가의 수가 2만 명을 넘어섰고, 과거와는 완전히 새로운 교육과정과 선발과정을 거친 법률가 집단이 등장한지도 5년이 되었다. 짧은 시간 동안 법률직역 내에 이렇게 급격한 변화가 이루어졌기 때문에 직역 내적 구조가 분화되고, 법률가의 역할과 개개인의 의식과 지향성 등에서 차이가 있을 것이라는 점은 쉽사리 예상할 수 있다. 그동안 법률가 개인의 회고록 등을 통한 일화적 관찰들과 언론에서의 다양한 보도들이 법률직역의 다양한 단면들을 보여주어 왔다. 하지만 급격한 제도변화가 일어났음에도 막상 법률가 집단 내부현황에 대한 객관적이고 과학적인 방법으로 분석된 실증자료는 없었다. 과연 법률가들은 우리 사회에서 어떤 역할을 수행하고 있는가? 그들은 스스로를 무엇이라 인식하고 있는가? 이러한 인식의 이상과 실제와의 간극은 없는가? 그들의 구체적 삶은 어떠하고, 어떤 분야에서 어떤 직무를 수행하고 있는가? 법률가들의 정치적 지향성은 어떠하며, 서로가 공유하고 있는 생각과 의식, 관행에는 어떠한 것들이 있는가? 이 모든 것들은 경험적 규명을 요하는 문제들이고 실증적이고 체계적인 분석을 필요로 한다.

　　법학전문대학원 체제로의 전환과 법률시장을 개방하게 된 배경에는 법의 세계화 과정에서 두드러지게 나타난 미국의 영향을 부정하기 힘들다. 이러한 변화는 일본과 중국을 비롯한 여러 나라에서도 유사하게 이루어지고 있기도 하다. 변화된 환경에 대응하기 위해 우리는 미국의 제도를 벤치마킹하여 법률가 양성제도를 개혁하였지만 그 제도를 태동시킨 미국의 사정과 우리의 사정은 다르다. 따지고 보면 현재 일어나고 있는 법학전문대학원 운영에 대한 여러 가지 사회적 논란도 우리 현실에 맞는 법률가 양성제도를 만들어가는 진통의 과정일 것이다. 무릇 제도란 시대와 사회의 고유한 특성과 요구를 담아내는 그릇이라 할 수 있는데, 법률직역의 바탕이 되는 현실을 알기 위해서는 우리 법률가들이 현재 변화하는 환경 속에서 무슨 생각을 하고 있고 어떤 역할을 하는지에 대해 면밀히 경험적으로 검토할 필요가 있다. 사실 미국과 일본에서는 법률직역이 어떻게 변화했고 어떠한 방향으로 가고 있는지, 법률가들의 의식이 어떠한지에 대해 많은 경험연구가 있어 왔지만 우리에게는 그러한 연구가 거의 없다. 우리가 실증자료를 축적하여 그것을 외국의 선행연구와 비교적 관점에서 분석하게 되면 우리가 다른 나라와 어떻게 같고 다른지 알 수 있게 되고 제도의 변화가 가져오는 효과를 다면적으로 관찰할 수 있을 것이다. 연구결과가 축적되면 정책적 기여도도 클 것으로 예상한다.

　　이 책은 우리나라 법률가 집단 내부를 규명하고자 하는 학문적 갈증을 해소하려는 시론적 연구의 결과이다. 이 연구를 통해 법률직역에 대한 경험적 실증자료를 구축하여 후속연구의 토대가 되고, 해외에서의 법조연구와도 비교할 수 있는 자료를 제공하고자 하였다. 이 책에 수록된 논문의 저자들은 법학, 경제학, 경영학, 인류학, 언론학 등의 다양한 학문분야를 전공한 전문가들이다. 저자 자신이 별도로 수집한 자료들도 있지만, 저자들은 대개의 경우 서울대학교 법학연구소에서 주관한 「2014 대한민국 법률직역의 구조와 법률가 의식조사」(이하 「법률가 조사연구」)의 결과를 활용하고 있다. 이 조사연구는 2013년 말에 기획되어 다학문적 연구팀 구성, 연구설계, 해외 선행연구자와의 국제 콘퍼런스, 설문문항 완성, 실사, 자료분석 및 논문발표에 이르기까지 2년여의 시간이 걸렸다.

　이 책은 크게 세 부분으로 나누어져 있으며, 10편의 독립된 논문들로 구성되어 있다. 먼저 제1부에는 법률가 조사연구의 결과를 개괄하여 정리한 이재협·이준웅·황현정 공저의 3편의 논문이 실려 있다. 이 논문들의 주된 논점은 법학전문대학원 도입으로 새로운 부류의 법률가 집단이 태동하였는바, 그들이 과거 사법연수원 출신 법률가들과 어떤 점에서 같고 다른지, 제도도입의 효과가 나타나고 있는지에 대해 논하고 있다. 물론 법학전문대학원 출신 법률가들이 배출된 지 3년(조사시점인 2014년 현재)밖에 되지 않아 일반화하기에는 이르지만 앞으로의 제도운영과 개선을 위한 몇 가지 중요한 발견과 함의를 제시하고 있다.

　제2부는 「법률가 조사연구」의 결과를 인용하면서 각각 특화된 주제를 다루고 있다.

　이준석·김지희의 논문은 사법연수원 출신 법조인들이 사법연수원 교육과정에 대해 얼마나 만족하고 있는지, 그리고 그들의 가치와 직업관이 법조계 진출 후 어떻게 변화하였는지를 추적한다. 최유경은 법학전문대학원 도입으로 인해 여성 법률가들의 양적 성장이 지속되고 있음에 주목하고 그것이 질적 성장으로 이어지고 있는지를 탐구하고 있으며, 궁극적으로 미국과 일본의 법조직역에서의 젠더 계층화 현상과 비교하여 우리 법조직역에서의 함의를 제시한다. 문재완은 법학전문대학원 출신 변호사가 사법연수원 출신 변호사와 비교할 때 인성부분에서 상대적으로 낮은 평가를 받았다는 점에 주목하고, 법학전문대학원이 교과과목이나 리걸 클리닉 등을 통해 사회봉사 및 인성 교육의 기회를 더 많이 제공할 것을 제안한다. 김영규·김화리는 법학전문대학원 체제의 도입이 법률가들의 사회적 자본축적에 어떤 영향을 미치는지에 대해 경험적으로 분석하면서 학생선발과정에서 나타난 출신학부에 따른 위계화를 보여주고 있으며, 그것이 취업결정에 중요한 영향을 미치고 있음을 규명한다.

　제3부는 별도의 조사연구를 통해 수집된 자료분석을 통해 법률직역의 변화를 분석하고 있으며, 국내논문 1편과 외국논문 2편으로 구성되어 있다. 전초란·김두얼은 2000년대에 일어난 변호사 수의 급격한 증가가 서울의 서초구와 강남구로 변호사 사무실이 지속적으로 집중한 데 대해 어떤 영향을 미쳤는지 실증자료를 중심으로 분석하고 있다. 캐롤 실버·이재협·박지윤은 세계화와

법률시장의 개방이 지역로펌들의 대응전략에 어떤 영향을 미쳤는지를 채용된 변호사 프로필 자료에 나타난 자격요건과 특성을 바탕으로 추론하고 있다. 마지막으로 미야자와 세츠오(宮澤節生) 교수는 2009년에 변호사로 등록한 일본의 사법연수소 제62기 변호사의 커리어 형성과정과 그 요인에 관한 실증연구 결과를 통해, 과거 시카고 법조계를 대상으로 조사되었던 미국의 선행연구와 비교하여 유사한 구조적 변화가 일본 변호사 집단 내에서도 이루어지는지를 분석하였다. 일본과 미국의 조사연구들은 모두 당해 국가의 변호사협회에서 설립한 재단의 후원을 받아 이루어졌다는 점이 주목할 만하다. 이 사실은 학계와 변호사협회가 협력을 통해 더 많은 경험적 연구를 할 수 있고, 특히 연구대상인 법률가들의 자발적이고 적극적인 협조가 긴요함을 시사한다고 할 수 있다.

　　이 책이 나오기까지 여러 분들의 도움이 있었다. 먼저 법률가 경험연구를 처음 제안해 주시고 지원해 주신 서울법대 김건식 전임학장님께 깊이 감사드린다. 이 책의 기초가 된 연구를 위해 기금을 출연해 주신 고 곽명덕 변호사 유족 분들(곽성현 교수, 곽성희 교수, 김철호 변호사)께도 이 자리를 빌어 다시 한 번 감사드린다. 설문조사가 원활하게 진행되기 위해서는 대한변호사협회, 법원행정처, 대검찰청 등 관련기관과의 협조가 긴요했는데, 기꺼이 관계자들과 사전협의를 해주신 정상조, 이원우 두 전임학장님 이하 학장단에도 감사드린다. 그러나 무엇보다 바쁜 일정 가운데에도 이 연구에 선뜻 참여해 주신 김두얼, 김영규, 김재원, 문재완, 박준, 이준웅 교수님, 그리고 최유경 박사님, 이준석 변호사님의 헌신적인 노력이 아니었다면 오늘의 결과가 나올 수 없었을 것이다. 서울대에서 열린 국제 콘퍼런스에서 선행연구의 자료와 결과를 발표해 주시고 연구설계에 많은 조언을 해주신 데이비드 윌킨스(David Wilkins), 캐롤 실버(Carole Silver), 그리고 미야자와 세츠오(宮澤節生) 교수님께도 고마움을 전한다. 아울러 연구결과에 대한 공론의 장을 마련해 주시고 추천사를 써주신 이철우 법과사회이론학회장님께도 감사드린다. 자료수집과 분석에는 황현정 언론정보학과 박사과정생, 간담회와 워크숍의 진행에는 김학진, 하연지 법과대학 석사과정생이 큰 도움을 주었다. 김재원 법무관은 원고전체를 검토하며 최종 원고교정까지 도와주었다. 모두에게 깊이 감사한다. 그리고 어려운 출판환경에서도 흔쾌히 출판을 결정해 주신 박영사의 조성호 이사님, 그리고 꼼꼼하게 편집 작업을 마무리해 주신 배근하 대리님께도 감사드린다. 마지막으로 가장 큰 감사는 본 연구의 취지에 공감하고 바쁜 시간을 쪼개 30여 쪽에 달하는 설문문항을 성실하게 응답한 1,000여 명의 무작위로 선정된 법률가들께 해야 할 것 같다. 국내에서 법률가를 대상으로 한 유례없는 대규모 조사연구라 어려움이 많을 것으로 생각되었지만, 이들의 자발적인 참여 덕분에 연구가 성공적으로 마무리될 수 있었고 앞으로의 후속연구의 가능성도 높여주었다.

2016년 9월
서울대학교 법과대학에서
편저자 이 재 협

■ 이 책에 실린 글 중 일부는 이미 아래 지면에 발표된 글로, 이 책에 실린 글 상호 간의 인용은 이 책의 특정 장을 가리켜 인용하는 방식으로 갈음합니다.

제1장: 이재협·이준웅·황현정, "로스쿨 출신 법률가, 그들은 누구인가? - 사법연수원 출신 법률가와의 비교를 중심으로", **서울대학교 법학**, 제56권 제2호, 2015.

제2장: 이재협·이준웅·황현정, "법률가의 업무환경, 만족도, 그리고 직역다양성에 관한 탐색적 고찰 - 법학전문대학원 도입에 따른 변화를 중심으로", **서울대학교 법학**, 제56권 제4호, 2015.

제3장: 이준웅·이재협·황현정, "법학전문대학원과 사법연수원 교육이 직장선택 고려사항과 법조현실 평가에 미치는 영향", **법과 사회**, 제50호, 2015.

제4장: 이준석·김지희, "사법연수원 출신 법조인에 대한 실증적 조사연구 - 사법연수원 교육에 대한 만족도 및 수료 직후의 인식변화", **법과 사회**, 제49호, 2015.

제5장: 최유경, "법학전문대학원 제도 도입을 통해 본 법률가직역의 젠더 계층화(Gender Stratification)에 관한 연구", **법과 사회**, 제50호, 2015.

제6장: 문재완, "변호사 대량 배출 시대의 법학전문대학원 운영 개선 - 학생 선발과 교육을 중심으로", **인권과 정의**, 제453호, 2015.

제7장: 김영규·김화리, "법학교육기관 조직지위와 법률직역에서 사회적 자본의 역할", **법학연구**(연세대학교 법학연구원), 제26권 제1호, 2016.

제8장: 전초란·김두얼, "변호사 수 증가와 지리적 분포의 변화", **법경제학연구**, 제12권 제3호, 2015.

제9장: Carole Silver·Jae-Hyup Lee·Jeeyoon Park, "What Firms Want: Investigating Globalization's Influence on the Market for Lawyers in Korea", *Columbia Journal of Asian Law*, Vol. 27, No. 1, 2015.

차 례

제 2 부

제 4 장 사법연수원 출신 법조인에 대한 실증적 조사연구

이준석 · 김지희

제 5 장 법학전문대학원 제도 도입을 통해 본 법률가직역의 젠더 계층화(Gender Stratification)에 관한 연구

최 유 경

제 6 장 변호사 대량 배출 시대의 법학전문대학원 운영 개선

문 재 완

제 7 장 법학교육기관 조직지위와 법률직역에서 사회적 자본의 역할

김영규·김화리

제3부

제8장 변호사 수 증가와 지리적 분포의 변화

전초란 · 김두얼

제 9 장 로펌은 무엇을 원하는가?

캐롤 실버·이재협·박지윤 저
김재원·윤형석·조은별 역

제10장 일본의 신입변호사의 커리어(진로) 결정 요인

미야자와 세츠오(宮澤節生) 저
심지현 역

제 **1** 부

제 1 장

로스쿨 출신 법률가, 그들은 누구인가?
- 사법연수원 출신 법률가와의 비교를 중심으로

이재협 · 이준웅 · 황현정

I. 서   론

국내에서 법률가[1]의 수는 지속적으로 증가했고 이에 따라 법률시장의 구조와 지형은 양적으로나 질적으로 크게 변화했다. 국내 법률가의 수는 1980년대와 1990년대를 거쳐 지속적으로 증가했고,[2] 2006년 5월에는 등록변호사의 수가 1만 명을 넘었다.[3] 이런 변화에도 불구하고 법률가 교육제도는 로스쿨이 도입되기 전까지 큰 변화가 없었다. 1971년부터 시작된 사법연수원 교육

---

1) 「법학전문대학원 설치 및 운영에 관한 법률」에서는 '법조인'이라는 용어를 공식화하고 있으나 이 논문에서는 '법률가'라는 용어를 사용한다. 실제에서도 '법률가'와 '법조인'은 혼용되어 쓰이고 있을 뿐 아니라 대체적으로 전자가 후자보다 넓은 개념으로 이해되고 있어 다양한 직역에서 활동하는 법전문가의 모습을 포착하는 데 더 적합하다고 생각되기 때문이다. 이와 관련한 논의로는 한인섭, "왜 법률가의 윤리와 책임인가", **법률가의 윤리와 책임**, 박영사, 2000, 5면; 신평, "법조윤리, 어떻게 가르칠까?", **법학논총**, 제28집, 2008, 2~4면; 강희원, "「법률가학」으로서의 법조윤리: 「법률가학」의 이론적 정초를 위하여", **경희법학**, 제48권 제2호, 2013, 165~167면 참조.

2) 1981년에는 사법시험의 선발인원이 300명으로 증원되고, 1996년에는 500명, 2000년에는 1,000명으로 증원되었다.

3) 「대한변협 등록 변호사 2만명 돌파」, 서울경제, 2014. 9. 24.

은 지난 반세기 동안 한국의 법학교육 및 법률가 양성제도의 큰 틀을 이루어 왔다.[4]

2009년 법학전문대학원 제도의 도입으로 법률가 양성의 패러다임은 '시험에 의한 선발'에서 '교육을 통한 양성'으로 전환했다.[5] 국가가 운영하는 단일한 교육기관에서 수련 받았던 법률가들은 이제 다수의 서로 다른 전문교육기관에서 제공하는 교육을 받고 법조계로 진출하고 있다. 법학전문대학원 체제의 도입과정에서 나타난 제도개선의 요점은 '다양성', '전문성', '국제경쟁력' 등으로 요약할 수 있다. 즉, 사회의 다양한 수준에서 급증하는 법률서비스 수요에 전문적이고 효율적으로 대처하고 변화하는 국제 상황에 대응할 수 있는 '우수한 법률가'를 양성하여 우리사회의 법치주의에 기여하기 위해 법학전문대학원 제도를 도입했다.[6]

2012년 최초 변호사시험을 통해 법학전문대학원 출신 법률가가 처음으로 국내 법률시장에 진출했다. 2014년 9월에는 등록 법률가 수가 2만 명을 넘었고,[7] 그동안 네 차례에 걸쳐 6천여 명의 법학전문대학원 출신 법률가가 배출되었다. 조만간 국내 법률시장에서 법학전문대학원 출신 법률가들이 다수를 형성하게 될 것임은 의심의 여지가 없다. 아울러 2011년부터 법률시장이 개방되어 외국계 로펌들이 한국에 진입하면서[8] 국내 법률사무소들과 경쟁관계에 돌입했다. 이에 따라 법률가들의 역할, 활동영역, 경력의 이동 등에 걸쳐 적지 않은 변화가 이루어질 것으로 보인다. 국내에서 과거 어느 때에도 최근 상황과 같이 단기간에 법률가 집단의 변화가 이루어진 적이 없다.

변화된 환경에 대응하는 법률가 양성 정책과 제도를 수립하기 위해서는 무엇보다 변화 자체에 대한 정확한 이해가 필요하다. 변화에 대한 경험적인 관찰을 통해서 현황을 정확히 파악할 수 있고, 이를 기반으로 법률가 양성 제도

---

4) 법학전문대학원 제도 도입 이전의 법학교육 및 법률가양성제도의 개관은 이국운, "한국 법조인양성제도의 역사 – 로스쿨 제도 이전", **저스티스**, 제146−2호, 2015 참조.
5) 김창록, **로스쿨을 주장하다**, 유니스토리, 2013.
6) 김창록, "한국 로스쿨의 의의와 과제: '로스쿨 시스템'을 로스쿨답게 만들어야", **저스티스**, 제146−2호, 2015, 198면.
7) 「대한변협 등록 변호사 2만명 돌파」, 서울경제, 2014. 9. 24.
8) 한국−EU FTA의 발효로 시작된 국내 법률시장 개방으로 인해, 2012년 7월 19일 첫 외국법자문법률사무소가 설립되었고, 2014년 8월 현재 21개의 외국법자문법률사무소가 등록되었다.

의 개혁의 취지가 실현되고 있는지 판단할 수 있다. 적어도 다음과 같은 질문
에 경험적 자료에 기초한 답변을 할 수 있어야 한다. 법학전문대학원 출신 법
률가는 과거의 법률가와 다르다고 할 수 있는가? 즉, 법학전문대학원 출신 법
률가의 출신배경, 의식, 신념, 경력지향성은 이전의 사법연수원 출신 법률가와
같은가 다른가, 법학전문대학원은 이러한 새로운 법률가 집단을 새로운 방식
으로 충실하게 교육하고 있는가, 법학전문대학원 출신 법률가들은 법률시장에
서 어떻게 평가받고 있는가 등과 같은 기초적 질문에 대해 답변해야 한다. 법
률가 양성 제도의 이행과정을 평가하고 앞으로의 개선점을 도출하기 위해 객
관적이고 면밀한 분석이 필요하다. 항간에서는 법학전문대학원 제도에 대해
'돈스쿨',9) '현대판 음서제',10) '자질이 부족한 법률가 양성'11) 등과 같은 비판
적 평가가 이루어지기도 한다. 그러나 이런 평가 자체가 과연 실체적인 것인지
경험적 증거에 기초해서 평가해야 한다.

　　그동안 우리나라에서 법률가 직역에 대한 경험적 자료에 의거한 조사 및
연구는 매우 제한적이었다.12) 법률가라는 전문 직역은 원래 연구 대상으로서
접근하기 쉽지 않다고 알려져 있다. 특히 한국의 법률가 집단이 유난히 동질적
이고 폐쇄적으로 형성되고 유지되기 때문에 이에 대한 광범위한 조사는 매우
어려웠다.13) 법학전문대학원 제도와 관련해서는 몇몇 언론기관이나 국회의원

---

9) 응시자격에 제한이 거의 없는 사법시험 제도와 달리 법학전문대학원 제도는 학비가 비싼 법
　학전문대학원을 졸업해야만 변호사시험을 응시할 수 있기 때문에 '돈 많고 집안 좋은' 사람
　들만 법률가가 될 수 있다는 것이다. 소위 '개천에서 용나는' 기회를 원천적으로 봉쇄한다는
　주장이다.

10) 유력 정치인, 법관과 법학 교수, 대기업과 유수의 금융기관 고위 임원의 자녀들이 특혜를 받
　아 로스쿨에 입학했고, 이들 중 대부분이 대형로펌에 취직했다는 것들이 현대판 음서제의 주
　요 근거들이다.

11) 법학전문대학원에서의 3년간의 법학 교육기간이 너무 짧고, 또한 높은 합격률의 변호사시험
　을 치른 로스쿨 출신 법률가들이 사법연수원 출신에 비해 실무능력이 현저히 떨어진다는 것
　이 주장의 골자이다.

12) 한국의 법조직역에 대한 경험적 자료를 이용한 법사회학적 연구로는 김도현, **한국의 소송과
　법조: 어떻게 변화할 것인가**, 동국대학교 출판부, 2007; 김두식, **불멸의 신성가족: 대한민국
　사법 패밀리가 사는 법**, 창비, 2009; 이국운, **법률가의 탄생: 사법불신의 기원을 찾아서**, 후마
　니타스, 2012; 이준석, "42기 사법연수생들의 직업선호 변화와 그 원인: 판·검사 선호의 하락
　과 중대형로펌 선호 현상을 중심으로", **서울대학교 법학**, 제54권 제2호, 2013 참조.

13) 최근 대한변호사협회가 회원들을 대상으로 설문과 기존자료를 활용해 <2010 변호사백서>
　를 발간한 사례가 유일하다. 그러나 체계적 조사방법에 의한 조사가 아니었고, 설문의 범위
　가 제한적이고 응답자 수도 100여 명에 지나지 않아 일반화에 문제가 많다.

실에서 법무부, 법학전문대학원 등에 정보공개청구를 하여 입수한 법학전문대학원 합격자, 변호사시험 합격자, 법률사무소 취업자 등의 자료를 가지고 발표된 사례들이 있다.[14] 아울러 제도 도입 초기, 도입 후 몇 년 동안의 이행실적을 평가하기 위한 자료조사가 시도되기도 했다.[15] 그러나 이와 같은 기존 문헌들은 엄밀한 사회과학적 조사방법에 따라 수행된 것이라 보기 어렵고, 이를 통해 법학전문대학원 출신 법률가 집단에 대해 입체적인 분석을 하기에는 자료가 턱없이 부족한 수준이었던 것이 사실이다.

국내의 척박한 연구현실과 제한된 연구성과와 대조적으로 미국에서는 법률가 직역에 대한 체계적이고 중장기적인 연구들이 수행되고 있다.[16] 대표적으로 시카고 지역 변호사들을 상대로 존 하인즈와 동료들(John Heinz et al.)이 1975년과 1995년 두 차례에 걸쳐 설문조사를 수행한 연구(이하 '시카고 변호사 연구')가 대표적이다.[17] 우리 연구와 유사한 취지의 미국 연구 사례로 미국 법조직역연구연합(National Association for Law Placement)[18]과 미국변호사재단(American Bar Foundation)[19]이 공동수행한 「로스쿨 졸업 이후」(After the JD: 이

---

14) 「기업관계자 70%, 로스쿨 기대 안해…사시출신 뽑을 것」, 서울경제, 2011. 11. 9; 「전국 명문대 로스쿨생, 사는 집 평당 가격이…」, 중앙일보, 2012. 4. 11; 「로스쿨 = '돈스쿨' 아우성」, 주간동아, 2014. 3. 31; 「<12대 로펌 전수조사> 대형로펌 신입, 'SKY 쏠림' 격화」, 법률신문, 2015. 3. 19.

15) 한상희, "법률서비스의 수급상황과 전망, 그것이 로스쿨에 미치는 영향", **일감법학**, 제15권, 2009; 이종수, "법학전문대학원 학생선발의 실태와 과제", **연세 공공거버넌스와 법**, 제2권, 2011; 김제완, "법학전문대학원(로스쿨) 졸업생들의 진로와 제도개선 방안", **연세 공공거버넌스와 법**, 제3권, 2012; 김호정, "로스쿨 출신 변호사들의 사회진출 양상과 변호사시험 합격자 수의 결정", **외법논집**, 제37권 제4호, 2013; 김용섭, "법학전문대학원에서의 법학교육과 법조양성시스템 중간점검", **저스티스**, 제120호, 2010; 이용구, "신규 법조인력 활용방안", **저스티스**, 제124호, 2011; 송기준, "법학전문대학원 교육과정 운영에 대한 평가", **법과사회**, 제45호, 2013.

16) 미국의 법조직역에 대한 그동안의 법사회학적 연구성과들에 대한 평가로는 Sida Liu, "The Legal Profession as a Social Process: A Theory on Lawyers and Globalization", *Law and Social Inquiry*, Vol. 38, No. 3 (2013) 참조.

17) John Heinz and Laumann, *Chicago Lawyers: The Social Structure of the Bar* (revised ed.) (Northwestern University Press, 1994); John Heinz, Robert Nelson, Sandefur and Laumann, *Urban Lawyers: The New Social Structure of the Bar* (University of Chicago Press, 2005). '시카고 법률가 연구'의 주된 골자는 미국 법조직역 내에 성별, 인종, 근무지에 따른 계층화가 뚜렷이 지속적으로 나타나고 있다는 것이다.

18) 1971년 설립된 기관으로 미국 전역의 로스쿨 졸업생의 취업 현황을 조사하고, 법조직역 확대 및 개선을 위한 연구를 수행하고 있다.

19) 미국변호사협회(American Bar Association)가 1952년에 설립한 연구기관으로서 법학과 인접과학 간의 여러 가지 학술적 연구를 수행하고 있다.

하 'AJD') 연구 프로젝트가 있다. 이 대규모 연구 프로젝트는 2000년 로스쿨을 졸업한 5,000여 명의 법률가들을 10년 동안 추적 조사한 것으로, 제1주기(2002년~2003년)와 제2주기(2007년~2008년), 제3주기(2012년)에 코호트(cohort) 그룹을 모집단으로 미국 전역에서 무작위로 표본을 추출하여 설문과 면접을 통하여 자료 수집을 했다.[20] 경력 2년~3년차 초임 법률가들의 인구학적 구성, 근무지, 근무환경, 급여, 만족도, 이직, 성차 및 인종차에 따른 영향, 로스쿨 경험과의 관련성 등을 다각도로 분석하고, 그 후 매 5년마다 이에 대한 비교를 통해 법조 직역의 양태와 변화를 살펴보았다. 법학전문대학원 출신 법률가들이 배출되기 시작한 지 3년이 경과한 현시점에서 우리의 '새로운' 법률가들이 어떻게 적응하고 변화해 가는가를 살펴보는 데 있어 미국의 AJD 연구는 매우 시사성이 높다고 할 것이다.

아울러 미국의 법학교육과 관련해서는 그동안 로스쿨입학위원회(Law School Admission Council: LSAC)나 미국로스쿨연합회(Association of American Law Schools: AALS)와 같은 기관에서 많은 연구들이 수행되어 왔다. 특히 법학교육 수요자인 로스쿨생을 대상으로 한 설문조사로는 미국 인디애나 대학 로스쿨의 '로스쿨학생활동 설문조사'(Law School Survey of Student Engagement: LSSSE)가 주목할 만하다.[21] 이 조사는 법학교육과 로스쿨 졸업생의 취업을 증진시키고 로스쿨의 교과과정, 학생행정 등 학교운영에 대해 학생들의 목소리를 현장에서 듣고 반영하기 위해 행해지고 있다. 이 역시 법학전문대학원 체제가 도입된 지 7년째에 접어든 우리나라의 로스쿨에 적용해서 비교해 볼 가치가 있다. 그동안 법학전문대학원의 이행실적과 관련한 논의에서 실제 재학생과 졸업생이 어떻게 학교생활을 영위하고 교육의 여러 측면을 어떻게 평가하

---

20) 첫 번째 주기의 결과는 The NALP Foundation for Law Career Research and Education and the American Bar Foundation, After the JD: First Results of a National Study of Legal Careers, 2004 ('AJD I') 참조. 두 번째 주기의 결과는 After the JD II: Second Results from a National Study of Legal Careers, The American Bar Foundation and the NALP Foundation for Law Career Research and Education, 2009 ('AJD II') 참조. 세 번째 주기의 결과는 After the JD III: Third Results from a National Study of Legal Careers, The American Bar Foundation and the NALP Foundation for Law Career Research and Education, 2014 ('AJD III') 참조.

21) 이 조사는 인디애나 대학 로스쿨에서 지난 10년간 수행하고 있으며, 2014년 조사에는 미국전역에서 89개의 로스쿨 및 캐나다, 호주의 로스쿨이 참여했다. Law School Survey of Student Engagement, Looking Ahead: Assessment in Legal Education, Annual Results 2014.

고 있는지에 대해 체계적인 자료수집과 분석이 부족했기 때문이다.

일본변호사협회는 등록회원을 대상으로 1980년부터 매 10년간 전국 조사를 실시했다. 일본은 2004년부터 도입된 로스쿨 제도에 따라 신사법시험을 시행하면서 구사법시험과 병행으로 구제도와 신제도에 따라 각각 배출된 법률가 집단이 활약했으므로 이에 대한 연구가 활발하다. 특히 법사회학적 연구를 주도하는 미야자와 세츠오(宮澤節生) 교수 연구팀은 각각 2007년, 2011년, 2014년에 설문조사를 수행해서 연구결과를 발표한 바 있다. 미야자와 연구진은 미국 AJD와 시카고 변호사 연구를 모델로 일본 변호사 직역의 사회적 구조, 즉 법률가 직역 내에서의 전문화, 계층화, 출신 학교의 영향 등을 중·장기적으로 살펴보고, 구사법시험과 신사법시험을 통한 법률가들의 직업선택과 경력궤적에 있어 차이가 있는지를 규명하려 했다.22) 그러나 양 법률가 집단의 사회경제적 배경의 비교가 엄밀하게 이루어지지는 않았다. 한국보다 이르게 로스쿨 제도를 도입하여 운영하고 있는 일본의 경험적 연구는 우리에게 시사해 주는 바가 매우 크지만, 신구세대의 사회경제적 배경과 인식의 차이를 검토하지 않은 것 등은 아쉬운 부분이라고 하겠다.

이 연구는 미국의 AJD와 LSSSE 그리고 일본의 변호사 조사연구를 참고하여 법학전문대학원, 변호사시험 등 법학교육과 법률가 양성제도의 변혁이 가져온 변화에 대해 설문조사방법을 사용해서 분석과 평가를 수행했다. 우리 법학전문대학원 제도가 미국의 법학교육을 모델로 삼았지만,23) 제도의 도입배경, 실제 운용상황은 매우 다르다. 지난 100여 년 동안 안정적으로 운영되어 왔던 미국의 로스쿨과는 달리 우리의 법학전문대학원은 사법시험에 의한 법조인양성제도의 문제점을 개선하기 위한 개혁의 일환으로 도입되었고, 2017년까지 양 제도가 과도기적으로 운영되고 있다. 우리에게는 법학전문대학원 제도가 뚜렷한 목적을 위해 도입된 것이니만큼 그러한 제도 도입의 취지가 실제로

---

22) Setsuo Miyazawa, Atsushi Bushimata, Keiichi Ageishi, Akira Jujimoto, Rikiya Kuboyama, and Kyoko Ishida, "Stratification or Diversification? – 2011 Survey of Young Lawyers in Japan", in Setsuo Miyazawa et al. (eds.), *East Asia's Renewed Respect for the Rule of Law in the 21st Century: The Future of Legal and Judicial Landscapes in East Asia* (Brill/ Nijhoff, 2015), pp. 30~46.

23) 미국의 법학교육제도에 대해서는 이재협, "미국의 법학교육: 과거, 현재, 그리고 미래", 미국학, 제31권 제2호, 2008 참조.

구현되고 있는지 경험적으로 관찰하고 검토할 필요가 있다. 따라서 연구를 설계함에 있어 현시점에서의 우리나라 법조직역의 정확한 모습을 파악하는 것이 일차적으로 필요하고, 이를 바탕으로 사법시험 제도와 법학전문대학원 제도를 통해 배출된 법률가 집단을 체계적으로 비교하는 작업이 필요하다. 특히 한국의 법률가 집단을 대표하는 표본을 구하여 직접 그들에게 사회경제적 배경과 법률교육에 대한 평가를 질문함으로써 일차적인 자료를 구축하고 그로부터 제도적 함의를 도출할 필요가 있다.

우리는 국내 최초로 법률가의 직업경로와 업무환경, 만족도, 법의식, 법학전문대학원 및 사법연수원 출신 법률가들의 비교 등에 대한 포괄적인 연구의 일환으로 <2014 대한민국 법률직역의 구조와 법률가 의식조사>를 수행했다. 이 연구를 통해 수집된 자료는 방대하고, 그 결과에 대한 분석은 다각도로 이루어질 수 있다. 이 논문에서 우리는 우선 법학전문대학원과 사법연수원 출신 법률가들의 비교에 초점을 맞추어 그들의 사회경제적 배경, 법학교육제도에 대한 평가, 양 집단 법률가에 관한 평가에 대한 연구결과를 제시하고 그 함의를 논의하고자 한다.[24]

II. 연구문제와 연구방법

1. 연구문제

이 연구는 로스쿨 1기부터 3기 출신 법률가의 인구학적 구성, 출신학부 및 전공, 학부졸업 후 로스쿨 입학 소요기간, 학자금 조달 방법 등에 대한 포괄적 조사결과를 담고 있다. 로스쿨 출신 법률가가 동시대 사법연수원 졸업 법률가와 비교해서 성, 연령, 출신학부, 전공 등을 기준으로 보았을 때 어떠한지 검토하는 것이 이 연구의 첫 번째 문제이다. 이를 통해 로스쿨 출신 법률가의 인구사회적 다양성이나 교육적 배경의 다양성 등 구성적 특징을 파악할 수 있을 것으로 기대한다.

---

24) 법률가들의 직업경로, 업무환경, 만족도, 법의식 등에 관하여서는 이 책의 제2장 참조.

　　이 연구의 핵심 과제는 최근 로스쿨 제도 자체에 대해 제기되었던 주장에 대해 조사 자료를 근거로 답변하는 데 있다. 최근까지 로스쿨 제도의 정당성과 효과성에 대한 사회적 논쟁이 진행 중이며, 이 과정에서 '로스쿨은 돈스쿨인가?', '졸업생의 로스쿨 교육에 대한 평가는 어떠한가?', '일반 변호사들은 로스쿨 출신 법률가에 대한 평가는 어떠한가?' 등 논란거리가 제기된 바 있다. 우리는 이 연구에서 이 질문에 대한 체계적 답변을 제시하고 그 답변이 갖는 함의를 논의할 예정이다.

　　두 번째 연구문제는 로스쿨 졸업 법률가와 동시대 사법연수원 졸업 법률가의 사회경제적 배경을 조사하여 비교함으로써 과연 로스쿨 출신 법률가가 경제적으로 더욱 여유가 있는 계층에서 나오는지 알아보려는 데 있다. 흔히 특정 직군의 사회경제적 배경을 측정하기 위해서 가구소득, 부모의 사회경제적 계층, 부모의 학력 등과 같은 변수를 사용한다. 이런 변수들을 기준을 볼 때, 로스쿨 졸업 법률가가 동시대 사법연수원 졸업 법률가에 비해 가구소득이 높거나, 부모의 직업이 좋거나, 학력이 높은지 검토하겠다. 특히 가족과 친지 중에 법률가가 있는지 여부도 측정해서 비교해 보겠다.

　　셋째, 로스쿨 교육에 대한 평가를 알아보겠다. 로스쿨 출신 법률가들이 자신이 졸업한 로스쿨의 교육과정, 교과분야, 과외활동 등을 어떻게 평가하는지 검토할 것이다. 로스쿨 졸업 법률가의 로스쿨에 대한 평가를 맥락화하기 위해 동시대 사법연수원 졸업 법률가가 연수원 교육에 대해 평가한 결과도 비교 가능한 수준으로 제시해야 한다. 교육제도 간 비교 평가를 통해서 로스쿨 졸업자들이 로스쿨 교육에 대해 내린 평가가 어떤 함의를 갖는지 도출할 수 있을 것으로 기대한다.

　　넷째, 로스쿨 출신들은 법률 시장에서 어떠한 평가를 받고 있는지 탐색한다. 이를 위해 경력변호사에게 로스쿨 출신 법률가와 동시대 사법연수원 졸업 법률가를 평가하는 문항을 제시해서 답변을 얻었다. 조직 내 활동, 법률가로서 역량, 인성 및 태도 등 다양한 문항을 제시했다. 특히 경력변호사는 자신의 직장에서 함께 업무를 수행한 로스쿨 출신 법률가 또는 사법연수원 졸업 법률가와 그렇지 않은 법률가를 비교해서 평가하도록 했다. 이를 이용해서 로스쿨 출신 법률가와 사법연수원 졸업 법률가를 비교하는 것은 물론 업무와 관련해서 직접 경험한 법률가인 경우와 그렇지 않은 경우를 교차해서 비교평가 할 수 있다. 이를 통해, 현재 법률가 시장에서 로스쿨 출신 법률가가 어떤 분야에서 어떻게 평가받고 있는지 전반적으로 파악할 수 있을 것으로 기대한다.

2. 연구방법의 특성

한국의 전체 법률가를 세 집단으로 구분하고, 각 집단을 대표하는 표본을 구성하는 연구 설계를 적용했다. 첫 번째 집단은 본 연구의 표적집단으로 로스쿨 1기부터 3기(2009년~2011년 입학) 출신 법률가이다. 두 번째 집단은 표적집단과 비교를 위해 구성한 비교집단으로, 표적집단과 동시대에 사법연수원 교육을 받은 법률가(사법연수원 2009년~2012년 입소자 혹은 사법연수원 40~43기)이다.[25] 세 번째는 사법연수원 2008년 이전 입소(사법연수원 39기 이전)의 일반 경력변호사들로 평가집단이라 칭한다. 이 세 법률가 집단을 모집단으로 설정하고, 각 모집단을 대표하는 표본을 얻기 위해 법률신문사가 발행한『한국법조인대관』을 표집틀(sampling frame)로 이용했다.『한국법조인대관』에 등재되지 않은 법률가가 일부 있을 수 있지만, 등재변호사집단이 세 모집단을 충분히 포괄한다고 판단하고 이를 사용해서 표본을 추출했다. 지역별로는 서울과 6대 광역시에 사무실을 두고 있는 법률가로 한정했다.[26]

표본추출은 무작위표집의 일종인 체계적 표집방법(systematic sampling)을 사용했다. 이는 표집틀에서 표집대상자의 목록을 구한 후, 목표 표본수로 나눈 수의 간격으로 조사대상을 선정하는 방식이다. 예를 들어, 표적집단, 즉 로스쿨 졸업 법률가의 경우를 보면, 표집틀에 속한 자는 모두 1,262명이었는데, 이 중 300명을 동일한 확률로 추출해서 조사하려 한다면 전체 1,262명을 가나다 순으로 정렬한 후 4명 간격으로 1명씩 조사를 성공해야 한다. 실제로는 응답거절자를 고려해야 하기 때문에 더 좁은 간격을 정해 1차 조사대상자를 선정

---

25) 로스쿨(3년)과 사법연수원(2년)의 수학연한의 차이로 인해 2009년 입학/입소로부터 2014년 졸업/수료에 이르는 집단을 비교의 대상으로 삼았다.

26) 대한변호사협회에서 발간한 <2010 변호사백서>에 의하면, 2009년 말 현재 서울과 6대 광역시에 소재하는 변호사의 수는 전체 9,612명 중 8,440명(87.8%)에 달했다. 따라서 효율적인 조사를 위해 조사지역을 7개로 한정하더라도 대표성을 확보하는 데 문제없을 것이라 판단했다.

한다. 조사거절자는 재접촉을 시도하고, 조사중단자는 누락으로 처리하며, 재접촉 후 최종 응답거절자는 미리 정한 응답자대체규칙에 따라 다음 응답자로 대체하면서 표집했다. 예상응답률 약 20%를 목표로 일차 5,026명에게 전화로 설문을 요청했으며, 재접촉 포함 최초 표본에서 응답을 완료한 법률가는 719명, 접촉 후 응답을 완료한 법률가는 539명으로 응답률 10.8%였다. 집단별 응답률은 표적집단(로스쿨 졸업 법률가) 20.7%, 비교집단(연수원 졸업 법률가) 15.4%, 평가집단(경력법률가) 4.2%였다. 목표 표본수를 달성하기 위해 표집틀 내에서 다음 순번 대상자에게 접촉하는 방식으로 응답자 대체를 수행했으며, 그 결과 표적집단 308명, 비교집단 300명, 평가집단 412명 등, 총 1,020명을 조사완료했다.

　　면접방법은 면대면 또는 온라인 조사였다. 전화로 면접신청을 한 후, 사

표 1-1　조사개요

구 분	내 용
조사대상/ 모집단 규정	• 표적집단(로스쿨): 로스쿨 졸업 법률가(1~3기). 2009년 입학 이후 • 비교집단(연수원): 연수원 졸업 법률가(40~43기). 2009년 입소 이후 • 평가집단(경력법률가): 일반 법률가(사법연수원 39기 이전)
조사지역	• 서울 및 6대 광역시
최종표본 수	• 표적집단 1,262명 중 체계적 표집으로 최종 308명 조사 • 비교집단 1,744명 중 체계적 표집으로 최종 300명 조사 • 표적집단 10,937명 중 체계적 표집으로 최종 412명 조사
조사방법	• 법률신문 『한국법조인대관』을 표집틀로 사용 • 체계적 표집으로 면접대상 확보 후 면대면 조사 및 온라인 조사(Web-survey) 병행
조사내용	• 현재 근로현황 • 사법연수원 및 법학전문대학원 경험 및 평가 • 법률가 의식 및 신념 • 법학전문대학원 졸업생 및 2009년 이후 입소 사법연수원 수료생 평가 • 사회경제적 배경
자료수집 도구	• 구조화된 설문지(Structured Questionnaire) 각 30면 내외
조사기간	• 2014년 8월 11일~10월 15일(약 2개월간)
조사기관	• (주)입소스코리아

무실 등 직접 만나서 설문에 응답하겠다는 법률가에게는 면대면으로 조사를 수행
했으며, 직접 만날 수 없다는 법률가에게는 이메일로 조사링크를 보낸 후 링크에
연결된 설문지에 답하는 방식으로 자료를 수집했다. 조사기간은 2014년 8월부터
2달이 소요되었으며, 실사는 조사전문회사인 입소스코리아에서 담당했다.

　설문지는 구조화된 질문으로 약 30면에 달하는 분량이었으며, 세 조사대
상 집단에 공통적인 질문과 각 집단에 고유한 질문으로 구성된다. 집단에 고유
한 질문의 사례를 들자면, 표적집단인 로스쿨 졸업 법률가와 비교집단인 동시
대 사법연수원 졸업 법률가에 대해서 각각 로스쿨과 사법연수원 교육을 평가하
는 문항을 담은 것이 있다. 평가집단인 일반 경력변호사에게는 로스쿨 출신 법
률가와 사법연수원 졸업 법률가를 비교 평가하는 문항을 포함했다. 모든 집단에
공통적으로 현 직장과 업무, 직장의 고용현황 등을 물었으며, 법률가로서 의식
과 신념, 그리고 사회경제적 배경 등도 공통적으로 질문해서 답변을 얻었다.

표 1-2　　조사내용

파 트	로 스 쿨	사법 연수원	경력 법률가
A. 현재 직장 및 고용현황	○	○	○
B. 법학전문대학원 졸업생의 교육	○	–	–
C. 사법연수원 40~43기 법률가의 교육	–	○	–
D. 일반 법률가 교육, 경력 및 법학전문대학원 졸업생 / 　2009년 이후 입소 사법연수원 수료생 평가	–	–	○
E. 의식과 신념	○	○	○
F. 배경	○	○	○

3. 응답자 특성

　세 집단으로 구분되어진 법률가들 중 최종적으로 확정된 표본의 법조직
역은 변호사인 경우가 가장 많았다(96.8%). 표본에서 검사(0.6%)와 판사(2.6%)
의 비중이 매우 적은 것은 그들의 응답률이 매우 낮았음을 나타낸다. 특히 로
스쿨 집단의 경우 아직 판사로 임용되지 않았고, 응답한 1명은 재판연구원이

표 1-3 표집틀과 표본비교

		로스쿨집단		연수원집단		경력법률가집단		전 체	
		표집틀	표본	표집틀	표본	표집틀	표본	표집틀	표본
전체		1,262	308	1,744	300	10,937	412	13,943	1020
		9.1%	30.2%	12.5%	29.4%	78.4%	40.4%		
재직구분	1. 검사	28	1	63	2	927	3	1,018	6
		2.2%	0.3%	3.6%	0.7%	8.5%	0.7%	7.3%	0.6%
	2. 판사	8	3	180	10	1,559	14	1,747	27
		0.6%	1.0%	10.3%	3.3%	14.3%	3.4%	12.5%	2.6%
	3. 변호사	1,183	304	1,489	288	8,326	395	10,998	987
		93.7%	98.7%	85.4%	96.0%	76.1%	95.9%	78.9%	96.8%
	4. 기타	43	–	12	–	125	–	180	–
		3.4%	0.0%	0.7%	0.0%	1.1%	0.0%	1.3%	0.0%
지역	1. 서울	923	265	1,470	271	8,664	362	11,057	898
		87.3%	86.0%	84.3%	90.3%	79.2%	87.9%	80.5%	88.0%
	2. 부산	37	13	69	5	590	17	696	35
		3.5%	4.2%	4.0%	1.7%	5.4%	4.1%	5.1%	3.4%
	3. 대구	18	6	48	5	437	9	503	20
		1.7%	1.9%	2.8%	1.7%	4.0%	2.2%	3.7%	2.0%
	4. 인천	18	7	55	8	435	7	508	22
		1.7%	2.3%	3.2%	2.7%	4.0%	1.7%	3.7%	2.2%
	5. 광주	28	10	43	5	312	7	383	22
		2.7%	3.2%	2.5%	1.7%	2.9%	1.7%	2.8%	2.2%
	6. 대전	23	5	33	5	337	4	393	14
		2.2%	1.6%	1.9%	1.7%	3.1%	1.0%	2.9%	1.4%
	7. 울산	10	2	26	1	162	6	198	9
		1.0%	0.6%	1.5%	0.3%	1.5%	1.5%	1.4%	0.9%
	8. 미상	205	–	–	–	–	–	205	–

었다. 응답자 표본의 대부분이 변호사라는 점은 한계로 지적될 수 있으나, 본
조사의 주된 목적이 직역의 비교 분석이 아니라 로스쿨 집단과 사법연수원 집

단의 비교에 있고 또한 현재 대다수의 초임 법률가들이 변호사로 법조경력을 시작한다는 점에서 볼 때 응답자의 직역분포의 차이가 분석적 타당성을 심하게 저해한다고 볼 수 없다.[27]

전체 1,020명의 응답자 중 서울지역의 응답자는 88%이었고, 이는 모집단 중 서울지역이 차지하는 비중(79.3%)보다 높았다. 로스쿨 집단의 경우 서울지역 응답자의 비중은 모집단과 표본 간에 차이가 없었으나, 연수원 집단과 경력 법률가 집단의 경우 서울 지역에 소재한 법률가들이 상대적으로 많이 응답한 것으로 나타났다. 두 하위 집단의 응답자의 서울지역 편중이 있지만, 우리나라 법률시장의 서울 집중 현상을 감안하면 이 때문에 지역적 편포를 우려할 만한 수준은 아니라고 판단했다.

경력유형별 응답자 특성을 살펴보면, 경력법률가 집단의 남성 응답자 비율이 81.6%로 로스쿨 집단과 연수원 집단의 남성 응답자에 비해 상대적으로 많았다. 평균 연령은 경력법률가 집단이 42.8세로 가장 높았고, 이어서 연수원 집단(34.1세)과 로스쿨 집단(33.9세)은 비슷한 수준으로 조사되었다. 현재 직장을 살펴보면, 국내 로펌에 재직 중인 응답자가 60% 전후로 나타난 가운데, 단독개업은 경력법률가 집단(12.1%), 일반기업 및 금융기관은 로스쿨 집단(19.2%)에서 재직자 비율이 상대적으로 높게 나타났다.

응답자들이 재직하고 있는 직장은 김앤장, 태평양, 세종, 율촌, 광장, 화우 등 대형로펌이 많았다. 상위 5대 로펌에 속하는 응답자가 전체의 17.9%였다. 대형 로펌 이외 기타 응답자는 중소 로펌, 상장회사 재직자 및 개인 법률사무소 재직자가 대부분이었고, 공공기관 소속(지자체, 공기업 등) 응답자의 응답률도 상대적으로 높은 편이었다. 이러한 표본의 분포도 현재 우리나라 법률시장의 지형을 그대로 나타내주고 있다고 할 수 있다.[28]

---

27) 물론 향후 연구에서는 이러한 응답자 편향을 극복할 필요가 있다. 다만 본 조사를 통해 판사와 검사들은 법원과 검찰 소속 구성원으로서의 정체성이 강해 외부에서 의뢰한 무작위 설문에 잘 응하지 않는 성향을 보인다는 관찰을 얻었다. 보다 효과적인 조사를 위해서 양 기관에서 협조를 받아 연구를 수행하는 등의 방법을 모색해야 한다.

28) 한국 법률시장에서 차지하는 상위 5~6위 대형로펌들의 변호사 수와 매출규모는 압도적이다. 이에 대해서는 홍성수, "로펌의 성장과 변호사윤리의 변화: 개인윤리에서 조직윤리로, 공익활동에서 사회적 책임으로", **법과사회**, 제41권, 2011, 156~158면 참조. 대한변협의 회원현황에 따르면 2015년 3월말 현재 법무법인이나 법무법인(유한)은 모두 876개이고, 여기에 고용된 변호사의 숫자는 8,392명으로 전체 개업변호사 16,340명 중 절반을 넘었다(http://www.koreanbar.

표 1-4 | 경력유형별 응답자 속성

구분(비율%)		경력 유형		
		로스쿨집단 308명	연수원집단 300명	경력법률가집단 412명
성별	남자	59.7%	54.0%	81.6%
	여자	40.3%	46.0%	18.4%
연령	20대	9.1%	7.3%	–
	30~34세	52.6%	57.0%	13.1%
	35~39세	29.9%	27.7%	27.9%
	40~44세	8.1%	6.7%	25.5%
	45~49세	0.3%	1.0%	14.1%
	50대 이상	–	0.3%	19.4%
	평균(세)	33.9%	34.1%	42.8%
직장 구분 (현재)	단독개업	10.1%	8.3%	12.1%
	국내 로펌	60.4%	59.0%	61.7%
	법원·검찰	1.0%	3.7%	4.1%
	공기업 및 공공기관	5.2%	4.0%	4.6%
	일반기업 및 금융권	19.2%	18.0%	13.8%
	기타	4.2%	7.0%	3.6%

　　로스쿨 집단의 경우 25개 로스쿨 중 24개 학교 출신이 응답하였고, 각 로스쿨당 최소 3명 이상이 응답하여 표본의 대표성을 높여주었다. 소재지별로는 서울과 지방이 각각 62%, 38%였고, 응답자 수가 많은 로스쿨은 서울대 (17.21%), 성균관대(7.47%) 이화여대(7.14%), 경북대(5.84%), 전남대(5.84%), 고려대(5.52%), 연세대(5.52%), 부산대(5.52%) 순이었다.

or.kr/info/info07.asp, 2015년 6월 7일 방문). 본 조사표본 중 로펌에 고용된 응답자 비중은 60% 정도로 실제의 모습과 유사한 분포를 나타내고 있다.

III. 주요 결과

1. 로스쿨 출신 법률가의 구성적 특징

(1) 성, 연령, 로스쿨 준비 기간

로스쿨 법률가와 사법연수원 법률가의 여성비율은 각 40%와 46%로 사법연수원 졸업 법률가의 여성비율이 약간 많지만 통계적으로 유의한 차이는 아니었다(χ^2 = 2.04, df = 1, p = .15). 다만 경력법률가 집단의 여성비율 18%에 비교해 보면, 로스쿨이든 사법연수원이든 젊은 법률가의 여성 비중이 크게 늘었다는 사실을 확인할 수 있다(χ^2 = 69.58, df = 2, p < .001).[29]

로스쿨 집단과 연수원 집단의 평균연령은 33.9세와 34.1세로 차이가 없는 것으로 나타났다(t = .67, df = 606, p = .50). 이 두 집단은 같은 시기에 법학전문대학원과 사법연수원에서 법률가 양성교육을 받은 법률가이기에 학부졸업 후 법률가가 되기 위한 소요기간이 사실상 차이가 없을 것이라 예상할 수 있는데, 과연 그렇다는 것을 확인했다.

학부졸업 후 로스쿨 입학과 사법연수원 입소까지 걸린 소요기간은 평균 2.7년(로스쿨), 3.3년(연수원)으로 큰 차이가 없었다. 이 발견은 대학원 과정의 로스쿨 교육의 도입으로 법학 수학연한이 불필요하게 연장되었다는 주장과 배치된다. 대다수의 사법시험 출신 법률가들이 4년간의 학부기간을 마치고도 적지 않은 수험준비 기간을 거치기 때문에 로스쿨 출신 법률가에 비해 오히려 시간이 더 걸렸다고도 볼 수 있다. 이 결과는 사법시험 합격자 평균연령이 1990년 중반 이후 4세가량 상승하였다는 보고와도 일치한다.[30]

로스쿨 졸업 법률가의 경우 학부졸업 후 공백 기간이 없거나 1년 미만이라는 응답이 대부분이었지만, 4~5년과 6~8년이라는 응답도 각각 15% 이상 나타나 학사 취득 후 법률가의 길에 들어서기 위한 준비기간이 긴 응답자들도

---

29) 여성법률가의 증가에 관해서는 김두식, "법학전문대학원 3년의 시점에서 바라본 여성 법조인의 어제, 오늘, 그리고 내일", 젠더법학, 제3권 제2호, 2011 참조.
30) 김두얼, 경제성장과 사법정책: 법원정책, 형사정책, 법조인력정책의 실증분석, 해남, 2011.

상당수 있음을 확인했다. 이들 중 대부분은 직장에서 근무했다(46.7%)고 응답
했다. 대학원 진학(17.4%)을 했다는 응답자도 많은 비중을 차지했다.

연수원 집단은 학부졸업 후 대부분 사법시험 준비(73.1%)를 한 것으로 나
타났다. 또한 법률 전문교육을 받기 전 직업을 보면 로스쿨 출신 법률가가 사
법연수원 졸업 법률가에 비해 다양한 것을 확인할 수 있다. 특히 학위 소유 여
부를 보면, 석사학위 이상 소지 비중이 로스쿨 집단이 연수원 집단에 비해 높
았다. 학위의 분야를 보더라도, 전체적으로 법학분야 학위가 많았지만 로스쿨
집단에서는 공학계열 학위 소유자도 상당비율 있었다. 이렇게 볼 때 로스쿨 출
신 법률가의 출신에 따른 구성적 다양성이 상대적으로 높다고 볼 수 있으며,
로스쿨 체제 덕분에 다양한 경력을 가진 자들이 법률가의 길로 들어 설 수 있
는 기회를 얻었다고 평가할 수 있다.

표 1-5 로스쿨 입학 및 사법연수원 입소 전 활동

	로 스 쿨	사법연수원	전 체
법학전문대학원 입시 또는 사법시험 준비	7.1%	73.1%	41.2%
군 복무	8.7%	10.2%	9.4%
가사 도움	0.5%	1.5%	1.0%
직장 근무	46.7%	6.6%	26.0%
법학전문대학원 이외의 대학원 진학	17.4%	4.6%	10.8%
기타	19.6%	4.1%	11.5%

(2) 출신학부 및 전공의 다양성

출신학부를 기준으로 보면, 로스쿨 집단과 연수원 집단 간의 차이가 확연
히 드러난다. 우선 출신학부가 지방대인 법률가의 비중이 로스쿨 집단(17.4%)
에서 두드러지게 늘었다. 연수원 집단(10.5%)과 비교해도 큰 차이가 나며 경력
법률가 집단(7.3%)보다는 2배 이상 늘어났다(χ^2 = 13.30, df = 2, p < .01). 출신
학부가 서울대학교인 법률가의 비중은 로스쿨 및 연수원 졸업 법률가 모두 경
력법률가(55.8%)에 비해 감소하였고(로스쿨 31.5%, 연수원 35.3%; χ^2 = 51.52, df = 2,

p < .001), 소위 서연고 학부출신의 법률가 비중 역시 로스쿨(55.5%) 및 연수원
(61.6%) 집단 법률가 모두 경력법률가(77.2%) 집단보다 적었다(χ^2 = 40.21, df =
2, p < .001). 법학전문대학원 체제를 통해 법률가의 출신학교 다양성이 획기
적으로 신장했다고 평가할 수 있다.[31]

표 1-6 응답 법률가의 출신 학부 구성(주요 대학)

	로 스 쿨	연 수 원	경력법률가	전　체
서울대	31.5%	35.3%	55.8%	42.5%
서울대·연세대·고려대	55.5%	61.6%	77.2%	66.1%
지방대	17.4%	10.5%	7.3%	10.6%

　　학부전공의 경우 로스쿨 출신 법률가는 연수원 및 경력법률가 집단에 비
해 매우 다양한 특성을 보인다. 로스쿨 출신의 경우 비법학 전공자의 비중이
60%에 달했다. 이는 약 80% 정도가 법학전공인 연수원과 경력법률가 집단과
확연히 비교된다. 이런 차이는 법학전공 합격자의 수를 제한하는 법률규정,[32]
그리고 로스쿨 설치 대학교에서의 법학 학부전공 폐지[33]에 따른 결과로 보인
다.[34] 전공계열 중 자연과학, 공학계열 전공자의 수가 매우 두드러지게 증가
했다는 사실에 기초해서, 더욱 다양한 지식과 경험을 가진 사람들이 법학전문
대학원 교육을 통해 법률직역으로 진출할 것이라 전망할 수 있다.

---

31) 이는 법학전문대학원 체제에서 비수도권 소재 대학 출신의 인원 규모와 배출 대학숫자가 모
　두 증가했다는 연구결과와 일치한다. 박근용, "법학전문대학원 제도의 운영 현황: 학생선발의
　다양성과 장학제도를 중심으로", **법과사회**, 제45호, 2013, 475면.
32) 「법학전문대학원 설치·운영에 관한 법률」 제26조 제2항.
33) 「법학전문대학원 설치·운영에 관한 법률」 제8조.
34) 전수조사에 기반한 조사결과도 매우 유사한 모습을 보이고 있다. 법학전문대학원 합격자
　(2009~2013년)의 비법학사 비중은 평균 53.7%로, 사법시험 합격자(2004~2008년)의 비법학사
　비중은 평균 23.6%로 나타났다. 박근용, *supra* note 31, 476~477면.

| 표 1-7 | 응답 법률가의 학부 전공 구성 |

	로 스 쿨	연 수 원	경력법률가	전　체
법학	39.3%	79.7%	79.9%	67.5%
인문학 · 사회과학	40.3%	16.3%	14.6%	22.8%
자연과학 · 공학	17.9%	2.7%	4.4%	7.9%
예체능 · 기타	2.6%	1.3%	1.2%	1.7%

2. 법률가의 사회경제적 배경: 로스쿨은 '돈스쿨'인가?

(1) 가구소득

로스쿨 졸업 법률가는 사법연수원 졸업 법률가에 비해 부유한 집안 출신인가? 가구소득을 기준으로 보면, 그렇지 않은 것으로 나타났다. 로스쿨 졸업 법률가의 가구소득은 월평균 1천 63만 원으로 사법연수원 졸업 법률가 1천 89만 원에 비해 통계적으로 유의한 차이가 없었다($t = -0.67$, $df = 484.52$, $p = .51$). 다만 두 집단 모두 월평균 가구소득이 1천만 원이 넘는 것으로 나타나 우리사회의 상위소득 계층에 속함을 확인할 수 있다. 요컨대 로스쿨이든 사법연수원이든 모두 상대적으로 부유한 가구 출신이며, 두 집단 간 차이는 없다. 경력변호사 집단의 가구소득은 1천 464만 원으로 표적집단과 비교집단보다 많았다. 가구소득은 개인의 경제적 배경을 측정하는 가장 직관적이고 편리한 변수이지만, 측정의 타당성(설문상 자산소득이 포함되는지 모호함 등)과 신뢰성(정확하게 월평균 가구 수입을 확인하며 사는 이가 별로 없음 등)의 문제가 있는 것으로 알려져 있다. 따라서 가구소득 분석결과만을 가지고 로스쿨 졸업 법률가와 사법연수원 졸업 법률가 간 경제적 배경이 차이가 없다고 단정 짓기 어려우며, 별도의 변수를 동원해서 타당성을 검토하는 것이 바람직하다. 예를 들어, 부모의 직업과 교육수준과 같은 사회경제적 배경 변수를 함께 고찰해 볼 수 있다.

(2) 부모의 사회경제적 배경

개인의 가구소득보다 개인이 고등학교를 졸업할 무렵 부모의 직업과 교육수준 등이 개인의 사회경제적 배경을 알아 볼 수 있는 좋은 지표가 된다. 먼저 부모의 학력을 살펴보면 전체 법률가 집단에서 대졸 이상의 비중이 50%에 가깝게 나타났다(아버지 59.2%, 어머니 40.4%). 대학원 이상의 고학력자의 비중도 상당하다(아버지 21.9%, 어머니 7.1%).[35] 부모의 연령대를 추정하여 한국 전체인구대비 학력평균과 비교해 볼 때 이러한 수치는 매우 높은 것으로 보인다.[36] 일반적으로 말해 법률가들이 부모가 고학력인 집안에서 배출된다고 볼 수 있고, 이 경향은 시간이 지나면서 더욱 뚜렷하게 나타나고 있다.

법률가 집단 간 부모의 학력을 3개 하위집단(고졸 이하, 대졸, 석사졸 이상)으로 구분해서 보더라도, 아버지의 학력에서 로스쿨 집단과 연수원 집단 간에 유의한 차이를 발견할 수 없었다(χ^2 = 2.53, df = 2, p = .28). 다만 고등학교 졸업 시점에서의 어머니의 학력에서 로스쿨 집단(52%)이 연수원 집단(42.8%)에 비해 대졸 이상인 비율이 통계적으로 유의한 차이에 근사하는 정도였다(χ^2 = 5.72, df = 2, p = .057).

고등학교 졸업 시점을 기준으로 부모의 직업을 살펴보면, 일부 항목에서만 표적집단과 비교집단 간 차이를 발견할 수 있다. 로스쿨 집단의 부모가 연수원 집단의 부모에 비해 10명 이상의 부하직원을 가지는 직업(45.8%)과(χ^2 = 4.11, df = 1, p < .05) 경영진 또는 임원이었던 비중(24.7%)이 유의하게 높았다(χ^2 = 9.61, df = 1, p < .01). 그렇지만 부모가 종업원 수가 50인 이상의 기업에서 근무하거나 자영업, 전문직에 종사하는 비율은 두 집단 간 차이가 없었다. 반면 경력법률가 집단의 경우 사법연수원 34기 이후와 33기 이전 법률가들의 부모의 직업은 많은 차이를 보였다. 34기 이후 법률가의 부모들의 직업비중은

[35] 미국의 AJD 결과도 부모의 학력과 관련해 우리와 매우 유사한 모습을 보이고 있다. 응답 법률가의 부모 중 절반 이상이 대학 이상의 학력을 가졌으며, 대학원 이상의 비중은 25%에 달하였다. AJD II, *supra* note 20, p. 20.

[36] 조사대상 세 집단의 평균연령을 기준으로 보면 부모의 연령대는 55세부터 64세 사이로 추정된다. OECD가 보고한 2012년 기준 한국의 교육지표에 따르면 동 연령대에서 중졸 이하는 52%, 고졸은 34%, 전문대졸은 2%, 대졸 이상은 11%로 나타났다. OECD, Education at a Glance 2014: OECD Indicators, http://www.oecd.org/edu/Education−at−a−Glance−2014.pdf, p. 44.

| 표 1-8 | 응답자 고등학교 졸업 시 부모의 학력 |

	아버지					어머니				
	로스쿨	40기~ 43기	34기~ 43기	33기 이전	전체	로스쿨	40기~ 43기	34기~ 43기	33기 이전	전체
초졸 이하	2%	7.1%	10.2%	18.4%	8.2%	4.6%	7.7%	15.0%	36.0%	13.4%
중졸	3%	4.4%	6.6%	14.9%	6.3%	7.6%	12.1%	12.3%	13.7%	11.1%
고졸	24%	23.1%	25.2%	22.4%	23.8%	32.8%	34.3%	31.3%	29.7%	32.4%
전문대졸	3.6%	2.4%	1.3%	2.3%	2.5%	3%	3%	2.6%	2.3%	2.8%
대졸	39.8%	39.1%	36.7%	31.6%	37.5%	41.1%	35.4%	33.0%	16.6%	33.3%
석사졸업	15.5%	14.6%	12.4%	6.3%	12.9%	8.9%	5.4%	4.4%	1.7%	5.6%
박사졸업	12.2%	9.2%	7.5%	4.0%	8.8%	2%	2%	1.3%	0.0%	1.5%
응답자 (무응답제외)	304	294	520	174	998	302	297	523	175	1001

50인 이상의 기업 근무, 경영진 혹은 임원, 전문직 등 모든 항목에 있어 33기 이전 법률가의 경우보다 높았다. 요컨대 젊은 법률가의 부모의 사회경제적 배경이 경력 법률가에 비해 높은 것으로 확인되었다.

  결국 법률가 집단의 부모는 대체로 고학력이고 안정적인 직업을 갖고 있으며, 이 점에 있어 특히 로스쿨과 연수원 두 집단 간 차이는 크게 나타나지 않았다. 그러나 젊은 법률가 집단과 경력법률가 사이에는 유의한 차이를 확인할 수 있었다. 전자의 부모가 더 고학력이고 안정된 직업을 갖는 것으로 확인되었다. 우리 사회가 최근 50년 고도성장을 이룩하면서 개개인의 교육수준과 생활수준이 급격히 신장해 왔기 때문에 부모의 사회경제적 배경의 변화는 이를 반영한 것으로 볼 수 있다. 그리고 법률가 집단의 부모는 특히 이런 사회경제적 배경의 성장 변화를 전형적으로 보여준다. 사법연수원 출신 법률가들의 경우 연수원 기수 34기를 기점으로 차이가 확연히 나타났다. 즉, 부모직업, 가족 중 법률가 여부에 관해서는 연수원 33기 이전, 34기 이후(34기~43기), 40기 이후(40기~43기) 순으로 로스쿨과 유사한 방향으로 진행되는 추세를 발견할 수 있다. 사법연수원 34기 이후의 시점부터는 합격자의 부모의 사회적 배경이 최근 로스쿨 졸업자나 사법연수원 수료자와 비교할 때 큰 차이를 보이지 않았다.

	로 스 쿨	40기~43기	34기~43기	33기 이전	전 체 %	전 체 n
50인 이상의 기업에서 근무	39.6%	40.0%	37.0%	26.9%	36.9%	376
10명 이상 부하직원	45.8%	37.7%	33.5%	27.5%	37.4%	381
자영업 운영	39.0%	33.0%	34.8%	29.7%	34.5%	353
경영진 또는 임원	24.7%	14.7%	14.8%	9.9%	16.9%	172
의사, 변호사 등 전문직	18.5%	16.7%	13.5%	7.7%	14.9%	152

표 1-9 응답자 고등학교 졸업 시 부모의 직업

주) 고등학교 졸업 시점을 기준으로 부모 중 한 명의 직업이 해당 항목과 일치하는 응답자의 비율로, 열의 방향으로 중복이 가능하다.

(3) 가족 중 법률가 여부

법률가 전체를 놓고 볼 때 부모 중 법률가가 있는 경우는 3.4%, 가족(부모, 배우자, 형제, 자매) 중 법률가가 있는 비중은 8.9%였다. 또한 가족 및 친척 중 법률전문가가 있다는 비중은 30.3%에 달했다.[37] 그러나 집단별로 법률가가 부모(χ^2 = 2.65, df = 2, p = .26), 가족(χ^2 = 1.63, df = 2, p = .44), 가족 및 친척(χ^2 = 4.70, df = 2, p = .10) 중 법률가가 있는지 여부를 보면, 집단 간 유의한 차이를 발견할 수 없었다. 34기를 기준으로 경력법률가 집단을 구분하여 살펴보아도, 로스쿨 출신 집단이 다른 집단에 비해 가족 중 법률 전문가가 많다고는 할 수 없다. 부모 중 법률 전문가가 있다고 응답한 비율이 사법연수원 34기 이후에 그 이전 세대에 비해 증가하는 추이를 보이나, 이는 통계적으로 유의한 차이는 아니었다(χ^2 = 4.11, df = 2, p = .13).

이상의 결과를 종합하면, 로스쿨 제도의 도입으로 유복한 가정환경 출신, 혹은 법률가 집안 출신이 로스쿨에 입학한다고 말하기는 어렵다. 로스쿨 출신 법률가와 동시대에 사법연수원 출신 법률가의 사회경제적 배경은 큰 차이가 없는 것으로 나타났다. 그러나 로스쿨이든 사법연수원이든 최근 세대 법률가들은 이전 세대의 경력법률가 집단과 비교할 때 부모의 사회경제적 수준이 유의한 수준에서 높은 것으로 확인되었다. 특히 사법연수원 합격자생 수가 1,000

---

37) 부모, 가족, 친척 중 법률가 비중을 비법률가 집단과 비교해 어떤 수준에 있는 것인지는 비교자료의 미비로 단언하기는 어렵다.

표 1-10	부모, 가족, 친척 중 법률가가 있는지 여부

	로 스 쿨	40기~43기	34기~43기	33기 이전	전 체	
					%	n
부모 중 법률 전문가 있다	3.6%	4.7%	3.0%	1.6%	3.4%	35
가족 중 법률 전문가 있다	8.4%	10.7%	8.7%	7.1%	8.9%	91
가족 및 친척 중 법률 전문가 있다	26.3%	29.7%	33.0%	34.6%	30.3%	309

명으로 증가한 사법연수원 33기를 전후로 부모의 사회경제적 배경의 차이가 뚜렷이 나타나는 추세를 보였다. 결국 법률가의 사회경제적 배경으로 간주할 수 있는 부모의 고소득화와 고학력화 현상은 지난 50년간 꾸준히 진행되어 온 인구의 고학력화 현상과 관련된 것이며, 특히 로스쿨 출신이든 사법연수원 출신이든 관계없이 젊은 법률가 집단의 부모에게 강조되어 나타난 현상이지, 로스쿨 제도의 도입과 직접적으로 관련이 있다고 보기 어렵다.

(4) 학자금 조달

로스쿨의 등록금이 과하다는 비판은 '돈스쿨' 논쟁의 핵심이다. '돈스쿨'의 부정적 폐해는 두 가지 측면에서 살펴볼 수 있을 것이다. 첫째, 로스쿨의 학비가 비싸서 가난하고 능력 있는 법률가 지망생들의 진입을 가로막느냐는 것이다. 둘째, 이러한 비싼 학비부담 때문에 많은 학생들이 등록금을 마련하기 위해 대출을 하게 되고, 또한 대출금 상환 부담 때문에 상대적으로 급여가 낮은 공적 부문 등 애초에 본인이 희망하는 직역으로 진출하지 못하도록 하느냐는 것이다.

로스쿨 집단의 학자금 조달 경로를 살펴보면, 각 해당 경로를 경험한 응답자의 수는 로스쿨 수여 장학금이라는 응답이 79.5%로 가장 많았고, 이어서 가족/친족 지원이 74.4%로 그 뒤를 이었다. 이 밖에 본인예금, 정부대출, 금융권 대출이라는 응답이 상대적으로 많았다. 따라서 대다수의 학생들이 로스쿨 장학금을 수여받은 바 있고, 또한 가족과 친족으로부터의 재정적 지원을 받고 있는 것으로 나타났다.

학자금 조달 경로별로 전체 학자금에서 평균적으로 차지하는 비중을 살펴보면, 비중이 가장 높은 경로는 가족/친족 지원으로 38.07%를 차지했고, 이어서 로스쿨 수여 장학금이 33.79%로 그 뒤를 이었다. 이 밖에 본인예금(9.15%), 정부대출(9.38%) 응답이 상대적으로 많았다.

표 1-11   학자금 조달경로 및 조달 비중

	해 당	평균비중
학기 중 인턴 또는 취업(유급 인턴십 포함)	9.42%	1.38%
법학전문대학원으로부터 대출	3.25%	0.27%
법학전문대학원 수여 장학금	79.55%	33.79%
정부대출	26.30%	9.38%
정부 수여 장학금	2.27%	0.37%
금융권 대출	19.48%	3.10%
민간 수여 장학금	8.77%	2.15%
가족(배우자 제외)이나 친족으로부터 지원	74.35%	38.07%
배우자 지원	8.77%	1.71%
본인의 예금	42.21%	9.15%
기타	1.95%	0.63%

주) 복수응답 가능. 평균비중은 전체 학자금을 100%로 했을 때, 해당 경로가 차지하는 비중임.

학자금 대출 경험에 대해 조사한 결과, 대출경험이 있다는 응답은 전체의 36.4%로 나타났으며, 대출액 규모는 평균 2,957만원으로 조사되었다.[38] 부모의 학력이 낮을수록 학자금 대출경험이 많았던 것으로 나타났다. 규모별로는 1천~3천만원 미만이라는 응답이 37.5%로 가장 많았으며, 이어서 3천만원~5천만원 미만(28.6%)이었으며, 5천만원 이상 고액 대출자는 15.2%, 1천만원 미만 소액 대출자는 14.3%로 조사되었다. 미상환 대출금은 평균 1,661만원으로 조사되었고, 평균 상환기간은 4.14년으로 나타났다.

위의 결과들은 법학전문대학원의 학비부담이 높아져 부모나 가족으로부

---

38) 반면 미국의 AJD 조사에 의하면 85% 정도가 대출경험이 있다고 응답하였으며 평균 대출금 규모는 $70,000에 달하였다. 또한 부모나 가족으로부터 지원받는 경우는 13%에(아시아계는 22%로 가장 높은 수준) 불과하였다. AJD I, *supra* note 20, pp. 71~73.

| 표 1-12 | 부모 학력별 학자금 대출 경험 |

전 체	부 고졸 이하	부 전문대~대졸	부 대학원 이상
36.4%	45.5%	37.1%	23.8%
	모 고졸 이하	모 전문대~대졸	모 대학원 이상
	46.3%	29.3%	24.2%

터 지원을 받거나 학자금 대출을 하는 등 다양한 방식의 재정지원이 필요하다는 사실을 보여준다. 이 점은 미국의 로스쿨과 비교해 봐도 사정이 비슷하다. 그러나 학자금 조달경로와 비중에서 장학금이 차지하는 비중이 매우 높다는 사실은 미국과 큰 차이를 보인다.[39] 따라서 로스쿨의 학비가 과거 법과대학보다 증가하여 부담이 되는 것은 사실이지만 상대적으로 높은 수준의 장학금 혜택이 있어 재정적 형편이 어려운 법률가 지망생들에게 커다란 진입장벽이 생겼다고 보기는 어렵다. 현재에도 경제적·사회적 약자를 위한 특별전형 및 장학금 수여를 실시하고 있고,[40] 앞으로 개개 로스쿨들이 보다 적극적으로 이러한 제도를 시행한다면 오히려 법률가의 문호를 과거보다 다양하게 넓히는 방향으로 발전될 수 있을 것이다.

적지 않은 수의 학생들이 로스쿨 교육을 위한 대출을 하였지만 평균액수나 상환 소요기간을 볼 때 큰 부담을 느끼고 있지는 않는 것으로 보인다. 또한 대출 상환금 부담이 법률가의 직역 선택에 영향을 끼쳤다고 볼 수는 없을 것 같다. 로스쿨 출신 집단 법률가들이 현 직장 선택 시 고려한 사항을 보면 '학자금 대출 상환을 위한 충분한 연봉', '학자금 대출상환 지원 또는 학자금 대출변제 프로그램 제공 여부'에 대한 항목은 가장 중요하지 않은 것으로 나타났다. 아울러 사적부문에 취직한 응답자와 공적부문에 취직한 응답자를 구분하여 각각의 직업선택에 중요한 영향을 미친 요인을 물어본 결과 양자 간의 응답에서 유의한 차이를 보이는 요인은 '중장기적 소득에 대한 기대'(t = −2.64,

---

39) AJD 조사에 의하면 응답자들의 로스쿨의 장학금 수혜비중은 7%에 지나지 않았다. AJD I, *supra* note 20, p. 73.

40) 국내 로스쿨의 2009년부터 2011년까지 등록금 대비 장학금 지급 비율은 43.5%이고, 특별전형 입학자의 93.5%가 장학금을 수혜했으며, 86.5%는 전액장학금을 수여한 것으로 나타났다. 김창록, *supra* note 6, 201면.

df = 37.42, p < .05), '특정 법률분야에 대한 관심'(t = 2.32, df = 40.46, p < .05), '일과 개인적 삶의 균형'(t = 2.03, df = 38.44, p < .05), '사회적 공헌'(t = 2.73, df = 37.70, p < .01), '해당 분야에 대한 명성'(t = 2.70, df = 40.88, p < .01), '향후 경력이동 기회'(t = 3.09, df = 46.18, p < .01)였다. 따라서 학자금 대출상환에 대한 부담 때문에 공적부문을 기피하는 현상은 아직 나타나지 않고 있는 것으로 보인다.

표 1-13 현 분야 선택 시 고려한 항목

	로스쿨 전체	사적 부문 (n = 276)	공적 부문 (n = 32)
중장기적 소득에 대한 기대	4.52	<u>4.60</u>	3.81
특정 법률 분야에 대한 관심	4.67	4.60	<u>5.25</u>
학자금 대출 상환을 위한 충분한 연봉	2.83	2.88	2.41
학자금 대출 상환 지원 또는 학자금 대출 변제 프로그램 제공 여부	1.63	1.59	1.94
전문지식 개발을 위한 기회	5.02	4.97	5.38
일과 개인적 삶의 균형에 대한 기대	4.60	4.53	<u>5.19</u>
사회적 공헌을 할 수 있는 기회	3.91	3.82	<u>4.69</u>
해당 분야에 대한 명성	4.46	4.38	<u>5.13</u>
향후 경력 이동에 대한 기회	4.85	4.78	<u>5.47</u>
기타	3.68	3.68	3.69

3. 법학 교육 및 법률가 양성제도에 대한 평가

(1) 로스쿨 교육에 대한 만족도

법학교육의 수요자인 로스쿨 및 연수원 졸업자들에게 그들의 교육과정에 대한 경험과 평가를 물어서 로스쿨 교육의 성과를 검토할 수 있다. 로스쿨 법학교육에 대한 만족도를 기준으로 볼 때, 로스쿨 체제 출범 후 지난 6년 동안 교육과정은 어느 정도 틀이 잡혀가고 있는 것으로 평가된다. 로스쿨 출신 법률가들의 로스쿨 교육에 대한 만족도는 높은 편이었다(5점 척도에 3.67). 교육에 대해 만족했다는 응답이 67.2%에 달했고(대체로 만족 55.5%, 매우 만족 11.7%), 만족하지 않는다는 응답은 9.7%에 불과했다. 만약 법학전문대학원 생활을 다시 시작한다고 가정할 경우, 출신 로스쿨로 재입학할 것이라는 응답도 높은 편(67.5%)이어서 출신학교별 편차는 있지만 대체적으로 만족도가 높았다.[41]

표 1-14 법학전문대학원 만족도

	개체 수	비 율
전혀 만족하지 않는다	6	1.9%
별로 만족하지 않는다	24	7.8%
보통이다	71	23.1%
대체로 만족한다	171	55.5%
매우 만족한다	36	11.7%
Total	308	100%
		평균 만족도
법학전문대학원 평균		3.67

(2) 교육과정 중 활동경험

교육과정 중의 과외 활동경험을 보면 로스쿨 교육이 사법연수원 교육보다 다양한 것으로 나타났다. 법률가로서의 교육과정 중 활동경험을 살펴본 결과, 전반적으로 로스쿨 집단이 연수원 집단에 비해 각 항목별 활동경험이 많은 것으로 나타났다. 로스쿨 집단의 경우 모의재판, 법률상담, 법학학술지(로리뷰) 등 실무와 직접적인 연관이 있는 법률관련 활동에 경험빈도가 높게 나타난 반면, 연수원 집단의 경우 네트워크에 용이한 동문회나 학회활동에 경험빈도가 높은 것으로 조사되었다.

---

41) 최근 미국에서도 로스쿨 교육에 대해 비판적인 시각이 팽배해 있지만, 실제로 로스쿨 학생들을 대상으로 조사한 결과에 따르면 교육 만족도는 높은 편으로 나타나고 있다. LSSSE, *supra* note 21.

표 1-15	과외 활동경험

구 분	활동경험 있음	
	로스쿨집단 308명 (변호사시험 1~3회)	연수원집단 300명 (사법연수원 40~43기)
논문공모 응시	16.9%	1.0%
자치회 활동(학생회)	29.2%	18.0%
시민단체	9.1%	5.3%
동문회	30.2%	82.3%
공익 법률기관, 인권보호 단체 등	19.8%	18.7%
학회활동		61.3%
법학학술지 로리뷰	29.9%	
모의재판	69.8%	
무료법률 상담	33.8%	
정당	1.3%	
기타	5.2%	5.7%

(3) 교우관계

로스쿨 집단과 연수원 집단의 교육과정 동안 동료/선후배 등 교우관계에 대한 평가를 조사한 결과, 7점 척도에서 로스쿨 집단의 평가가 전체 평균 4.87 점, 연수원 집단은 4.50점으로 대체로 교우관계에 대해 긍정적인 평가를 하고 있었다. 항목별로는 로스쿨 집단의 경우, '구직활동에 도움이 된다', '불평등도 존재한다'라는 진술에 대해 대체로 동의하는 모습을 보인 반면, '협력적이다', '경력에 도움이 될 것이다'라는 진술에는 상대적으로 동의의 정도가 낮았다. 연수원 집단의 경우, '평등한 편이다', '불평등도 존재한다'라는 진술에 대해서는 높은 동의의 정도를 보인 반면, '향후 나의 경력에 도움이 될 것이다', '경쟁적인 측면도 존재한다'라는 진술에 대해서는 동의의 정도가 상대적으로 낮았다.

이를 통해 추론해 보면 로스쿨 집단의 교육환경이 다소 경쟁적이고 교우관계에서 불평등한 측면도 있는 것으로 보인다. 다만 응답자들의 "평등"에 관한 의미가 사회경제적인 불평등인지 아니면 출신학부별 그룹화 등이 이루어져

표 1-16	법학전문대학원 및 사법연수원의 교우관계	로 스 쿨	사법연수원
	법학전문대학원(사법연수원)에서의 교우관계는 협력적이다	4.68	5.31
	법학전문대학원(사법연수원)에서 친구 및 선후배 간에는 경쟁적인 측면도 존재한다*	5.39	5.42
	법학전문대학원(사법연수원)에서 교우관계는 평등한 편이다	4.81	5.23
	법학전문대학원(사법연수원)에서 친구 및 선후배 간에는 불평등도 존재한다*	3.69	3.32
	법학전문대학원(사법연수원)에서의 교우관계는 나의 개인적 발전을 위해 필요하다	5.24	5.43
	법학전문대학원(사법연수원)에서의 교우관계는 나의 구직활동에 도움이 되었다	4.06	4.19
	법학전문대학원(사법연수원)에서의 교우관계는 향후 나의 경력에 도움이 될 것이다	5.18	5.18

주) * 표시를 한 항목은 점수가 높을수록 부정적 의미를 가짐.

상대적 위화감을 느끼는지에 대해서는 향후 심층면접 등을 통해 면밀히 분석될 필요가 있다.

(4) 교육과정에 대한 평가

로스쿨 집단과 연수원 집단이 각각 법학전문대학원과 사법연수원의 교육에 대해 어떻게 평가하고 있는지를 비교해 보면 양 집단 공히 높게 평가하고 있음이 나타났다. 양쪽 모두 법률가로서 경력을 잘 준비할 수 있도록 교육을 제공하고 있다고 평가했다.

법학수학기간이 짧다는 항간의 인식과는 달리 실제 로스쿨 집단 법률가들은 수학기간이 충분하다고 평가했다는 점은 주목할 만하다. 반면 '실무교육과 실습기회'의 측면에서 상대적으로 부정적으로 평가하여 이 부분의 개선을 요구하고 있는 것으로 나타났다.

표 1-17 교육과정 전반적 평가

교육요소별 도움정도(전혀 동의하지 않는다 1 ~ 매우 동의한다 7)

로스쿨집단 (n = 308)	7점 척도 평균(점)	연수원집단 (n = 300)	7점 척도 평균(점)
법학전문대학원은 내가 법률가로서의 경력을 잘 준비할 수 있도록 교육을 제공했다	4.95	사법연수원은 내가 법률가로서의 경력을 잘 준비할 수 있도록 교육을 제공했다	5.39
법학전문대학원은 이론 중점의 교육을 제공하여, 실무에 도움이 되지 않았다*	3.04	사법연수원은 판사 양성 중심의 교육을 제공하여, 변호사 실무에 도움이 되지 않았다*	3.54
변호사 시험과목은 실제 업무와 연관성이 높다	4.64	사법연수원은 검사 양성 중심의 교육을 제공하여, 변호사 실무에 도움이 되지 않았다*	3.41
나는 법학전문대학원에서 더 많은 실무 교육, 실습을 받고 싶었다*	4.35	나는 사법연수원에서 더 많은 변호사 실무 교육, 실습을 받고 싶었다*	4.64
3년의 법학전문대학원 수학기간은 부족하다*	2.97	2년의 사법연수원의 수학기간은 부족하다*	2.34
법학전문대학원의 교수 및 강사는 충분한 학문적 지도와 조언을 제공했다	4.69	사법연수원의 교수 및 강사는 충분한 학문적 지도와 조언을 제공했다	5.32

주) * 표시를 한 항목은 점수가 높을수록 부정적 의미를 가짐.

(5) 교육 분야별 만족도

교육 분야별 교육 만족도에 있어서도 로스쿨 집단의 평가는 연수원 집단의 사법평가와 비교해도 대체적으로 긍정적이었다. 교육과정이 법률가로 경력을 준비하는 전문지식을 쌓는 데에 얼마나 중요한 역할을 했는지 전문지식 유형별로 평가한 결과, 전체 전문지식 항목의 평균을 기준으로 했을 때, 로스쿨 집단이 7점 만점 평균 기준 4.23점, 연수원 집단은 전체 평균 3.77점으로 평가하고 있었다. 항목별로는 로스쿨 집단의 경우, 민사법, 형사법, 상사법, 계약법/물권법/채권법에 대한 전문지식 교육 만족도는 상대적으로 높게 나타난 반면, 환경법, 국제법, 조세법, 국제거래법에 대한 교육 만족도는 상대적으로 낮은 평가를 받았다. 연수원 집단의 경우, 민사법, 형사법, 계약법/물권법/채권법에 대한 전문지식 교육 만족도는 상대적으로 높게 나타난 반면, 국제법, 국제

| 표 1-18 | 법 분야별 전문지식 교육 만족도 | | |

구분 (전혀 중요하지 않았다 1 ~ 매우 중요했다 7)	7점 척도평균(점)	
	로스쿨집단(n = 308)	연수원집단(n = 300)
전문지식 교육 만족도(항목평균)	4.23	3.77
공법, 헌법	4.77	3.21
민사법	5.64	6.06
형사법	5.37	5.86
상사법	5.31	4.23
계약법, 물권법, 채권법	5.57	5.49
국제법	3.23	2.88
국제거래법	3.31	2.84
노동법	3.83	3.06
조세법	3.29	2.98
경제법	3.73	3.13
환경법	3.07	2.73
지적재산권법	3.60	3.01
가족법	4.28	3.58
법조윤리	4.22	4.26

거래법, 환경법에 대한 교육 만족도는 상대적으로 낮았다.

이를 놓고 볼 때 로스쿨 집단과 연수원 집단 공히 기본법 중심의 과목에 대한 만족도가 높았다는 사실은 두 가지 측면에서 해석될 수 있다. 첫째, 응답자들이 교육분야별 만족도를 실제 업무와 얼마나 연관이 되느냐로 이해하고 답했을 수 있다.[42] 둘째, 로스쿨 도입의 취지와는 다르게 현재 법학전문대학원 내에서 특성화 교육이 의미 있게 진행되고 있지 않다고 볼 수 있다.

---

[42] 실제 설문문항은 "귀하가 법률가로서 경력을 준비함에 있어, 법학전문대학원/사법연수원의 교육은 다음 분야에 대한 전문지식을 쌓는데 얼마나 중요한 역할을 했는지 평가해 주십시오" 이었다.

(6) 직무역량 신장과 관련한 만족도

법학전문대학원 및 사법연수원의 교육과정이 법률가의 직무적 역량을 키우는 데 충분한 교육을 제공했는지 항목별로 평가한 결과, 연수원 집단이 7점 만점에 평균 4.63점, 로스쿨 집단은 평균 4.25점으로 두 집단 모두 중간 이상의 대체로 긍정적인 만족도를 보이는 가운데, 연수원 집단의 평가 점수가 높게 나왔다.

항목별로는 로스쿨 집단의 경우, 판례 등 기타 법률 지식, 법률적 분석/추론 능력, 문제 해결 능력 역량에 대한 교육 만족도는 상대적으로 높게 나타난 반면, 협상력, 국제적 역량을 키울 기회, 계약 관련 업무에 대한 친숙도 교육 만족도는 상대적으로 낮았다.

연수원 집단의 경우에도 판례 등 기타 법률 지식, 법률적 분석/추론 능력, 문제 해결 능력에 대한 교육 만족도가 높게 나타난 가운데, 법적인 글쓰기 능

표 1-19 직무역량 신장을 위한 항목별 교육 만족도

구분 (전혀 만족하지 않는다 1 ~ 매우 만족한다 7)	7점 척도평균(점)	
	로스쿨집단(n = 308)	연수원집단(n = 300)
직무역량 교육 만족(항목평균)	4.25	4.63
판례 기타 법률 지식	5.21	5.69
법률적 분석, 추론 능력	5.04	5.50
문제 해결 능력	5.00	5.43
법적인 글쓰기 능력	4.94	5.58
변론 능력	3.84	4.46
계약 관련 업무에 대한 친숙도	3.66	3.77
협상력	3.30	3.28
직업윤리관 및 윤리적 판단력	4.23	4.45
팀워크 역량, 협동심	4.11	4.45
국제적 역량을 키울 기회	3.43	3.14
예절	3.99	5.17

력에 대한 교육 만족도도 상대적으로 높은 편으로 조사된 반면, 역시 마찬가지로 국제적 역량을 키울 기회, 협상력, 계약업무에 대한 친숙도에 대한 교육 만족도는 상대적으로 낮아 전반적으로 두 집단이 모두 비슷한 경향을 보였다.

(7) 교육요소별 만족도

법학전문대학원 및 사법연수원의 교육과정이 법률가로서 경력을 준비하는 데에 얼마나 도움이 되었는지 교육요소별로 평가한 결과, 항목 평균을 기준으로 교육과정 전반을 평가했다. 다만 평가항목이 상이하기 때문에 양 집단을 일률적으로 비교하기는 어려운 것이 사실이다.

항목별로는 로스쿨 집단의 경우, 수업 커리큘럼, 법률적 글쓰기에 대한 교육, 법학전문대학원만의 특별 강좌에 대한 도움 정도 평가는 상대적으로 높게 나타난 반면, 리걸 클리닉, 해외 연수 기회 제공, 공익활동의 경우 상대적으로 도움 정도의 평가가 낮은 것으로 나타났다.

연수원 집단의 경우, 형사재판실무 원내교육, 검찰실무수습, 법원실무수

표 1-20 교육요소별 도움정도

교육요소별 도움정도(전혀 도움이 되지 않았다 1 ~ 매우 도움이 되었다 7)			
로스쿨집단 (n = 308)	7점 척도 평균(점)	연수원집단 (n = 300)	7점 척도 평균(점)
수업 커리큘럼	5.06	원내교육 중 민사, 형사재판실무	5.60
리걸클리닉(legal clinic)	3.76	원내교육 중 검찰실무	5.20
귀하의 법학전문대학원만의 특별 강좌	4.56	원내교육 중 민사, 형사변호사실무	4.95
학기 중 취업 기회 제공	3.69	명사 특강	3.61
해외 연수 기회 제공	2.72	세법, 중국법 등 특별법 전공과목들	3.95
학기 중 인턴십	3.92	법원실무수습	5.21
법률적 글쓰기에 대한 교육	4.54	검찰실무수습	5.72
개인 생활 지도 및 심리 상담	3.66	변호사실무수습	4.77
기타	3.67	전문기관 연수	4.20
공익활 (pro bono 활동 포함)	2.96	사회봉사 활동	4.06
법조윤리에 대한 교육	3.71	법조윤리에 대한 교육	3.70

습, 검찰실무 원내교육에 대한 도움정도 평가가 상대적으로 높게 나타난 반면, 법조윤리에 대한 교육, 명사특강에 대한 만족도는 상대적으로 낮았다.

(8) 취업 시 영향

응답자들이 현 직장에 취업 시 무엇이 중요하게 영향을 끼쳤느냐를 살펴보면 로스쿨 교육내적 요소와 외적요소의 상대적 중요성을 평가할 수 있을 것이다.

현 직장 채용합격 시 작용요인의 항목별 고려정도(중요도)를 자기 평가 기준으로 살펴보면, 기타 개인 능력과 졸업대학이라는 응답이 각각 4.34점, 4.33점으로 가장 높았고 이어서 졸업 로스쿨 명성 순위(4.04점), 로스쿨 및 연수원 성적(4.01점), 이전 직장 경력(3.66점), 이전 근무 경험 유무(3.58점), 성별(3.26점), 학연(2.70점), 인맥(2.60점) 등의 순으로 높게 나타났다.

표 1-21 취업 시 가장 영향을 많이 미친 요소

	전　체	로 스 쿨	연 수 원
법학전문대학원(사법연수원) 성적	4.01	3.82	4.39
모의재판 참여 활동 및 논문 발표 실적	2.08	2.58	1.88
졸업한 대학교(학부)의 명성, 순위	4.33	4.61	4.42
현재 직장에서의 이전 근무 경험 유무	3.58	3.92	3.08
이전 직장 경력	3.66	4.05	3.08
고객(의뢰인) 유치능력	2.44	2.61	2.10
교수 추천	1.97	2.50	1.78
개인적 인맥(가족, 친구, 동료)	2.60	2.81	2.35
학연(대학, 고등학교 등)	2.70	2.86	2.55
석사 이상의 학위	2.17	2.91	1.73
성별	3.26	3.54	3.45
외모	3.04	3.40	3.21
기타 개인 능력	4.34	4.76	4.25
졸업한 법학전문대학원의 명성 및 순위	4.04	4.04	해당없음

응답자 특성별로는 연수원 집단에서는 연수원 성적, 출신학부의 명성 등
이 상대적으로 중요한 요인으로 작용했다고 응답한 의견이 많았던 반면, 로스
쿨 집단에서는 개인적 능력, 출신학부의 명성, 모의재판/논문 발표경험, 이전
직장 경력과 이전 근무 경험이 상대적으로 중요한 요인으로 작용했다는 응답
이 높게 나타났다.

4. 경력법률가의 로스쿨 출신 및 연수원 출신 법률가에 대한 평가

로스쿨 출신 법률가와 사법연수원 졸업 법률가에 대해 경력법률가들은
어떻게 평가하고 있는지 알아보기 위해 경력법률가 집단에게 두 집단에 대한
능력, 자질, 인성 등을 물어 보았다. 이러한 비교 평가는 어느 집단이 능력이나
자질, 인성 면에서 우월한지를 보고자 한 것이 아니고, 또한 어느 교육제도가
우월한지를 평가하고자 한 것도 아니다. 엄밀한 의미에서 법률 서비스에 대한
평가는 동료 법률가의 평가와 더불어 직접 수요자인 의뢰인의 평가를 얻어서
종합해야 타당할 것이다. 또한 향후 사법시험 제도가 폐지되고 법학전문대학
원제도로 법학 교육 제도가 일원화되면 이러한 두 집단 간의 비교는 무의미하
게 될 가능성이 높다. 따라서 로스쿨 교육을 통해 배출된 법률가에 대한 평가
를 사법연수원 출신 법률가에 대한 평가와 비교해서 검토하는 이유는 법학전
문대학원 제도가 표방하는 '새로운 법률가'적 자질이 얼마나 실제에서 구현되
고 평가받고 있는가를 살펴보고, 앞으로의 제도개선에 관한 시사점을 찾고자
하는 데 있다.

평가항목은 각 집단 법률가들에 대한 전반적 평가, 법률가로서의 직무역
량에 대한 평가, 그리고 인성에 대한 평가 등 세 분야였다. 또한 평가자의 대
상에 대한 친숙도를 통제하기 위해 직장 안에서 함께 일을 해본 법률가에 대
한 평가와 직장 밖에서 경험한 법률가에 대한 평가를 병행했다.

(1) 전반적 평가

경력법률가 집단의 전반적 평가를 보면, 직장 내에서 경험한 법률가들에
대한 평가가 직장 외에서 경험한 법률가들보다 긍정적인 것으로 나타났다. 직

표 1-22 법률가 평가: 평가집단(n = 412) / 단위: 7점 평균(점)

구분 (전혀 동의하지 않음 1 ~ 매우 동의함 7)	전체	직장 내 법률가		직장 외 법률가	
		로스쿨집단	연수원집단	로스쿨집단	연수원집단
전반적 평가(항목평균)	4.47	4.65	4.99	3.58	4.67
회의, 재판 등 약속 시간을 잘 지킨다	4.79	5.19	5.13	3.99	4.84
의사소통을 명확하게 한다	4.44	4.63	5.01	3.37	4.74
타인의 의견을 귀담아 듣는다	4.51	4.87	4.96	3.57	4.63
타인의 비판을 잘 수용한다	4.34	4.61	4.77	3.52	4.44
업무를 제시간에 끝낸다	4.21	3.99	4.97	3.21	4.66
팀워크에 협동적이다	4.41	4.50	4.93	3.67	4.53
열정적으로 직무를 수행한다	4.53	4.66	5.01	3.75	4.70
예절을 잘 지킨다	4.55	4.71	5.17	3.55	4.78

표 1-23 법률가 평가: 평가집단(n = 412) / 단위: 7점 평균(점) −40세 이상/이하

구분 (전혀 동의하지 않음 1 ~ 매우 동의함 7)	전체	평가40세 미만 (N = 194)				평가40세 이상 (N = 218)			
		직장내		직장외		직장내		직장외	
		로스쿨	연수원	로스쿨	연수원	로스쿨	연수원	로스쿨	연수원
전반적 평가(항목평균)	4.47	4.22	4.92	3.31	4.81	5.11	5.07	3.90	4.50
회의, 재판 등 약속 시간을 잘 지킨다	4.79	4.70	5.01	3.80	4.94	5.27	5.72	4.21	4.72
의사소통을 명확하게 한다	4.44	4.24	4.88	3.11	4.87	5.06	5.14	3.68	4.58
타인의 의견을 귀담아 듣는다	4.51	4.43	4.84	3.26	4.76	5.34	5.10	3.95	4.49
타인의 비판을 잘 수용한다	4.34	4.21	4.72	3.26	4.58	5.05	4.82	3.84	4.26
업무를 제시간에 끝낸다	4.21	3.62	4.92	3.07	4.88	4.39	5.03	3.39	4.39
팀워크에 협동적이다	4.41	4.08	4.91	3.39	4.67	4.96	4.96	4.00	4.37
열정적으로 직무를 수행한다	4.53	4.29	4.92	3.52	4.77	5.05	5.11	4.03	4.62
예절을 잘 지킨다	4.55	4.14	5.18	3.09	4.97	5.31	5.17	4.11	4.56

장 내와 직장 외를 막론하고 연수원 집단이 로스쿨 집단보다 대체로 긍정적인 평가를 받았다. 항목별로 보면 '회의, 재판 등 약속 준수'는 로스쿨 집단이 긍정적 평가를 받은 반면, 나머지 항목들에서는 연수원 집단이 상대적으로 더 긍정적인 평가를 받았다.

같은 직장 내에서 평가자의 나이를 기준으로 구분해 본 바에 따르면 40세 미만 경력법률가 집단에서는 모든 항목에서 연수원 집단을 유의하게 높게 평가했다. 그러나 40세 이상 경력법률가 집단에서 로스쿨 집단과 연수원 집단을 평가한 결과를 보면 유의한 차이를 보이는 항목은 2개, 즉 '회의, 재판 등 약속 준수'에서는 로스쿨 집단이 우수했지만($t = 3.46$, $df = 299.34$, $p < .001$), '업무를 제 시간에 끝냄'에서는 연수원 집단이 우수했고($t = -4.24$, $df = 274.97$, $p < .001$), 나머지 항목에서는 유의한 차이를 보이지 않았다. 따라서 파트너급 이

표 1-24 법률가 직무역량 평가: 평가집단($n = 412$) / 단위: 7점 평균(점)

구분 (매우 부족함 1 ~ 매우 뛰어남 7)	전체	직장 내 법률가		직장 외 법률가	
		로스쿨집단	연수원집단	로스쿨집단	연수원집단
역량 평가(항목평균)	3.95	3.64	4.80	2.84	4.52
판례 기타 법률 지식	4.00	3.42	5.20	2.55	4.84
법률적 분석/추론 능력	3.95	3.44	5.09	2.49	4.77
문제 해결 및 대안 제시 능력	3.87	3.46	4.86	2.56	4.61
의사소통 능력: 법문서 작성	3.93	3.41	5.13	2.43	4.76
의사소통 능력: 말하기	4.08	3.92	4.84	2.99	4.56
변론능력	3.85	3.46	4.77	2.65	4.52
협상력	3.76	3.55	4.42	2.83	4.23
재판준비(진행)/수사능력	3.87	3.39	4.95	2.60	4.54
윤리적 판단력	4.21	4.05	4.85	3.40	4.52
팀워크 역량/협동심	4.28	4.26	4.90	3.54	4.43
의뢰인 섭외 능력	3.53	3.30	4.00	2.82	4.00
정보 수집 능력	4.10	4.05	4.64	3.26	4.44
국제적 업무 수행 능력	3.80	4.13	3.95	3.20	3.91

상의 경륜을 갖춘 법률가가 같은 직장 내의 로스쿨 및 사법연수원 출신 법률 가에 대해 내린 전반적 평가는 실체적 차이가 없다고 보아야 할 것이다.

(2) 직무역량 평가

직무역량 평가에 있어서 연수원 출신 법률가가 로스쿨 출신 법률가에 비해 대체적으로 긍정적 평가를 받았다(<표 1-24> 참조). 로스쿨 집단이 연수원 집단보다 긍정적 평가를 받은 항목은 '국제적 업무 수행능력'이었다. 평가 항목별로 두 집단의 평가 차이가 가장 큰 항목은 판례 기타 법률 지식, 법률 적 분석/추론 능력, 법문서 작성 능력이었다. 반면 차이가 상대적으로 적은 항 목은 정보수집 능력, 팀워크 역량/협동심, 의뢰인 섭외 능력, 윤리적 판단력

표 1-25   법률가 역량 평가: 평가집단(n = 412) / 단위: 7점 평균(점) – 40세 이상/이하

구분 (매우 부족함 1 ~ 매우 뛰어남 7)	전체	평가40세 미만 (N = 194)				평가40세 이상 (N = 218)			
		직장내		직장외		직장내		직장외	
		로스쿨	연수원	로스쿨	연수원	로스쿨	연수원	로스쿨	연수원
역량 평가(항목평균)	3.95	3.40	4.78	2.59	4.61	3.98	4.69	3.21	4.31
판례 기타 법률 지식	4.00	2.99	5.29	2.13	4.99	3.88	5.11	3.05	4.66
법률적 분석/추론 능력	3.95	3.02	5.16	2.00	4.92	3.89	5.02	3.08	4.58
문제 해결 및 대안 제시 능력	3.87	3.07	4.97	2.15	4.81	3.88	4.74	3.05	4.37
의사소통 능력: 법문서 작성	3.93	2.99	5.25	1.98	4.95	3.85	5.01	2.97	4.52
의사소통 능력: 말하기	4.08	3.65	4.91	2.72	4.72	4.21	4.76	3.32	4.37
변론능력	3.85	3.16	4.81	2.33	4.69	3.78	4.74	3.05	4.31
협상력	3.76	3.30	4.44	2.72	4.41	3.81	4.39	2.97	4.01
재판준비(진행)/수사능력	3.87	3.01	4.96	2.28	4.64	3.79	4.93	2.97	4.42
윤리적 판단력	4.21	3.70	4.91	3.13	4.57	4.43	4.79	3.74	4.46
팀워크 역량/협동심	4.28	3.89	4.91	3.30	4.48	4.66	4.89	3.82	4.36
의뢰인 섭외 능력	3.53	3.29	3.94	2.74	4.15	3.31	4.07	2.92	3.81
정보 수집 능력	4.10	3.97	4.68	3.11	4.55	4.15	4.59	3.45	4.30
국제적 업무 수행 능력	3.80	4.09	3.94	3.04	3.98	4.16	3.95	3.39	3.83

이었다.

이를 같은 직장 내에서 평가자의 나이를 기준으로 구분해 본 바에 따르면 40세 미만 경력법률가 집단에서는 '국제적 업무 수행 능력'을 제외한 모든 항목에서 연수원 집단을 유의하게 높게 평가했다. 그러나 40세 이상 경력법률가 집단에서 로스쿨 집단과 연수원 집단을 평가한 결과를 보면 '팀워크 역량과 협동심', '국제적 업무 수행 능력'을 제외한 나머지 항목에서 연수원 집단을 유의하게 높게 평가했다.[43] 대체적으로 경력법률가들이 실무적 역량평가에서 연수원 집단을 높게 평가한 것을 보면, 앞으로 로스쿨이 보다 실무역량을 강화하는 방향으로 교육이 이루어져야 법률시장에서의 평가가 높아질 것으로 보인다.

(3) 인성 평가

인성 평가에 있어서도 연수원 집단이 로스쿨 집단에 비해 전반적으로 긍정적 평가를 받았다. 평가항목별로 두 집단의 평가 차이가 가장 큰 항목은 자긍심/공익에 대한 고려, 동료에 대한 희생정신, 공정성 및 객관성 등이었다. 반면 차이가 상대적으로 적은 항목은 직무에 대한 열정, 성실한 태도, 협동심 등이었다.

이를 같은 직장 내에서 평가자의 나이를 기준으로 구분해 본 바에 따르면 40세 미만 경력법률가 집단에서는 모든 항목에서 연수원 집단을 유의하게 높게 평가했다. 그러나 40세 이상 경력법률가 집단에서 로스쿨 집단과 연수원 집단을 평가한 결과를 보면 유의한 차이를 보이는 항목은 4개('공정성 및 객관성'($t = -2.07$, $df = 299.81$, $p < .05$), '책임감'($t = -3.49$, $df = 295.41$, $p < .001$), '의뢰인에 대한 이해심'($t = -2.38$, $df = 299.86$, $p < .05$), '법률가로서의 자긍심 및

---

43) 각 항목의 통계치는 다음과 같다. ① 판례 법률지식($t=-8.71$, $df=282.16$, $p < .001$), ② 법률적 분석/추론능력($t=-7.92$, $df=284.17$, $p < .001$), ③ 문제해결 및 대안 제시 능력($t=-6.01$, $df=292.53$, $p < .001$), ④ 의사소통 능력: 법문서작성($t=-8.02$, $df=285.65$, $p < .001$), ⑤ 의사소통 능력: 말하기($t=-4.01$, $df=286.79$, $p < .001$), ⑥ 변론능력($t=-7.11$, $df=291.40$, $p < .001$), ⑦ 협상력($t=-4.44$, $df=297.95$, $p < .001$), ⑧ 재판준비(진행), 수사능력($t=-8.27$, $df=292.74$, $p < .001$), ⑨ 윤리적 판단력($t=-2.79$, $df=298.91$, $p < .01$), ⑩ 팀워크 역량/협동심($t=-1.64$, $df=299.92$, $p=.10$), ⑪ 의뢰인 섭외능력($t=-5.11$, $df=299.96$, $p < .001$), ⑫ 정보수집 능력($t=-2.90$, $df=294.84$, $p < .01$), ⑬ 국제적 업무 수행 능력($t=1.23$, $df=292.94$, $p=.22$).

표 1-26 법률가 인성 평가: 평가집단(n = 412) / 단위: 7점 평균(점)

구분 (매우 부족함 1 ~ 매우 뛰어남 7)	전체	직장 내 법률가		직장 외 법률가	
		로스쿨집단	연수원집단	로스쿨집단	연수원집단
인성평가(항목평균)	4.30	4.28	4.87	3.46	4.59
공정성 및 객관성	4.34	4.22	5.20	3.37	4.57
책임감	4.39	4.23	5.11	3.43	4.79
직무에 대한 열정	4.37	4.47	4.75	3.55	4.72
의뢰인에 대한 이해심	4.20	4.15	4.89	3.23	4.52
긍정적 태도	4.49	4.48	5.20	3.68	4.60
성실한 태도	4.47	4.54	4.88	3.68	4.78
감정의 조절과 통제	4.31	4.27	4.93	3.49	4.53
협동심	4.28	4.37	4.72	3.52	4.50
동료에 대한 희생정신	4.11	3.94	4.93	3.23	4.32
법률가로서 자긍심 / 공익에 대한 고려	4.06	3.79	4.93	3.00	4.52
자기 계발 의지	4.28	4.65	4.00	3.86	4.59

표 1-27 법률가 인성 평가: 평가집단(n = 412) / 단위: 7점 평균(점) − 40세 이상/이하

구분 (매우 부족함 1 ~ 매우 뛰어남 7)	전체	평가40세 미만 (N = 194)				평가40세 이상 (N = 218)			
		직장내		직장외		직장내		직장외	
		로스쿨	연수원	로스쿨	연수원	로스쿨	연수원	로스쿨	연수원
인성평가(항목평균)	4.30	3.89	4.93	3.13	4.65	4.70	4.97	3.85	4.51
공정성 및 객관성	4.34	3.84	4.94	2.98	4.61	4.63	<u>4.91</u>	3.84	4.52
책임감	4.39	3.82	5.24	3.07	4.91	4.67	<u>5.15</u>	3.87	4.66
직무에 대한 열정	4.37	4.09	5.07	3.26	4.74	4.88	5.14	3.89	4.70
의뢰인에 대한 이해심	4.20	3.86	4.71	2.91	4.61	4.47	<u>4.80</u>	3.61	4.40
긍정적 태도	4.49	4.14	4.81	3.46	4.63	4.85	4.99	3.95	4.57
성실한 태도	4.47	4.11	5.20	3.33	4.87	5.00	5.20	4.11	4.68
감정의 조절과 통제	4.31	3.89	4.87	3.13	4.63	4.67	4.89	3.92	4.41
협동심	4.28	3.94	4.89	3.22	4.58	4.83	4.97	3.89	4.41
동료에 대한 희생정신	4.11	3.47	4.74	2.87	4.37	4.45	4.70	3.66	4.27
법률가로서 자긍심/공익에 대한 고려	4.06	3.38	4.93	2.52	4.59	4.23	<u>4.94</u>	3.58	4.43
자기 계발 의지	4.28	4.29	4.84	3.67	4.61	5.03	5.01	4.08	4.57

공익에 대한 고려'(t = −4.90, df = 299.41, p < .001))였고, 나머지 항목에서는 유의한 차이를 보이지 않았다. 다만 인성 평가에 있어서는 직무능력 평가와 달리 전반적으로 로스쿨 집단과 연수원 집단의 차이가 크지 않았다.

앞서 살펴본 바와 같이 로스쿨과 연수원 출신 법률가들에 대한 비교평가는 평가자가 어떤 배경과 위치에 있느냐에 따라 차이가 나타남을 알 수 있다. 따라서 평가자인 경력법률가의 직장 내에서 지위를 감안해서 평가결과를 살펴볼 필요가 있다. 왜냐하면 경력법률가 집단 중 40세 미만은 실질적으로 피평가자 집단과 연령이나 법조경력에 있어 큰 차이를 보이지 않기 때문에 평가자와 피평가자 집단이 잠재적으로 경쟁관계에 있다고 볼 수 있기 때문이다. 반면 40세 이상 집단은 대부분 파트너 변호사로 수하의 어소시에이트 변호사들을 지휘 감독하는 위치에 있다. 따라서 이런 평가자의 지위와 역할에 따라 젊은 법률가에 대한 평가가 달라질 수 있다고 예상했다.

경력법률가의 연령을 구분해서 분석한 결과, 40대를 전후해서 평가가 달라지는 것을 발견했다. 그리고 이런 차이는 법률가에 대한 '전반적 평가', '직무역량평가', '인성평가'에 공통적으로 나타났다. 40세 이상의 경우 로스쿨 집단에 대한 긍정적 평가와 부정적 평가가 혼재하지만, 40세 미만은 일관되게 로스쿨 법률가에 대해 부정적이었다. 이런 평가의 차이는 높은 연령집단인 40세 이상 법률가들이 일반적으로 후한 평가를 내리는 경향 때문이라기보다는 40세 미만 집단이 본인들과 경쟁관계에 있는 로스쿨 집단에 대해 상대적으로 인색한 평가를 했을 것이라는 추론을 가능하게 한다.

IV. 결론과 함의

이 연구는 우리나라 최초의 법률가를 대상으로 한 조사결과를 담고 있다. 특히 로스쿨 1기부터 3기 졸업 법률가를 표적집단으로 삼았으며, 동시대 사법연수원 졸업 법률가를 비교집단으로, 그리고 사법연수원 39기 이전 졸업생인 경력법률가를 평가집단으로 삼아 각 집단을 대표하는 표본을 추출해서 응답을 비교하는 방식으로 연구설계했다. 이런 설계 덕분에 로스쿨 졸업 법률가의 사회경제적 지위를 포함한 인구사회적 배경, 법학 교육에 대한 평가, 직업적 평판 등을 동시대 사법연수원 졸업 법률가와 비교해서 알아 볼 수 있었다. 이 연구의 주요 연구결과와 그 함의를 요약해서 제시하면 다음과 같다.

첫째, 로스쿨 출신 법률가와 사법연수원 출신 법률가의 성과 연령은 차이가 없는 것으로 나타났다. 특히 연령에 차이가 없다는 것은 학부졸업 후 법률 전문 교육을 받기까지의 시간에 차이가 없다는 것을 의미하며, 결국 로스쿨 도입으로 법학 수학기간이 길어진다는 주장은 설득력이 없다는 것을 함의한다. 그러나 로스쿨 출신 법률가는 사법연수원 출신 법률가에 비해 출신 학부, 학부 전공, 경력 배경 등의 차원에서 모두 더욱 다양한 것으로 나타났다. 따라서 로스쿨 제도의 도입이 법률가 배경의 다양성을 진작할 것이라는 기대가 충족되고 있음을 알 수 있다.

둘째, 로스쿨 출신 법률가가 동시대 사법연수원 출신 법률가에 비해 부유한 집안 출신인지 확인해 보았다. 가구소득을 비교한 결과 두 집단은 차이가 없었으며, 고등학교 졸업 무렵 부모의 직업과 교육수준을 비교한 결과 약간의 차이(로스쿨 법률가의 어머니 학력이 높고, 아버지가 관리직인 비율이 높음)를 발견할 수 있었을 뿐, 유의하고 체계적인 사회경제적 배경의 차이를 발견하지 못했다. 오히려 차이는 세대 간에 나타나는 것으로 확인되었다. 즉, 로스쿨과 40기 이후 사법연수원 출신 법률가의 사회경제적 배경이 39기 이전 사법연수원 출신 변호사에 비해 체계적으로 높다는 것이다. 부모와 가족 중 법률 전문가가 있는지 여부에서도 비슷한 패턴을 찾을 수 있었다. 가족 및 친지의 비율 역시 로스쿨과 사법연수원 출신 법률가 간에 차이가 없었다. 법률가 가족 및 친지의 비율은 모든 비교 집단에서 비슷한 수준으로 나타났다. 결국 로스쿨 제도의 도입으로 사회경제적 배경이 높은 집단이 법률전문 교육을 받을 기회가 증가한다는 주장의 근거를 찾기 어렵다. 우리는 로스쿨 제도를 도입하지 않았더라도 사회경제적 배경 수준이 높은 집단 출신이 사법시험과 사법연수원을 통해서 법률직역에 진출했을 것이라고 본다. 사회경제적 배경이 좋은 법률가들은 이미 눈에 띌 정도로 많으며, 이 현상은 젊은 법률가 집단에서 강화되어 나타나고 있다. 이 추세는 로스쿨은 물론 사법연수원에서도 공히 나타나는 현상이기에 로스쿨의 도입 때문에 그렇다고 볼 수 없다는 것이다. 따라서 이런 추세가 강화되는 현실을 감안해서, 로스쿨 입학정책에 배분적 정의의 관점에서 사회적 약자와 소수자를 적극 선발하는 등 제도적 보완을 할 필요가 있다고 제안한다.

셋째, 법학교육에 대한 평가를 기준으로 보면 로스쿨 출신 법률가는 로스쿨 교육과정에 대한 전반적 만족도 높고 교육과정에 대한 평가나 부문별 교과과정에 대한 평가도 긍정적인 것을 발견했다. 특히 로스쿨은 사법연수원에 비해 법학 학술지, 논문 공모, 자치회 활동, 모의재판, 무료 법률상담 등의 과외활동을 활발하게 하는 것으로 나타났으며, 이에 대한 평가도 긍정적이었다. 또한 로스쿨 출신 법률가는 사법연수원 출신 법률가에 비해 실무중심의 교육이 도움이 된다고 긍정적으로 평가하고 있으며, 교육과 변호사 시험과목이 '실제 업무관련성이 높다'고 평가했다. 전문지식에 대한 교육만족도 역시 로스쿨 집단의 평가가 연수원 집단 평가보다 높았다. 특히 공법, 상사법, 계약법, 국제법, 국제거래법, 노동법, 조세법, 경제법, 환경법, 지적재산권법, 가족법 등에 대한 평가가 상대적으로 긍정적인 것으로 나타났다. 그러나 직무역량과 관련한 교육에 있어서는 연수원 집단이 로스쿨 집단보다 더 긍정적으로 평가했으며, 구체적으로 판례, 법률 분석, 문제해결 능력, 글쓰기, 직업윤리, 예절 등 거의 모든 분야에서 만족도가 높다는 것이 확인되었다. 따라서 로스쿨에서 법률지식의 습득뿐만 아니라 법률가로서의 직무능력과 인성교육이 강화되어야 할 필요가 있음을 확인했다.

넷째, 동료평가의 차원에서 보면, 전반적으로 연수원 집단이 로스쿨 집단보다 우수하게 평가받고 있는 것으로 나타났다. 다만 이 결과는 경력법률가 집단이 직장 내에서 경험한 법률가들에 대해 직장 밖에서 경험한 법률가들보다 체계적으로 더욱 긍정적으로 평가하는 경향이 있다는 사실을 감안해서 해석해야 한다. 이러한 결과는 직무 및 인성평가에 있어 평가자와 피평가자와의 사회적 거리(social distance) 내지는 친숙도에 따라 나타난 편차라고 볼 수도 있는 결과이다. 또한 평가자가 직접 직무수행능력과 인성을 관찰할 수 있는 환경에 없었을 경우 대상 법률가에 대한 선입견의 작용을 배제할 수도 없다. 사법연수원 출신인 경력법률가가 같은 사법연수원 출신인 젊은 법률가 집단을 친숙하게 보아 긍정적으로 평가했다고 볼 수 있다. 또한 경력법률가 집단에서 상대적으로 나이가 어린 법률가들이 일관되게 로스쿨 출신 법률가를 부정적으로 평가한다는 점도 감안해야 한다. 상대적으로 젊은 경력법률가들은 로스쿨 출신 법률가를 잠재적 경쟁자로 보아 부정적으로 평가할 수도 있다고 추론할 수도 있다. 따라서 로스쿨 출신 법률가들에 대한 부정적 평가결과를 놓고 일률적 결론을 내리는 것은 경계해야 한다. 향후 사법시험제도가 폐지되고 로스쿨 출신 법률가들이 주를 이루게 되는 법률시장 환경에서는 양자에 대한 평가가 달라질 수 있는 개연성이 크다. 결국 이 문제에 대해서는 좀 더 시간이 지난 후에 결과를 비교함으로써 보다 의미 있는 결론을 도출할 수 있을 것이다.

전체적으로 평가하자면, 법학전문대학원이 도입되고 졸업생을 배출한 지 4년이 되는 시점에서 로스쿨에 대한 전반적 평가는 부정적이라기보다 긍정적이라고 할 수 있다. 특히 로스쿨이 제공하는 법학전문교육에 대한 졸업생 당사자의 평가가 긍정적이라는 점이 그러하며, 로스쿨 출신 법률가의 학부 및 전공의 다양성 덕분에 다양한 분야의 법률가 양성이 가능하다는 점도 고무적이다. 또한 로스쿨 제도 도입으로 부유한 계층출신의 학생들이 법학전문교육을 받을 기회가 더욱 높아진다는 우려는 실체적 증거를 갖추지 못한 것으로 나타났는데 이 역시 긍정적인 결과라 할 수 있다. 다만 경력법률가의 로스쿨 출신 법률가에 대한 평가가 사법연수원 출신 법률가에 대한 평가에 비해 부정적인 것으로 나타났는데, 이에 대해서는 보다 면밀한 분석과 현실적 대안 마련이 필요한 것으로 보인다.

로스쿨 출신 법률가가 배출된 지 4년째에 접어든 현 시점에서 40여 년의 역사를 지닌 연수원 출신 법률가와 비교해도 긍정적인 평가를 받는 부분이 여럿 있다는 것은 매우 고무적인 일이다. 로스쿨 제도의 도입을 통해 새로운 법률가들이 배출되어 그동안 연수원 출신 변호사들의 약점으로 지적되었던 다양성 부족이 보완되고 있다는 발견은 로스쿨 제도의 취지가 실현되고 있음을 나타낸다. 그러나 로스쿨 출신 법률가들이 부정적인 평가를 받고 있는 부분이 다수 나타나고 있는 데 대해서는 앞으로 로스쿨 교육의 내실화를 통해 꾸준히 보완해 나가야 할 것이다. 동시에 실무교육과 직무역량 교육과 관련해서 공공부문 및 민간부문에서도 로스쿨에 대해 지속적으로 평가와 제언을 제공함으로써 함께 법학전문교육의 질을 높이는 데 협조해 나가는 자세가 필요하다.

이 연구는 국내 최초의 법률가 직역조사로서 의의가 있지만, 부족한 면이 없지 않다. 특히 표집의 관점에서 보다 정교한 설계를 통해 응답률을 높이지 못한 것이 아쉬움으로 남는다. 이는 전문가 조사에 고질적이며 전형적인 문제이며, 이를 극복하기 위해서는 조사비용을 높여 재접촉과 면접의 품질을 획기적으로 높이는 것이 필요하다. 또한 표본이 변호사 집단에 편향된 점도 한계로 지적될 수 있다. 향후 연구에서 이런 점을 보완해서 자료를 수집할 수 있기를 기대한다. 향후 연구는 현 연구의 뒤를 잇는 추적조사의 형식으로 기획하는 것이 바람직할 것이다. 가능하다면, 현 조사에 참여한 응답자들을 재접촉해서 응답을 얻는 패널조사(panel survey)가 바람직하겠지만, 이는 역시 비용과 노력이 많이 드는 문제점으로 잘 알려져 있다. 법률가 직역조사의 중요성을 감안해서 향후 5년 후 적절한 규모의 후속연구가 이루어지길 바란다.

참고문헌

강희원, "「법률가학」으로서의 법조윤리: 「법률가학」의 이론적 정초를 위하여", **경희법학**, 제48권 제2호, 2013.

김도현, **한국의 소송과 법조: 어떻게 변화할 것인가**, 동국대학교 출판부, 2007.

김두식, "법학전문대학원 3년의 시점에서 바라본 여성 법조인의 어제, 오늘, 그리고 내일", **젠더법학**, 제3권 제2호, 2011.

_____, **불멸의 신성가족: 대한민국 사법 패밀리가 사는 법**, 창비, 2009.

김두얼, **경제성장과 사법정책: 법원정책, 형사정책, 법조인력정책의 실증분석**, 해남, 2011.

김용섭, "법학전문대학원에서의 법학교육과 법조양성시스템 중간점검", **저스티스**, 제120호, 2010.

김제완, "법학전문대학원(로스쿨) 졸업생들의 진로와 제도개선 방안", **연세 공공거버넌스와 법**, 제3권, 2012.

김창록, "한국 로스쿨의 의의와 과제: '로스쿨 시스템'을 로스쿨답게 만들어야", **저스티스**, 제146 – 2호, 2015.

_____, **로스쿨을 주장하다**, 유니스토리, 2013.

김호정, "로스쿨 출신 변호사들의 사회진출 양상과 변호사시험 합격자 수의 결정", **외법논집**, 제37권 제4호, 2013.

박근용, "법학전문대학원 제도의 운영 현황: 학생선발의 다양성과 장학제도를 중심으로", **법과사회**, 제45호, 2013.

송기준, "법학전문대학원 교육과정 운영에 대한 평가", **법과사회**, 제45호, 2013.

신 평, "법조윤리, 어떻게 가르칠까?", **법학논총**, 제28집, 2008.

이국운, "한국 법조인양성제도의 역사 – 로스쿨 제도 이전", **저스티스**, 제146 – 2호, 2015.

_____, **법률가의 탄생: 사법불신의 기원을 찾아서**, 후마니타스, 2012.

이용구, "신규 법조인력 활용방안", **저스티스**, 제124호, 2011.

이재협, "미국의 법학교육: 과거, 현재, 그리고 미래", **미국학**, 제31권 제2호, 2008.

이종수, "법학전문대학원 학생선발의 실태와 과제", **연세 공공거버넌스와 법**, 제2권, 2011.

이준석, "42기 사법연수생들의 직업선호 변화와 그 원인: 판·검사 선호의 하락과 중대형로펌 선호 현상을 중심으로", **서울대학교 법학**, 제54권 제2호, 2013.

한상희, "법률서비스의 수급상황과 전망, 그것이 로스쿨에 미치는 영향", **일감법학**, 제15권,

2009.

한인섭, "왜 법률가의 윤리와 책임인가", **법률가의 윤리와 책임**, 박영사, 2000.

홍성수, "로펌의 성장과 변호사윤리의 변화: 개인윤리에서 조직윤리로, 공익활동에서 사회적 책임으로", **법과사회**, 제41권, 2011.

Heinz, John and Laumann, *Chicago Lawyers: The Social Structure of the Bar* (revised ed.) (Northwestern University Press, 1994).

Heinz, John, Robert Nelson, Sandefur and Laumann, *Urban Lawyers: The New Social Structure of the Bar* (University of Chicago Press, 2005).

Law School Survey of Student Engagement, Looking Ahead: Assessment in Legal Education, Annual Results 2014.

Liu, Sida, "The Legal Profession as a Social Process: A Theory on Lawyers and Globalization", *Law and Social Inquiry*, Vol. 38, No. 3 (2013).

Miyazawa, Setsuo, Atsushi Bushimata, Keiichi Ageishi, Akira Jujimoto, Rikiya Kuboyama, and Kyoko Ishida, "Stratification or Diversification? - 2011 Survey of Young Lawyers in Japan", in Setsuo Miyazawa et al. (eds.), *East Asia's Renewed Respect for the Rule of Law in the 21st Century: The Future of Legal and Judicial Landscapes in East Asia* (Brill/Nijhoff, 2015).

The NALP Foundation for Law Career Research and Education and the American Bar Foundation, After the JD: First Results of a National Study of Legal Careers, 2004.

The NALP Foundation for Law Career Research and Education and the American Bar Foundation, After the JD II: First Results of a National Study of Legal Careers, 2009.

The NALP Foundation for Law Career Research and Education and the American Bar Foundation, After the JD III: First Results of a National Study of Legal Careers, 2014.

OECD, Education at a Glance 2014: OECD Indicators, http://www.oecd.org/edu/ Education-at-a-Glance-2014.pdf.

제 2 장

법률가의 업무환경, 만족도, 그리고
직역다양성에 관한 탐색적 고찰
- 법학전문대학원 도입에 따른 변화를 중심으로

이재협 · 이준웅 · 황현정

I. 서   론

우리나라에서 법률직역은 양적으로 급속히 성장해 왔으며 그에 따라 직
역 내 다양성도 커지고 있다. 등록 변호사의 수로만 봐도 2001년에 5천 명을
넘어선 지 7년 만에 1만 명이 넘었고, 그 6년 후인 2014년에는 2만 명을 넘었
다.[1] 근무지, 업무형태, 교육배경, 수입금액, 직장의 규모도 다양해졌다. 특히
법학전문대학원(이하 '로스쿨') 체제의 도입으로 인해 과거 사법시험 체제 때와
는 다른 배경과 교육과정을 거친 법률가들이 법률시장으로 대거 진출하기 시
작하면서 법률시장의 구조적 다양성을 확대할 것이라는 기대가 크다.

로스쿨 제도의 도입으로 예비법률가 선발의 다양성이 증가했다는 연구결
과들이 있다. 로스쿨생의 출신대학, 학부전공, 연령, 직업분포 등이 사법연수

---

1) 대한변호사협회, 2010 변호사백서, 2010, 5면; 「대한변협 등록 변호사 2만명 돌파」, 서울경
제, 2014. 9. 24.

원 체제에 비해 다양해졌다는 것이다.[2] 그러나 예비 법률가의 사회경제적 배경의 다양성에 대해서는 아직 사회적 논란이 계속된다.[3] 특히 로스쿨 체제로의 전환 이후 더 이상 '개천에서 용 나오기' 힘든 사회가 되었다는 주장이 있는가 하면, 일부 고위층 자녀들이 대형 로펌이나 판·검사에 임용되는 사례를 근거로 로스쿨이 부의 대물림을 위한 '현대판 음서제'로 변질됐다는 주장도 있다. 이런 주장은 법률직역으로의 진출과정에 대한 공정성 시비로 이어져 사법시험 존치 주장의 근거가 되기도 한다.

법학전문대학원 제도는 국민의 다양한 기대와 요청에 부응하고 복잡다기한 법적 분쟁을 전문적이고 효율적으로 해결할 수 있는 법조인을 양성하기 위해 도입되었다.[4] 이러한 법학전문대학원 제도의 도입 취지를 고려하면 법률직역 진출 단계에서의 다양성 증진은 정책적으로도 매우 중요한 사안이다. 그러나 사법시험 존치 여부를 논의하는 과정에서 제기된 주장은 예비법조인의 형성, 즉 '진입단계의 다양성'에 치중하고 있는 듯하다. 다양한 사회경제적 배경을 가진 사람들이 법률직역에 진입할 수 있도록 하는 것은 물론 중요한 일이다. 하지만 법률가가 되기 위한 교육과 훈련을 받은 후 다양한 직역으로 진출하게 만드는 '진출단계의 다양성'도 마찬가지로 중요하다. 따라서 법률직역의 현황에 관한 면밀한 경험적 조사를 통해 제도도입의 성과를 평가할 필요가 있다.

한국 사회에서 법률가는 어떤 성격을 지닌 직업집단인가? 그동안 법률가의 역할과 의무, 사회적 책임, 업무범위 등에 관해 법조윤리 분야에서 많은 연구와 논의가 이루어졌지만, 법률가들이 구체적 직업현장에서 수행하는 삶의 모습, 그리고 그들의 생각과 의식에 대해서는 체계적인 실증적 연구가 별로 없다. 법률가들의 개인적 회고록이 출간된 바 있으며[5] 법률가들을 면접하여 제3자의 시각에서 기술한 저술도 있다.[6] 이러한 선행연구들은 법률직역의 다양한

---

2) 이재협·이준웅·황현정, "로스쿨 출신 법률가, 그들은 누구인가?", 서울대학교 **법학**, 제56권 제2호, 2015(이 책의 제1장), 380~383면; 박근용, "법학전문대학원 제도의 운영 현황: 학생선발의 다양성과 장학제도를 중심으로", **법과사회**, 제45호, 2013, 475면.

3) 우리는 이미 로스쿨 출신 법률가와 동시대 사법연수원 출신 법률가 간의 유의하고 체계적인 사회경제적 배경의 차이가 없다고 밝힌 바 있다. 이재협 외, 위의 글, 404면.

4) 「법학전문대학원 설치·운영에 관한 법률」, 제2조.

5) 최규호, 현직 변호사가 말하는 법조계 속 이야기, 법률저널, 2009; 박원경 등, 판사 검사 변호사가 말하는 법조인, 부키, 2006; 문유석, 판사유감, 21세기북스, 2014.

6) 김두식, 불멸의 신성가족: 대한민국 사법 패밀리가 사는 법, 창비, 2009; 이국운, **법률가의 탄**

단면에 대한 이해의 지평을 넓혀 왔던 것이 사실이지만, 대부분이 사회과학적 방법론을 사용한 것이 아닌 인상적 접근에서 크게 벗어나지 않았다.

우리 사회에서 법률가에 관한 일반인들의 인식은 '사회정의의 실현자'로부터 '돈 잘 버는 전문인'까지 다양한 스펙트럼을 보인다.7) 법률가는 모두의 선망의 대상이 되기도 하지만 동시에 소수의 권위적이고 엘리트적인 집단이라는 비판을 받기도 한다. '개천에서 용 난다'는 비유에서와 같이 법률가라는 직업은 치열한 경쟁의 관문을 뚫고 나서야 가질 수 있고, 이렇게 선택된 소수에게는 '용'에 걸맞은 특권이 보장된다는 인식을 전제한다. 그러나 현재 법률가를 과연 '용'이라 부를 수 있는가? 만약 그렇다면 어떤 점에서 그러하고, 그렇게 규정할 수 있는 요인은 무엇인가?

법률직역의 다양성 증가를 고려하면 법률가의 사회경제적 성취 역시 지위와 보상의 차원만이 아닌 다각적 관점에서 검토해야 한다. 예컨대, '개천에서 용 난다'는 명제는 가난한 이도 일단 법률가가 되면 사회경제적 성취를 이룰 수 있다고 전제하는데, 과연 이 전제가 타당한지를 검토할 필요가 있다. 또한 법률가의 성취를 연봉과 지위와 같은 사회경제적 성공의 관점에서만 평가하는 항간의 시각은 적절한지 도전해 볼 필요가 있다. 우리 사회에서 법률직역의 지형이 변화되는 과정에서 법률가의 업무환경과 직역에 대한 만족도도 변화했을 것으로 기대할 수 있는 바, 이런 변화에 영향을 미친 요인은 무엇인지 규명할 필요가 있다. 개천에서 용이 나야 하는지 마는지와 같은, 전제된 가치와 이념을 숨긴 질문을 넘어서 법률직역의 현황에 대한 자료수집과 그에 대한 체계적 분석을 통해 법률직역의 문제점에 대해 탐구할 필요가 있다.

미국에서는 법률직역에 대한 체계적이고 중장기적인 연구가 수행되고 있다. 그 대표적 연구의 하나인 '시카고 법률가(Chicago Lawyers)' 연구에 따르면 미국 법률직역의 구조적 차별화가 의뢰인 형태에 따라 이루어지고 있다고 한다.8) 즉, 개인을 상대로 하는 법률가들에 비해 기업자문을 하는 법률가들이 법

생: 사법불신의 기원을 찾아서, 후마니타스, 2012.

7) 문재완, 변호사와 한국 사회 변화, 늘봄, 2008, 11면.

8) John Heinz and Edward O. Laumann, *Chicago Lawyers: The Social Structure of the Bar* (revised ed.) (Northwestern University Press, 1994); John Heinz, Robert Nelson, Sandefur and Laumann, *Urban Lawyers: The New Social Structure of the Bar* (University of Chicago

률직역 내에서 사회적 배경, 가치, 명성 등에 비추어 볼 때 우월한 구조적 지위를 가지고 있다. 미국의 법률직역은 개인에 법률서비스를 제공하는 집단과 기업자문을 주로 하는 집단으로 양분되고 이들 사이에 거의 이동이 이루어지지 않고 있다는 것이다. 반면 미국 법률직역 내에 성별, 인종, 근무지에 따른 계층화가 지속되고 있다.

법률직역에 관해 보다 타당한 정책수립을 위해 여러 관련단체들이 협력하여 연구를 진행하기도 한다. 한 예로 미국 법률직역연구연합(National Association for Law Placement)9)과 미국변호사재단(American Bar Foundation)10)이 공동수행한 「로스쿨 졸업 이후」(After the JD: 이하 'AJD') 연구 프로젝트가 있다. 이 대규모 연구 프로젝트는 2000년 로스쿨을 졸업한 5,000여 명의 법률가들을 10년 동안 추적 조사한 것으로, 제1주기(2002년~2003년)와 제2주기(2007년~2008년), 제3주기(2012년)에 코호트(cohort) 그룹을 모집단으로 미국 전역에서 무작위로 표본을 추출하여 설문과 면접을 통하여 자료 수집을 했다.11) 경력 2년~3년차 초임 법률가들의 인구학적 구성, 근무지, 근무환경, 급여, 만족도, 이직, 성차 및 인종차에 따른 영향, 로스쿨 경험과의 관련성 등을 다각도로 분석하고, 그 후 매 5년마다 이에 대한 비교를 통해 법률직역의 양태와 변화를 살펴보았다. 가장 최근의 결과를 보면, 법률가의 직업 만족도는 지난 10년 동안 변함없이 높은 편이었다. 시카고 법률가 연구와는 달리 AJD 조사결과는 같은 직장형태 내 혹은 다른 직장형태 간의 이동이 활발한 것으로 나타났다. 반면 남성에 비해 여성 법률가들이 임금과 승진기회에 있어 나타나는 격차가 심화되었다고

Press, 2005).

9) 1971년 설립된 기관으로 미국 전역의 로스쿨 졸업생의 취업 현황을 조사하고, 법률직역 확대 및 개선을 위한 연구를 수행하고 있다.

10) 미국변호사협회(American Bar Association)가 1952년에 설립한 연구기관으로서 법학과 인접과학 간의 여러 가지 학술적 연구를 수행하고 있다.

11) 첫 번째 주기의 결과는 The NALP Foundation for Law Career Research and Education and the American Bar Foundation, After the JD: First Results of a National Study of Legal Careers, 2004 ('AJD I') 참조. 두 번째 주기의 결과는 After the JD II: Second Results from a National Study of Legal Careers, The American Bar Foundation and the NALP Foundation for Law Career Research and Education, 2009 ('AJD II') 참조. 세 번째 주기의 결과는 After the JD III: Third Results from a National Study of Legal Careers, The American Bar Foundation and the NALP Foundation for Law Career Research and Education, 2014 ('AJD III') 참조.

보고되었다. 인종에 따라 근무지, 만족도, 임금상승 비율 등이 다르게 나타나 법률직역 내에 형성된 계층화를 시사하고 있다.

일본에서는 법률직역 내에서 성별과 출신대학에 따라 계층화가 일어나는 지에 대한 연구가 있었다.[12] 그러한 경험연구를 가능하게 했던 것은 일본변호사협회 주관으로 등록회원을 대상으로 1980년부터 매 10년간 실시한 전국적 법률직역 조사였다. 최근 법사회학적 연구를 주도하는 세츠오 미야자와(宮澤節生) 연구팀은 구사법시험 및 신사법시험 출신 법률가를 대상으로 각각 2007년, 2011년, 2014년에 설문조사를 수행해서 연구결과를 발표한 바 있다. 미야자와 연구진은 미국 AJD와 시카고 변호사 연구를 모델로 일본 변호사 직역의 사회적 구조, 즉 법률직역 내에서의 전문화, 계층화, 출신학교의 영향 등을 중장기적으로 살펴보고, 구사법시험과 신사법시험을 통한 법률가들의 직업선택과 경력궤적에 있어 차이가 있는지를 규명하려 했다.[13]

우리나라에서도 대한변호사협회가 2010년에 <2010 변호사백서>를 발간하면서 법률가 직역에 대한 기본 자료를 집계한 적이 있다. 법률직역에 대한 포괄적이고 체계적인 기초자료를 수집했다는 점에서 매우 의미 있는 조사이긴 하지만, 체계적 조사방법에 의한 조사가 아니었다. 또한 일부 주제에 대해 설문조사를 실시했지만 범위가 제한적이고 응답률도 낮아 그 결과를 일반화하기 어렵다는 결함을 포함한다. 무엇보다 조사시점이 법학전문대학원 출신 법률가들이 취업시장에 진출하기 이전이라는 점에서 현시점에서의 변화된 법률직역의 모습을 파악하기에는 부족한 점이 많았다. 특히 '다양하고 전문적인 법률가의 양성을 통한 양질의 법률 서비스 제공'이라는 입법목적을 가지고 태동한 법학전문대학원 제도가 과연 법률직역의 다양성 증진에 기여했는지 등과 같은 문제들을 판단하기 위해서는 새로운 자료수집을 통해 분석할 필요가 있다.

우리는 국내 최초로 법률가의 직업경로와 업무환경, 만족도, 의식에 대해

---

12) Mayumi Nakamura, "Legal Reform, Law Firms, and Lawyer Stratification in Japan", *Asian Journal of Law and Society*, Vol. 1(2014).

13) Setsuo Miyazawa, Atsushi Bushimata, Keiichi Ageishi, Akira Jujimoto, Rikiya Kuboyama, and Kyoko Ishida, "Stratification or DIversification? – 2011 Survey of Young Lawyers in Japan," in Setsuo Miyazawa et al. (eds.), *East Asia's Renewed Respect for the Rule of Law in the 21st Century: The Future of Legal and Judicial Landscapes in East Asia*(Brill/Nijhoff, 2015), pp. 30~46.

포괄적인 조사를 수행했다.[14] 이 조사의 결과를 근거로 이 글에서는 법률가의
직업경로, 업무환경, 만족도 등에 관하여 살펴보고자 한다. 먼저, 법률직역의
현황을 살펴보기 위해 한국의 법률가 집단을 대표하는 표본을 구하여 전체 법
률가 집단을 대상으로 한 자료를 수집하였다. 다음으로 법학전문대학원 제도
의 도입으로 인해 이루어진 변화를 탐색하기 위해 사법시험 제도와 법학전문
대학원 제도를 통해 배출된 법률가 집단을 체계적으로 비교하였다.

II. 연구문제와 연구방법

1. 연구문제

이 연구는 한국의 법률가 집단의 직업 환경과 만족도에 대한 조사결과를
분석한 것이다. 법률가의 직장별 분포, 규모별 분포, 연봉, 근무시간, 직장 만
족도, 미래에 대한 전망 등을 경력법률가와 초임법률가, 그리고 초임법률가 중
에서는 로스쿨 출신 법률가와 동시대 사법연수원 졸업 법률가와 비교한다. 또
한 법률가 직업환경과 만족도와 관계가 있을 것으로 예상되는 변수인 사회경
제적 배경, 성별, 출신 학부, 직장 등 중에 어떤 변수가 영향을 미치는지 검토
해 보고자 한다.

첫 번째 연구문제는 법률직역 다양성에 대한 것이다. 특히 로스쿨 학생들
에서 확인된 인구사회적 다양성이나 교육적 배경의 다양성을 고려할 때, 그들
의 법률직역 진출에 따라 직역 내 직업의 다양성도 나타나는지 탐구하겠다. 로
스쿨 도입취지 중 하나는 다양한 배경의 법률가들이 공적 부문 등 사회 곳곳
의 법률서비스 취약부문으로 지속적으로 진출해서 법률직역 다양성이 발휘될
수 있게 하는 것이다. 우리는 과연 로스쿨 출신 법률가들이 다양한 분야에 진
출하는지 조사자료를 근거로 답변하고자 한다. 다만 로스쿨 출신 법률가들이

---

14) 이 조사는 <2014 대한민국 법률직역의 구조와 법률가 의식조사>로 명명되었으며, 그 첫 번
째 연구결과로서 법학전문대학원과 사법연수원 출신 법률가들의 비교에 초점을 맞추어 그들
의 사회경제적 배경, 법학교육제도에 대한 평가, 양집단 법률가에 관한 평가를 제시한 바 있
다(이 책의 제1장).

대부분 초임법률가여서 현 시점에서 직역변화의 추이를 관찰하기에 시기상조이기 때문에, 경력법률가들의 경력이동 유형도 함께 분석하여 이를 통해 양자 간에 비교의 틀을 제시하고 앞으로의 연구에 대한 함의를 검토할 예정이다.

두 번째 연구문제는 법률가의 직업환경과 직업만족도를 탐색적으로 검토하기 위한 것이다. 최근 로스쿨 제도의 공과를 평가하는 사회적 논의의 맥락에서 '개천에서 용 나오기'가 어렵다는 식의 주장이 제시된 바 있다. 주장의 요지는 법률가가 되려하는 예비법률가 중에서 사회경제적 배경과 지위가 낮은 자들이 로스쿨 제도를 통해서 법률직역으로 진출하는 비율이 과거 사법시험 제도보다 적다는 것이다. 이 주장 자체도 검토해야 하겠지만, 그 전에 법률가가 과연 용인지 아닌지부터 확인해야 한다. 비유적으로 지칭해 온 '용'의 삶을 구성하는 요소들은 무엇인지 법률직역 연봉, 근무환경, 직장 만족도, 미래에 대한 비전 평가 등을 다각적으로 검토해 보겠다.

셋째, 법률가의 연봉과 직장 만족도에 영향을 미치는 요인은 무엇인지 탐색하는 것이 마지막 연구문제이다. 미국의 선행연구에서는 법률시장이 대형로펌과 그 이외의 직종 간에 격차가 심화되고 있고, 성별 및 인종 차에 따라 직업환경이 지속적으로 차별화된다는 보고가 제시된다. 과연 우리 법률시장에서 인구학적 배경이나 사회경제적 배경, 그리고 직장의 특성 등에 따라 연봉과 직장 만족도에 차이를 발견할 수 있는지 알아보겠다. 특히 인구사회적 변수, 사회경제적 변수, 직장의 특성이 연봉과 직장 만족도에 미치는 영향의 패턴이 로스쿨 졸업 법률가 집단, 사법연수원 출신 법률가 집단, 그리고 경력법률가 집단 간에 다르게 나타나는지도 검토할 것이다.

2. 연구방법

연구대상을 선정하기 위한 표집을 위해, 먼저 한국의 전체 법률가를 세 집단으로 구분했다. 첫 번째 집단은 로스쿨 1기부터 3기(2009년~2011년 입학)까지 출신 법률가로 '로스쿨 집단'이라 부른다. 두 번째 집단은 로스쿨 집단과 동시대에 사법연수원 교육을 받은 법률가로 사법연수원 2009년부터 2012년까지 입소자 혹은 연수원 40기부터 43기까지이다. 이들은 '연수원 집단'이라 부른다. 마지막 집단은 비교집단으로 사법연수원 2008년 이전 입소, 즉 사법연수원 39기 이전의 일반 경력법률가들로 이루어진 집단이다. 이 연구에서는 '경력법률가 집단'으로 부른다.

세 집단으로부터 표본을 추출하기 위해, 세 모집단을 반영하는 표집틀로 법률신문사가 발행한 「한국법조인대관」을 사용했다. 서울과 6대 광역시에 사무실을 두고 있는 법률가의 「한국법조인대관」 명부를 설정한 모집단의 85% 이상을 대표하는 표집틀로 삼을 수 있다. 이를 이용해 체계적 표집방법을 사용해서 응답자를 선정했다. 총 유효 응답자 수는 1,020명(로스쿨 집단 308명, 연수원 집단 300명, 경력법률가 집단 412명)이었다. 구체적인 표본추출 방법과 표본의 구성에 대한 정보는 우리의 선행연구[15]를 참조하면 된다.

III. 주요 결과

1. 법률직역의 분포 및 다양성

(1) 직역 분포

조사에 참여한 법률가들의 현재 직장을 살펴보면, 국내로펌에 재직 중인 응답자가 60% 전후로 나타났고(대형로펌 19.9%, 중형로펌 19.4%, 소형로펌 21.2%),[16] 다음으로 사기업(16.7%), 단독개업(10.4%), 공공기관[17](8.6%) 순으로 나타났다.

성별로 보게 되면, 직장의 분포는 성별에 따라 차이가 있다($\chi^2 = 24.61$, df = 6, p < .001). 응답법률가 중 여성은 소형로펌(22.8%), 사기업(19.2%)에 많이 취업한 반면, 남성은 중대형로펌(42.4%)에 비교적 많이 일하고 있는 것으로 나타났다.

---

15) 이 책의 제1장.
16) 로펌의 규모는 소형(1~10명), 중형(11~200명), 대형(201명 이상)으로 구분하였다.
17) 공공기관에는 사법부, 검찰, 사법부·검찰 외 공공기관, 공기업, 국선전담변호사, 교육기관을 포함하였다.

| 표 2-1 | 전체 응답법률가들의 성별 직장 분포 |

	단독개업	로펌(소)	로펌(중)	로펌(대)	공공기관	사기업	기타	전체
여성	7.1%	22.8%	16.3%	16.9%	11.8%	19.2%	5.9%	338
남성	12.0%	20.4%	21.0%	21.4%	7.0%	15.4%	2.8%	682

로스쿨, 연수원, 경력법률가 세 집단을 비교하면, 각 직장의 분포에 있어 통계적으로 유의한 차이가 있다(χ^2 = 62.05, df = 12, p < .001). 즉, 로스쿨 집단과 연수원 집단이 경력법률가 집단에 비해 소형로펌에 직장을 갖고 있는 비율이 크고, 사기업에 근무하는 경우가 많은 반면, 경력법률가는 젊은 법률가들에 비해 대형로펌에 근무하는 경우가 많았다. 로스쿨 집단과 연수원 집단이 사기업 취업비율이 높다는 사실은 최근 들어 상당한 규모의 초임 법률가들이 비법조 분야에서 경력을 시작한다는 점을 시사한다.

| 표 2-2 | 응답법률가들의 직장별 분포 |

	단독개업	로펌(소)	로펌(중)	로펌(대)	공공기관	사기업	기타	전체
로스쿨	10.1%	31.2%	17.9%	11.4%	7.1%	19.2%	3.2%	308
연수원	8.3%	22.0%	19.0%	18.0%	9.3%	18.0%	5.3%	300
경력법률가	12.1%	13.1%	20.9%	27.7%	9.2%	13.8%	3.2%	412
전체	10.4%	21.2%	19.4%	19.9%	8.6%	16.7%	3.8%	1020

응답법률가들의 직장별 분포를 보면, 로스쿨 집단과 연수원 집단만 비교했을 때 두 집단의 차이는 통계적 유의도가 경계선상에 있는 정도였다(χ^2 = 12.51, df = 6, p = .051). 두 집단 간의 차이는 소형로펌과 대형로펌으로 가는 비율에서 확인할 수 있다. 연수원 집단이 대형로펌에서 경력을 시작하는 경우가 많다는 것을 알 수 있다. 반면 대형로펌에 취직하지 못한 로스쿨 집단 법률가들은 소형로펌으로 진출하거나 단독개업한 것으로 보이며, 공공기관이나 기타 직역으로 간 비율은 오히려 연수원 집단보다 적다. 이렇게 볼 때 로스쿨 출신 법률가들이 동시대 사법연수원 출신 법률가보다 다양한 직역으로 진출하고

있다고 해석할 수 없다. 그러나 이것만으로 로스쿨 출신 법률가들이 법조직역 다양성에 기여하는 바에 대해 결론내리기도 어렵다. 이들은 아직 취업한 지 3년이 채 안된 초임법률가들이기 때문이다. 이 사안에 대해서 좀 더 오랫동안의 경력분포와 이동현황을 추적해 보아야 의미 있는 결론을 도출할 수 있을 것이다.

(2) 경력 이동

법학전문대학원 제도의 도입으로 인해 법률직역 진출단계에서 다양성이 증가하는지 검토하기 위해서 과거에 법률가들이 어떻게 직장을 선택하고 이동해 왔는지를 살펴볼 필요가 있다. 법률직역 진출의 변화의 역동성을 검토하기 위해서는 특정 시점에서의 직업선택을 단면적으로 보는 것으로는 부족하고 동태적인 분석을 해야 하기 때문이다. 이를 위해 경력법률가 집단이 그동안 얼마나 직장을 바꾸어 이동했는지 그리고 어떠한 직장을 거쳐 왔는지를 알아보았다. 경력법률가 집단에만 국한하여 경력 이동을 살펴본 이유는 로스쿨 집단과 연수원 집단의 경우 법조경력이 짧아 현재 직장이 첫 직장인 경우가 대부분이었기 때문이다.

조사에 응답한 경력법률가 집단의 평균 법조경력은 11.63년이었고, 한번 직장을 옮겼다(40.8%)고 응답한 경우가 가장 많았다. 두 번 이동한 경우는 25.2%, 세 번 이동한 경우는 13.4%에 달했다. 한 번도 이동한 적이 없이 첫 직장에서 계속 근무하고 있다는 응답자는 15.1%였다. 첫 직장은 국내로펌이라고 답한 경우가 가장 많았다(49.0%). 그 다음으로는 사법부(10.2%), 단독개업(9.5%), 공공기관(8.7%), 검찰(6.6%)의 순이었다. 첫 직장의 근속년수는 현재 계속 첫 번째 직장에 다니고 있는 응답자를 제외하고 평균 5년으로 조사되었다. 첫 직장의 평균 근속년수는 여성 법률가, 국내로펌 재직 법률가, 연봉 6천만원 미만과 2억 이상 법률가들 사이에서 상대적으로 길었다. 그리고 첫 직장을 퇴사한 이유는 '경력의 변화를 위해서'라는 응답이 16.0%로 가장 많았고, '발전 가능성에 한계를 느껴서'라는 응답이 14.6%로 그 뒤를 이었다.

설문 결과 전체 응답법률가의 45.1%가 이직을 희망하고 있는 것으로 응답하였는데, 직장에 따라 이직의사를 가지고 있는 사람들의 비중이 달랐다 (χ^2 = 77.08, df = 6, p < .001). 단독개업(17.9%)과 대형로펌(31.5%)의 경우 그 비

율이 상대적으로 낮고, 공공기관(60.0%)과 기타(66.7%) 직종의 경우 이직희망 비율이 높았다.

표 2-3 직장별 이직희망

	이직의사 있음	이직의사 없음
단독개업	17.9%	82.1%
로펌(소)	53.7%	46.3%
로펌(중)	44.4%	55.6%
로펌(대)	31.5%	68.5%
공공기관	51.1%	48.9%
사기업	60.0%	40.0%
기타	66.7%	33.3%
전체(N=1,020)	45.1%	54.9%

이직을 희망하는지를 로스쿨, 연수원, 경력법률가 세 집단을 나누어 살펴 보면, 젊은 법률가(로스쿨 52.3%, 연수원 51.3%)들이 경력법률가(35.2%)에 비해 상대적으로 이직의사가 있는 비율이 더 높은 것으로 나타났다($\chi^2 = 27.44$, df = 2, p < .001).

표 2-4 집단별 이직희망

	이직의사 있음	이직의사 없음
로스쿨	52.3%	47.7%
연수원	51.3%	48.7%
경력법률가	35.2%	64.8%
전체(N=1,020)	45.1%	54.9%

<표 2-5>는 첫 직장에 따라 현재 직장의 비율이 어떠한지 경력이동을 검토한 것이다. 첫 직장과 현재 직장을 비교해 보면 몇 가지 경력이동의 형태 가 나타났다. 첫 직장이 단독개업이었던 법률가 중 46.2%가 단독개업의 형태 를 유지하고 있었고, 28.2%가 소형로펌에, 중형로펌에는 12.8%가 근무하고 있

었다. 첫 직장이 국내로펌이었던 법률가 중 가장 많은 비율은 대형로펌에 (30.2%) 근무하고 있었으며, 그 다음으로는 중형로펌(27.2%), 소형로펌(14.4%) 으로 나타나 대부분의 경우 로펌에 근무 중이었다. 첫 직장이 사법부인 경우도 현재 직장이 대형로펌(35.7%)인 경우와 중형로펌(26.2%)인 경우가 많았고, 단독개업으로 이동한 경우는 적었다(4.8%). 반면 첫 직장이 검찰인 경우 현재 단독개업(33.3%)의 형태인 경우가 가장 많고 그 다음으로 대형로펌(25.9%), 중형로펌(14.8%)으로 나타났다. 또한 첫 직장이 사기업인 경우 다른 회사의 사내변호사로서 이직하는 경우가 대부분(84.2%)이었고 단독개업으로 전환한 경우는 한 건도 없었다.

이를 종합하여 요약하면, 법학전문대학원 체제가 도입되기 이전의 법조경력 이동의 유형은 ① 단독개업 → 단독개업, ② 로펌 → 로펌, ③ 법원 → 로펌, ④ 검찰 → 단독개업, ⑤ 사내변호사 → 사내변호사라는 유형을 도출할 수 있다. 이런 경력이동 유형이 향후 로스쿨 출신 법률가의 경우에도 그대로 나타날

표 2-5 첫 직장과 현재 직장 정보(경력법률가 집단)

현직장 / 첫직장	단독개업	로펌(소)	로펌(중)	로펌(대)	공공기관	사기업	기타	전체
단독개업	46.2%	28.2%	12.8%	5.1%	2.6%	0.0%	5.1%	9.5%
국내로펌	7.4%	14.4%	27.2%	30.2%	3.5%	13.9%	3.5%	49.0%
사법부	4.8%	11.9%	26.2%	35.7%	21.4%	0.0%	0.0%	10.2%
검찰	33.3%	3.7%	14.8%	25.9%	11.1%	7.4%	3.7%	6.6%
공공기관 (판·검사 제외)	8.3%	2.8%	13.9%	27.8%	30.6%	8.3%	8.3%	8.7%
사기업	0.0%	5.3%	0.0%	5.3%	5.3%	84.2%	0.0%	4.6%
국선전담 변호사	0.0%	50.0%	0.0%	0.0%	50.0%	0.0%	0.0%	0.5%
비영리 단체	0.0%	100.0%	0.0%	0.0%	0.0%	0.0%	0.0%	0.2%
교육기관	100.0%	0.0%	0.0%	0.0%	0.0%	0.0%	0.0%	0.2%
금융기관	0.0%	0.0%	0.0%	0.0%	0.0%	100.0%	0.0%	1.9%
기타	5.7%	11.4%	17.1%	51.4%	14.3%	0.0%	0.0%	8.5%
전체	50	54	86	114	38	57	13	412

지 혹은 달라질지에 대해 살펴보는 것이 의미 있을 것이다. 향후 외국로펌이 국내변호사를 고용할 수 있게 되면 기존의 경력지형이 변화하게 되므로 경력 이동의 유형이 이전 세대의 법률가 집단과 다를 수 있다. 앞으로 추적연구를 통해 경력궤적(career trajectory)을 분석할 필요가 있다.

2. 법률가의 직업 환경

(1) 연 봉

조사에 참여한 전체 응답법률가의 연봉평균은 1억 545만 원이고 중간값 은 8,250만 원이었다. 연봉의 분포가 편포하고 표준편차가 크므로 연봉의 평균 을 비교하는 것보다는 중간값을 확인하는 것이 의미가 있다. 연봉 중간값을 직 장별로 비교했을 때 대형로펌(1억 5천 750만 원)이 다른 집단에 비해 월등히 높 음을 알 수 있다. 연봉이 가장 낮은 공공기관(6천만 원)과 단독개업(6천만 원)에 비해 2.5배 이상 많은 수입을 올리고 있다. 법률가의 연봉수준은 우리나라 전 체 직종평균과 비교했을 때 상위권에 해당한다.[18]

법률가 집단 간 연봉 차이는 통계적으로 유의했다(F = 105.7, df = 2, p <

표 2-6 전체 응답법률가의 직장별 수입 분포(단위: 백만 원)

	평균연봉	표준편차	중간값	하위25%	상위25%
단독개업	83.94	83.48	60.00	40.00	100.00
로펌(소)	72.12	28.36	65.00	60.00	80.00
로펌(중)	115.10	81.08	99.00	80.00	120.00
로펌(대)	181.68	84.15	157.50	137.88	200.00
공공기관	69.04	24.82	60.00	55.00	80.00
사기업	89.34	36.73	80.00	65.00	100.50
기타	89.11	67.75	80.00	60.00	95.00
전체	105.45	73.57	82.50	60.00	130.00

---

18) 한국고용정보원, 2014 한국직업정보시스템 재직자조사 기초분석 보고서, 2015. 6, 82면. 동조 사에서 변호사는 소득상위 11위에 위치하고 있으며 연봉평균은 9,437만 원으로 보고되었다.

.001). 수입 분포를 보면 로스쿨 집단의 경우 6천만 원에서 8천만 원 미만이 가장 많고(36.7%), 연수원 집단은 8천만 원에서 1억 원 미만(31%), 경력법률가 집단은 1억 원에서 2억 원 미만이(42.2%) 가장 많았다. 로스쿨 집단이 연수원 집단보다 연봉 중간값이 낮은 것은 변호사시험 합격 후 6개월간 실무연수를 거쳐야 하는 등 연봉산정에 영향을 주는 경력인정의 폭이 다르기 때문인 것으로 해석할 수 있다. 또한 <표 2-2>에 나타난 바와 같이 응답자 중 연수원 집단이 로스쿨 집단보다 대형로펌에 더 많이 취업해 있는 사실이 반영된 결과이기도 하다.

표 2-7 응답법률가의 집단별 수입 분포(%)

	로스쿨	연수원	경력법률가
6천만 원 미만	23.4	10.0	5.3
6천만 원~8천만 원 미만	36.7	28.3	6.6
8천만 원~1억 원 미만	11.2	31.0	14.6
1억 원~2억 원 미만	16.9	23.3	42.2
2억 원 이상	–	0.3	17.0
응답 거절	11.0	7.0	14.3

표 2-8 로스쿨, 연수원, 경력법률가 집단 간 연봉 비교(단위: 백만 원)

	평균연봉	중간값	하위25%	상위25%
로스쿨	72.51	60.00	57.25	80.00
연수원	87.99	80.00	60.00	100.00
경력법률가	144.81	115.00	94.00	175.00

남성과 여성의 급여는 로스쿨 집단과 연수원 집단 공히 유의한 차이가 없었다. 반면 경력법률가 집단의 경우 유의한 차이가 나타났다. 경력법률가 집단 중 남성은 81.6%이고 여성은 18.4%였으며, 평균 법조경력은 각각 12.76년과 6.57년이었다.[19] 경력법률가 집단의 성별 직장분포는 전체 법률가의 그것과

---

19) 2009년 전까지 여성변호사의 수가 전체 변호사 수의 10% 미만에 지나지 않았음을 생각하면

(<표 2-1> 참조) 크게 다르지 않았으며, 여성법률가가 상대적으로 공공기관 (14.5%)과 사기업(21.1%)에 취업비중이 높았다.

| 표 2-9 | 집단별 여성과 남성 급여 비교(단위: 백만 원) | | | | | | | |

	여				남			
	평균연봉	중간값	하위25%	상위25%	평균연봉	중간값	하위 25%	상위 25%
로스쿨	72.54	60.00	53.00	80.00	72.50	60.00	60.00	80.00
연수원	87.31	80.00	60.00	98.00	88.59	80.00	65.00	100.00
경력법률가	110.73	100.00	84.00	133.75	152.21	120.00	95.00	180.00

(2) 근무시간

언론이나 대중문화에서 법률가들은 대체적으로 지칠 때까지 과도하게 일 하는 사람들로 비쳐진다. 그러한 이미지가 과장된 것인지, 다른 직종과 비교하 면 어떤지를 살펴보면, 전체 응답법률가들의 주당 평균근무시간은 50시간을 약간 상회하는 것으로 나타났다. 고용노동부의 <사업체노동력조사>에 의하 면 2014년 현재 우리나라 근로자의 주당 평균 근로시간은 40.8시간이었다. 법 률가는 일반 근로자보다 주당 평균 10시간 정도를 더 일한다고 말할 수 있다.

응답 법률가들은 1일 평균 10시간 가량 근무하는 셈인데, 그중 사무실에 서 일한 시간은 주당 42.2시간, 사무실 외 공간에서 일한 시간은 7.0시간, 근무 시간 외 초과근무 시간은 9.6시간으로 나타났다. 한편 근무시간 외에 네트워킹 목적 레크리에이션 활동시간은 주당 3.7시간으로 조사되었다.

평균 업무시간은 통계적으로 유의한 수준에서 직장별로 차이가 있었다 (F = 13.41, df = 6, p < .001). 세부적으로 대형로펌과 중형로펌이 단독개업, 소 형로펌, 사기업, 기타 직장에 비해 업무시간이 통계적으로 유의하게 길었다. 그러나 나머지 직장들 사이에서는 통계적으로 유의한 차이가 나타나지 않았다.

60시간 이상 근무자 비율도 중형로펌, 대형로펌이 다른 기관에 비해 높게

성별에 따라 법조경력의 차이가 두드러지는 현상은 당연한 일이다. 대한변호사협회, 위의 책, 38면.

나타났다.(χ^2 = 75.28, df = 6, p < .001). 전체 법률가 중 약 27.4%는 주당 60시간 이상을 근무하고 있다고 보고하였고, 그 비중은 대형로펌 변호사(41.9%)가 가장 많았다. 반면 사기업(10%)과 단독개업(17.9%)의 경우 그 비율이 상대적으로 낮았다. 특기할 만한 사실은 공공기관에서 근무하는 법률가들도 26% 정도가 주당 60시간 이상을 근무한다고 보고하여 반드시 사적 부문뿐 아니라 공적 부문에 있어서도 많은 시간을 근무하고 있는 것으로 보인다.[20]

표 2-10 전체 응답법률가들의 업무시간과 주60시간 이상 근무 비율

	평균	표준편차	중간값	하위 25%	상위 25%	60시간 이상 근무자 비율
단독개업	45.75	12.85	48	40.00	50	17.9%
로펌(소)	49.58	12.5	50	45.00	60	25.9%
로펌(중)	54.67	13.93	50	48.25	60	38.9%
로펌(대)	55.53	15.00	55	49.50	60	41.9%
공공기관	50.47	14.48	50	42.75	60	26.1%
사기업	46.83	10.78	48	44.25	50	10.0%
기타	46.24	8.60	45	44.00	50	5.1%
전체	50.84	13.68	50	45.00	60	27.4%

상당히 많은 숫자의 법률가들이 특화된 분야에 업무를 집중하고 있었다. 설문에서는 자신들이 특정 분야의 전문가라고 생각하는지, 그리고 그 분야의 업무를 50% 이상 수행하는지를 물어보았다. 실질적으로 반 이상을 특정 분야에 집중하고 있지만 스스로 전문가라고 생각하는 비중이 상대적으로 낮은 법률가들은 단독개업(22.6%), 소형로펌(35.2%), 공공기관(42.0%)이었다. 반면 대형로펌의 법률가들은 실제 업무에 있어서도 특정 분야에 집중하는 비율도 높았고, 스스로 전문가라고 생각하는 응답비율이 높았다(70.4%).

---

20) 미국의 AJD 조사에 따르면 정부, 공익단체, 비영리단체 등 공적 부문에 고용된 법률가들 중 주당 60시간 이상을 근무하는 비중은 모두 10%대에 머물렀다.

표 2-11	특화 된 분야에 업무를 집중하고 있는지 여부	
	특정 분야의 전문가라고 응답	특정 분야 업무 50% 이상 수행
단독개업	24	58
	22.6%	54.7%
로펌(소)	76	116
	35.2%	53.7%
로펌(중)	94	93
	47.5%	47.0%
로펌(대)	143	138
	70.4%	68.0%
공공기관	37	69
	42.0%	78.4%
사기업	77	65
	45.3%	38.2%
기타	15	21
	38.5%	53.8%
전체	466	560
	45.7%	54.9%

(3) 공익활동

변호사법 제27조에 의하면 변호사는 연간 일정시간 이상의 공익활동(pro bono)에 종사해야 한다. 연간 30시간을 원칙으로 하되, 지방변호사회에서 20시간으로 조정할 수 있도록 하고 있다. <2010 변호사백서>에 의하면 변호사들의 연평균 공익활동 시간은 29.84시간이었다. 본 조사에서 확인한 공익활동 시간은 직장에 따라 다양하게 나타났다. 응답법률가들의 집단 간 평균 공익활동 시간은 유의한 차이가 있었다($F = 8.82$, $df = 6$, $p < .001$). 단독개업의 경우 38.95시간의 공익활동을 수행하였고, 그 다음으로는 대형로펌이 26.01시간을 수행하였다. 이러한 경향은 1시간 이상 공익활동을 수행한 집단만을 대상으로 비교할 때도 마찬가지로 유의했다($F = 5.21$, $df = 6$, $p < .001$).

미국에서도 단독개업 법률가들은 공익활동에 적극적인 참여를 보여주고 있지만, 대형로펌이 가장 높은 수준의 공익활동 성과를 달성한 점이 크게 차이가 난다.[21] 물론 우리나라와 미국의 결과를 동일한 차원에서 비교하기 어렵겠지만, 절대시간을 놓고 볼 때 중대형 로펌에서의 평균 공익활동시간의 격차는 2배 가까이 차이를 보인다. 아마도 미국의 대형로펌들은 공익활동에 대해 기관 차원에서의 공약을 더 적극적으로 하고 있고, 공익활동의 활성화를 위한 공식적인 제도를 구비하고 있는 것으로 추측한다.

표 2-12 | 전체 응답법률가들의 사회공익활동(프로보노) 업무 현황(미국과의 비교)

	평균 공익활동 시간		1시간 이상 참여 비율		1시간 이상 공익활동을 한 평균 시간		1시간 이상 공익활동을 한 중간값 시간	
	한국	미국	한국	미국	한국	미국	한국	미국
단독개업	38.95	40.5	91.4%	81%	42.60	49.8	30	30
로펌(소)	21.15	17.7	71.5%	56%	29.59	31.9	20	20
로펌(중)	24.91	46.7	75.1%	73%	33.16	64.3	20	40
로펌(대)	26.01	68.5	69.8%	81%	37.26	84.5	20	45
공공기관	10.14	4.1	51.2%	18%	19.82	22.6	10	10
사기업	13.06	11.2	68.2%	47%	19.15	24.1	20	20
기타	14.24		71.1%		20.04		20	
전체	22.15		71.6%		30.91		20	

주) 미국 통계는 AJD Ⅱ (*supra* note Ⅱ) 참조.

(4) 직장 만족도

응답법률가들이 현재 직장을 선택하는 데 고려한 요인들의 중요도를 살펴보면, 7점 척도의 평균을 기준으로 근무환경과 동료(5.05), 회사의 명망과 평판(4.62), 연봉(4.60)을 중요한 요소로 꼽고 있다. 세 집단 모두 근무환경과 동료를 현 직장을 선택하는 데에 가장 많이 고려했다고 응답하고 있다. 또한, 세

---

21) 미국변호사협회는 1993년부터 모든 변호사에게 연간 50시간 이상의 공익활동(pro bono)에 종사할 것을 요구하고 있다.

집단 모두 가정을 위한 편의 제공 항목에 대해 가장 덜 고려하는 것으로 나타났다.

세 집단 간 통계적으로 유의한 차이가 발견된 항목은 근무시간, 추구 가치 적합 정도, 직업안정 정도, 지리적 위치, 교육훈련의 기회, 가정을 위한 편의 제공이었다.

먼저 근무시간은 다른 집단에 비해 로스쿨 졸업 법률가들이 해당 항목을 더 고려해서 직장을 선택하는 것으로 나타났다($F = 5.27$, $df = 2$, $p < .01$). 직장이 추구하는 가치와 자신의 가치가 적합한지에 대해서는 연수원 출신 젊은 법률가들이 다른 두 집단에 비해 추구 가치 적합 정도에 대해 덜 고려했다($F = 5.57$, $df = 2$, $p < .01$). 직업안정성에 대해서도 다르게 평가했는데, 경력법률가가 다른 두 집단에 비해 직업안정성에 대해 더 많이 고려했다($F = 7.26$, $df = 2$, $p < .001$). 직장의 지리적 위치에 대한 고려 정도는 연수원 출신 젊은 법률가가 경력법률가에 비해 더 중요하게 고려했다($F = 3.54$, $df = 2$, $p < .05$). 교육

표 2-13 현재 직장 선택 시 고려사항

	전체	로스쿨	연수원	경력법률가
연봉	4.60	4.50	4.62	4.67
복지혜택	3.88	3.91	4.00	3.77
근무환경/동료	5.05	5.14	5.02	5.01
근무시간	4.31	4.54	4.32	4.13
사회공헌 기회	3.25	3.29	3.25	3.22
승진가능 정도	3.26	3.26	3.25	3.27
추구 가치 적합 정도	4.40	4.58	4.14	4.45
직업안정 정도	4.48	4.38	4.27	4.70
지리적 위치	4.15	4.25	4.29	3.98
회사규모	4.33	4.28	4.49	4.25
명망/평판	4.62	4.60	4.57	4.67
교육훈련 기회	4.30	4.65	4.28	4.06
가정 위한 편의제공	3.14	3.34	3.31	2.86

훈련의 기회를 고려한 정도도 차이가 있었다(F = 9.59, df = 2, p < .001). 로스
쿨 출신 법률가가 다른 두 집단의 법률가에 비해 교육 훈련의 기회를 더 많이
고려하는 것으로 나타났다. 반면, 가정을 위한 편의제공은 경력법률가가 젊은
법률가 집단에 비해 덜 중요하게 고려하는 것으로 나타났다(F = 8.09, df = 2, p
< .001). 그 외의 항목들은 세 집단 간 유의한 차이는 발견되지 않았다.

   법률가들의 현재 직장에 대한 만족도는 대체적으로 높은 수준이었다. 전
체의 67% 정도가 "대체로" 또는 "매우" 만족하고 있었다. 5점 만점 척도의 만
족도 점수의 평균으로 보아도 로스쿨 집단(3.64), 연수원 집단(3.65), 경력법률
가 집단(3.76) 공히 유사한 수준의 높은 만족도를 보여주고 있었다. 집단 간
차이는 통계적으로 유의하지 않았다. 하지만 성별 직장만족도를 보면 여성
(3.60)이 남성(3.73)에 비해 직장만족도가 통계적으로 유의한 수준에서 낮았
다(t = −2.44, df = 643.981 p < .05).

표 2-14 전체 응답법률가들의 집단별 일반 직장만족도

	평균	표준편차	중간값	하위 25%	상위 25%
로스쿨	3.64	0.87	4	3	4
연수원	3.65	0.77	4	3	4
경력법률가	3.76	0.80	4	3	4

   직장별 만족도는 대형로펌과 공공기관에서 비교적 높게 나타났다. 하지만
대형로펌과 소형로펌의 차이, 공공기관과 소형로펌의 차이, 사기업과 대형로
펌의 차이만 통계적으로 유의하였고(F = 4.91, df = 6, p < .001), 나머지 직장
사이에는 그 차이가 유의하지 않았다.

   전반적인 만족도는 대형로펌이 높은 편이나, 세부 항목을 보면 차이가 있
었다. 연봉, 복지혜택, 근무환경, 회사의 사회적 명망, 평판 등 업무 또는 직업
적 역량과 관련한 만족도는 대형로펌이 높은 점수를 받고 있으나, 근무시간,
일과 개인적 삶의 균형, 육아 등 가정을 위한 편의 제공 등의 개인적 삶의 영
역과 관련한 만족도는 사기업과 공공기관이 높게 나타났다.

   15개의 세부 항목을 이용해 주성분분석(principal component analysis)을 수

표 2-15   전체 응답법률가들의 직장별 일반 직장만족도

	평균	표준편차	중간값	하위 25%	상위 25%
단독개업	3.75	0.79	4	3	4
로펌(소)	3.49	0.89	4	3	4
로펌(중)	3.67	0.79	4	3	4
로펌(대)	3.89	0.76	4	4	4
공공기관	3.81	0.72	4	3	4
사기업	3.64	0.80	4	3	4
기타	3.67	0.77	4	3	4
전체	3.69	0.81	4	3	4

표 2-16   전체 응답법률가들의 세부요소별 직장만족도

	평균	표준편차
연봉	4.15	1.52
복지혜택	3.73	1.58
근무환경, 동료	4.91	1.44
근무시간, 업무량	4.35	1.60
공익활동(pro bono) 등 사회공헌기회	3.58	1.58
승진가능성	3.61	1.55
직장 가치와 내가 추구하는 가치의 적합성	4.25	1.56
직업안정성	4.31	1.55
회사의 사회적 명망, 평판	4.59	1.52
교육과 훈련의 기회(개인적인 멘토제 포함)	4.14	1.67
성과 평가 방식	3.68	1.50
일과 개인적 삶의 균형	4.21	1.70
업무수행 자율성	4.93	1.52
전문성을 개발할 기회	4.73	1.60
육아 등 가정을 위한 편의 제공	3.42	1.72

행한 결과, 3개의 성분을 도출할 수 있었다. 법률가 직업만족도를 구성하는 세 요인은 (가) 근무환경과 가치, (나) 근무량과 개인적 삶, (다) 물질적 보상이라고 할 수 있다. 이 세 주성분이 전체 변량의 약 62%를 설명하는 것으로 확인되었다.

각 요인 중에 (나) 근무량과 개인적 삶은 근무시간과 업무량, 일과 개인적 삶의 균형, 육아 등 가정을 위한 편의 제공에 대한 만족도 등 변수들을 포괄하는 요인이고, (다) 물질적 보상은 연봉과 복지혜택에 대한 만족도 등 변수를 포괄하는 요인이다. (가) 첫 번째 근무환경과 가치 요인이 설명력이 가장 큰 요인이었는데 이외의 나머지 모든 항목을 대표한다고 볼 수 있다.

세 가지 만족도 요인에 대해 직장별, 성별 차이를 확인해 보았다. 먼저 직장별로 살펴보면, 근무환경과 가치(F = 11.4, df = 6, p < .001), 근무량과 개인적 삶(F = 33.54, df = 6, p < .001), 물질적 보상(F = 28.01, df = 6, p < .001)의 만족도 세 차원 모두 직장별로 차이가 있었다. 근무환경과 가치에 대해서는 대형로펌이 다른 직장에 비해 만족도가 높았다. 공공기관도 근무환경과 가치에 대해 만족도가 높은 편이었는데, 단독개업이나 소형로펌에 비해 그 만족도가 통계적으로 유의한 수준에서 높았다.

표 2-17   전체 응답법률가들의 직장별 직장만족도 요인 평균값[22)]

	근무환경과 가치	근무량과 개인적 삶	보상
단독개업	-0.29	0.16	-0.36
로펌(소)	-0.25	-0.04	-0.37
로펌(중)	-0.09	-0.28	-0.05
로펌(대)	0.39	-0.55	0.64
공공기관	0.24	0.48	-0.35
사기업	0.08	0.61	0.18
기타	-0.29	0.36	-0.07

---

22) 해당 표의 요인 점수는 주성분 분석을 통해 통합된 각 요인들의 값을 집단별 평균을 구한 값이다. 요인 점수의 해석은 기타 다른 평균값의 해석과 동일하다. 값이 클수록 해당 요인에 대한 만족도가 높은 것으로, 적으면 낮은 것으로 해석한다. 요인값은 평균이 0이므로 음수의 값을 가질 수 있다.

근무량과 개인적 삶에 대해서는 대형로펌의 만족도가 가장 낮았다. 공공기관과 사기업이 만족도가 높은 편이었다. 물질적 보상 차원에서의 만족도는 대형로펌이 가장 높은 것으로 나왔다. 대형로펌에 근무하는 법률가는 다른 어떤 직장에서 근무하는 법률가보다 물질적 보상에 대한 만족도가 높았다. 대형로펌 다음으로는 사기업이 보상 차원에서의 만족도가 높은 것으로 나타났는데, 사기업은 단독개업, 소형로펌 및 공공기관에 비해 보상에 대한 만족도가 높았다.

성별 차이는 근무환경과 가치 요인에서만 나타났다. 남성은 여성에 비해 근무환경과 가치에 대해 높은 만족도를 표시했다($t = -2.41$, $df = 653.84$, $p < .05$). 다른 요소들은 통계적으로 유의한 차이를 보이지 않았다.

표 2-18 전체 응답법률가들의 성별 직장만족도 요인 평균값

	근무환경과 가치	근무량과 개인적 삶	보상
남성	0.05	0.04	−0.02
여성	−0.11	−0.02	0.01

(5) 미래에 대한 전망

법률가로서의 10년 후 미래 전망을 조사한 결과, 긍정적이라는 의견이 75.3%(다소 긍정적 + 매우 긍정적)로 부정적(다소 부정적 + 매우 부정적)이라는 의견 24.7%에 비해 3배 이상 많았다. 4점 척도의 평균은 2.89점으로 나타났다.

표 2-19 10년 후 법률가로서의 미래 전망

	평균	표준편차	중간값
로스쿨	3.04	0.66	3.00
연수원	2.94	0.64	3.00
경력법률가	2.75	0.80	3.00
전체	2.89	0.73	3.00

집단별로 살펴보면 로스쿨 집단과 연수원 집단 사이에는 미래에 대한 전 망이 차이가 없으나, 경력법률가는 로스쿨, 연수원 모두에 비해 미래에 대한 전망이 상대적으로 부정적이다(F = 15.34, df = 2, p < .001). 반면 직장별로 법 률가로서의 미래 전망은 통계적으로 유의한 차이가 없었다.

표 2-20 전체 응답법률가들의 직장별 법률가로서의 미래 전망

	평균	표준편차	중간값	하위25%	상위25%
단독개업	2.73	0.85	3	2.00	3
로펌(소)	2.90	0.75	3	2.75	3
로펌(중)	2.86	0.75	3	2.00	3
로펌(대)	2.87	0.70	3	3.00	3
공공기관	2.97	0.61	3	3.00	3
사기업	2.97	0.69	3	3.00	3
기타	3.00	0.65	3	3.00	3

법률직역의 미래전망을 하는 데 있어 주요한 고려요소 중 하나가 법률시 장의 개방일 것이다. 법률시장이 개방되면서 경쟁이 치열해질 것으로 기대되 기 때문이다. 법률시장 개방에 대한 동의 정도를 조사하여 각 항목별 개방도를 7점 만점 평균으로 측정한 결과, 응답법률가들은 '외국 변호사 밑에서 업무를 수행해도 국내법 사무는 독립적으로 수행가능' 항목에 평균 4.38점으로 가장 개방적인 의견을 가진 것으로 조사되었다. 다음으로 '외국로펌에서 일하고 싶 다'(3.63점)의 항목에서 상대적으로 개방적인 의견을 보였고, 이어서 '외국 변 호사가 국내변호사 직접 고용하여 업무 수행 허용'이 각각 3.37점으로 4점 이 하의 개방에 대한 동의 정도를 보였다. '외국 변호사도 대한변호사협회 회원으 로 대우/관리하는 것이 필요하다'는 항목과 '외국 변호사도 금융 등 특정분야 국내법 사무의 수행을 허용해야 한다'는 항목에 대해서는 각각 2.65점과 2.72 점으로 상대적으로 폐쇄적인 의견을 보였다. 법률시장 개방에 대해 부정적인 진술로 물어본 "현행 단계적 개방으로 법률시장의 개방은 충분하다"와 "외국 변호사가 국내법 사무를 하지 못하도록 관리 감독이 더욱 철저히 이루어져야

표 2-21	응답법률가들의 법률시장 개방에 대한 집단별 동의율[23]			
	전체 (N = 1,020)	로스쿨 (n = 308)	연수원 (n = 300)	경력법률가 (n = 412)
현행 단계적 개방으로 법률시장의 개방은 충분하다*	4.37	4.26	3.96	4.76
외국 변호사가 국내변호사를 직접 고용하여 업무를 수행할 수 있도록 허용한다	3.37	3.81	3.23	3.15
외국 변호사도 금융 등 특정한 분야에서는 국내법 사무를 수행할 수 있도록 허용한다	2.72	3.19	2.51	2.53
나는 외국로펌에서 일하고 싶다	3.63	4.01	3.70	3.29
나는 외국 변호사 밑에서 업무를 수행하더라도, 국내법 사무에 관하여 독립적으로 사무를 수행할 수 있다	4.38	4.60	4.40	4.20
외국 변호사가 국내법 사무를 하지 못하도록 관리 감독이 더욱 철저히 이루어져야 한다*	4.62	4.32	4.58	4.89
외국 변호사도 국내변호사와 마찬가지로 대한변호사협회 회원으로 대우하고, 관리하여야 한다.	2.65	2.82	2.46	2.66
통합 법률시장 개방 의식 점수(위의 문항 통합)	3.35	3.69	3.26	3.17

주) *이 붙은 항목은 수치가 높을수록 법률시장 개방에 대해 부정적으로 인식하는 것으로 해석할 수 있다.

한다"에 대해서는 각각 4.37, 4.62로 중간(4점) 이상의 동의하는 것으로 나타나, 비교적 개방에 대해 부정적으로 인식하고 있는 것으로 보인다.

집단별로는 로스쿨 집단, 연수원 집단, 경력법률가 집단 순으로 개방적인 것으로 나타났고, 특히 로스쿨 집단(3.69)은 연수원 집단(3.26)과 경력법률가 집단(3.17)에 비해 통계적으로 유의한 수준에서 더 높은 통합 법률시장 개방 의식 점수를 보였다(F = 16.34, df = 2, p < .001).

---

23) 7개의 법률 개방에 대한 의견을 묻는 항목 중, 1번째 항목 "현행 단계적 개방으로 법률시장의 개방은 충분하다"와 6번째 항목 "외국 변호사가 국내법 사무를 하지 못하도록 관리 감독이 더욱 철저히 이루어져야 한다"는 다른 문항과 상관관계가 떨어져, 신뢰도 검사에서 적절한 값을 내지 못했다. 따라서, 통합 법률시장 개방 의식 점수는 이 두 항목을 뺀 나머지 항목의 응답 값의 평균으로 계산했다(신뢰도 크론바흐 α =.77).

3. 법률가의 연봉과 만족도에 영향을 미치는 요인

(1) 연　봉

어떤 변수들이 법률가 소득에 영향을 주는지 확인하기 위해 법률가의 연

표 2-22　연봉에 대한 회귀분석(전체법률가)(N=1,020)

	회귀계수	표준화된 회귀계수	t value	p value
상수	1.43***	0.00***	10.51	0.00
성별(남성)	0.02	0.04	1.48	0.14
경력	0.01***	0.40***	15.92	0.00
로펌(소)	0.06**	0.10**	2.60	0.01
로펌(중)	0.18***	0.32***	8.21	0.00
로펌(대)	0.38***	0.63***	15.96	0.00
공공기관	0.01	0.01	0.32	0.75
사기업	0.15***	0.24***	6.41	0.00
기타	0.12***	0.10***	3.81	0.00
스페셜리스트	0.05***	0.10***	4.43	0.00
업무시간	0.00	0.05	1.95	0.05
부 교육수준	0.00	0.02	0.61	0.54
모 교육수준	0.00	0.00	−0.09	0.93
부모 법률가	0.00	0.00	−0.01	0.99
50명 이상의 기업체	0.03*	0.07*	2.40	0.02
10명 이상의 부하직원	−0.03	−0.05	−1.79	0.07
자영업	0.00	−0.01	−0.22	0.83
경영진이나 임원	−0.01	−0.01	−0.41	0.68
전문직	−0.03	−0.04	−1.55	0.12
학부 서·연·고	0.02*	0.05*	2.02	0.04
학부 성적	0.00	0.04	1.52	0.13
F	58.89***	df　847	R^2	0.58

주) *p < .05, **p < .01, ***p < .001.

봉을 종속변수로 한 회귀분석을 실시했다. 종속변수인 연봉은 대체로 편차가 크고 극단치들이 평균을 왜곡할 가능성이 있으므로 상용로그를 취하여 분석에 사용했다. 따라서 제시한 회귀계수들 가운데 '표준화된 회귀계수'를 중심으로 설명변수들 간의 영향력의 크기만을 상대적으로 비교하는 것이 해석하기 쉽다. 회귀분석은 먼저 전체 표본을 대상으로 실시했으며, 이어서 로스쿨 집단, 연수원 집단, 경력법률가 집단으로 구분하여 실시했다.

연봉을 결정하는 데에 가장 중요한 변수는 직장 변수인 것으로 나타났다. 즉, 어느 직장에서 일하느냐에 따라 연봉의 높고 낮음을 설명할 수 있다. 성별, 경력 등을 통제하고도 단독개업에 비해, 로펌, 사기업, 기타의 직장을 가진 경우 연봉이 더 높아지는 것으로 나타났다.

부모 배경 변수[24]는 대부분 통계적으로 유의한 영향력을 보이지 않았다. 부모가 50인 이상의 기업에 일할 경우 연봉이 높은 것으로 나타나지만, 이 결과가 실제 인과관계라고 보기는 어렵다. 뒤에 집단을 나누어 본 결과에서 이 변수의 유의성이 일관되지 않으므로 해석을 보류하는 것이 적절하다. 즉, 이 관계는 특정 집단에서만 강조되어 나오는 일종의 '상호작용 효과'를 함축할 가능성이 높다.

흥미롭게도 특정 분야의 전문가라고 스스로를 보고한 경우가 그렇지 않은 경우에 비해 연봉이 높아진다. 특정한 업무에 특화되어 전문성을 가질 경우 더 많은 연봉을 받는 것으로 해석할 수 있다.

출신 대학에 따라서도 연봉은 달라진다. 소위 명문대로 분류되는 서울대-연세대-고려대를 졸업한 법률가의 경우 그렇지 않은 경우보다 더 많은 연봉을 받는 것으로 나타났다. 뒤에서 제시하겠지만, 집단별 분석에서는 이 효과가 나타나지 않았다. 로스쿨 졸업생의 경우 출신 학부보다는 출신 법학전문대학원이 중요했고, 사법연수원 출신의 두 집단 응답자에게서는 명문대 졸업 여부가 통계적으로 유의한 영향력을 보이지 않았다. 따라서 명문대 졸업이 법률가 직업군에서 고연봉을 보장한다고 섣불리 해석하기도 어렵다.

---

24) 부모배경 변수는 응답법률가 개인이 고등학교를 졸업할 무렵 부모의 교육수준과 직업(50인 이상 기업에서 근무, 10명 이상의 부하직원을 가진 직업, 자영업, 경영진이나 임원, 전문직), 그리고 부모 중 법률가가 있는 경우를 말한다.

| 표 2-23 | 연봉에 대한 회귀분석(로스쿨 집단)(n=308) |

	회귀계수	표준화된 회귀계수	t value	p value
상수	0.57	0.00	1.77	0.08
성별(남성)	0.02	0.05	1.08	0.28
경력	0.07***	0.22***	4.58	0.00
로펌(소)	0.03	0.07	0.87	0.38
로펌(중)	0.12**	0.25**	3.2	0.00
로펌(대)	0.33***	0.57***	7.13	0.00
공공기관	−0.03	−0.04	−0.62	0.54
사기업	0.09**	0.2**	2.62	0.01
기타	0.09	0.08	1.59	0.11
스페셜리스트	0.01	0.03	0.58	0.56
업무시간	0.00**	0.14**	2.83	0.00
부 교육수준	0.00	0.02	0.35	0.73
모 교육수준	0.01	0.06	0.96	0.34
부모 중 법률가 있는지	−0.02	−0.02	−0.32	0.75
50명 이상의 기업체	0.03	0.08	1.43	0.15
10명 이상의 부하직원	0.02	0.04	0.7	0.48
자영업	0.00	0.00	−0.09	0.93
회사 경영진이나 임원	0.01	0.03	0.61	0.54
전문직	−0.01	−0.02	−0.44	0.66
로스쿨 서·연·고	0.04*	0.10*	1.65	0.10
학부 성적	0.00	0.06	1.13	0.26
로스쿨 성적	0.01*	0.12*	2.38	0.02
F	13.7***	df	245	R^2	0.54

주) *p < .05, **p < .01, ***p < .001.

로스쿨 집단만 따로 떼어서 연봉에 미치는 요인들을 검토해 보면, 어느 직장을 다니느냐가 여전히 가장 큰 영향력을 가지는 변수였다. 또한 서울대, 연세대, 고려대 법학전문대학원을 나오는 것과 로스쿨 성적이 연봉에 정적인 영향력을 행사하는 것으로 나타났다. 명문 법학전문대학원 출신이 기타 다른 법학전문대학원 출신보다 더 많은 연봉을 받고 있으며, 법학전문대학원 성적이 좋을수록 높은 연봉을 받는다는 것이다. 학부의 성적보다는 법학전문대학

표 2-24   연봉에 대한 회귀분석(연수원 집단)(n=300)

	회귀계수	표준화된 회귀계수	t value	p value
상수	1.08***	0.00***	5.36	0.00
성별(남성)	0.03*	0.10*	2.17	0.03
경력	0.03***	0.15***	3.49	0.00
로펌(소)	0.11***	0.27***	3.48	0.00
로펌(중)	0.21***	0.46***	6.10	0.00
로펌(대)	0.41***	0.90***	10.41	0.00
공공기관	0.06	0.10	1.53	0.13
사기업	0.15***	0.32***	4.32	0.00
기타	0.17***	0.24***	4.18	0.00
스페셜리스트	0.00	0.01	0.21	0.83
업무시간	0.00	0.01	0.28	0.78
부 교육수준	0.01	0.10	1.59	0.11
모 교육수준	0.00	−0.02	−0.28	0.78
부모 중 법률가 있는지	−0.02	−0.03	−0.57	0.57
50명 이상의 기업체	0.02	0.05	0.95	0.34
10명 이상의 부하직원	−0.03	−0.09	−1.73	0.08
자영업	0.00	0.00	0.08	0.93
회사 경영진이나 임원	−0.01	−0.02	−0.43	0.67
전문직	−0.06*	−0.12*	−2.39	0.02
학부 서·연·고	0.03	0.08	1.65	0.10
학부 성적	0.01**	0.14**	2.95	0.00
사법연수원 성적	0.00	−0.02	−0.38	0.71
F	18.55***	df	234	R^2	0.62

주) $^*p < .05$, $^{**}p < .01$, $^{***}p < .001$.

원 성적이 연봉에 직접적인 영향력을 행사하는 것으로 나타났다. 또한 업무시
간이 길수록 연봉은 증가하는 추세를 보인다.

연수원 집단 법률가를 대상으로 한 회귀분석 결과도 로스쿨 졸업 법률가
를 대상으로 한 결과와 유사하다. 직장 변수가 연봉을 설명하는 데 가장 중요
함을 보여준다. 모든 조건이 동일할 때, 남성이 여성보다 높은 연봉을 받는 것

표 2-25 연봉에 대한 회귀분석(경력법률가 집단)(n=412)

	회귀계수	표준화된 회귀계수	t value	p value
상수	1.60***	0.00***	6.60	0.00
성별(남성)	0.04	0.07	1.51	0.13
경력	0.01***	0.30***	6.75	0.00
로펌(소)	0.03	0.05	0.75	0.45
로펌(중)	0.19***	0.34***	4.97	0.00
로펌(대)	0.35***	0.65***	8.93	0.00
공공기관	−0.01	−0.02	−0.29	0.77
사기업	0.19***	0.29***	4.62	0.00
기타	0.13*	0.10*	2.13	0.03
스페셜리스트	0.08***	0.18***	4.14	0.00
업무시간	0.00	0.04	0.95	0.34
부 교육수준	0.01	0.06	1.03	0.31
모 교육수준	−0.01	−0.05	−0.83	0.41
부모 중 법률가 있는지	0.04	0.02	0.54	0.59
50명 이상의 기업체	0.04	0.09	1.69	0.09
10명 이상의 부하직원	−0.04	−0.07	−1.43	0.15
자영업	0.02	0.04	0.85	0.40
회사 경영진이나 임원	0.01	0.02	0.42	0.67
전문직	0.00	0.00	−0.07	0.94
학부 서·연·고	0.01	0.02	0.51	0.61
학부 성적	0.00	0.02	0.39	0.70
F	16.15***	df	316	R^2	0.51

주) *p < .05, **p < .01, ***p < .001.

으로 나타났는데, 다른 집단 및 전체 표본 대상의 회귀분석에서는 성별이 유의
하지 않았던 것과 다르다. 이 데이터는 젊은 사법연수원 출신의 법률가에 한해
서 모든 조건이 동일할 때 성별이 연봉의 차이를 설명하는 것으로 나타나고
있으나, 이것이 데이터의 특이성으로 인한 것인지, 전반적인 경향인지에 대해
서는 추가적인 연구가 필요하다.

연수원 집단 법률가의 분석에서는 법학전문대학원 성적 대신 사법연수원
성적을 설명 변수로 추가했으나, 이는 통계적으로 유의한 설명변수가 아니었
다. 학부 성적만이 연봉에 정적인 영향력을 행사하는 것으로 나타났다. 하지만
전통적으로 사법연수원 성적이 우수한 법률가들이 선호하는 직업은 판사와 검
사이고, 상대적으로 낮은 판·검사의 연봉을 고려하면 성적과 연봉과의 관계가
우리의 데이터에 잘 드러나지 않았을 가능성도 있다.

다만 부모가 전문직일 경우 연봉이 오히려 감소하는 것으로 나타났는데,
이 역시 다른 집단에 대한 분석에서는 나타나지 않는 결과이고, 전체 표본을
대상으로 한 분석에서도 유의하게 나타나지 않았던 변수이므로 특별히 의미를
두어 해석하기 어렵다.[25]

경력법률가 집단에서는 직장과 경력, 특정 분야의 전문가인지 여부 등의
변수만이 통계적으로 유의하였다. 젊은 법률가 집단과는 달리 출신 학부나 학
부 성적, 부모 배경 등의 변수 모두 유의하지 않았다. 젊은 법률가로서 첫 직
장에서 연봉이 높은 직장에 취직하려면 명문대 로스쿨을 졸업하거나 로스쿨
성적 혹은 학부 성적 등이 좋아야 하지만, 이런 명문대 졸업 여부나 성적 등의
영향력은 경력이 쌓이면서 희석된다고 볼 수 있다. 미국의 경우에도 동일한 해
석을 제시한 연구들이 있다. 미국 상위권 로스쿨 출신들이 첫 직장을 구하는
데 있어 취업에 용이하고 고소득을 올리지만, 이들을 추적 조사해 보면 법조경
력이 쌓이면서 그러한 상관관계가 사라진다는 관찰이 있다. 즉, 법률직역 내에
서 건전한 경쟁을 통해 좋은 평판이 쌓이게 되면 보다 나은 직장으로 이동할

---

25) 이에 대해 부모가 전문직일 경우 경제적으로 안정되어 있는 상황이기 때문에 연봉이 적더라
도 업무강도가 높지 않고 상대적으로 자율성이 높은 공공기관이나 사기업으로 취직할 수 있
고, 또 전문직 부모가 법률가에게 그렇게 권유하는 것이 아닌가 하는 방식으로 해석할 수 있
다. 최근 사법연수원 출신 법률가들의 직업선호에 대해 실증자료로 설명한 연구로는 이준석,
"42기 사법연수생들의 직업선호 변화와 그 원인", **서울대학교 법학**, 제54권 제2호, 2013.

수 있고, 이를 통해 비상위권 로스쿨 출신 법률가에 대한 최초 취업시장에서의 평가도 더 우호적으로 바뀔 수 있다고 생각된다.

이상의 회귀분석 결과를 종합해 볼 때, 연봉을 설명하는 데 가장 큰 영향력을 보인 변수는 직장이었다. 로스쿨, 연수원, 경력법률가 집단 모두에서 중형 이상의 로펌에서 근무하는 것은 단독개업에 비해 더 많은 연봉을 보장하는 것으로 나타났다. 그에 비해, 부모 배경 변수는 통계적으로 유의한 영향력이 관찰되지 않았다. 로스쿨 집단에서는 소위 명문 로스쿨을 졸업하는 것과 로스쿨 성적이 연봉과 상관관계가 있었고, 연수원 집단에서는 학부의 성적이 통계적으로 유의한 수준에서 상관관계가 있었다.

추가적인 분석으로, 부모의 사회경제적 배경이 대형로펌에 입사하는 데 영향을 미쳐서, 결국 높은 연봉으로 이어지는지 여부를 검토했다. 부모의 사회경제적 배경 관련 변수가 대형 로펌에 입사하는 여부를 결정하는지 로짓회귀분석을 통해 확인해 보았으나 유의한 결과를 얻지 못했다. 이러한 결과는 로스쿨 출신 법률가들의 사회경제적 배경에 따라 그들의 연봉이 결정된다는 항간의 의혹에 근거가 없음을 시사한다. 로스쿨 졸업 법률가가 실력과 무관하게 지원자의 출신배경에 따라 취업이 되거나, 취업 과정에서 부당한 압력이나 청탁을 동원해서 취업이 된다면 과연 문제라고 하겠으나, 적어도 이 연구의 결과에 따르면 취업한 로스쿨 졸업 법률가의 연봉에 사회경제적 배경이 작용한다고 말할 수 있는 근거는 없다는 것이다.

(2) 직장 만족도

직장 만족도에 영향력을 미치는 요인을 확인하기 위한 회귀분석도 진행했다. 현재 직장에 만족하느냐를 5점 척도로 물어본 결과값을 종속변수로 하여 회귀분석을 실시했다. 연봉에 대한 설명 모형과 같이, 인구통계학적 변수와 근무시간, 직장, 특정 분야의 전문가인지 여부, 부모 배경 및 출신 학부와 성적을 설명변수로 취했다. 또한, 직업 만족도와 밀접한 상관관계를 갖고 있을 것으로 예상되는 연봉과 공익활동 시간도 모형에 포함했다.

회귀분석 결과 직장 만족도에 가장 큰 영향을 미치는 것은 연봉임을 알 수 있다. 모든 조건이 동일한 상태에서 연봉이 1단위 증가할 때, 직장 만족도

| 표 2-26 | 전체 응답법률가들의 만족도(일반)에 대한 회귀분석(N=1,020) |

	회귀계수	표준화된 회귀계수	t value	p value
상수	1.86*	0.00*	2.38	0.02
성별(남성)	0.14*	0.08*	2.18	0.03
나이	−0.01*	−0.09*	−1.98	0.05
연봉26)	0.65***	0.19***	3.89	0.00
업무시간	0.00	−0.07	−1.95	0.05
단독개업	0.00	0.00	−0.02	0.98
로펌(소)27)	−0.27*	−0.14*	−2.52	0.01
로펌(중)	−0.27*	−0.14*	−2.44	0.01
로펌(대)	−0.24	−0.12	−1.87	0.06
사기업	−0.26*	−0.12*	−2.31	0.02
기타	−0.13	−0.03	−0.84	0.40
스페셜리스트	0.10	0.06	1.81	0.07
공익활동 시간	0.00**	0.11**	3.07	0.00
아버지 교육	0.01	0.03	0.55	0.59
어머니 교육	0.02	0.03	0.61	0.54
부모 중 법률가 있는지	0.41*	0.09*	2.53	0.01
50명 이상의 기업체	0.13	0.08	1.90	0.06
10명 이상의 부하직원	−0.12	−0.07	−1.63	0.10
자영업	−0.02	−0.01	−0.39	0.69
회사 경영진이나 임원	0.13	0.06	1.67	0.10
전문직	−0.11	−0.05	−1.18	0.24
학부 서·연·고	0.08	0.05	1.34	0.18
학부 성적	0.01	0.05	1.41	0.16
F	4.024***	df	838	R^2	0.10

주) *p < .05, **p < .01, ***p < .001.

---

26) 편포한 연봉의 분포를 통제하기 위해 연봉은 상용로그를 취한 값으로 변환해서 사용했다.

27) 직장변수는 '공공기관'을 기준변수로 삼았다. 즉, 공공기관에서 일하는 사람보다 소형로펌에서 일하는 사람이 직장에 대한 만족도가 낮다는 식으로 해석한다.

는 0.65점이 증가한다. 법률가들이 직장에 대해 만족하는 정도를 결정하는 데 가장 큰 요인은 연봉임을 알 수 있다.

그 외에도 직장 변수들이 유의한 영향을 미쳤다. 공공기관 근무를 기준으로 볼 때, 소형로펌, 중형로펌에서 일하는 법률가와 사기업에서 일하는 법률가는 만족도가 낮은 편으로 나타났다. 앞서 직장 만족도의 단순 평균비교에서는 대형로펌의 만족도 수준이 공공기관보다 높게 나타났지만 다른 변수들의 영향력을 통제한 후에 검토해 보면, 즉 연봉이나 기타 조건이 동일하다면, 공공기관에 근무하는 것이 만족도가 높다는 것이다.

인구통계학적 변수에서는 남성이 여성보다 직장 만족도가 높은 것으로 나타났고, 연령이 증가하면, 만족도가 감소했다. 부모 배경 변수 중에는 유일하게 부모 중 법률가가 있는 사람이 그렇지 않은 사람보다 직장 만족도가 높은 것으로 나타났다. 아마도 직업환경이나 법률가로서의 삶의 모습을 어렸을 때부터 익숙하게 접해 와서 법률직역에 대해 잘 알고 선택을 했기 때문에 만족도가 높지 않을까 추측해 본다.

흥미로운 결과는 공익활동 시간이다. 공익활동 시간이 길어지면 직장 만족도가 증가하는 것으로 나타났다. 법률가로서 사회에 공헌하는 경험이 직장 만족도로 이어진다는 해석을 할 수 있다.

IV. 결론 및 함의

이 연구는 조사자료에 근거해 우리나라 법률가 집단의 직업경로, 업무환경, 연봉, 그리고 직장에 대한 만족도를 포괄적으로 조명했다. 또한 법학전문대학원 제도의 도입으로 인한 법률직역 분포의 다양성을 살펴보고 내적 구조의 변화에 미치는 영향, 특히 연봉과 직장 만족도에 영향을 미치는 요인에 대해 탐구했다. 이 연구의 주요 연구 결과와 그 함의를 요약해서 제시하면 다음과 같다.

첫째, 로스쿨 학생들의 인구사회적 다양성이나 교육적 다양성이 아직 법률직역 진출에 있어서의 다양성으로 이어지지 못하고 있는 것으로 나타났다.

우리 사회 곳곳에서 법률서비스의 수요는 많지만, 그에 상응하여 법률가의 활동영역은 기대한 만큼 획기적으로 확대되지 못하고 있다. 연구결과가 보여주듯이 젊은 법률가 집단의 경우에도 직업분포가 압도적으로 로펌에, 그리고 공공부문보다는 사적부문에 치우쳐 있다. 전통적 법조삼륜(판, 검, 변) 이외의 비법조 분야로의 진출 역시 제한적으로 이루어지고 있다. 이러한 직역분포가 법률가 개인의 선택에 의한 것인지 아니면 법률시장의 구조적 제약 때문에 나타난 것인지는 확실치 않다. 또한 로스쿨 출신 법률가들이 대부분 초임 법률가여서 현 시점에서 직역변화의 추이를 관찰하기에는 시기상조이기 때문에 일반화하여 단정짓기는 어렵다.

경력법률가들의 경력이동 유형과 비교해 보면, 앞으로 법조시장에 신규로 진입하는 법률가 집단의 경력이동 유형은 과거와는 다른 방향으로 진행할 가능성이 있다. 먼저 로스쿨 출신 법률가들은 직업선택 선호도, 법률시장 개방에 대한 의견 등에 있어서 경력법률가들과 차이를 보이고 있다. 제도적으로도 법조일원화가 진행되면 대다수의 법률가들이 변호사로 경력을 먼저 시작하게 될 것이고, 향후 국내 법률시장이 완전 개방되면서 외국계 로펌으로의 취직도 가능해질 것이다. 법률직역 내의 역동적 변화와 다양성에 관한 문제는 앞으로 법률가의 경력 궤적에 대한 추적연구를 통해 명확히 규명될 수 있을 것으로 예상된다.

둘째, 법률가들의 직업환경과 만족도의 측면에서 다면적인 결과가 나타났다. 법률가들의 직장에 대한 자기평가는 대체적으로 긍정적이고 미래에 대한 전망 역시 어둡지 않다. 흥미롭게도 사회경제적 성공의 외적 척도인 연봉과 내적 자기 만족도는 항상 일치하지 않았다. 로스쿨 집단은 연수원 집단에 비해 연봉이 낮았지만 직업 만족도에서는 차이가 없었다. 조사결과에 나타났듯이 직업 만족도에는 근무환경과 가치, 근무량과 개인적 삶, 물질적 보상과 같은 다양한 측면이 존재하며 개인이 우선순위를 어디에 두느냐에 따라 만족도가 달랐다.

셋째, 연봉과 만족도의 차이에 영향을 미치는 요인 중에서는 어느 직장에 근무하느냐 같은 직장변수가 가장 중요한 것으로 나타났다. 부모의 사회경제적 차이는 연봉에 영향을 미치지 않았고, 그러한 결과는 로스쿨 집단, 연수원 집단, 경력법률가 집단에서 공통적으로 나타났다. 다만 로스쿨 집단의 경우 명문 로스쿨 졸업 여부와 로스쿨 성적이 연봉에 영향력이 있었다. 이에 비해 연수원 집단은 학부 성적의 영향력이 발견되었다. 그러나 경력법률가의 경우 출신 학부, 학부 성적과 같은 변수들이 연봉에 영향을 주지 않았다. 이는 첫 직장을 선택함에 있어서는 그러한 변수들이 높은 연봉을 주는 직장에 취업하는 데 중요할 수 있지만, 점차 법조경력이 쌓이면서 법률시장에서의 건전한 경쟁을 통해 그 영향력이 희석될 수 있다는 점을 시사한다.

직장의 만족도도 대체로 연봉과 상관관계가 높지만, 다른 조건이 동일하다면 공공기관에 근무하는 법률가가 만족도가 높다는 사실은 법률가의 삶에 있어 연봉 이외의 가치도 중요하고, 자기실현 정도에 따라 만족도가 달라질 수 있다는 점을 보여준다. 아울러 공익활동 시간이 높을수록 만족도가 높아지는 결과가 나타났는데, 그것은 결국 법률가의 업무는 공익실현에 앞장서는 사회적 책임을 수반하는 것이라는 법률직역의 본질적 속성을 방증하는 결과라 하겠다.

이 연구는 법률가의 업무환경, 직업경로, 만족도 및 요인을 분석한 탐색적 연구이며 현 단계에서는 기술적이고 현상적인 양상을 주로 제시하였다. 머지않은 장래에 이번 조사에서 응답한 법률가들의 경력이 좀 더 쌓이게 되면, 동일한 방법론을 사용하여 추적 조사하여 자료를 수집할 수 있기를 기대한다. 이번 조사에서 판사와 검사의 응답이 저조하여 충분한 표본을 구축하지 못했지만, 후속연구에서 이러한 한계가 보완된다면 보다 설명적이고 정책적 함의를 도출할 수 있는 결과를 얻을 수 있을 것이다.

참고문헌

김두식, **불멸의 신성가족: 대한민국 사법 패밀리가 사는 법**, 창비, 2009.

김창록, **로스쿨을 주장하다**, 유니스토리, 2013.

대한변호사협회, **2010 변호사백서**, 2010.

문유석, **판사유감**, 21세기북스, 2014.

문재완, **변호사와 한국 사회 변화**, 늘봄, 2008.

박근용, "법학전문대학원 제도의 운영 현황: 학생선발의 다양성과 장학제도를 중심으로", **법과사회**, 제45호, 2013.

박원경 등, **판사 검사 변호사가 말하는 법조인**, 부키, 2006.

이국운, **법률가의 탄생: 사법불신의 기원을 찾아서**, 후마니타스, 2012.

이재협·이준웅·황현정, "로스쿨 출신 법률가, 그들은 누구인가?", **서울대학교 법학**, 제56권 제2호, 2015(이 책의 제1장).

이준석, "42기 사법연수생들의 직업선호 변화와 그 원인: 판·검사 선호의 하락과 중대형로펌 선호 현상을 중심으로", **서울대학교 법학**, 제54권 제2호, 2013.

최규호, **현직 변호사가 말하는 법조계 속 이야기**, 법률저널, 2009.

한국고용정보원, **2014 한국직업정보시스템 재직자조사 기초분석 보고서**, 한국고용정보원, 2015.

Heinz, John and Laumann, *Chicago Lawyers: The Social Structure of the Bar* (revised ed.) (Northwestern University Press, 1994).

Heinz, John, Robert Nelson, Sandefur and Laumann, *Urban Lawyers: The New Social Structure of the Bar* (University of Chicago Press, 2005).

Miyazawa, Setsuo, Atsushi Bushimata, Keiichi Ageishi, Akira Jujimoto, Rikiya Kuboyama, and Kyoko Ishida,"Stratification or DIversification? – 2011 Survey of Young Lawyers in Japan," in Setsuo Miyazawa et al. (eds.), *East Asia's Renewed Respect for the Rule of Law in the 21st Century: The Future of Legal and Judicial Landscapes in East Asia*, Brill/Nijhoff, (2015).

Mayumi Nakamura, "Legal Reform, Law Firms, and Lawyer Stratification in Japan", *Asian Journal of Law and Society*, Vol. 1 (2014).

The NALP Foundation for Law Career Research and Education and the American Bar Foundation, After the JD: First Results of a National Study of Legal Careers, 2004.

The NALP Foundation for Law Career Research and Education and the American Bar Foundation, After the JD II: First Results of a National Study of Legal Careers, 2009.

The NALP Foundation for Law Career Research and Education and the American Bar Foundation, After the JD III: First Results of a National Study of Legal Careers, 2014.

제 3 장

법학전문대학원과 사법연수원 교육이 직장선택 고려사항과 법조현실 평가에 미치는 영향

이준웅 · 이재협 · 황현정

I. 문제제기: 사법연수원과 법학전문대학원 졸업생의 법인식과 법조현실에 대한 평가 차이

서울대학교 법학연구소가 2014년 수행한 <대한민국 법률직역의 구조 및 법률가 의식조사>에서 수집한 자료에 따르면, 법학전문대학원 제도를 통해 배출한 법률가(1기~3기)는 같은 시기 사법연수원을 졸업한 법률가(40기~43기)에 비해 다양한 배경을 갖고 있다. 구체적으로 지방대 출신자 비율과 비법학 전공자 비율이 더 컸다.[1] 그러나 현재 가구 소득이나 고등학교 졸업 시 부모의 학력 수준 및 직업 등 사회경제적 배경을 검토해 보면 두 집단 간 뚜렷한 차이를 발견할 수 없었다. 요컨대, 법률전문교육기관에 따른 사회경제적 차이는 나타나지 않았지만 출신 학부와 전공의 다양성은 증가했다. 법학전문대학원 도입 취지 중 하나가 법조직역 진입 다양성을 확대하자는 데 있으므로,[2]

---

1) 이재협·이준웅·황현정, "로스쿨 출신 법률가, 그들은 누구인가?", 서울대학교 법학, 제56권 제2호, 2015(이 책의 제1장).

2) 김창록, "한국 로스쿨의 의의와 과제: '로스쿨 시스템'을 로스쿨답게 만들어야", 저스티스, 제

이런 발견은 법학전문대학원 제도의 취지를 반영한 결과라 할 수 있다.

그러나 법학전문대학원 및 사법연수원 출신 법률가들의 실제 선택한 직업의 분포를 보면, 법학전문대학원 졸업 법률가의 다양성이 법조직역 진출의 다양성으로 이어진다고 말하기 어렵다.[3] 법학전문대학원 및 사법연수원 출신 법률가들은 모두 로펌에 진출하는 경우가 각각 61%와 59%로 같은 수준이었으며, 사기업 진출도 19%와 18%로 차이가 없고, 단독개업 역시 10%와 8%로 대동소이했다. 공적 분야나 비법조 분야로의 진출은 상대적으로 적다는 점에서도 두 집단은 유사했다. 두 집단 간 현 직장에 대한 만족도에 있어서도 차이가 없었다. 다만 직업을 선택하는 고려 요인에 있어서 두 법률가 집단 간 차이가 있었는데, 법학전문대학원 출신 법률가는 사법연수원 출신 법률가에 비해 교육훈련의 기회와 직장의 가치적합성을 고려해서 직장을 선택했다는 응답이 강했다.

그렇다면 법학전문대학원과 사법연수원 출신 법률가 간 법의식은 어떠한가? 두 법률가 집단은 법기능에 대한 인식, 법현실에 대한 인식, 법조현실에 대한 평가에 있어서 서로 다른 모습을 보일까? 먼저 법의식에 영향을 미칠 것으로 예상되는 정치적 이념의 차이를 보면, 법학전문대학원 출신 법률가와 사법연수원 출신 법률가의 이념적 보수성에는 차이가 없었다(<표 3-1>).[4] 두 집단 모두 10점 만점으로 측정한 '보수주의' 척도에서 중간점인 5점에 가까운 태도를 보였다. 사법부 재판의 공정성 및 형사재판의 공정성 평가에 있어서도 두 젊은 법률가 집단은 차이를 보이지 않았다. 그러나 검찰수사의 공정성 평가, 법조계 전관예우에 대한 인식, 국민참여재판에 대한 평가에서는 차이를 보였는데, 구체적으로, 법학전문대학원을 졸업한 법률가는 같은 세대 사법연수원 출신 법률가에 비해 검찰수사의 공정성을 부정적으로 평가하고, 법조계 전관예우 관행에 대해 비판적이며, 국민참여재판에 대해 긍정

146-2호, 2015, 198면.

3) 이재협·이준웅·황현정, "법률가의 업무환경, 만족도, 그리고 직역다양성에 관한 탐색적 고찰", 서울대학교 법학, 제56권 제4호, 2015(이 책의 제2장).

4) <표 3-1>의 결과는 이 책의 제1장의 연구에 사용했던 같은 자료를 분석한 결과다. 연구설계와 표집에 대한 설명은 이 책의 제3장의 연구를 참조하라. 분석에 사용된 문항의 구성과 내적일치도 신뢰도 점수 및 분석과정은 이 글의 Ⅳ.에 제시한다.

| | 표 3-1 | 법학전문대학원 대 사법연수원 출신 법률가의 의식 및 가치의 차이 |

	로스쿨 법률가 (n=308)	사법연수원 법률가 (n=300)	경력 법률가 (n=412)	집단 간 평균 차이 통계
정치적 이념(보수주의)[1]	4.88^a	4.86^a	5.10^a	$F(2:1017) = 2.11$, $p = .12$
검찰 공정성[2]	1.97^a	2.15^b	2.10^b	$F(2:1017) = 7.08$, $p < .001$
사법부 공정성	2.58^a	2.65^a	2.64^a	$F(2:1017) = 1.62$, $p = .20$
형사재판 공정성	2.56^a	2.73^b	2.68^b	$F(2:1017) = 7.52$, $p < .001$
전관예우 영향력	2.85^a	2.73^b	2.77^{ab}	$F(2:1017) = 3.71$, $p < .05$
국민참여재판 평가	2.82^a	2.45^b	2.63^c	$F(2:1017) = 20.34$, $p < .001$

주1) 0점~10점 척도.
 2) 4점척도, 이하 동일함.
 3) 비교집단 중 서로 다른 첨자가 붙은 평균값 간에 통계적 차이(p < .05)가 있음.

적인 인식을 보였다.[5]

왜 이런 유사성과 차이성이 나타날까? 즉, 왜 두 젊은 법률가 집단은 정치적 이념도 유사하고 사회경제적 배경과 진출한 직장에서 사실상 차이가 없음에도 불구하고, 전관예우 관행과 국민참여재판에 대한 평가에서는 차이를 보일까? 또한 검찰에 공정성과 독립성 평가에서는 차이를 보이지만 사법부에 대한 평가는 수렴하는 이유는 무엇일까? 이 연구의 목적은 이 질문에 답하는 데 있다. 특히 법학전문대학원과 사법연수원의 전문직 사회화(professional socialization)에 따른 효과의 관점에서 문제를 새롭게 정리해서 제시하고, 관련 변수를 탐색해서, 가설적인 응답을 제시하고자 한다.

얼핏 답변은 별로 고민할 필요도 없을 정도로 자명해 보인다. 법학전문대학원과 사법연수원은 (1) 서로 다른 인재집단에서 다른 방식의 경쟁을 거쳐서 선발한 자를 대상으로 교육하며, (2) 교육자의 인적 구성이 다르고, (3) 교과 과정 및 교육 방법이 다르다. 또한 두 법률전문교육기구는 (4) 실무 관련 연수 제도도 차이가 있고, 무엇보다도 (5) 교육받는 학생들 간 상호작용 양상이 매

---

5) <표 3-1>에 제시한 두 젊은 법률가 집단 간 법조 현실에 대한 인식과 평가의 차이는 다른 가외 변수들이 유발하는 효과를 통제하지 않은 것이다. 예컨대, 응답자의 가구소득, 거주 지역, 정치이념 등이 이런 인식과 평가에 효과를 미칠 것을 예상할 수 있다. 이런 변수들의 효과를 통제한 분석결과는 이 글의 V.에 제시한다.

우 다르다. 요컨대 애초에 사법연수원과 다른 교과 과정과 방법으로 교육해야
한다는 취지대로 제도를 운영했다면 법학전문대학원에서 다른 교육 효과가 발
생하는 것이 당연하다.[6] 즉, 사법연수원과 다른 예비법조인의 선발, 다른 교과
과정, 다른 교육 방법, 다른 실무연수가 필요하다는 요구에 따라 설계하고 그
에 따라 운영한 법학전문대학원이 사법연수원과 동일한 법률가를 양성한다면
그것도 문제일 것이다.

그러나 생각해 보면, 교육 효과는 두 제도 양쪽에서 '같은 방식으로 또는
다른 방식으로' 발생할 수 있다. 요컨대, 두 법률가 집단 간의 차이는 법학전문
대학원 제도의 효과로 발생할 수도 있지만 반대로 사법연수원 체계의 특성에
기인한 효과일 수도 있다. 또한 두 제도가 산출하는 효과가 결합해서 효과가
증폭되기도 하고, 상쇄될 수도 있다. 덧붙여 단순한 제도적인 교과 내용 및 과
정의 효과에 덧붙여 예비법조인이 겪는 사회화 과정의 효과를 폭넓게 고려해
야 한다. 각 교육과정 내에서 발생하는 사제관계, 동료관계, 연수기간 중 경력
법률가와 맺는 사회적 관계, 일반 공중의 기대와 대응 등도 영향력 요인으로
개입할 여지가 있기 때문이다. 우리는 이 연구에서 전문직 사회화의 관점에서,
그리고 가용한 자료가 허락하는 범위 내에서, 이런 다중적 효과들을 고려해서
법률전문교육기구의 전문직 사회화의 관점에서 문제를 새롭게 제기하고 답변
하려 한다.

---

6) 법학전문대학원 제도를 도입하게 된 데는 사법연수원 교육이 판사 및 검사 출신 교수의 판결
문과 공소장 중심의 교육으로 시민적 요구는 물론 국제적 법률가 양성체계와 거리가 있기에
대안적 교육제도가 필요하다는 인식이 있다. 김창록·김종철·이국운, "법학전문대학원 교육의
내용과 방법", 법과 사회, 제35권, 2008, 51~52면. 특히 과거 사법연수원이 법률관료를 양성
하는 제도로 작용했을 뿐, 시민에게 법률 서비스를 제공하는 전문가를 양성하는 체계가 아니
었다는 비판이 주요했다. 예컨대, 한상희는 "법률관료모델은 법률가에게 나름의 공적 지위를
부여하고 일종의 사법권력을 행사할 수 있는 권한 또는 기능을 부여하는 방식이다. 법률관료
체제에서는 법관을 정점으로 준사법관으로서의 검찰과 법관의 법발견에 대한 보조자로서의
변호사라는 위계적 체계를 형성하게 되며, 이 과정에서 이루어지는 법조의 충원양성제도는
주로 국가의 주도에 의하여 관리 운용되면서 법관의 충원양성을 정점으로 하는 계층적 구조
를 취하게 된다."라고 사법연수원 교육 체계를 비판한 바 있으며, 이런 비판은 결국 법학전
문대학원 교육이념의 배경을 제공했다(한상희, "법학전문대학원의 교육방향 및 교육이념", 법
학전문대학원과 법학교육(김건식 외), 아카넷, 2008, 87면).

II. 법률가 사회화 연구

1. 전문직 사회화 연구의 관점들

법률가의 전문직화 과정에 전문적 교육체계의 역할이 결정적으로 중요한 역할을 수행한다.[7] 법률 지식을 습득하기 위해서는 일정한 수준의 지적 능력이 필요하며, 습득한 지식을 법적 사안에 적용하기 위해서는 법조직역에 고유한 전문성을 갖춘 전문가로부터 연수를 받아야 하는데, 이를 위해 교육체계가 필수적이다.[8] 법률전문교육제도가 과연 예비법률가들이 전문가로서 역할을 습득하는 데 필요한 기능과 윤리를 제공하는 제도인지 아니면 법률전문가의 독점적 이익을 강화하기 위한 일종의 신화인지 견해가 다를 수 있다. 그러나 이런 견해 차이와 관계없이, 법률전문교육제도는 대체로 전문직 사회화를 실현한다. 즉, 일정한 능력과 자질을 갖춘 자에게 교육의 기회를 선별적으로 제공하며, 법조직역에 고유한 전문적 지식을 전수함으로써 전문가를 양성해 낸다.

우리는 법률전문교육제도의 사회적 효과를 전문직 사회화의 관점에서 탐구한다. 문제는 전문직 사회화 연구의 갈래가 매우 다양하며, 갈래마다 연구결과가 함의하는 바가 다르다는 것이다.[9] 연구 갈래를 검토해 보면, 첫째 전문직역을 포함하는 사회체계에 대한 전문가 집단이 수행하는 기능과 역할에 주목

---

7) 전문직 사회화 연구가 활발했던 20세기 초반에 나온 고전적 연구에 따르면, 신분과 계급이 아닌 직업적 분야의 형성을 통해 특정 분야 서비스에 대한 독점적 지배력을 형성하면서 전문가 집단이 역사적으로 등장했다고 한다. M. Larson, *The Rise of Professionalism* (University of California Press, 1977). Robert K. Merton, George G. Reader, & Patricia L. Kendall, *The Student Physician: Introductory Studies in the Sociology of Medical Education* (Harvard University Press, 1957). 법조와 의료 분야가 대표적 사례에 해당하며, 교육, 경영, 언론, 제약 등 분야가 역사적으로 뒤따르며 전문화 교육에서 제한된 성공을 보이고 있다. 전문직 제도가 확립된 직역의 경우, (1) 독자적 서비스 영역을 구획하고, (2) 전문적 지식과 숙련기능을 주장하며, (3) 독점적 면허 제도를 운용하고, (4) 독자적 직업윤리나 강령을 갖추고 가치체계를 강화하며, (5) 교육기관을 운영하며 재생산 구조를 강화한다.

8) 서울대학교 법과대학(편), **법률가의 윤리와 책임**(제2판), 박영사, 2003, 108~111면.

9) 전문직에 관한 이론적 개괄로는 Andrew Abbott, *The System of Professions: An Essay on the Division of Expert Labor* (University of Chicago Press, 1988); 전병재·안계춘·박종연, 한국사회의 전문직업성 연구, 사회비평사, 1995, 31~74면 참조.

하는 구조적 관점(the structural perspective)이 있고, 둘째 사회체계 내에서 전문적 지위를 확립하고 유지하는 행위과정에 초점을 맞춘 행위자 중심적 접근방법(the actor approach)이 있다.

먼저 구조적 관점의 연구는 다시 고전적 파슨니언(Parsonian) 구조기능주의와 그에 대항하는 비판적 관점으로 구분된다. 전자에 따르면, 전문직은 핵심적 지식과 기능을 정교화하고 집단에 고유한 가치와 규범을 형성함으로써 사회체계 내에서 다른 집단과 구분되는 고유한 역할을 수행하게 된다.10) 전문직에 속한다는 것은 다른 집단과 구분되는 기능을 특화한다는 것을 의미하며 이는 동시에 자신을 규범화할 수 있는 규칙을 습득한다는 것을 의미한다. 예컨대, 전문가 집단에 고유한 '사태를 규정하고 추론하는 방법'을 습득하거나(이른바 '법률가처럼 사고하는 것'), 이와 관련해서 특유의 '초연한 태도'나 '중립적 견해'를 갖추게 된다. 또한 공적 지향성이나 이타성과 같은 가치를 형성해서 내면화한다. 이런 과정은 구조적 관점에서 보면, 사회체계 내에 고유한 역할을 담당하는 분화된 전문가 하위체계를 형성하는 과정이기도 하다.

구조적 관점 중에서도 비판적 입장을 견지하는 연구자들은 사회화 과정을 직업 이데올로기를 공고화하는 과정으로 본다.11) 여기에서 이데올로기는 일종의 '허위의식'이라 할 수 있는데, 이는 두 수준에서 작용한다. 전문가들은 별도의 전문적 규범에 따라 사고하고 행동하는 것 자체가 별도의 이익, 즉 구조적 차원에서 작용하는 지배적 권력의 이익을 돕는다는 점을 '순진하게도 인식하지 못하거나' 아니면 '인식해도 어쩔 수 없다는 듯 행동'하는데, 이것이 허위의식의 첫 번째 수준이다. 두 번째 수준은 행위자 수준의 인식이 무엇이든, 심지어 지배권력의 이익에 반대하겠다고 의식적으로 행동하더라도 상관없이 작용하는 구조 내 역할 수행으로 나타난다. 법조계는 다른 어떤 사회집단보다도 긴밀하게 사회 내의 이익 갈등과 대립을 다루며, 이를 통해 제도적으로 사회의 안정성과 예측성을 확립하는 역할을 수행한다. 이런 '의식과 독립적인'

10) Talcott Parsons, "The Professions and Social Structure", *Social Forces*, Vol. 17 (1939), pp. 457~467. Merton, Reader, & Kendall, *supra* note 7. D. Coburn, & E. Willis, "The Medical Profession: Knowledge, Power, and Autonomy", in Gary L. Albrecht, Ray Fitzpatrick, and Susan C. Scrimshaw (eds.), *Handbook of Social Studies in Health and Medicine*, (Sage, 2000).
11) 이른바 네오-맑시스트 연구가 여기에 속한다.

역할 수행을 통해 지배적 권력관계가 강화된다는 것이다.

  두 번째 행위자 관점에서 접근하는 전문직 사회화 연구의 대표적 입장으로 상징적 상호작용론(symbolic interactionism)이 있다.[12] 이들은 구조기능적 관점이 제시하는 전문가의 가치와 규범의 내재화 과정에 대한 설명이나 비판적 관점이 제시하는 이데올로기 효과가 정밀하고 구체적이지 않다고 본다. 전문직 사회화 과정에서 행위자가 겪는 다중적이면서 모순적인 경험과 그에 대한 의미화 과정을 단순하게 일반화할 수 없다는 것이다. 예비 전문가는 이른바 수습기간 동안 일상적인 행위를 통해 매일 매일의 생활 속에서 구조적 제약에 대처하고, 교습자의 의도에 저항하며, 스스로 정체성을 형성해 간다고 한다. 이 과정에서 제도는 사회적 상호작용을 위한 맥락을 제공할 뿐이다. 예비전문가는 행위자로서 그 맥락 내에서 다른 행위자들과 상호작용하면서 전문성을 습득한다. 이 상호작용 과정은 체계에 대한 대응이기도 하고 저항이기도 하다. 예컨대, 많은 전문가 집단의 구성원은 전문직 가치를 무비판적으로 내면화하기보다 '냉소적'으로 비틀어서 활용한다. 구체적으로 '모두가 자기 이익을 추구할 뿐인데 세상에서 나만 특별할 수도 없다'는 식으로 자신의 선택을 정당화하는 방법이 있다. 또한 전문가 규범과 가치를 나름대로 해석해서 자신의 선택을 합리화하는 도구로 사용하기도 한다. 예컨대, '돈을 벌면서도 얼마든지 공익에 얼마든지 기여할 수 있다'는 식의 논리를 정교하게 형성한다.

  행위자적 관점을 채택한 또 다른 연구 경향은 전문가 집단 내외의 갈등에 주목한다.[13] 이른바 갈등적 접근(the conflict approach)라 불리는 이 연구 경향에 따르면, 전문가 집단이 값비싼 교육체계를 유지하면서 고유한 가치와 규범을 강조하는 배타적 교육과정을 운영하는 이유는 실은 시장통제에 있다. 일반 공중에게 전문적 서비스를 제공하는 공급을 제한함으로써 전문가 집단의 시장에 대한 통제력을 높이려 한다. 동시에 다른 전문가 집단이 해당 영역을 침범

---

12) H. Becker, & B. Geer, "Fate of Idealism in Medical School," *American Sociological Review*, Vol. 23 (1958). I. Simpson, "Pattern of Socialization into Profession," *Sociological Inquiry*, Vol. 37 (1967).

13) Magali Larson, *The Rise of Professionalism* (University of California Press, 1977). Eliot Freidson, 1984, "The Changing Nature of Professional Control", *Annual Review of Sociology*, Vol. 10 (1984), pp. 1~20. Mike Saks, *Professions and the Public Interest: Medical Power, Altruism and Alternative Medicine* (Routledge, 1995).

하는 것을 막을 수 있다. 전문 영역에 대한 이른바 '관할권(jurisdiction)'을 설정함으로써 대안적 세력이 시장에 침투하는 것을 방지한다. 이 관점에 따르면 사회화 과정은 직업적 관할권을 둘러싼 갈등 및 경쟁에서 유래한다. 전문가 교육제도 자체가 해당 전문가들이 시장을 통제하고 이익을 확대하기 위해 전략적으로 형성한 대응양식인 것이다. 이 입장을 확장하면 '전문가의 이익'이란 사실은 전문가를 활용하는 권력자나 그들을 고용하는 경영자의 이익에 불과하다는 폭로적 주장으로 이어지기도 하는데, 이런 주장은 구조적 관점이 제공하는 이데올로기론과 일부 유사한 설명을 제공하기도 한다.[14]

　이 연구는 위의 접근 방법 중 어느 하나에 일방적으로 의존하지 않는 실용적 접근을 채택한다. 애초에 우리는 2009년 이후 사법연수원과 법학전문대학원이란 이중적 법률전문가 양성제도를 통해 배출된 두 집단, 즉 법학전문대학원 졸업 법률가와 사법연수원 출신 법률가가 왜 사회적 배경과 정치적 이념에서는 실체적 차이를 보이지 않는데, 법조 현실에 대한 평가에 있어서는 차이를 보이는지 설명하려 한다고 했다. 이에 답하기 위해, 우리는 먼저 전문직 사회화에 대한 구조적 접근에서 배운 전문교육을 통해 내재화하는 가치와 규범이 갖는 사회정치적 함의에 주목한다. 따라서 법학전문대학원 또는 사법연수원 교육에 따라 법기능이나 법현실에 대한 인식이 달라지는지, 또한 만약 달라진다면 이 때문에 법률전문가의 검찰에 대한 공정성 평가나 전관예우 관행 등 법조 현실에 대한 평가도 영향을 받는지 알아보겠다. 또한 우리는 행위자 접근이 제시하는 개인과 집단이 구조적 요인에 대해 교섭하고 저항하면서 형성한 법조 전문가 특유의 공익적 관심은 물론 냉소적 태도와 이익추구를 합리화하는 방식에 대해서도 주목한다. 예컨대, 많은 젊은 법률가들은 개인적 이익추구에 대한 욕구와 더불어 공익에 대한 관심도 함께 배양하는 등 모순적 태도를 유지하는 것으로 알려져 있다.[15] 이런 모순적 관점이 법학전문대학원과 사법연수원에서 교육과정을 거치면서 형성되는지, 또한 만약 그렇다면 이런 모순

---

14) P. Atkinson, *The Clinical Experience: The Construction and Reconstruction of Medical Reality* (Gower, 1981). P. Atkinson, "The Reproduction of the Professional Community," in R. Dingwall and P. Lewis (eds.), *The Sociology of the Profession: Lawyers, Doctors and Others* (St. Martin, 1983), pp. 224~241.

15) 이준석, "사법연수원 과정이 공익적 관심을 갖고 있던 예비법조인들에게 미치는 영향", 인권 **법평론**, 제6호, 2011.

적 태도는 결국 다른 인식과 태도에 어떤 영향을 미치는지 검토함으로써 법률
전문교육기관의 사회화 효과를 탐색하려 한다.

2. 법조직역 전문교육의 사회화 연구

    법조직역 전문교육의 사회화 연구 중에서 가장 활발한 분야가 예비 법률
가의 공익적 관심에 대한 것이다. 연구의 요점은 주로 예비 법률가의 공익적
관심에 맞춘다. 예비 법률가들이 법률전문교육을 받은 후에 공익적 관심이 약
해지는 과정, 또는 역으로 말해서 지위와 이익추구적 관심을 강하게 갖는 과정
을 기술하고 설명하는 데 있다. 법조직역 전문교육 사회화 연구의 고전적 연구
결과에 따르면,[16] 미국의 로스쿨 입학생 중에는 입학 전에 이미 법률가의 사
회적 책임에 대해 민감한 인식을 갖고 있으며, 사회적 약자에게 법률 서비스를
제공하기 위한 목적을 갖고 로스쿨에 진학하는 경우가 상당하다. 그러나 법률
전문교육기관을 졸업할 무렵이면 사정이 변한다. 대부분의 졸업생들은 사회적
위신과 경제적 보상을 위한 직장을 추구하며, 특히 애초에 공적 관심을 갖고
있었던 학생들도 그렇게 된다고 한다. 그리고 이런 변화의 경향이 강화되고 있
는 바, 로스쿨에서 전문적 사회화 과정 덕분에 예비법조인의 가치와 신념에 변
화가 생기는 것이 아니냐는 것이다.

    스토버의 연구가 대표적이다.[17] 그는 1977년 덴버 대학교 로스쿨에 입학
해서 학생 신분으로 참여관찰, 심층면접, 설문조사를 수행했다. 그의 관찰에
따르면, 입학 당시 공익 분야에 진출할 것이라고 응답했던 약 33%가량의 신입
생 가운데 졸업 때까지 관심을 유지하는 학생은 절반에 불과했다. 이 변화를
설명하면서 그는 로스쿨 학생들이 탐욕스럽게 변했거나 정치적으로 보수화되

---

16) Howard S. Erlanger & Douglas A. Klegon, "Socialization Effects of Professional School: The
    Law School Experience and Student Orientations to Public Interest Concerns," *Law &
    Society Review*, Vol. 13, No. 1 (1978), pp. 11~35: Howard S. Erlanger, Charles R. Epp,
    Mia Cahill & Kathleen M. Haines, "Law Student Idealism and Job Choice: Some New Data
    on an Old Question," *Law & Society Review*, Vol. 30 (1996), pp. 851~864: Robert
    Granfield, *Making Elite Lawyers: Visions of Law at Harvard and Beyond* (Routledge, 1992).
    Robert V. Stover, *Making It and Breaking It: The Fate of Public Interest Commitment
    during Law School*, ed. Howard S. Erlanger. (University of Illiois Press, 1989).

17) Stover, *Id.*.

기에 그런 것이 아니라, 로스쿨의 일상에 얽매여 생활하는 가운데 법조계 '신화'를 습득했기 때문이라고 해석했다. 여기서 신화란 대형 로펌이 보수도 많지만 고급 실무를 배우고, 창의적인 일에 도전하며, 진로 선택의 폭을 넓히는 데 도움을 준다는 식의 논리를 의미한다. 스토버에 따르면 이는 신화이다. 왜냐하면 로펌의 실상과 별도로, 로스쿨 내의 수업, 대화, 심지어 농담까지도 이 논리를 지속적으로 강화하기 때문이다. 결국 로스쿨을 거치는 동안 학생들은 전문지식을 습득하기도 하지만 동시에 '법률가다운' 가치를 내면화하고 그런 사회적 기대를 따를 것을 배우게 된다.

　　미국 로스쿨 사회화에 대한 연구는 1970년대 유행한 법학전문교육에 대한 논쟁에서 출발했다. 에어랭거의 1978년 연구에서 로스쿨 교육에 대한 논쟁의 일단을 찾아 볼 수 있다.[18] 당시 로스쿨 교육 비판자들의 주장에 따르면, (1) 교육과정 자체가 공중의 이익을 대변하는 과목이 아닌 기업이나 산업적 관점을 반영하는 과목으로 많이 변경되었고, (2) 법대 특유의 문답식 교육방법이 냉소주의를 유발하고 공익과 같은 근본적 가치에 대한 무시를 낳는다고 한다. 그러나 에어랭거는 당대 미국 법대의 교육과정의 변화를 보면 전통적인 필수과목을 줄이고 여성과 환경을 포함한 다양한 주제적 영역을 담당하는 과목들이 늘었으며, 로스쿨 교육과정 이외에 다른 영향력 요인들을 고려해야 한다고 반박한다. 언론, 경력법률가, 법률가 시장 등이 미치는 '다른 사회화 대행자(other socializing agents)'가 작용하는 방식도 검토해 봐야 한다는 것이다.

　　에어랭거의 연구결과를 보면 결과는 복합적이다. 예컨대, 위스컨신 로스쿨 학생이 1973년 입학 직후에 공익적 관심을 보인 응답을 졸업 무렵 응답과 비교해 보면, 확실히 공익적 관심이 감소하는 경향은 보이지만 그 효과의 규모는 크지 않다. 또한 이런 변화가 법대 내 교육과정의 효과에 의한 것인지 당대 법률시장 수요의 크기와 내용에 따른 것인지 결론 내리기 어렵다. 에어랭거의 1996년 후속연구는 1973년 위스컨신 로스쿨 학생 중에서 공익적 분야에 진출하겠다고 응답했던 법대생들 중에서 실제 공익분야에서 일하는 경우가 별로 없었음을 보여준다.[19] 결국 공익적 관심이 줄기도 했지만, 그렇게 관심을 언

18) Erlanger & Klegon, *supra* note 16, pp. 14~15.
19) Erlanger, Epp, Cahill & Haines, *supra* note 16, pp. 851~865. 로스쿨 신입생의 약 절반에

급한 학생들 중에서도 말뿐인 이들이 많았던 것이다. 로스쿨 입학 직후 응답한 대로 졸업 후에 실제로 공익 분야에 진출했던 소수의 법률가를 보면 정치적 신념과 이를 지지하는 하위문화 집단의 활동이 요인으로 작용했음을 알 수 있다고 한다. 에어랭거의 패널 연구는 미국의 로스쿨 교육이 공익적 관심을 진작하지 못한다는 것을 보여준다. 또한 법률가들이 전반적으로 이익추구적 동기를 실현할 뿐이라는 현실을 반영한다.

종합해 보면, 미국 로스쿨 교육이 사회화 효과를 낳는 것은 사실이지만 그 효과는 정규 수업을 통해서만 나타나는 것이 아니다. 수업을 포함한 '로스쿨 학생으로서 생활' 전체가 관련된다. 1980년대 중반 하버드 법대의 전문직 사회화 과정을 탐구한 그랜필드의 연구를 보면 이 요점을 파악할 수 있다.[20] 그랜필드는 하버드 법대생들이 교수의 격려와 암시는 물론 선배 및 동료들과 집합적 상호과정을 통해 특유의 '집합적 우월성(collective eminence)'을 형성하는 과정을 관찰했다. 하버드 로스쿨 생활을 하다보면 학생들이 어떻게 공부하고 어떤 성적을 받든 결국 미국 사회 내에 우월적 지위를 갖게 될 것이라는 생각을 자연스럽게 갖게 된다고 한다. 결국 입학 무렵에는 공익적 관심을 가졌던 하버드 법대 신입생들도 결국 졸업할 무렵이 되면 거액 연봉의 대형 로펌이나 기업으로 진출하는 데 거리낌이 없어진다.

슐리프의 연구 역시 로스쿨 내 학생들의 동료와 교수들과의 상호작용을 중요하게 간주한다.[21] 다만 관점이 그랜필드의 권력형성 과정에 대한 묘사와 반대될 뿐이다. 슐리프에 따르면, 전문교육을 받기 전에 강력하게 공익적 자세를 취하거나 혹은 반대로 상업적 이해관계를 피력하던 학생들은 사회화 과정을 거치면서 이른바 '동기관련 용어들(vocabularies of motives)'을 습득하게 된다. 다양한 이해관계자의 기대와 요구에 대응하기 위해서 과도하게 공익추구적이거나 반대로 과도하게 이기적인 모습을 취할 수 없다는 것을 깨달으면서 전문가로서의 동기를 표현할 수 있게 된다는 것이다. 특히 동료 학생들과 대화

가까운 정도가 공익적 직업에 관심을 표했지만, 졸업한 지 9년이 지난 후에 확인해 보니 전체의 13%만이 공적인 직역에 근무하고 있었다.

20) Granfield, *supra* note 16, pp. 123~142.

21) Debra Schleef, "Empty Ethics and Reasonable Responsibility: Vocabularies of Motive among Law and Business Students," *Law and Social Inquiry*, Vol. 22 (1997).

가 중요하다. 로스쿨 2학년이 되면 동료들과 함께 자발적인 봉사활동을 수행하기도 하지만 이는 '합당한 범위 내에서의 사회적 책임'을 수행하는 정도가 된다. 또한 동료 간 공적 가치나 윤리에 대한 토론 자체가 감소하는 것을 의식하면서 동료들의 관심이 대형 로펌이나 보수에 있다는 단서를 얻기도 한다. 슐리프가 관찰한 로스쿨 사회화 과정은 권력을 형성하고 위신을 정당화하는 거창한 역할을 담당하는 것이 아니다. 일상적인 대응 속에서 할 수 있는 범위 내에서 사회적 책임을 수행하면서 자기이익도 챙기는 방법을 배울 뿐이다. 이는 상징적 상호작용론적 입장에서 본 전문직 사회화론을 뒷받침하는 결과이다.

최근의 연구로 카네기재단의 후원으로 법학교육에 대한 질적 연구사례가 있다. 이는 로스쿨 강의현장에서 이루어지는 사회화 과정에 대해 관찰과 교육내용분석을 함께 수행한 것이다.[22] 미국 내의 전체 로스쿨의 인구통계학적 특성의 대표성을 고려하여 서로 다른 지역, 평판, 구성원을 가진 8개의 미국 로스쿨을 선정하여 1학년 1학기 계약법 수업을 참여 관찰했다. 결과를 보면, 로스쿨 신입생들은 법학교육을 처음 접하면서 충돌과 변화를 경험하고 '법률가처럼 생각하기'를 향한 방향 재설정을 이룬다고 한다. 특히 소크라테스식 문답법을 통해 진행되는 수업을 통해 언어의 탈맥락화가 이루어지고, 사실관계 확정과정에서도 사회적 맥락에 따른 사안의 복잡성보다는 법적인 주장과 당사자의 전략적 위치만을 부각시켜 사안을 '구성'하는 능력을 습득하는 교육이 이루어진다. 여성과 소수인종 학생들이 문답식 수업에서의 발화빈도가 전반적으로 낮지만, 교수가 여성이나 소수인종일 경우에는 상대적으로 적극적으로 수업에 참여한다고 한다. 이 연구는 로스쿨 학생들의 인구사회적 다양성이 실제 강의실 등에서 발휘되기 위해서 학생들 간 의사소통의 활성화 등 지적 자극을 줄 수 있는 환경을 조성하는 것이 필요하다고 제안했다.

미국에서 수행한 법조직역 전문직 사회화 연구에 비하면 우리나라의 연구는 빈약하다고도 할 수 없는 정도이다. 이국운의 <법률가의 탄생>이란 저서, 그리고 이준석이 수행한 사법연수원 연수생에 대한 연구 외에 전문직 사회

---

22) Elizabeth Mertz, *The Language of Law School: Learning to "Think Like a Lawyer"*, Oxford University Press, 2007.

화 과정을 탐구한 연구를 찾아보기 어렵다. 이국운은 법률가 사회화 과정을
(1) 대학교 학부교육 단계, (2) 수험 준비 및 응시단계, (3) 사법연수원 실무연
수 단계, (4) 법조직역 적응 및 동화 단계로 구분해서 제시하고 각 단계에 특
유한 주입식 교육, 권위적 텍스트에 대한 순응, 무한 경쟁, 그리고 사회적 관심
에 대한 냉담함 등을 배양하는 과정을 제시했다.[23] 특히 그는 군사법원이라는
소규모 법조공동체에서 청년 법관이 법무부사관 등 주요 행위자와 상호작용하
는 과정을 참여관찰해서 전문적 역할을 학습하는 과정을 보여주었다.

이준석은 2011년 연구에서 애초에 강력한 공익적 가치관을 갖고 사법시
험에 도전해서 합격한 예비법조인들이 사법연수원 과정을 거치면서 가치관이
변하는 과정을 심층면접방법을 사용해서 제시했다.[24] 사법연수원에서 판·검
사 출신의 교수와 상호작용하고 동료들과 어울리는 가운데, 판·검사 직업에
대한 인식이 변화하는 것은 물론 사법연수원 입소 전에 설정했던 사회공헌이
나 책임의 범위를 재조정하게 된다고 한다. 특히 사법연수원 내 치열한 성적경
쟁 때문에 사회공헌에 대해 생각할 겨를 자체를 빼앗기고, 경쟁에서 일정한 성
과를 올렸을 때 그것을 자산으로 활용하는 경향이 있다. 결국 이들은 사법연수
원 입소할 당시 생각했던 공익적 직업이 아닌 세칭 '잘 나가는' 직업을 선택
하게 된다.

이준석은 후속연구에서 사법연수원 42기 연수생을 1학기에 289명, 4학
기에 199명을 면접조사해서, 사법연수생의 직업선호가 변화했다는 결과를 제
시했다.[25] 사법연수원 1학기 시점에 판·검사를 선호했던 연수생들 중에 4학
기가 되면서 중·대형 로펌을 선호하는 뚜렷한 경향을 발견한 것이다. 그는
이 경향적 변화가 제도변화에 기인한 것이라고 해석했다. 사법연수생들이 사
법연수원 수료 후 재판연구원을 지원하지 않으면 판사로 임관하는 것이 불가
능해졌기 때문이다. 그러나 그는 동시에 사법연수원생들의 사회정의 실현에
대한 의지가 실체적으로 감소했고, '선배 법조인의 지도를 받는 것'과 '창의

---

23) 이국운, "청년 법관의 군대 생활과 법조 사회화", **법률가의 탄생**, 후마니타스, 2012, 119~
    150면.
24) 이준석, 각주 15, 237~268면.
25) 이준석, "42기 사법연수원생들의 직업선호 변화와 그 원인", **서울대학교 법학**, 제54권 제2호,
    2013, 165~203면.

적 업무경험' 등의 기준을 들어서 볼 때 판·검사로 임관하는 것만이 대안은 아니라는 것을 깨달은 이유도 있음을 설득력 있게 제시했다. 이준석은 2011년 연구에서도 사법연수원 내 상호작용을 통해 판·검사에 대한 부정적 인식이 강화하는 경우가 있음을 보고했다. 판사와 검사의 공무원 신분의 문제, 조직 문화, 선후배 관행 등 실상을 알고 나서 부정적 인식을 갖게 되기도 한다는 것이다.[26]

3. 우리나라 두 법률전문교육기구의 사회화 효과의 공통성과 차이성

전문직 사회화 연구의 성과와 법조직역 전문교육 사회화 연구결과를 놓고 보면, 우리나라 법률전문교육기구의 사회화 효과도 다중적으로 발생할 것을 예상할 수 있다. 다른 나라에 비해 국민 1인당 법률가의 수가 적고, 법률가의 사회적 지위가 높고, 법률전문교육기구에 입학 또는 입소할 자격 자체가 엄격하게 관리되는 한국 사회에서 전문교육 기관의 사회화 효과는 그렇지 않은 나라의 효과에 비해 컸으면 컸지 결코 적지 않으리라 예상할 수 있다. 즉, 앞서 제기한 법학전문대학원과 사법연수원 출신 법률가의 정치적 이념의 동질성에도 불구하고 나타나는 법조현실에 대한 평가의 차이 등을 법률전문교육기관의 사회화 효과로 설명해 보겠다는 것이 이 연구의 기본적인 문제의식이다. 이준석 등의 선행연구 결과를 참조하면, 적어도 사법연수원에서 공익적 관심의 감소와 그에 다른 공적 부문 직역으로 진출의 제한 효과가 발생함을 확인할 수 있다. 이 같은 전문교육 사회화 효과가 법학전문대학원 이수과정을 통해서도 유사한 결과를 낳는지 아니면 다른 결과를 초래하는지 검토하는 것도 필요하다. 요컨대, 두 법률전문교육기구의 사회화 효과가 같은지 다른지, 만약 다르다면 왜 그런지 설명할 필요가 있다. 우리는 법학전문대학원과 사법연수원의 사회화 효과가 <표 3-2>에 제시한 요인에 따라 공통적으로 나타나며, 일부는 차별성 있게 나타나리라 예상한다.

---

26) 이준석, 각주 15, 253~254면.

표 3-2 법학전문대학원과 사법연수원의 사회화 요인들

		사법연수원	법학전문대학원
차이성	교과과정 및 수업평가 특성	• 판결문/공소장 작성 중심으로 한 능력 측정 • 강력한 성적 경쟁	• 다양한 교수진, 교과과정에서 다양한 능력 측정 • 비공식적 경쟁문화
	동료관계 및 비교과 활동	• (완화되는) 집단적 엘리트 문화의 형성 • 동문회 등 '강한 연결망'	• 로스쿨에 따른 다양한 동료문화 • 다양한 배경으로 인한 '약한 연결망'
	실무 연수 및 경력법률가 접촉	• 실무 중심 • 판검사 출신 교수의 일차적 사회화	• 이론 및 실무 • 실무연수를 통한 공식적 업무습득
공통성	지위 요인	판검사 중심의 권위적 지위가 아닌 대형로펌의 권력 증가에 대한 대응	
	문화 요인	유사한 사회문화적 배경과 엘리트적 지배 문화의 공유	
	시장 요인	다수의 법률전문가 배출에 따른 법률서비스 시장 경쟁강화에 대한 대응	

먼저 공통성 요인부터 검토해 보자. 우리는 법학전문대학원과 사법연수원이라는 두 법률전문교육기구가 (1) 지위요인, (2) 문화요인, (3) 시장요인 등을 공유하므로 두 기구에서 유사한 사회화 효과를 낳을 것으로 예상한다. 즉, 이 세 요인이 공통적인 사회화 대행자로 작용할 것으로 본다. 지위요인을 보면, 법조계에서 일방적 권위를 자랑했던 판·검사의 권위가 상대적으로 하락하면서 대형 로펌의 파트너가 새로운 권력자의 지위를 갖는 것에 대해 두 법률전문교육기구가 다른 방식으로 대응할 것이라고 예상하기 어렵다. 두 법률전문교육기구가 배출하는 법률전문가의 사회문화적 배경과 그에 따른 자질도 크게 차이가 나리라 생각하기 어렵다. 덧붙여 우리 사회에 고유한 이른바 '법조계 엘리트 문화'를 유지하려는 경향도 유사할 것이라 예상할 수 있다. 마지막으로, 법률가 시장의 구조가 두 법률전문교육기구의 사회화 효과의 공통성을 강화하는 배경요인이 된다. 법률가의 수가 급증하면서 서비스 시장 내에 법률가 간 경쟁이 격화하는데, 두 법률전문교육기구 출신 예비법률가의 반응이 다를 것이라고 기대하기 어렵다. 예컨대, 예비법조인의 입장에서 보면 법학전문대학원과 사법연수원에 들어갈 수 있는 확률이 높으면 좋겠지만, 일단 자신이 예비법률가의 지위를 갖게 되면 법률전문가의 공급을 통제하는 편이 유리하기에 후배 예비법조인이 법률 시장에 진입하는 것을 반기지 않을 것이다. 결국 이

세 요인은 두 기관이 공유하는 공통요인이 된다. 우리는 이 때문에 두 법률전 문교육기구가 유사한 가치와 지향성을 갖고 유사한 사회적 기대와 전망을 공 유하는 법률가를 배출하게 될 것으로 예상한다.

그러나 우리는 법학전문대학원과 사법연수원은 서로 다른 (1) 교과과정과 수업체계, (2) 동료 관계와 비교과과정, (3) 실무연수 및 경력법률가 접촉 기회 를 제공하므로 서로 다른 사회화 과정이 이루어지리라 예상한다. 특히 선행연 구를 보면, 수업을 통한 교수와 대면접촉 및 동료와 상호작용은 예비법조인의 가치를 형성하는 데 중요한 역할을 하는 것으로 알려져 있다. 따라서 법학전문 대학원과 사법연수원 교수의 구성적 특성의 차이성, 그리고 동료관계의 차이 성 등이 차별적 가치 형성 효과를 낳을 것으로 기대할 수 있다. 각 요인별로 구체적으로 검토하면 다음과 같다.

첫째, 교과과정의 차이가 두드러진다. 사법연수원은 교육체계 자체가 법 률실무 중심으로 되어 있다. 이준석과 김지희의 2015년 연구에 따르면, 연수원 원내교육의 학점배분을 보면 판결문 작성을 중심으로 한 과목이라고 할 수 있 는 민사재판실무와 형사재판실무에 가장 많은 학점을 배분했으며, 변호사실무 와 검찰실무의 순서로 배분했다.[27] 학점은 변호사실무가 검사실무보다 많지 만, 실제 학습량은 그렇지 않다고 한다. 실제 사법연수생이 각 학기말 시험을 대비해서 수행하는 학업의 양이나 실무수습의 중요성을 고려하면 검찰실무 과 목 및 수습이 변호사실무 과목 및 수습보다 중요하다는 것이다. 반면 법학전문 대학원은 이론과 실무의 융합을 추구한다. 기초적인 법률지식을 전수하고 소 송실무에 관한 교육도 하지만, 새로운 법률실무를 창조할 수 있는 이론적 측면 도 강조한다. 임상법학(legal clinic) 과목을 통해 다양한 분야의 실무를 습득하 며, 이를 통해 학교별 특성화 분야의 실무를 습득할 수 있도록 한다. 또한 교 수 구성의 특징에 따른 내용적 차이도 상당할 것으로 예상할 수 있다. 덧붙여 사법연수원 교수 중에 판·검사 출신이 압도적으로 많다. 따라서 "판·검사 교 수님들만 보다 보니 판·검사가 되고 싶은데, 성적은 안 나오니까, 변호사 되면 죽는 줄 알"게 된다는 증언이 제시된 바 있다.[28] 반면 법학전문대학원에서는

---

27) 이준석·김지희, "사법연수원 출신 법조인에 대한 실증적 조사연구", **법과 사회**, 제49호, 2015(이 책의 제4장), 143면.

5년 이상 관련분야 실무경험이 있는 교수를 교원 수의 20% 이상으로 할 것을 규정하고 있지만,[29] 실제 판·검사 출신 교원이 지배적이지는 않다. 여성 및 외국인을 포함해 전임교원의 경력이 사법연수원에 비해 다양하다.

　둘째, 두 법률전문교육기구의 동료관계와 상호작용이 상당히 다르며, 이 때문에 동료기반 사회화 과정이 다를 것을 예상할 수 있다. 사법연수원생은 사법시험에 함께 무한경쟁을 거치고 시험에 합격한 동기생으로 서로를 인정하며, 따라서 '가입집단 이상의 동질성'을 가질 것으로 예상할 수 있다.[30] 사법연수원 내 반편성과 조편성을 기초로 한 동료관계가 특별하다는 것을 여러 '연수원기'가 기록해서 전하고 있다. 사법연수원 예비법률가들이 법학전문대학원 예비법률가에 비해 교육기간 중 동문회 활동이 압도적으로 높다는 조사결과도 있다.[31] 사법연수원 내 동료 간 경쟁문화도 특별하다. 이준석의 2011년 연구에 따르면, 이른바 '임용권 성적'을 받는 사법연수원생과 그렇지 못한 사법연수원생들 간에 일상적 대화에서 발언권의 차이를 느낄 수 있을 정도라고 한다. 연수원 내 경쟁 때문에 사회문제에 대해 관심을 갖거나 유지하기 어려우며, 신문을 사서 읽을 정도의 여유도 누리지 못한다는 관찰도 있다.[32] 반면 법학전문대학원의 경우에는 이재협·이준웅·황현정의 2015년 연구(이 책의 제1장)가 제시하듯이, 일단 구성적 다양성의 차원에서 사법연수원과 다르다. 출신 학부와 학부 전공이 다양하고, 사회경력도 갖춘 이들이 많아 다양한 배경을 지닌 학생들이 어울린다. 따라서 동료 간 경쟁의 정도와 양상은 물론, 연대성에 있어서도 사법연수원 동기들이 보이는 그것과 차이가 있을 것을 예상할 수 있다.

　셋째, 법학전문대학원과 사법연수원 모두 실무수습을 제도화하고 있으며,[33] 현직 법조인과 대면을 통한 법조계 현실 교육을 강화한다는 점에서 앞서 제시한 두 요인에 비해 차이성 효과가 적을 것으로 예상할 수 있다. 두 법

---

28) 이준석, 각주 15, 247면.

29) 「법학전문대학원 설치·운영에 관한 법률」 제16조 제4항.

30) 이국운, 앞의 책, 111면.

31) 이 책의 제1장, 140~141면.

32) 이준석, 각주 15, 256면.

33) 사법연수원에서는 2학기 후반부부터 3~4학기에 걸쳐 2주의 전문분야 실무수습과 법원, 검찰, 변호사 각 2개월씩 합계 6개월간의 실무수습을 받는다. 법학전문대학원은 학교마다 차이가 있지만 대개 방학기간 중에 본인이 지원한 기관에서 채용되어 실무수습을 받는다.

률전문교육기구에서 교육을 받는 예비법조인들은 법조계 선배를 통해서 현장의 지식을 직접 전수받는 것이 중요하다는 것을 깨닫는다. 그러나 사법연수원 연수생이 만나는 현직 법조인은 이른바 '기수'로 연결된 연수원 선배라는 점에서 특별하다. 사법연수원생이 사법부와 검찰에서 연수를 통해 만나는 선배 법조인으로부터 현실 법조계에 대한 내밀한 교육을 받는 과정이 기록된바 있다. 예컨대, 판사 경력을 갖추는 것이 중요한 이유는 "법원 내부에서 변호사가 어떻게 행동하면 어떻게 리액션이 된다는 과정"이나 "항소이유서를 눈에 띄게 써서 재판장이 기록을 뒤져보게 만드는 기술"은 선배로부터 배울 수밖에 없는 일이라고 한다.[34] 이런 식의 면대면 교육은 공식관계를 넘어선 긴밀한 관계에서 발생한다고 해석할 수 있다. 앞으로 시간이 지나면 법학전문대학원 출신 법조선배 역시 나타나겠지만, 법학전문대학원 출신 법률가가 이런 관계를 형성할 가능성은 역시 사법연수원 출신 법률가에 비해 적을 것이라 예상할 수 있다. 단일한 교육기관인 사법연수원의 기수와는 달리 법학전문대학원의 경우 출신 학교가 다양하여 그들 간의 동질적 특수 관계를 형성하기는 상대적으로 어려울 것으로 예상한다.

III. 연구문제와 연구방법

법학전문대학원과 사법연수원의 모든 사회화 과정을 한 논문에서 다 다룰 수 없다. 이 연구는 이국운이 제시한 4단계 법률전문가 사회화 과정 중 세 번째 단계, 즉 법률전문교육기관의 사회화에 초점을 맞춘다. 또한 자료의 가용성 때문에 이 연구는 서울대학교 법학연구소가 2014년 수행한 <대한민국 법률직역의 구조 및 법률가 의식조사>의 자료를 활용해서 해결할 수 있는 과제에 제한될 수밖에 없다. 조사연구를 설계할 당시 법학전문대학원과 사법연수원 출신 법률가의 직장선택의 고려사항을 측정한 문항을 포함했으며, 또한 법 기능에 대한 인식, 법현실에 대한 인식, 법조 현실에 대한 평가 등을 측정한 문항을 포함했다. 이런 문항을 활용해서 다음 사회화 관련 질문에 시론적으로

---

34) 이준석, 각주 15, 250면, 248면.

답할 수 있을 것으로 기대한다.

첫째, 이 연구는 법학전문대학원과 사법연수원 출신 법률가 집단이 직장선택 시 고려사항에 차이를 보이는지 탐색한다. 젊은 법률가들이 직장을 선택할 때 보수와 같은 물적 보상을 고려하는지, 근무시간과 근무지와 같은 직업환경적 요소를 중요하게 생각하는지, 아니면 공익적 기여와 같은 가치 요인을 중요하게 생각하는지 알아보겠다.

둘째, 법학전문대학원 졸업 법률가와 사법연수원 출신 법률가의 직업선택 시 고려사항이 서로 다르다면, 이런 차이가 왜 발생하는지 탐색하겠다. 우리는 전문직 사회화 연구의 선행연구를 기초해서 전문직 사회화로 인해 법기능과 법현실에 대한 인식을 형성하는 데 영향을 미칠 것이라 예상한다. 다른 변수들의 영향력을 통제한 상태에서 법률전문교육기관에서 교육받았다는 사실이 '법이란 무엇인지'에 대한 의식과 '한국의 법 현실은 어떠한지'에 대한 인식을 형성하는 데 독립적으로 기여할 것이라 예상한다는 것이다. 덧붙여 법학전문대학원 졸업 법률가와 사법연수원 출신 법률가의 법기능과 법현실에 대한 인식에는 차이가 있는지, 그리고 만약 있다면 그 차이를 어떻게 설명할 수 있는지 알아보려 한다.

셋째, 앞서 서론에서 제시했듯이 법학전문대학원 졸업 법률가들은 사법연수원 출신 법률가 간 법조현실에 대한 인식과 평가의 차이가 실체적이다. 법학전문대학원 졸업 법률가들은 사법연수원 출신 법률가에 비해 검찰의 공정성을 부정적으로 평가하고 형사재판의 공정성에 대해서도 부정적으로 평가한다. 또한 전관예우 관행에 대해서도 더욱 심각하게 인식하며, 국민참여재판에 대해서 긍정적으로 평가한다. 우리는 이런 차이가 법률전문교육기관 수료에 수반하거나 결과로 발생하는 사회화 효과에 의해 발생한다고 본다. 특히 두 번째 연구문제에서 탐색한 사회화로 인해 형성된 법기능과 법현실에 대한 인식이 반영된 결과 발생한다고 예상한다. 과연 이런 예상이 경험적 자료에 의해 지지를 받는지 검토하는 것이 이 연구의 세 번째 문제이다.

앞의 세 연구문제에 답하기 위해서 법률가의 성, 연령, 거주지역, 소득수준, 결혼 여부 등 개인차 변수를 통제하는 것은 물론 정치이념과 출신 학부도 고려할 것이다. 즉, 이 연구에 제시한 분석결과는 모두 법률가 개인차 요인들의 효과를 통제한 상태에서 법률전문교육기관 이수 여부가 종속변수에 미치는 효과를 검토한 것이다. 특히 이 중에서 연령은 법률가의 개인으로서의 성숙을 나타내지만 동시에 '법조경력'을 의미한다는 점에서 주의해서 검토해야 할 변수이다. 연령과 법조경력, 즉 법학전문대학원 또는 사법연수원 졸업 후 직업에 투신한 기간 간의 상관관계는 .87(p < .001, N = 1,020)로 실체적 수준이라는 것이 확인되었다. 우리는 또한 '학부에서 법학 전공' 등 배경 변수와 '평균 업무시간'을 비롯한 기타 유관 변수들도 통제변수로 사용해서 분석에 포함하기도 했지만, 별도로 독립적 효과를 확인하지도 못했고, 또한 이렇게 분석한 결과를 이론적으로도 설명할 특별한 장점도 없다고 판단해서 분석 결과에 포함하지 않았다.

<그림 3-1>은 이 연구의 탐색적 모형을 도시한 것이다. 우리나라에서 법률전문교육기관의 사회화 효과에 대한 연구가 부족한 실정에서 미국 등 다른 나라의 연구와 기존 관찰 결과를 종합해서 보면, 법률전문교육기관의 종류에 따라 법기능 및 법현실에 대한 인식이 달라진다고 볼 수 있으며(연구문제 2),

그림 3-1 연구 모형

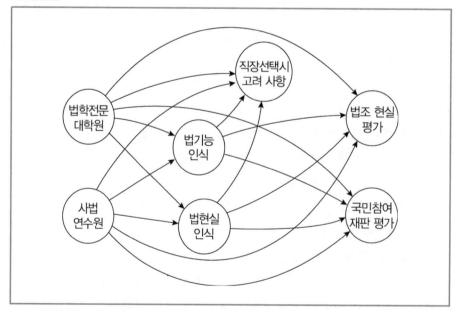

법률전문교육기관의 교육은 또한 직장을 선택하는 데 금전적 보상이나 근무조
건을 중요하게 고려하는지, 아니면 공익적 기여와 같은 가치요인을 중요하게
고려하는지에 영향을 미칠 것으로 예상한다(연구문제 1). 마지막으로 법률전문
교육기관에 따라 법조현실에 대한 평가도 달라지고 국민참여재판에 대한 평가
도 달라질 것으로 기대한다(연구문제 3). 특히 모든 연구문제들에 대한 응답은
연령과 같은 개인차 변수, 가구소득과 같은 사회경제적 배경 변수, 현 직장의
특성 변수를 통제한 상태에서 검토할 것이다. 또한 우리는 <연구문제 1>과
<연구문제 3>에서 확인하고자 하는 효과는 첫째, <연구문제 2>를 답하기
위해 검토하는 법기능 및 법현실에 대한 인식 변수를 경유해서도 나타날 것으
로 예상하기에 이 역시 검토하고자 한다.

우리가 사용한 자료는 이재협·이준웅·황현정의 2015년 연구(이 책의 제1
장)가 활용한 서울대학교 법학연구소의 2014년 <대한민국 법률직역의 구조
및 법률가 의식조사> 자료이다. 이는 법학전문대학원 1기부터 3기까지 졸업
법률가 308명, 사법연수원 40기부터 43기까지 출신 법률가 300명, 그리고 경
력 법률가 412명을 조사한 결과를 담고 있다. 자료수집의 방법론과 자료의 대
표성, 그리고 자료의 주요한 특성은 이재협·이준웅·황현정의 2015년 연구(이
책의 제1장)에 제시돼 있다. 이 연구는 같은 자료에 포함되었지만 지금까지 별
도로 발표하지 않은 법률가의 의식과 가치관련 문항을 이용해서 결과를 제시
한다.

Ⅳ. 법기능과 법현실에 대한 인식의 차이: 연구문제 2

먼저 법학전문대학원 출신 법률가와 사법연수원 출신 법률가의 법기능과
법현실에 대한 인식에 차이가 있는지 검토한 결과를 제시한다. 법기능과 법현
실에 대한 인식에 대한 검토는 두 번째 연구문제에 답하기 위한 것이지만, 그
인식이 첫 번째 연구문제인 법률가의 직업선택에 미치는 고려요인을 설명하는
선행 변수로서 작용하기도 한다고 보았기에 먼저 결과를 제시하려는 것이다.

법률가 집단의 법기능에 대한 인식을 측정하기 위해 신의기와 강은영이

| 표 3-3 | 법학전문대학원 및 사법연수원 출신 법률가 간 법기능 인식의 차이 |

	법률가(본조사)					일반시민 (2012)	법률가와 시민 간 차이
	로스쿨 법률가	연수원 법률가	일반 법률가	집단 간 차이	전체 평균	평균	
1. 인간의 존엄성을 보장하는 것	3.21	3.29	3.26		3.25	3.18	*
2. 개인의 자유와 권리를 보호	3.39	3.42	3.39		3.40	3.26	***
3. 사회정의를 반영하는 것	3.16	3.19	3.16		3.17	3.21	
4. 국민의 합의로 만듦	3.01	2.93	2.89	+	2.94	2.93	
5. 이해집단 간 정치적 타협	2.78	2.91	2.95	**	2.89	2.90	
6. 국가의 통치를 위한 것	2.76	2.86	2.92	**	2.86	3.19	***
7. 사회질서 유지를 위한 것	3.20	3.26	3.21		3.22	3.29	*
8. 개인의 안전을 보장하는 수단	3.03	3.04	3.10		3.06	3.13	*
9. 다툼을 해결하는 수단	3.18	3.24	3.18		3.20	3.09	**
10. 약자를 보호하기 위한 것	2.67	2.71	2.67		2.68	2.88	***
11. 범죄자를 처벌하기 위한 것	2.74	2.96	2.87	***	2.85	3.08	***
12. 강자의 편의를 위한 것	2.15	2.20	2.21		2.19	2.42	***

주) $*p < .05$, $**p < .01$, $***p < .001$.

2012년 일반 시민을 대상으로 수행한 조사에 사용했던 문항을 활용했다.[35] 그 것은 '법이란 무엇인가'라는 법의 일반적 기능에 대한 12개의 세부 문항에 4점 척도로 질문한 것이다 (<표 3-3> 참조). 로스쿨 출신 법률가, 동 시대의 사법 연수원을 수료한 법률가, 일반 경력법률가로 응답집단을 구분하여, 문항의 집 단 간 평균값을 비교했다. 그 결과, 법이란 "국민의 합의로 만들어진 것이다", "이해집단 간 정치적 타협이다", "국가의 통치를 위한 것이다", "범죄자를 처 벌하기 위한 것이다"의 네 항목에서 집단 간 차이를 발견했다. 사법연수원 출 신 법률가들이 법학전문대학원 출신 법률가에 비해 법을 '이해집단 간 정치적 타협', '국가의 통치를 위한 것', '범죄자를 처벌하기 위한 것'이라 인식하는 정 도가 강했다.[36]

---

35) 신의기·강은영, 법집행의 공정성에 대한 국민의식 조사연구, 한국형사정책연구원, 2012, 119~150면.

| 표 3-4 | 법학전문대학원 및 사법연수원 출신 법률가 간 법현실에 대한 인식 차이 |

	로스쿨 법률가	연수원 법률가	일반 법률가	전체 평균	표준 편차
1. 법으로 해결하는 것보다 사람을 통해 해결하는 게 현명하다	2.46	2.48	2.44	2.46	0.67
2. 법으로 정해진 일이라도 불리하면 적당히 넘어가야 한다	2.34	2.29	2.26	2.30	0.65
3. 힘 있는 사람에게 법적으로 따져봐야 소용없다	2.50	2.44	2.54	2.50	0.65
4. 법을 어기는 사람을 결국 처벌 받는다	2.62	2.71	2.69	2.67	0.61
5. 성공한 사람들은 법을 잘 지킨다	2.40	2.35	2.48	2.42	0.67
6. 아무리 작은 일이라도 법을 어기면 죄를 짓는 일이다	2.38	2.40	2.46	2.42	0.66
7. 법대로만 살아서는 성공하기 어렵다	2.47	2.45	2.52	2.49	0.64
8. 법보다 중요한 도덕이 있다	2.93	2.94	2.90	2.92	0.61
9. 굶는 자가 훔쳤을 때 법으로 다스릴 것까지 없다	2.36	2.37	2.31	2.34	0.67
10. 법을 아는 이들이 부당한 이득을 챙기기도 한다	3.07	3.01	3.03	3.03	0.52

법현실에 대한 인식은 나은영의 1997년 연구에 사용한 문항에서 일부를 빌려왔다(<표 3-4> 참조).[37] 집단 간 차이를 보면, 법학전문대학원 출신법률가, 사법연수원 출신법률가, 일반 경력법률가 간 통계적으로 유의한 수준의 차이가 나타나지 않았다. 법현실에 대한 인식을 측정한 10문항 모두에서 대동소이한 수준의 평균값을 보였다. 특히 젊은 법률가 집단과 경력법률가들 간에도 뚜렷한 차이가 없는 것이 흥미롭다. 법의 적용, 처벌, 법과 도덕의 관계 등에 대한 인식에 있어서 법학전문대학원 출신이나 사법연수원 출신 법률가가 대동소이한 인식을 갖는다고 해석할 수 있는 결과이다.

법기능과 법현실에 대한 인식에 있어서 집단 간 차이는 없지만 개인차가 있을 수 있고, 이 개인차 정도가 다른 변수들을 설명할 가능성이 있기 때문에

---

36) 흥미롭게도 동일한 항목을 일반 시민을 대상으로 조사한 결과(2012년 조사)와 법률가의 응답을 비교하면, 차이가 확연하다. <표 3-3>의 마지막 칸을 보면, 전체 12개 문항 중 "사회 정의를 반영한 것", "국민의 합의로 만듦", "이해집단 간 정치적 타협"의 세 가지를 제외한 모든 항목에서 차이가 있음을 확인할 수 있다. 일반 시민의 법에 대한 인식은 "인간의 존엄성 보장", "개인의 자유와 권리 보호", "다툼을 해결하는 수단" 등에서 법률 전문가보다 부정적 생각을 갖는 것으로 나타났다. 반면 "국가의 통치를 위한 것", "범죄자를 처벌하기 위한 것", "강자의 편의를 위한 것" 등 인식은 법률전문가보다 강했다.
37) 나은영, "법전문가와 비전문가의 법의식에 관한 심리학적 분석", **법과 사회**, 제14권 제1호, 1997, 176~204면.

법기능과 법현실에 대한 인식 문항을 '주성분 분석(principal component analysis)'
으로 묶어서 사용하기로 했다. 앞서 제시한 <표 3-3>과 <표 3-4>에 제
시한 문항의 공통요인에 따라 서로 유사한 문항을 묶어서 요약적으로 정리하
기 위해 주성분 분석을 수행했다.

　　<표 3-5>는 <표 3-3>에 제시한 법기능에 대한 인식을 측정한 12개
문항을 주성분 분석으로 묶어서 정리한 결과이다. 분석 결과에 따르면, 법기능
에 대한 인식은 세 가지 공통성분으로 구성되는 것으로 보인다. 첫 번째 성분
은 "법은 개인의 자유와 권리를 보호하는 것", "인간의 존엄성을 보장하는
것", "사회의 다툼을 해결하는 수단", "사회질서를 유지하기 위한 것", "사회
정의를 반영하는 것", "국가가 개인의 안전을 보장해 주는 수단"을 포함하며,
우리는 이를 '권리보호'로 명명했다. '권리보호' 성분은 전체 문항의 변량의
35%를 설명했다. 이어 "국가의 통치를 위한 것", "이해집단 간의 정치적 타협
으로 만든 것", "강자의 편의를 위한 것"이라는 문항을 통합하여 '통치수단'이

표 3-5 법기능에 대한 인식 주성분 분석 결과

차원이름	항　목	주성분1	주성분2	주성분3	공통성
권리보호	법은 개인의 자유와 권리를 보호하는 것이다	0.91	0.06	0.15	0.71
	법은 인간의 존엄성을 보장하는 것이다	0.74	0.10	0.13	0.67
	법은 사람들 사이의 다툼을 해결하는 수단이다	0.68	0.27	0.05	0.54
	법은 사회질서를 유지하기 위한 것이다	0.63	0.43	0.09	0.57
	법은 사회정의를 반영하는 것이다	0.59	0.17	0.31	0.64
	법은 국가가 개인의 안전을 보장해주는 수단이다	0.47	0.12	0.37	0.57
통치수단	법은 국가의 통치를 위한 것이다	0.15	0.73	0.03	0.58
	법은 이해집단 간의 정치적 타협으로 만든 것이다	0.14	0.69	0.18	0.52
	법은 강자의 편의를 위한 것이다	0.41	0.67	0.07	0.54
약자보호 (악인처벌)	법은 약자를 보호하기 위한 것이다	0.03	0.09	0.85	0.71
	법은 범죄자를 처벌하기 위한 것이다	0.20	0.50	0.72	0.64
	법은 국민의 합의에 의하여 만든 것이다	0.24	0.20	0.56	0.54
설명력		0.35	0.17	0.09	

라고 이름 붙였다. 마지막으로 "약자를 보호하기 위한 것", "범죄자를 처벌하기 위한 것", "국민의 합의에 의하여 만든 것"이라는 세 문항의 공통성분은 '약자보호(악인처벌)'로 통합했다. '통치수단' 주성분은 전체 변량의 17%, '약자보호' 주성분은 9%의 설명력을 가지는 것으로 나타났다.

법현실에 대한 인식에 대해서도 주성분 분석을 실시했다. <표 3-6>은 <표 3-4>에 제시한 10개 문항을 공통성분에 기초해서 묶은 것이다. 법현실 인식도 세 가지 성분으로 구성할 수 있다. 세 성분 중 전체 변량의 29%를 설명하는 첫 번째 주성분은 '비법가능' 차원이라 명명했다. "법으로 정해진 일이라도 불리하면 적당히 넘어 간다", "법으로 해결하는 것보다 아는 사람을 통해 해결하는 것이 현명하다", "힘 있는 사람에게 법적으로 따져보았자 손해인 경우가 많다", "요즘 법대로만 살아서는 성공하기 어렵다" 등의 문항을 함께 묶고 있기 때문이다. 두 번째 성분은 '인과응보'라 명명했는데, "법을 어기는 사람은 결국 처벌을 받게 된다", "성공한 사람들은 법과 규범을 잘 지키는 사람들이다", "아무리 작은 일이라도 법을 어기면 나라에 죄를 짓는 일이다"의 세

표 3-6 법현실 인식 주성분 분석 결과

차원 이름	항 목	주성분1	주성분2	주성분3	공통성
비법 가능	법으로 정해진 일이라도 불리하면 적당히 넘어간다	0.90	0.05	0.16	0.69
	법으로 해결하는 것보다 아는 사람을 통해 해결하는 것이 현명하다	0.82	0.16	0.05	0.56
	힘있는 사람에게 법적으로 따져보았자 손해인 경우가 많다	0.72	0.04	0.07	0.59
	요즘 법대로만 살아서는 성공하기 어렵다	0.39	0.24	0.27	0.47
인과 응보	법을 어기는 사람은 결국 처벌을 받게 된다	0.05	0.81	0.08	0.60
	성공한 사람들은 법과 규범을 잘 지키는 사람들이다	0.03	0.80	0.10	0.63
	아무리 작은 일이라도 법을 어기면 나라에 죄를 짓는 일이다	0.18	0.75	0.01	0.50
도덕 우선	우리 사회에는 법보다 중요한 도덕이 있다	0.25	0.27	0.81	0.59
	굶을 정도인 자가 물건을 훔쳤을 때 법으로 다스릴 것 없다	0.03	0.06	0.61	0.41
	법을 아는 이들이 부당한 이득을 챙기는 경우가 있다	0.15	0.12	0.60	0.51
	설명력	0.29	0.16	0.11	

항목에 공통성을 갖고 있기 때문이다. 이 '인과응보' 차원은 전체 변량의 16%에 해당하는 설명력을 가지고 있다. 마지막으로 "우리 사회에는 법보다 중요한 도덕이 있다", "굶을 정도인 자가 물건을 훔쳤을 때 법으로 다스릴 것 없다", "법을 아는 이들이 부당한 이득을 챙기는 경우가 있다"의 세 문항은 '도덕우선'이라는 차원으로 묶었다. '도덕우선'의 주성분 차원은 전체 변량의 11%를 설명했다.

　각 법률가 집단에 따라 <표 3-5>와 <표 3-6>에 제시한 법기능과 법현실에 대한 인식의 각 차원의 값에 차이가 나는지 확인하기 위해 회귀분석을 수행했다. 분석의 목적은 <표 3-3>과 <표 3-4>에 제시한 집단 간 평균값 비교 수준을 넘어서, 연령이나 소득과 같은 개인차 및 사회경제적 배경 변수의 영향력을 통제한 후에 법률전문교육기구의 효과를 찾을 수 있는지 알아보기 위한 것이다. 따라서 주성분 분석을 통해 확인된 법기능에 대한 인식

표 3-7　법기능 인식에 대한 설명

		법기능에 대한 인식								
		법은 권리보호			법은 통치수단			법은 약자보호 (악인처벌)		
		Beta	t-value	p	Beta	t-value	p	Beta	t-value	p
상수			−1.899	+		0.182			−0.584	*
개인차 통제 변수	남성	0.010	0.286		0.034	0.965		−0.021	−0.045	
	연령	0.015	0.355		−0.016	−0.384		0.075	0.010	+
	가구소득	0.074	2.252	*	0.020	0.612		0.021	0.003	
	결혼	0.006	0.163		0.023	0.652		0.019	0.040	
	비서울	0.031	0.956		−0.007	−0.222		0.029	0.088	
	보수주의	0.035	1.091		−0.012	−0.378		0.032	0.019	
	명문대	0.057	1.730	+	0.020	0.616		−0.001	−0.003	
교육 기구	로스쿨	0.038	0.890		−0.115	−2.711	**	0.034	0.073	
	연수원	0.066	1.605		0.011	0.276		0.086	0.189	*
모형 설명력		R^2=.01			R^2=.02			R^2=.01		

주) + $p < .10$, * $p < .05$, ** $p < .01$, *** $p < .001$.

3 성분(권리보호, 통치수단, 약자보호), 법현실에 대한 인식의 3 성분(비법가능, 인 과응보, 도덕우선)을 종속변수로 하여, 법률전문교육기구의 차이가 어떠한 영향 을 미치는지 살펴보았다. 성별, 연령, 가구소득, 결혼 여부, 서울 거주 여부, 보 수주의 정도, 명문대 졸업 여부를 통제 변수로 모형에 포함했다.

<표 3-7>은 '권리보호', '통치수단', '약자보호' 등 법기능 주성분 변수 를 종속변수로 한 회귀분석 결과이다. 개인차 변수들의 효과를 통제한 상황에 서, 법학전문대학원 출신 법률가는 일반 경력법률가 집단에 비해 낮은 '통치수 단'으로서 인식을 보인 반면에, 사법연수원 출신 법률가는 '약자보호(악인처 벌)' 성향을 강하게 보이는 것으로 나타났다. 그러나 '권리보호' 법기능에 대한 인식에 대해서는 법학전문대학원이나 사법연수원 등 교육기구 변수가 통계적 으로 유의한 효과를 보이지 않았다.

법현실에 대한 인식을 세 차원으로 구분해서 본 결과도 법인식과 마찬가

표 3-8 법현실 인식에 대한 설명

		법현실 인식								
		비법가능			인과응보			도덕우선		
		Beta	t-value	p	Beta	t-value	p	Beta	t-value	p
상수			2.925	**		-2.707	**		0.678	
개인차 통제 변수	남성	-0.020	-0.574		0.037	1.065		-0.042	-1.192	
	연령	-0.081	-1.882	+	0.017	0.408		0.066	1.554	
	가구소득	-0.048	-1.464		0.061	1.886	+	-0.052	-1.607	
	결혼	0.042	1.186		-0.069	-1.981	*	0.076	2.153	*
	비서울	0.000	-0.013		0.028	0.876		0.019	0.589	
	보수주의	-0.069	-2.180	*	0.197	6.350	***	-0.175	-5.624	***
	명문대	-0.012	-0.351		-0.011	-0.329		-0.014	-0.440	
교육 기구	로스쿨	-0.038	-0.899		-0.045	-1.085		0.057	1.353	
	연수원	-0.067	-1.622		-0.006	-0.157		0.031	0.752	
모형 설명력		R^2=.01			R^2=.05			R^2=.04		

주) + p < .10, * p < .05, ** p < .01, *** p < .001.

지로 동일한 변수를 투입하여 설명해보고자 했다. <표 3-8>은 법현실의 세 차원(비법가능, 인과응보, 도덕우선)을 종속변수로 놓고 분석한 결과를 제시한다. 전체적으로 정치이념, 즉 보수주의 변수가 법현실에 대한 인식을 일관되게 예측하는 것을 확인할 수 있다. 먼저 현실적으로 '비법적 행위도 가능하다'는 인식은 진보적일수록 높아지는 것으로 나타났다. 이와 동시에 진보적인 사람은 '법보다 도덕이 우선'이라는 인식도 더 강하게 갖는 것으로 나타났다. 반면에, 보수주의의 정도가 높은 법률가일수록 인과응보적 관점을 견지하는 것으로 나타났다. 그러나 정치적 이념을 제외하고, 설명력 있는 다른 유의한 설명변수는 찾기 어려웠고, 특히 법률전문교육기구의 차이는 법현실 인식을 설명하지 못하는 것으로 나타났다.

지금까지 결과를 정리해 보면, <연구문제 2>에 대한 응답은 법률전문교육기구의 법기능과 법현실에 대한 사회화 효과는 제한된 정도라고 밖에 볼 수 없다. 일단 법률전문교육기구의 효과가 '통치수단'과 '약자보호'와 관련한 법기능 인식의 차원에 대해 유의한 영향력을 보였지만, 전체적으로 회귀모형의 설명력은 약했다. 각 모형이 종속변수를 설명하는 정도가 2% 이하에 그치고 있기 때문이다. 따라서 지금까지 제시한 회귀모형을 실체적 설명모형으로 수용할 수 없고 단지 유의한 관계를 보인 변수들 간 관계를 확인한 정도에서 제한적으로 해석하는 것이 바람직하다. 법현실에 대한 인식을 종속변수로 보았을 때, 회귀모형의 설명력 역시 최대 5% 수준으로 제한적이었다. 따라서 법의 현실에 인식은 보수주의 이념으로 설명할 수 있을 뿐이며 법률전문교육기구에 따른 사회화 효과로는 설명할 수 없다고 결론 내릴 수 있다. 향후 분석에서도 법현실 인식 요인들은 오직 법률가의 정치적 이념과 같은 개인차 요인에 의해 영향을 받는 변수임을 유의해서 해석할 필요가 있다.

V. 법조직역 내 직장선택의 주요 고려요인: 연구문제 1

법학전문대학원과 사법연수원 출신 법률가들이 직장선택의 고려요인에 차이가 있는지, 있다면 다른 개인차 변수의 영향력을 통제한 후 법률전문교육기구의 효과라고 말할 수 있는 효과가 남는지 탐색하는 것이 이 연구의 첫 번째 연구문제이다. 이 연구에 사용한 직업선택에서의 고려사항 문항은 스토버가 1989년 연구에 사용한 문항과 스토버의 연구를 참조한 이준석의 2013년 연구에 사용한 문항을 검토해서 총 13개 문항으로 정리해서 사용했다. 13개 직업선택 고려사항은 다시 3가지 주성분으로 요약할 수 있었다. <표 3-9>는 직업선택 고려사항을 주성분 분석을 한 뒤 프로맥스 방식으로 회전한 결과를 제시한다. 주성분 분석 결과에 기초해서, 전체 변량의 36%를 설명하는 제1성분을 '물질적 보상추구'라 명명했다. 이 주성분에 회사의 사회적 명망과 평판, 회사규모, 교육과 훈련의 기회, 연봉, 승진 가능성, 직업 안정성 등이 포함됐기 때문이다. 다음으로 근무시간, 육아 등 가정을 위한 편의 제공, 복지혜택, 지리적 위치, 근무환경 및 동료가 하나의 성분으로 설명된다고 할 수 있는데, 이를 '복지 추구' 성분이라고 명명했다. 이 성분은 전체 변량의 13%를 설명했다. 마

표 3-9 직장선택 고려요인의 주성분 분석

차원이름	항 목	주성분1	주성분2	주성분3	공통성
물질적 보상추구	회사의 사회적 명망, 평판	0.94	−0.24	0.08	0.75
	회사규모	0.93	−0.07	−0.17	0.74
	교육과 훈련의 기회	0.72	−0.18	0.30	0.6
	연봉	0.62	0.23	−0.38	0.52
	승진 가능성	0.52	0.11	0.21	0.47
	직업안정성	0.41	0.19	0.28	0.47
복지 추구	근무시간	−0.30	0.93	0.05	0.7
	육아 등 가정을 위한 편의 제공	−0.20	0.80	0.15	0.61
	복지혜택	0.30	0.68	−0.18	0.68
	지리적 위치	0.04	0.53	−0.06	0.28
	근무환경, 동료	0.30	0.33	0.23	0.45
가치 추구	가치 적합성	0.13	−0.06	0.84	0.75
	공익활동	−0.21	0.17	0.75	0.6
성분별 설명력		0.36	0.13	0.09	

지막 성분은 직장과 자신이 추구하는 가치가 적합하다는 것과 공익활동의 기회를 고려했다는 것이므로 '가치 추구' 요인이라 볼 수 있다. 이 주성분은 9%의 설명력을 보였다.

법학전문대학원, 사법연수원, 경력법률가가 현재 직장을 선택하는 데 서로 다른 요인들을 고려하는지 살펴보았다. 젊은 법률가들이 직장을 선택할 때 보수와 같은 물적 보상을 고려하는지, 근무시간과 근무지와 같은 직업환경적 요소를 중요하게 생각하는지, 아니면 공익적 기여와 같은 가치 요인을 중요하게 생각하는지에 대해 집단 간 차이를 알아보기 위해, 일원분산분석(one-way ANOVA)을 수행했다. 물적 보상 요인, 근무 환경 요인, 가치 추구 요인에 대해 각각의 주성분 점수의 평균값을 비교한 결과는 <표 3-10>과 같다.

표 3-10 법학전문대학원 및 사법연수원 출신 법률가 간 현 직장선택 고려요인의 차이

	로스쿨 법률가 (n=308)	연수원 법률가 (n=300)	경력 법률가 (n=412)	집단 간 평균값 차이 통계
물질적 보상	.008[a]	.000[a]	-.006[a]	$F(2:1017) = 0.02$, $p = .98$
근무 환경	.081[a]	.064[a]	-.108[b]	$F(2:1017) = 4.05$, $p < .05$
가치 추구	.113[a]	-.115[b]	-.001[ab]	$F(2:1017) = 3.95$, $p = < .05$

주1) 주성분 분석을 거쳐 구한 구성분점수의 평균값
  2) 비교집단 중 서로 다른 첨자가 붙은 평균값 간에 유의수준 0.05에서 통계적으로 유의한 차이가 있음.

먼저 물질적 보상 추구를 보면, 세 법률가 집단에 차이가 없음을 확인할 수 있다. 그러나 근무환경에서는 집단 간 차이가 확인되었는데, 특히 두 젊은 법률가 집단은 경력법률가에 비해 직장을 선택하는 데 있어 근무 환경을 더 중요하게 고려하는 것으로 나타났다. 법학전문대학원 출신 법률가와 사법연수원 출신의 젊은 법률가는 근무 환경을 고려하는 정도에서 통계적으로 유의한 차이를 보이지 않았다. 반면, 가치 추구의 요인에 대해서는 교육기관별 집단의 차이를 확인할 수 있다. 법학전문대학원 출신 법률가가 사법연수원 출신 법률가에 비해 가치 추구를 더 중요하게 고려해서 직장을 선택한 것으로 나타났다. 가치 추구 요인에 대해 경력법률가와 각 교육기관의 젊은 법률가 사이의 차이

는 유의하지 않았다. 분산분석의 결과를 종합하면, 법률전문교육기구의 차이는 직장선택을 하는 데 있어서 가치 적합성을 고려하는 정도에 대해 영향을 미치고, 세대의 차이는 근무 환경을 고려하는 정도에 영향을 미친다고 할 수 있다.

분산분석을 통해 법률전문교육기구에 따른 차이를 일부 관찰했지만, 이는 다른 가외 변수들의 영향력을 통제한 결과는 아니다. 개인차 및 사회경제적 배경 변수들의 영향력을 통제한 후 법률전문교육기구가 직업선택 시 고려요인에

표 3-11 직장선택 시 고려요인에 대한 설명

		직장선택 시 고려요인								
		물질적 보상추구			복지 추구			가치 추구		
		Beta	t-value	p	Beta	t-value	p	Beta	t-value	p
상수			3.452	***		3.071	**		−0.302	
개인차 통제변수	남성	0.039	1.186		−0.095	−2.741	**	−0.075	−2.180	*
	연령	−0.284	−7.049	***	−0.195	−4.668	***	0.022	0.528	
	가구소득	0.102	3.289	***	−0.021	−0.662		−0.023	−0.705	
	결혼	0.079	2.349	*	0.118	3.399	***	0.085	2.456	*
	비서울	−0.076	−2.491	*	0.025	0.777		0.056	1.780	+
	보수주의	0.068	2.212	*	0.090	2.825	**	−0.064	−2.041	*
	명문대	0.135	4.385	***	−0.021	−0.662		0.077	2.420	*
법기능 인식	권리보호	0.195	5.579	***	0.053	1.459		0.050	1.382	
	통치수단	0.018	0.566		0.041	1.252		0.007	0.200	
	약자보호	−0.069	−1.898	+	0.051	1.349		0.070	1.866	+
법현실 인식	비법가능	0.007	0.200		−0.018	−0.482		−0.100	−2.678	**
	인과응보	0.085	2.446	*	0.065	1.807	+	0.142	3.964	***
	도덕우선	0.055	1.683	+	0.067	1.960	*	0.076	2.248	*
교육기구	로스쿨	−0.049	−1.220		0.007	0.162		0.096	2.333	*
	연수원	−0.070	−1.802	+	−0.017	−0.430		−0.030	−0.746	
모형 설명력		R^2=.14			R^2=.08			R^2=.09		

주) + p < .10, * p < .05, ** p < .01, *** p < .001.

미치는 효과를 검토하기 위해 회귀 모형을 구성했다. 물질적 보상추구와 복지추구, 가치 추구의 세 가지 직장선택 고려요인을 개인차 통제 변수와 앞에서 탐색한 법기능에 대한 인식, 법현실에 대한 인식 요인들과 교육기관 변수를 회귀모형에 투여하여 분석했다(<표 3-11> 참조).

물질적 보상추구를 종속변수로 한 회귀모형을 먼저 살펴보면, 사법연수원 출신 법률가의 물질적 보상추구 경향은 일반 경력법률가에 비해 낮은 것으로 나타났다. 또한 나이가 어릴수록, 가구소득이 높을수록, 보수주의가 높을수록 물질적 보상추구 경향이 높았고, 결혼을 한 경우, 서울에 거주하는 경우, 명문대를 졸업한 경우에 그렇지 않은 법률가에 비해 물질적 보상추구 경향이 높았다. 법에 대한 인식 변수 중에서는 법 기능을 '권리보호'로 인식하는 경향이 강할수록 물질적 보상추구를 직장선택에 있어 중요하게 여기는 것으로 나타났다.

'복지추구' 요인에 대해서는 성별, 연령, 결혼 여부, 보수주의 정도가 통계적으로 유의한 영향을 미치는 것으로 나타났고, 법현실에 대해 법보다 도덕을 우선시 하는 경향을 보일수록 복지 여건을 직장선택에서 더 중요하게 고려하는 것으로 나타났다. 근무 환경과 복지에 대해 고려하는 정도는 남성보다는 여성이, 미혼의 법률가보다 기혼의 법률가가, 연령이 낮을수록 높았다. 이들은 가정 및 개인의 행복에 더 많은 가치를 부여하는 집단이라고 할 수 있다. 또한 보수주의 경향이 높을수록 복지 여건에 대해 중요하게 생각했다. 그러나 법률전문교육기구에 따른 효과는 발견할 수 없었다.

'가치 추구' 요인에 대해서는 법현실 인식, 법학전문대학원 변수가 유의한 효과를 보였다. 즉, 법학전문대학원 출신법률가들은 다른 모든 개인차 및 사회경제적 배경 변수의 효과를 통제한 후에도 직장선택에 있어서 가치 추구적 경향을 보이는 것으로 나타났다. 개인차 통제 변수들에 대해서는, 여성이 남성에 비해 가치 추구 경향이 높았고, 기혼자가 미혼자에 비해, 진보적일수록, 명문대를 졸업한 사람이 그렇지 않은 사람에 비해 가치 추구를 중요한 직장선택의 요인으로 고려하고 있었다. 덧붙여 법현실에 대해 비법적 행위가 가능하다고 생각할수록 직장선택 시 가치 추구를 중요시하는 정도는 낮은 것으로 나타났다. 반면에, "현실의 법은 인과응보적"이라고 인식하는 정도와 "법보다 도덕을 우선시" 하는 경향이 높을수록 가치 추구적 직장선택 경향이 더 높아지는 것으로 나타났다.

법률전문교육기구에 따른 정도의 차이가 관찰된 '가치 추구' 요인에 대해, 교육기구별로 '가치 추구'를 설명하는 요인을 심층적으로 알아보기 위해, 각 교육기구 내 예비법률가의 교과 및 비교과 활동 변수를 투여해서 분석해 보았다(<표 3-12> 참조). 일단 교과 및 비교과 활동 변수를 구할 수 없는 경력법률가 집단은 분석에서 제외하고, 법학전문대학원 출신 법률가와 사법연수원

표 3-12 현 직장선택 시 가치 적합성을 고려한 정도에 대한 설명

		법학전문대학원 출신 현 직장선택 시 가치 추구					사법연수원 출신 현 직장선택 시 가치 추구				
		Beta	B	S.E.	t-value	p	Beta	B	S.E.	t-value	p
상수		NA	−0.788	0.651	−1.211		NA	−1.193	0.788	−1.514	
개인차 통제변수	남성	−0.047	−0.090	0.120	−0.747		−0.094	−0.200	0.137	−1.460	
	연령	−0.020	−0.005	0.017	−0.314		0.003	0.001	0.020	0.036	
	가구소득	0.012	0.002	0.008	0.219		−0.098	−0.019	0.012	−1.657	+
	결혼	0.112	0.210	0.111	1.888	+	0.077	0.164	0.129	1.277	
	비서울	0.090	0.242	0.157	1.549		0.069	0.247	0.209	1.178	
	보수주의	−0.084	−0.046	0.031	−1.492		−0.023	−0.014	0.035	−0.401	
	명문대	0.177	0.333	0.109	3.049	**	0.055	0.119	0.133	0.897	
법기능 인식	권리보호	−0.004	−0.004	0.065	−0.057		−0.012	−0.012	0.071	−0.168	
	통치수단	−0.013	−0.012	0.056	−0.224		−0.038	−0.041	0.066	−0.625	
	약자보호	0.038	0.034	0.062	0.544		0.142	0.148	0.073	2.019	*
법현실 인식	비법가능	0.001	0.001	0.068	0.015		−0.145	−0.146	0.071	−2.060	*
	인과응보	0.168	0.161	0.060	2.663	**	0.002	0.002	0.069	0.028	
	도덕우선	0.053	0.057	0.065	0.880		0.032	0.031	0.062	0.510	
교육 사회화	과외활동	0.130	0.068	0.030	2.284	*	0.050	0.054	0.062	0.874	
	동기도움	−0.119	−0.088	0.075	−1.176		0.094	0.072	0.046	1.581	
	수업도움	0.316	0.291	0.094	3.089	**	0.096	0.080	0.052	1.535	
	성적순위	−0.047	−0.046	0.055	−0.830		0.202	0.223	0.069	3.210	***
모형 설명력		R^2=.16					R^2=.16				

주) + $p < .10$, * $p < .05$, ** $p < .01$, *** $p < .001$.

출신 법률가 집단으로 자료를 이분한 후, '가치 추구' 요인 점수를 개인차 변수, 법기능 인식 변수, 법현실 인식 변수, 그리고 교육기구 내 활동 변수로 설명해 보고자 했다. 교육기관 내 활동 변수는 (가) 과외 활동 점수, (나) 법학전문대학원 또는 사법연수원의 동기가 자신에게 도움이 됐는지에 대한 평가, (다) 교육기구에서 제공하는 수업이 도움이 됐는지 평가, (라) 교육기구에서 예비 법률가가 얻은 성적의 석차를 설명변수로 회귀모형에 포함했다.

법학전문대학원 출신 법률가 집단을 대상으로 한 분석결과를 보면, 명문대를 졸업한 경우일수록, 법현실에 대해 인과응보적 인식을 가지고 있을수록, 재학 중 비교과활동을 많이 했을수록, 수업내용에 대한 평가가 긍정적일수록 현 직장을 선택할 때 가치 추구를 중요시 여긴 정도가 높았다. 반면, 사법연수원 출신 법률가 집단에서는 법기능에 대해 '약자보호' 인식을 가질수록 가치 추구적 직장선택을 하는 경향이 많았고, 비법적인 행위도 가능하다는 법현실 의식을 가지고 있을수록 가치 추구 경향은 적어지는 것으로 나타났다. 교육 사회화 변수 중에는 성적 순위만이 통계적으로 유의한 영향력을 나타냈는데, 성적이 높을수록 현 직장선택 시 가치 추구를 더 많이 고려하는 것으로 나타났다. 직장을 선택하는 데 개인의 가치를 중요시 하는 성향은 교육집단별로 다른 변수들에 의해 영향을 받음을 알 수 있다. 각기 다른 차원의 법에 대한 인식과 각기 다른 교육의 차원이 가치 추구 성향과 상관관계를 보였다.

<연구문제 1>에 대한 답변을 내리기 위해 정리해 보면, 법률전문교육기구의 사회화 효과라 볼 수 있는 결과는 직장 시 고려요인 중 '가치 추구' 경향에서 나타났다고 할 수 있다. 요컨대, 법학전문대학원 출신 법률가가 경력법률가와 사법연수원 출신 법률가에 비해 직장선택 시 가치 추구적 경향을 강하게 보였다. 이 효과는 다른 개인차 변수나 사회경제적 배경변수, 그리고 법기능 및 법현실에 대한 인식의 개인차 등의 효과를 모두 통제한 상태에서 얻은 결과이기에 교육기관에 따른 효과라 볼 수 있는 결과이다. 또한 법학전문대학원 출신과 사법연수원 출신 법률가의 '직장선택 시 가치 추구 경향'을 설명한 <표 3-12>의 결과를 보더라도, 교육사회화 관련 변수들의 효과의 패턴이 다르게 나옴을 확인했는데 이 역시 법률전문교육기구의 효과라고 해석할 수 있는 중요한 근거가 된다. 즉, 법학전문대학원 교육이 법률가의 '가치 추구'적

경향을 낮는다고 말할 수 있다.

Ⅵ. 법조 현실에 대한 평가의 차이: 연구문제 3

마지막으로 법률전문교육기구에 따라 법조계 공정성 평가, 전관예우의 영향력 인식, 국민참여재판에 대한 기속력 부여 의견 등 법조현실에 대한 평가가 달라지는지 확인해 보았다. 성과 연령 등 개인차 변수를 통제한 후, 현 직장 변수, 법기능에 대한 인식 3 성분, 법현실 인식 3 성분, 교육 기관 변수를 독립변수로 하여 검찰의 공정성, 사법부 재판의 공정성, 전관예우 관행의 영향력에 대한 평가점수를 분석했다(<표 3-13> 참조). 검찰의 공정성 평가는 "현재 우리나라 검찰은 피의자가 누구냐에 상관없이 공정하게 수사하고 재판을 청구한다", "수사나 구형 시 여론의 영향을 받지 않고 소신껏 한다", "권력의 영향을 받지 않고 소신껏 한다" 등 3문항에 대한 동의 여부를 4점 척도로 측정한 값을 평균했다(내적 일치도 신뢰도 계수 α = .91). 사법부에 대한 평가는 "현재 우리나라 법관들은 피의자가 누구냐에 상관없이 재판에서 공정하게 판결한다", "여론의 영향을 받지 않고 소신껏 판결한다", "권력의 영향을 받지 않고 소신껏 판결한다" 등 3문항에 대한 동의 여부를 4점 척도로 측정해서 평균값을 구했다(α = .88). 전관예우 관행은 "전관예우 행위가 만연하다", "전관예우가 검찰 수사단계에 영향을 미친다", "법원의 판결에 영향을 미친다" 등 3문항으로 측정했다(α = .82).

검찰의 공정성에 대한 평가를 보면, 사법연수원 출신 법률가의 경우 경력 법률가에 비해 상대적으로 공정성을 긍정적으로 평가함을 확인할 수 있고, 사법부 재판 공정성에 대한 평가를 보면 사법연수원 출신 법률가가 긍정적으로 평가함을 알 수 있다. 비록 통계적 유의성에 이르지는 못했지만 법학전문대학원 출신 법률가의 효과는 사법연수원 출신 법률가의 그것과 반대임을 확인할 수 있다. 즉, 모든 개인차 변수와 직장 변수, 그리고 법기능 및 법현실 인식에 대한 변수를 통제한 상태에서 사법연수원 교육은 검찰 공정성과 사법부 재판 공정성 평가에 대해 반대되는 경향을 보였다.

개인차 변수들을 보면, 보수주의가 강할수록 검찰의 공정성에 대해 높게 평가한 데 반해 사법부 재판 공정성에 대해서는 낮게 평가했다. 정치적 이념과 법조현실에 대한 평가가 긴밀하게 연관됨을 보여주는 결과라 하겠다. 법현실 인식 요인 중에서 '비법가능' 인식은 사법부 재판의 공정성과, '인과응보'와 '도덕우선' 인식은 검찰 공정성과 관련이 있는 것으로 나타나, 서로 다른 법현

표 3-13 법조 현실 평가에 대한 설명

		법조 현실에 대한 평가								
		검찰의 공정성			사법부 재판 공정성			전관예우 관행 영향력		
		Beta	t-value	p	Beta	t-value	p	Beta	t-value	p
상수			11.450	***		14.870	***		21.133	***
개인차 통제 변수	남성	0.002	0.054		0.202	6.144	***	0.000	−0.011	
	연령	0.037	0.946		0.000	0.002		0.021	0.520	
	가구소득	0.004	0.120		−0.023	−0.738		−0.041	−1.323	
	결혼	0.043	1.342		−0.044	−1.326		0.002	0.049	
	비서울	0.033	1.104		0.040	1.288		−0.148	−4.848	***
	보수주의	0.165	5.662	***	−0.230	−7.625	***	0.028	0.922	
	명문대	0.003	0.084		−0.021	−0.684		−0.033	−1.057	
현 직장	개인개업	−0.038	−1.274		0.058	1.860	+	0.052	1.681	+
	대형로펌	0.048	1.556		−0.043	−1.352		−0.150	−4.763	***
법기능 인식	권리보호	−0.008	−0.239		−0.023	−0.665		0.012	0.356	
	통치수단	−0.068	−2.273	*	−0.040	−1.286		0.084	2.710	**
	약자보호	0.090	2.588	**	0.132	3.645	***	0.013	0.361	
법현실 인식	비법가능	−0.027	−0.785		0.071	1.988	*	0.149	4.166	***
	인과응보	0.272	8.236	***	−0.027	−0.789		−0.114	−3.345	***
	도덕우선	−0.109	−3.495	***	0.017	0.520		0.167	5.171	***
교육 기구	로스쿨	−0.025	−0.647		0.024	0.612		0.037	0.946	
	연수원	0.098	2.646	**	−0.173	−4.480	***	−0.056	−1.470	
모형 설명력		R^2=.14			R^2=.08			R^2=.09		

주) + p < .10, * p < .05, ** p < .01, *** p < .001.

실 인식의 변수들이 서로 다른 법조현실 인식에 영향을 미치고 있음을 확인했다. 법기능에 대한 인식 변수들은 '약자보호' 인식이 강할수록 검찰의 공정성과 사법부 재판의 공정성을 높게 평가했다. 법기능을 '통치수단'으로 인식하는 것은 통계적으로 유의한 수준에서 검찰 공정성과 부정적으로 관계를 맺는 것으로 나타났다.

한편 전관예우의 관행에 대한 법률전문교육기구별 효과는 비록 두 변수의 효과를 나타내는 베타 계수의 부호는 상반되지만, 즉 사법연수원 출신 변호사는 전관예우의 영향력을 심각하게 인식하지 않는 방향이고 사법연수원 출신 변호사는 심각하게 인식하는 방향이지만, 각각 통계적으로 유의하지 않은 것으로 나타났다. 앞서 <표 3-1>에 제시한 집단 간 평균점수 비교에서 사법연수원 출신 법률가와 법학전문대학원 출신 법률가 간 심각성의 차이가 있는 것으로 나왔던 이유가 개인차 변수 및 다른 가외 변수들의 효과가 반영된 것으로 해석할 수 있는 결과이다.

다른 변수들의 효과를 보면, 현재 대형로펌에서 근무하는 법률가는 그렇지 않은 법률가보다 전관예우 관행이 심각하지 않은 것으로 평가했다. 법기능에 대한 인식 요인들 중에서는 '통치수단' 인식이 강할수록 전관예우 관행이 강하다고 평가했다. 법현실 인식의 세 요인은 모두 통계적으로 유의한 수준에서 전관예우 관행의 심각성을 설명했는데, 비법이 가능하다는 인식과 도덕을 법보다 우선시 하는 인식을 가질수록 전관예우 관행이 심각하다고 평가했고, 인과응보적 인식은 반대로 심각하지 않다고 평가하는 것으로 나타났다.

마지막으로 국민참여재판에 대한 평가와 국민참여재판에서 배심원의 평결에 기속력을 부여하는 것에 찬성하는지 여부도 법률전문교육기관 이수에 따라 다른 효과를 보이는지 회귀분석을 통해 검토했다. 종속 변수는 각 단일문항인 "국민참여재판이 바람직한지"와 "배심원의 평결에 기속력을 부여하는 것이 좋은지"라는 질문으로 '매우 그렇다'와 '전혀 아니다'를 양끝으로 하는 4점 척도로 측정한 값이다. 앞과 같은 독립변수를 투여한 회귀분석 결과를 보면(<표 3-14> 참조), 사법연수원 출신 법률가의 경우 일관되게 국민참여재판에 비해 부정적으로 평가하고 국민참여재판의 배심평결 기속력 부여에 대해 반대함을 확인할 수 있다. 법학전문대학원 출신 법률가는 국민참여재판을 상대적으로

| 표 3-14 | 국민참여재판에 대한 설명

		국민참여재판 평가					국민참여재판 배심평결의 기속력 부여				
		Beta	B	S.E.	t-value	p	Beta	B	S.E.	t-value	p
상수			3.063	0.170	18.008	***		2.678	0.180	14.870	***
개인차 통제 변수	남성	0.124	0.189	0.051	3.723	***	0.202	0.330	0.054	6.144	***
	연령	−0.002	0.000	0.004	−0.055		0.000	0.000	0.004	0.002	
	가구소득	−0.055	−0.005	0.003	−1.728	+	−0.023	−0.002	0.003	−0.738	
	결혼	−0.007	−0.010	0.051	−0.199		−0.044	−0.071	0.054	−1.326	
	비서울	0.026	0.058	0.069	0.837		0.040	0.094	0.073	1.288	
	보수주의	−0.249	−0.103	0.013	−8.154	***	−0.230	−0.102	0.013	−7.625	***
	명문대	0.037	0.056	0.048	1.171		−0.021	−0.035	0.051	−0.684	
현 직장	개인개업	0.038	0.076	0.063	1.208		0.058	0.123	0.066	1.860	+
	대형로펌	−0.059	−0.106	0.058	−1.828	+	−0.043	−0.083	0.061	−1.352	
법기능 인식	권리보호	0.022	0.016	0.025	0.637		−0.023	−0.018	0.027	−0.665	
	통치수단	−0.047	−0.034	0.023	−1.491		−0.040	−0.031	0.024	−1.286	
	약자보호	0.099	0.071	0.026	2.712	**	0.132	0.101	0.028	3.645	***
법현실 인식	비법가능	−0.016	−0.011	0.026	−0.433		0.071	0.055	0.028	1.988	*
	인과응보	−0.009	−0.007	0.025	−0.269		−0.027	−0.021	0.026	−0.789	
	도덕우선	0.028	0.020	0.024	0.858		0.017	0.013	0.025	0.520	
교육 기구	로스쿨	0.108	0.170	0.063	2.693	**	0.024	0.041	0.067	0.612	
	연수원	−0.112	−0.177	0.062	−2.874	**	−0.173	−0.292	0.065	−4.480	***
모형 설명력		R^2=.15					R^2=.17				

주) + $p < .10$, * $p < .05$, ** $p < .01$, *** $p < .001$.

긍정적으로 평가했다.

앞서 수행한 분석과 마찬가지로 법률전문교육기구의 효과는 모든 예상된 가외 변수의 효과를 통제한 후에 얻은 것이다. 개인차 및 배경 변수의 효과를 보면, 먼저 남성은 여성에 비해, 그리고 진보적일수록, 국민참여재판에 대해 긍정적으로 평가했다. 법기능에 대한 인식의 3 성분 중에는 '약자보호' 인식만 이 국민참여재판의 평가에 영향을 미쳤는데 법기능을 약자보호의 관점에서 볼 수록 국민참여재판을 긍정적으로 평가했다. 또한 남성이 여성에 비해 국민참여재판의 기속력 부여를 긍정적으로 평가했고, 진보적일수록 국민참여재판의 평결에 기속력을 부여하는 것에 대해 긍정적이라고 답했다. '약자보호' 법기능 인식 역시 국민참여재판의 배심평결 기속력 부여에 대한 찬성과 정적인 상관관계를 가지는 것으로 나타났다. 통계적 유의도가 경계 선상에 있는 수준에서 현 직장이 대형로펌인 법률가는 그렇지 않은 법률가에 비해 국민참여재판을 부정적으로 평가했고, 단독개업 법률가는 그렇지 않은 경우에 비해 국민참여재판의 배심평결에 기속력을 부여하는 것에 대해 찬성하는 것으로 나타났다.

<연구문제 3>에 대한 응답을 정리해 보면, 법조현실에 대한 평가 및 국민참여재판에 대한 평가에 있어 법률전문교육기구 중 사법연수원의 효과가 두드러지게 나타났다고 할 수 있다. 사법연수원 출신 법률가이면 경력법률가에 비해 검찰의 공정성을 부정적으로 평가하고, 사법부 재판 공정성은 긍정적으로 평가하며, 국민참여재판 관련 평가에는 부정적이다. 반면 법학전문대학원 출신 법률가이면 국민참여재판에 대한 평가에 긍정적인 것을 포함해서 비록 통계적 유의도를 보이지 않더라도 효과의 방향이 사법연수원 출신 법률가와 반대이다. 결론적으로 말하자면, 사법연수원 교육의 사회화 효과가 법조현실에 대한 평가에서 뚜렷하게 반대방향으로 나타난다고 말할 수 있다.

Ⅶ. 연구결과의 요약과 결론

이 연구는 법률전문교육기구의 전문직 사회화 효과를 탐구한 것이다. 특히 2009년 이후로 우리나라에서 진행 중인 이중적 법률전문교육제도가 배출한 두 법률가 집단을 대상으로 설문조사를 수행해서 졸업한 법률전문교육기구에 따라 직장선택 시 고려요인이 달라지는지, 법기능과 법현실에 대한 인식이 달라지는지, 그리고 법조 현실에 대한 평가가 달라지는지 검토했다. 연구문제에 대한 답변을 요약하고 연구결과의 함의를 논의하면 다음과 같다.

첫째, 법학전문대학원과 사법연수원 출신 법률가의 직장선택의 고려 사항에 차이가 있는지 검토한 결과, 법학전문대학원 졸업 법률가들은 가치관련 요인들을 더 강하게 고려한다는 것을 확인했다. 같은 효과가 사법연수원 출신 법률가에게는 나타나지 않는다는 점을 함께 고려해서, 이 효과는 법학전문대학원 교육의 사회화 효과라고 볼 수 있다. 특히 사법연수원 출신 법률가와 법학전문대학원 출신 법률가의 가치 추구 경향을 설명하는 분석을 수행한 결과, 법률전문교육기구의 교육사회화 관련 변수들의 효과가 다른 패턴을 보인다는 점이 이 결론을 지지하는 또 다른 근거가 되었다. 법학전문대학원 졸업 법률가의 경우에는 교육기간 동안 과외활동에 열심이고 수업이 도움이 되었다고 평가할수록 가치 추구적 직장선택을 강력하게 고려했지만, 사법연수원 출신 법률가는 연수원 내에서 성적이 가치 추구적 직장선택과 관련이 있는 것으로 나타났다.

둘째, 법학전문대학원 졸업 법률가와 사법연수원 출신 법률가의 법기능 및 법현실 인식의 형성에 대해 검토한 결과 법기능에 대한 인식에서 일부 차이를 확인했을 뿐, 전반적으로 큰 차이가 없음을 확인할 수 있었다. 법학전문대학원 졸업 법률가는 '법은 통치수단'이란 인식을 덜 갖고, 사법연수원 출신 법률가는 '법은 약자를 보호하고 악인을 처벌하는 것'이라는 인식을 강하게 갖는 것으로 나타났다. 그러나 법현실에 대한 인식에서는 법률전문교육기구의 효과가 유의하지 않은 것을 확인할 수 있었다. 또한 회귀모형의 설명력이 전체적으로 5% 이하에 달해 젊은 법률가의 법기능 및 법현실에 대한 인식을 법률전문교육기구의 사회화 효과로 설명할 수 있다고 주장하기는 어렵다는 것을 확인했다. 요컨대, 젊은 법률가들의 법기능 및 법현실에 대한 인식은 법률전문교육기구의 차이에 따라 일부 다르게 형성되는 정도일 뿐 결정적이지는 않으며, 오히려 법률가 개인적 차이, 그 중에서도 정치적 이념에 따라 다르게 형성된다고 할 수 있다.

셋째, 법학전문대학원 졸업 법률가들과 사법연수원 출신 법률가 간 검찰의 공정성에 대한 평가를 보면 법률교육기구별 차이를 확인할 수 있다. 사법연수원 출신 법률가의 경우 검찰의 공정성을 긍정적으로 보는 경향을 보였고, 사법부의 재판 공정성에 대해서는 사법연수원 출신 법률가가 오히려 부정적으로 평가하는 것으로 확인했다. 젊은 법률가가 졸업한 법률전문교육기구에 따라 검찰과 사법부에 대한 공정성 평가의 방향이 반대로 나온다는 점이 흥미로우며, 특히 사법연수원 출신이란 변수의 효과가 일관되게 유의한 설명변수로 확인된다는 점을 지적해둘 만하다. 국민참여재판에 대한 평가와 배심평결의 기속력 부여에 대한 의견에 있어서도 법률교육기관에 따른 일관된 차이를 발견했는데, 사법연수원 출신 법률가의 경우는 국민참여재판에 대한 의견이 일관되게 부정적인 데 반해 법학전문대학원 졸업 법률가의 경우에는 긍정적이라는 것을 발견했다. 한편, 전관예우 관행에 대한 심각성 인식을 보면, 다른 변수들의 효과를 통제한 후에 법률교육기관에 따른 차이가 사라지는 것으로 나타났다.

정리하자면, 법률전문교육기구의 사회화 기능은 법기능 및 법현실에 대한 인식과 같은 추상적이며 이념적 인식의 경우 제한적으로 나타났지만, 직장선택 시 고려요인 중 가치 추구 경향과 같은 현실적인 고려사항에 대해서는 효과를 보인 것으로 해석할 수 있다. 또한 사법부 재판 공정성과 검찰 수사 공정성 등과 같은 법조현실에 대한 평가와 국민참여재판 평가에 대해서도 사법연수원과 법학전문대학원 졸업의 효과가 일관적으로 반대로 나왔는데, 이 역시 법조 현실에 대한 인식 중 일부이기에 법률전문교육기구의 사회화 효과가 현실인식 및 평가에 대해 일관되게 나타났다고 해석할 수 있다.

우리는 애초에 법학전문대학원과 사법연수원의 사회화 효과가 일부는 '같은 방식으로' 다른 일부는 '다른 방식으로' 발생할 것으로 보았다. 효과의 요인들을 고려하면, 두 법률전문교육기구가 공유하는 공통성 요인들을 생각해 볼 수 있으며, 동시에 차이성 요인들도 있기 때문이다. 예컨대, (1) 대형로펌이 법률 직역에서 영향력을 확대하면서 판·검사 중심의 권위가 감소하는 지위요인, (2) 전문직 내 관행과 규칙을 통해 전수되는 엘리트 법조인 문화요인, (3) 법률 서비스 시장의 경쟁 격화에 대응하는 방식을 결정하는 시장요인 등은 공통성 요인으로 작용할 것으로 보았다. 반면, (가) 교과 과정 및 수업 평가의 특성, (나) 동료관계 및 비교과 활동의 특성, (다) 실무 연수 등 경력법률가와 관계의 특성 등은 사법연수원 출신 법률가와 법학전문대학원 출신 법률가 간에 차이성을 유발하는 요인으로 예상했다. 이 연구의 결과에 나타난 직장선택 시 가치 추구 경향의 차이와 법조 현실에 대한 인식의 차이는 공통성 요인이 아닌 차이성 요인으로 설명할 수 있어야 하는데, 실제 그렇게 설명할 수 있는 몇 가지 이유가 있다.

첫째, 사법연수원의 교육자들이 대부분 판·검사 출신이며 또한 이들의 교육 내용이 판결문 및 공소장 작성과 같은 실무적 내용에 초점을 맞춘다고 하는데, 이에 근거해서 사법연수원 출신 법률가의 법조현실에 대한 인식이 현실주의적 경향을 보인다는 결과를 설명해 볼 수 있다. 권위적 법조현실을 유지했던 당사자로부터 교육을 받는 과정에서 형성된 현실인식이 현실주의적 경향을 보인다고 해석할 수 있다. 특히 이 과정에 사법연수원 교육자들의 지위적, 문화적, 이념적 동질성과 사법연수원 내 연수생 간 순위 경쟁 등이 이런 경향을 강화하는 부가적 요인이 될 것이라고 해석할 수 있다.

둘째, 법학전문대학원의 구성적 특성과 다양성, 그리고 그에 따른 동료문화의 형성을 고려해 보면, 법학전문대학원 내의 학생 간 경쟁양상이 사법연수원 내 연수생 간의 그것과 다를 것을 예상할 수 있는데, 이런 차이성이 법학전문대학원 출신 법률가의 '직장선택 시 가치 추구적 경향'을 초래하는 것은 아닌지 의심해 볼 만하다. 이미 직장생활을 하다가 법학전문대학원에 진학을 결심한 이들 중에는 강력한 공익지향 동기를 갖춘 이들도 있고 비교과 활동을 통해서 그런 동기를 강화할 수 있는 기회도 접할 수 있다. 또한 법학전문대학원 내의 다양한 교과과정, 교수진의 이념적 성향 및 교육방식의 다양성으로 인해서 학생들이 가치 추구적 성향을 계발할 수 있는 여지가 강하다는 점도 이유가 된다고 하겠다.

셋째, 연구결과를 보면 법학전문대학원과 사법연수원 출신 법률가 간의 법기능에 대한 인식에서 일부 차이를 보이는 정도이지 법현실에 대한 인식에서 차이를 보이지 않았는데, 이 결과는 일단 정치적 이념과 같은 법률가의 개인차 효과로 설명하는 것이 타당해 보인다. 그런데 이와 함께 두 법률전문교육기구 출신 법률가가 공유하는 공통성 요인들을 들어 설명할 수도 있다. 이 연구에서 제시한 지위요인, 문화요인, 그리고 시장요인은 두 법률전문교육기구 출신 법률가에게 모두 작용하는 바, 이런 공통성 요인이 두 젊은 법률가 집단의 경향적 차이성을 약화하는 원인이 된다고 할 수 있다.

이 연구에 부족한 점이 많다. 그 중 하나가 법률전문가 사회화 효과가 발생하는 다면적 과정을 출신 법률전문교육기구의 효과에 제한해서 검토한 것이다. 이국운의 <법률가의 탄생>에 따르면, 한국의 법률가는 (1) 대학교 학부

교육 단계에서 주입식 교육, (2) 수험 준비 및 응시단계에서 권위적 텍스트에 대한 순응, (3) 전문교육과정에서 무한경쟁, (4) 법조직역 적응 및 동화 단계에서 관행 등을 거쳐서 사회화가 된다. 우리는 비록 이런 단계에 나타나는 사회화 효과마저 사법연수원 출신과 법학전문대학원 출신의 경우 각각 계통화되어 수직적 결합효과가 발생할 것이라 보았지만, 어쨌든 각 단계의 특수성을 무리하게 통합해서 문제를 설정한 혐의가 분명 있다. 후속 연구에서 단계별 사회화 효과의 특수성을 드러내는 작업이 이루어지기를 바란다.

이 연구의 타당성을 저해하는 결정적 문제점은 사회화 효과의 내용을 두 법률전문교육기구의 구조 및 내용적 특성, 즉 (1) 교수의 전문성, 다양성, 이념성 등 특성, (2) 학생 간 상호작용과 그것에 영향을 미치는 배경 요인, (3) 교육과정 자체의 특성 등으로 일대일 대응을 시켜 검토하지 못한 데 있다. 예컨대, 교수의 분야별 전문성과 이념적 다양성이 학생의 전문적 능력과 법조현실에 대한 평가에 영향을 미치는지, 또는 법률전문교육기구 입학 전 법률지식의 양과 질이 법기능이나 법현실에 대한 인식에 영향을 미치는지와 같은 구체적인 연구문제를 통해서 개별적인 영향력 관계를 특정해서 분석할 필요가 있다. 특히 기존 연구에서 지적한 바와 같이 사회화 효과가 발생하는 경로가 다양하며, 그 효과의 양상도 다면적이라는 점을 고려해서 법률전문교육기구의 구조 및 내용적 특성에 따른 사회화 효과를 특정한 연구문제를 개발하고 탐구하는 것이 필요하다.

참고문헌

김두식, 헌법의 풍경: 잃어버린 헌법을 위한 변론, 교양인, 2004.

_____, 불멸의 신성가족－대한민국 사법패밀리가 사는 법, 창비, 2009.

김창록, "한국 로스쿨의 의의와 과제: '로스쿨 시스템'을 로스쿨답게 만들어야", 저스티스, 제146－2호, 2015.

김창록·김종철·이국운, 법학전문대학원 교육의 내용과 방법", 법과 사회, 제35권, 2008.

나은영, "법전문가와 비전문가의 법의식에 관한 심리학적 분석", 법과 사회, 제14권 제1호, 1997, 176~204면.

박원경·김경호·김동현·이기리, 판사 검사 변호사가 말하는 법조인, 부키, 2006.

서울대학교 법과대학(편), 법률가의 윤리와 책임(제2판), 박영사, 2003.

이국운, 법률가의 탄생, 후마니타스, 2012.

이재협·이준웅·황현정, "로스쿨 출신 법률가, 그들은 누구인가?－사법연수원 출신 법률가와의 비교를 중심으로", 서울대학교 법학, 제56권 제2호, 2015(이 책의 제1장).

_____, "법률가의 업무환경, 만족도, 그리고 직역다양성에 관한 탐색적 고찰－법학전문대학원 도입에 따른 변화를 중심으로", 서울대학교 법학, 제56권 제4호, 2015(이 책의 제2장).

이준석, "사법연수원 과정이 공익적 관심을 갖고 있던 예비법조인들에게 미치는 영향", 인권법평론, 제6호, 2011.

_____, "42기 사법연수생들의 직업선호 변화와 그 원인－판·검사 선호의 하락과 중대형로펌 선호 현상을 중심으로－" 서울대학교 법학, 제54권 제2호, 2013.

이준석·김지희, "사법연수생들의 직업선호, 가치관에 대한 실증연구", 법과 사회, 제46호, 2014.

_____, "사법연수원 출신 법조인에 대한 실증적 조사연구", 법과 사회, 제49호, 2015(이 책의 제4장).

전병재·안계춘·박종연, 한국사회의 전문직업성 연구, 사회비평사, 1995.

한상희, "법학전문대학원의 교육방향 및 교육이념", 법학전문대학원과 법학교육(김건식 외), 아카넷, 2008.

Abbott, Andrew, *The System of Professions: An Essay on the Division of Expert Labor,*

(University of Chicago Press, 1988).

Atkinson, P., *The Clinical Experience: The Construction and Reconstruction of Medical Reality* (Gower, 1981).

_____, "The Reproduction of the Professional Community," in R. Dingwall and P. Lewis (eds.), *The Sociology of the Profession: Lawyers, Doctors and Others* (New York: St. Martin, 1983).

Becker, H. & B. Geer, "Fate of Idealism in Medical School," *American Sociological Review*, Vol. 23 (1958).

Coburn, D. & E. Willis, "The Medical Profession: Knowledge, Power, and Autonomy", in Gary L. Albrecht, Ray Fitzpatrick, and Susan C. Scrimshaw (eds.), *Handbook of Social Studies in Health and Medicine* (Sage Publications, 2000).

Erlanger, Howard S. & Douglas A. Klegon, "Socialization Effects of Professional School: The Law School Experience and Student Orientations to Public Interest Concerns," *Law & Society Review*, Vol. 13, No. 1 (1978).

Erlanger, Howard S., Charles R. Epp, Mia Cahill & Kathleen M. Haines, "Law Student Idealism and Job Choice: Some New Data on an Old Question," *Law & Society Review*, Vol. 30 (1996).

Freidson, E., "The Changing Nature of Professional Control", *Annual Review of Sociology*, Vol. 10 (1984).

_____, *Professionalism, the Third Logic: On the Practice of Knowledge* (University of Chicago Press, 2001).

Granfield, Robert, *Making Elite Lawyers: Visions of Law at Harvard and Beyond* (Routledge, 1992).

Larson, M. S., *The Rise of Professionalism* (University of California Press, 1977).

Macdonald, K. M. *The Sociology of the Professions* (Sage Publications; 1995).

Merton, Robert K., George G. Reader, & Patricia L. Kendall, *The Student Physician: Introductory Studies in the Sociology of Medical Education* (Harvard University Press, 1957).

Mertz, Elizabeth, The Language of Law School: Learning to *"Think Like a Lawyer"* (Oxford University Press, 2007).

Parsons, T., "The Professions and Social Structure", *Social Forces*, Vol. 17 (1939).

Saks, M., *Professions and the Public Interest: Medical Power, Altruism and Alternative Medicine* (Routledge, 1995).

Schleef, Debra., "Empty Ethics and Reasonable Responsibility: Vocabularies of Motive among Law and Business Students," *Law and Social Inquiry*, Vol. 22 (1997).

Simpson, I., "Pattern of Socialization into Profession," *Sociological Inquiry*, Vol. 37 (1967).

Stover, Robert V., *Making It and Breaking It: The Fate of Public Interest Commitment during Law School* (University of Illinois Press, 1989).

제 **2** 부

제 4 장

사법연수원 출신 법조인에 대한 실증적 조사연구
－사법연수원 교육에 대한 만족도 및 수료 직후의 인식변화

이준석 · 김지희

Ⅰ. 문제의식

한국 법조인 양성시스템은 지난 몇 년간 법학전문대학원 체제를 도입하면서 급격한 변화를 겪고 있다. 한국 사회는 새로 도입된 법학전문대학원 체제가, 기존 사법연수원 체제의 장점은 살리고, 단점은 보완하는 형태로 법조인 양성시스템을 개혁해주기를 기대하고 있는 듯하다. 이를 위해선 우선 기존 사법연수원 교육과정이 어떻게 운영되어 왔는지를 정확히 이해하는 작업이 필요하다. 특히 사법연수원 출신 법조인들이 해당 교육과정에 대해 어떻게 느끼고 있는지, 가령 어떤 교과목이 실제 자신들의 법조인으로서의 실력 향상에 도움이 되었는지 등을 살펴볼 필요가 있다. 또한 만약 사법연수생들이 가지고 있는 기존 법조계 내 각 직역들에 대한 예상(가령 사내변호사의 삶은 이러저러해서 만족스럽지 못할 것이다)이, 실제 해당 직역에 근무하고 있는 사람들의 만족도와 불일치한다면, 이런 부분에 대해서는 교육기관이 예비 법조인들에게 보다 많은 정보를 제공하는 역할 등이 필요할 수 있다.

미국에서는 로스쿨 교육과정에 대해 학생들이 어떠한 생각을 가지고 있고, 로스쿨 과정을 거치면서 어떠한 인식의 변화를 겪는지에 관한 실증 연구들이 여럿 존재한다.[1] 한 예로 스토버[2]는 덴버대학교 로스쿨에서 신입생들을 대상으로, 입학시점과 졸업시점에 설문조사를 수행하였다. 그 결과, 응답자들 사이에 "자신의 법조인으로서의 지위를 이용해 다른 사람들을 돕고 사회적·정치적 변화를 위해 일하고자 하는 욕망"이 감소하는 점이 발견되었고, 이것이 "공익적 활동을 담당하는 법조직역(시민단체 상근변호사 등)에 대한 학생들의 선호도 감소"를 가져왔다고 스토버는 분석하였다.

또한 미국에서는 어떠한 가치관과 배경을 가진 로스쿨 학생들이 졸업 후 어떤 직업을 선택하는지, 그리고 자신이 선택한 직업에 대해 얼마나 만족하는지 등에 관한 시계열적 설문조사연구도 이루어진 바 있다. 대표적으로 ① After the JD 프로젝트는 2000년에 변호사가 된 로스쿨 졸업생들을 추적하여 1차 설문조사[3]는 2002~3년, 2차 설문조사[4]는 2007~8년에 수행한 바 있다. ② 또한 시카고 지역 변호사들을 상대로 1975년[5]과 1994~5년[6] 두 차례에 걸쳐 그들의 가치관, 커리어 패스(career path)에 관하여 설문조사를 수행한 연구 등도 존재한다.

한편 그동안 한국 법학계[7]에서는 사법연수원 혹은 사법연수생들에 관하여 위와 같은 실증 연구들이 많이 이루어지지 않았다. 사법연수원을 거쳐간 법

---

1) 과거 미국에서 이루어진 로스쿨 과정에 대한 실증적 연구 관련 자세한 리뷰로는 이준석·김지희, "사법연수생들의 직업선호, 가치관에 대한 실증연구", 법과 사회, 제46호, 2014, 471~472면을 참조할 것.
2) R. Stover, Making It and Breaking It: The Fate of Public Interest Commitment during Law School, (University of Illinois Press, 1989).
3) R. Dinovitzer, and Garth, B., and Sander, R., and Sterling, J., and Wilder, G., After the JD: First Results of a National Study of Legal Careers, The NALP Foundation for Law Career Research and Education and the American Bar Foundation, (2004).
4) R. Dinovitzer, and Nelson, R., and Plickert, G., and Sandefur, R., and Sterling, J., After the JD II: Second Results from a National Study of Legal Careers, The American Bar Foundation and The NALP Foundation for Law Career Research and Education, (2009).
5) J. Heinz, and Laumann, E., Chicago Lawyers: The Social Structure of the Bar(Revised ed.), (Northwestern University Press, 1994).
6) J. Heinz, and Nelson, R. and Sandefur, R. and Laumann, E., Urban Lawyers: The New Social Structure of the Bar, (University Of Chicago Press, 2005).
7) 과거 한국의 사법연수원, 법학전문대학원 과정에 대해 이루어진 실증 연구 관련 자세한 리뷰로는 이준석·김지희, 앞의 글, 473~476면을 참조할 것.

조인들이 자신이 경험하고 관찰한 바를 기술한 책들은 일부 존재한다.[8] 이러한 책들은 법조인 스스로가 경험하고 관찰한 바를 진솔하게 기록하였다는 점에서 의의가 있긴 하지만, 개인의 경험이라는 소규모 샘플에 입각한 서술이기에 해당 내용을 일반화하여 사법연수생 전체에 적용하는 데에는 어려움이 있을 수 있다.

이러한 문제의식 하에 과거 필자는 사법연수생들이 어떠한 가치관 및 직업선호를 가지고 있고, 그것이 사법연수원 과정을 거치면서 어떻게 변화하는지를, 심층 인터뷰[9] 또는 2차례의 설문조사(42기 사법연수생들을 대상으로 사법연수원 입소 시점, 3학기 원내교육 종료시점 2차례에 걸쳐 수행함)[10]를 통해 살펴본 바 있다. 하지만 당시 설문조사에는 사법연수원의 교육과정에 대한 만족도를 묻는 문항이 포함되어 있지 않았다. 또한 3학기 원내교육 종료시점 이후 42기 사법연수생들의 가치관 변화는 더 이상 추적조사하지 못했다.

이러한 상황에서 2014년 서울대학교 법학연구소가 전체 법조인(법학전문대학원 1~3기 졸업생, 사법연수원 40~43기 수료생, 사법연수원 39기 이상 수료생들)을 대상으로 하는 대규모 설문조사를 수행한 점은 고무적이다.[11] 이 글에서 필자는 서울대학교 법학연구소의 설문조사 자료를 바탕으로 사법연수원 교육과정의 장·단점에 대해 사법연수원 40~43기 수료생들이 어떻게 느끼고 있는지를 살펴보고자 한다. 그리고 때로 필요한 경우, 이를 법학전문대학원 교육과정에 대해 법학전문대학원생들이 느꼈던 만족도와 비교함으로써 보다 입체적인 현실을 드러내고자 한다. 또한 과거 ① 필자가 사법연수원 42기들이 사법

---

8) 김두식, 헌법의 풍경: 잃어버린 헌법을 위한 변론, 교양인, 2004; 김두식, **불멸의 신성가족 –대한민국 사법패밀리가 사는 법**, 창비, 2009; 박원경·김경호·김동현·이기리, **판사 검사 변호사가 말하는 법조인**, 부키, 2006; 최규호, **현직 변호사가 말하는 법조계 속 이야기**, 법률저널, 2009 등.

9) 이준석, "사법연수원 과정이 공익적 관심을 갖고 있던 예비법조인들에게 미치는 영향", **인권법평론**, 제6호, 2011, 237~268면.

10) 이준석, "42기 사법연수생들의 직업선호 변화와 그 원인 – 판·검사 선호의 하락과 중대형로펌 선호 현상을 중심으로 –" **서울대학교 法學**, 제54권 제2호, 2013, 165~203면; 이준석·김지희, 앞의 글, 469~505면.

11) 본 설문조사 결과를 개괄적으로 분석하고 있는 글로는 이 책의 제3장을 참조할 것. 위 글과 이 글은 동일한 분석자료를 바탕으로 하고 있다. 다만 이 글은 사법연수원생들의 교육만족도 부분에 초점을 맞추어 보다 자세한 논의를 전개하고 있으며, 추가적으로 사법연수원 42기들의 사법연수원 수료 전후의 가치관 및 법조계에 대한 인식 변화를 추적하고 있다.

연수생이었을 당시 이들을 상대로 수행한 가치관 설문조사 자료와, ② 이들이 사법연수원 수료 후 1년 반 정도 법조인으로서 실제 생활한 후 각 직역에 대해 실제로 느끼는 만족도(서울대학교 법학연구소 설문조사 자료에서 드러난 부분)를 비교해 보고자 한다. 이를 통해 사법연수생 및 청년 법조인들의 현황에 대한 보다 풍부한 이해를 도모하고자 한다.

Ⅱ. 분석자료

본 설문조사는 서울대학교 법학대학원과 서울대학교 법학연구소 주관으로 전문조사기관인 (주)입소스코리아에 의뢰, 2014년 8~10월 사이에 이루어졌다. 대상은 최근 법학전문대학원 졸업 법률가(1~3기) 308명, 최근 사법연수원 졸업 법률가(40~43기) 300명, 시니어 법률가(사법연수원 39기 이전 입소자) 412명이었다. 아래에서 계속 다루어질 사법연수원 교육과정에 대한 만족도 문항들은 최근 사법연수원을 수료한 40~43기 사법연수원 출신 법률가들에게만 질문하였다. 마찬가지로 법학전문대학원 교육과정에 대한 만족도는 법학전문대학원 출신 법률가에게만 질문하였다. 한편 시니어 법률가(사법연수원 39기 이전)들을 상대로는 법학전문대학원 출신 법률가와 사법연수원 40~43기 출신 법률가들이 업무능력 등에서 어떠한 차이를 보이는지에 대한 비교평가 항목을 질문하였다.

설문표본은 『한국법조인대관』을 활용하여 모집단을 파악한 후 그로부터 추출되었고, 이들에게 메일을 발송하여 웹 페이지의 설문에 참가하도록 했다. 위 응답자 중 1000명은 온라인으로 응답하였고, 20명은 면접조사하였다. 면접조사는 특정 법률가 집단(비수도권 법률가 및 판사·검사)의 표본 리스트 구축률과 온라인조사 참여율이 상대적으로 낮아, 이들의 응답을 최대한 확보하기 위하여 병행되었다.

분석자료상 한계점으로는, 먼저 표본추출 과정에서 모집단을 일부 누락하였을 가능성이 있다는 점이다. 모집단인 전체 변호사 자격증 소유자에 대한 리스트를 구축하는 것이 불가능하므로 부득이 『한국법조인대관』 자료를 토대로 표본추출이 진행되었다. 하지만 『한국법조인대관』의 경우 법조인 본인이 제공한 자료를 기반으로 DB를 구축하므로, 경력이 긴 변호사, 로펌 소속 변호사의 포함 확률이 상대적으로 높은 반면, 개인변호사나 연수원 졸업 후 경력이 짧은 변호사의 경우, 해당 DB에 미등록하여 포함되지 않았을 가능성이 있다.

　둘째로 40~43기 사법연수원 출신 법률가 및 시니어 법률가(사법연수원 39기 이전) 표본들에서, 판사, 검사 등 특정 법률가 집단 및 비수도권 법률가 집단의 참여비율이 『한국법조인대관』을 토대로 파악한 모집단에 비해 낮았다는 한계가 있다(<표 4-1>, <표 4-2> 참조).

표 4-1　사법연수원 40~43기 수료생 직역 분포: 모집단 vs 표본

	모집단목록(명)	비율(%)	표본(명)	비율(%)	비율차이
총인원	1503	100.0	300	100.0	
검사	41	2.7	2	0.7	−2.0
판사	180	12.0	10	3.3	−8.7
변호사	1270	84.5	288	96.0	+11.5
기타	12	0.8	−	−	−
서울	1261	83.9	271	90.3	+6.4
비서울	242	16.1	29	9.7	−6.4

표 4-2　사법연수원 39기 이전 수료생 직역 분포: 모집단 vs 표본

	모집단목록(명)	비율(%)	표본(명)	비율(%)	비율차이
총인원	10937	100.0	412	100.0	−
검사	927	8.5	3	0.7	−7.8
판사	1559	14.3	14	3.4	−10.9
변호사	8326	76.1	395	95.9	+19.8
기타	125	1.1	−	−	−
서울	8664	79.2	362	87.9	+8.7
비서울	2273	20.8	50	12.1	−8.7

Ⅲ. 사법연수원 교육과정에 대한 만족도

1. 판·검사 양성 중심의 교육과정

사법연수원 초기에는 사법연수원을 수료한 이들의 대부분이 판사 혹은 검사로 진출하였기 때문에,[12] 교육과정의 초점이 판·검사 양성에 맞추어져 있었다. 하지만 2000년대 이후 한 해에 배출되는 법조인의 숫자가 점점 늘어나면서, 사법연수원을 수료한 후 곧바로 변호사로 진출하는 비중이 늘어나게 되었다. 이러한 변화에 발맞춰 사법연수원은 44기 사법연수생(2013년 입소자)들을 대상으로 특별변호사 실무과목을 신설하는 등 교육과정 개편을 통해 양질의 변호사 양성에 보다 많은 관심을 기울이고 있다.[13]

다만 적어도 본 설문조사의 대상이었던, 사법연수원을 40~43기로 수료한 법조인들이 사법연수생이었을 당시엔, 사법연수원 교육과정이 대체로 판·검사를 양성하는 데 초점을 맞추고 있었다.

이는 먼저 사법연수원 원내교육과정 중 가장 중시되는 부분인 법률실무 과목들 간의 학점배분 비중에서 나타난다. 판사가 판결문을 작성하는 방법을 배우는 과목인 민사재판실무와 형사재판실무에 가장 많은 학점이 배분되었고, 이어서 변호사실무, 검찰실무 순으로 많은 학점이 배분되었다. 가령 42기 사법연수생들의 3학기 학점배분상황을 보면, 재판실무 과목은 8학점(민사 4학점, 형사 4학점), 변호사실무 과목은 5학점(민사 3학점, 형사 2학점), 검찰실무 과목은 4학점이다. 그리고 실질적으로 각 학기별 시험 대비에 필요한 공부량을 고려할 경우, 사법연수생들에게는 검찰실무 과목이 변호사실무 과목에 비해 더 중요한 비중을 차지하게 된다.

또한 원외교육과정, 즉 법원, 검찰, 변호사 사무실 등 실무현장에 나아가

---

12) 사법연수원 홈페이지의 수료자 현황 참조(https://jrti.scourt.go.kr/homepage/intro/fin/finish Situation.do, 2015. 4. 20. 검색).

13) 「사법연수원 변호사 실무교육 강화, 44기부터 필수과목으로」, 법률신문, 2013. 3. 12, (https:// www.lawtimes.co.kr/LawNews/News/NewsContents.aspx?serial=72940&kind=AA06, 2015. 4. 20. 검색); 「사법연수원 "특별변호사실무, 신설"」, 법률저널, 2013. 3. 8, (http://www.lec.co. kr/news/articleView.html?idxno=27596, 2015. 4. 20. 검색).

시보로서 법률실무를 배우는 실무수습과정에서도 이러한 비중 차이가 발견된다. 법원 및 검찰실무수습의 경우, 사법연수원 측에서 사전에 사법연수생들에게 여러 종류의 과제 항목들[14)]을 제시하고, 사법연수생들이 각 항목당 몇 건 이상의 사건을 의무적으로 수행하도록 요구한다. 따라서 실무수습과정에서 반드시 수행해야 하는 필수 업무들이 꽤 존재한다. 반면 변호사실무수습의 경우, 교육과정의 많은 부분을 사법연수원이 해당 변호사 사무실에 위임한다. 물론 이는 사법연수원 측에서 다양한 형태를 띠기 마련인 변호사 업무의 특성을 배려한 것이다. 다만 현실적으로 사법연수생들의 입장에서는 필수적으로 해야 하는 업무들이 거의 없기 때문에, 본인이 예외적으로 이런저런 일들을 자발적으로 찾아 나서지 않는 한, 부담 없이 편하게 지낼 수 있는 기간으로 간주된다. 따라서 현실적으로는 법원 및 검찰실무수습에 비해 가벼운 비중을 차지하게 된다.

　마지막으로 뒤에서 더 자세히 보겠지만, 사법연수원에 상주하며 사법연수생들의 법조인으로서의 성장을 지도하는 교수들이 대부분 판사 혹은 검사인 점도 관련이 있다 하겠다.[15)]

2. 보다 많은 변호사 실무교육에 대한 요청들

　한편 변호사로 진출하는 사법연수생들이 더 많아진 상황에서, 판·검사 양성 위주의 교육과정을 유지하는 것이 바람직한가에 대하여 비판적인 의견들이 꾸준히 제기된 바 있다.[16)] 이러한 측면은 서울대학교 법학연구소 주관의 2014년 설문조사(이하 '본 설문조사'라 하겠음)에서 드러난다. 사법연수원 40~43기 출신 법조인들을 상대로 "나는 사법연수원에서 더 많은 변호사 실무 교

---

14) 법원실무수습의 경우 신건기록 검토, 조정위원 역할 수행 등. 검찰실무수습의 경우 구속사건 처리, 공판절차 수행 등.

15) 특히 판사 양성 중심의 분위기에 관해서는 이준석, 앞의 글, 2011, 246~247면을 참조할 것.

16) 예를 들어 「창간 56주년 특집」 "사법연수원 교육 어떻게 달라지나: 법조인 양성 판사·검사·변호사 '맞춤형 교육'으로", 법률신문, 2006. 12. 24, (https://www.lawtimes.co.kr/Legal-News/Legal-News-View?Serial=23173, 2015. 8. 2. 검색); 「사법연수원도 뜯어고치자: 판·검사 중심의 연수제도로 다양한 법률서비스 연수 기회 박탈」, 한겨레 21, 1999. 6. 3, (http://legacy.h21.hani.co.kr/h21/data/L990524/1paq5o03.html, 2015. 8. 2. 검색) 등.

육, 실습을 받고 싶었다"는 진술문에 대해 얼마나 동의하는지를 질문한 결과, 응답 평균값이 4.64(1점: 전혀 동의하지 않는다~7점: 매우 동의한다. 7점 척도 사용)로 중립적인 입장을 뜻하는 4보다 높은 값이 나왔다. 이는 사법연수생들이 보다 변호사 양성 중심의 교육과정을 원하고 있음을 나타낸다.

특히 사법연수원 수료 직후 변호사로 사회에 진출한 응답자일수록, 더 많은 변호사 실무 교육을 받고 싶었다고 응답하는 경향이 나타났다. 반면 사법연수원 수료 후 판사 혹은 검사로 사회에 진출한 응답자들은 변호사 실무 교육의 비중을 늘릴 필요를 상대적으로 덜 느끼는 것으로 나타났다. (직업별 평균값: 변호사 4.71, 판사 3.00, 검사 2.89. 이하에서 제시되는 수치들은 별도의 언급이 없는 한 각 집단별 평균값을 의미한다.) 또한 응답자의 연령대가 높아질수록 더 많은 변호사 실무 교육을 희망하는 것으로 나타났다. (20대: 4.41, 30~34세: 4.62, 35~39세: 4.69, 40~44세: 4.95) 이는 후술할 사법연수원 교육과정 전반에 대해 가장 높은 만족도를 보이는 40~44세 그룹에서 나타난 요구사항 혹은 불만족 항목이기에 주목할 필요가 있다. 보다 나이가 많은 사법연수생일수록 사법연수원 수료 직후 변호사로 사회에 진출하는 경향이 있음을 고려할 때(20대: 77%가 변호사로 진출, 30~34세: 97%, 35~39세: 99.9%, 40~44세: 100%), 위 응답결과는 이해가 되는 부분이다. 한편 변호사들 중에서도 사내변호사(5.01), 단독개업(4.64), 국내 로펌(4.63)에서 일하는 순으로 더 많은 변호사 실무 교육을 바라는 것으로 나타났다.

한편 현재 많은 연봉을 받고 있을수록 더 많은 변호사 실무 교육의 필요성에 대해 덜 공감하는 것으로 나타났다. (현재 연봉 6천만원 미만: 4.8, 6천만원~8천만원 미만: 4.69, 8천만원~1억 미만: 4.70, 1억~2억 미만: 4.44)

3. 판·검사 양성과목에 대한 만족도가 더 높은 이유

그런데 본 설문조사에서 "귀하의 법률가로서의 경력을 준비하는 데에 사법연수원의 교육은 얼마나 도움이 되었습니까? 아래 제시된 사법연수원 교육의 요소들이 얼마나 도움이 되었는지 평가해 주십시오."(1점: 전혀 도움이 되지 않았다~7점: 매우 도움이 되었다)라고 질문한 결과, 사법연수원 40~43기 법조인

들은 검찰실무수습(5.72), 원내교육 중 민사·형사재판실무(5.60), 법원실무수습
(5.21), 원내교육 중 검찰실무 과목(5.20)을, 법률가로서의 경력을 준비하는 데
가장 많은 도움이 되었다고 응답하였다(각 항목에 대한 설문조사 결과 평균값은
<표 4-3>과 같다).

　즉, 더 많은 변호사 실무 교육을 받고 싶다는 앞의 응답과 비교해볼 때,
아이러니하게도 판·검사 양성과목들이 가장 만족도가 높은 것으로 나타난 것
이다. 반면 원내교육 중 민사·형사변호사실무 과목 및 변호사실무수습은 만족
도가 상대적으로 낮게 나타났다. 이러한 경향은 사법연수원 수료 직후 판·검
사가 된 사법연수생들뿐만 아니라, 변호사가 된 사법연수생들 사이에서도 나
타난다.

　위 결과에 대해선 이하와 같은 분석이 가능하다. 첫째로, 사법연수생들의
사법연수원의 변호사 양성 교육과정에 대한 낮은 만족도가 반영된 것이다. 사
법연수원 수료 직후 변호사로 진출한 응답자들이, 변호사 업무에 직접적으로

표 4-3　사법연수원 교과목별 만족도

과　　목	전체[17]	현재 종사하고 있는 직역		
		변호사(N=288)	판사(N=10)	검사(N=2)
검찰실무수습	5.72	5.73	5.50	5.33
원내교육 중 민사·형사재판실무	5.60	5.56	5.50	6.78
법원실무수습	5.21	5.23	3.00	4.89
원내교육 중 검찰실무	5.20	5.19	5.50	5.67
원내교육 중 민사·형사변호사실무	4.95	4.95	3.00	5.33
변호사실무수습	4.77	4.79	3.00	4.67
전문기관연수	4.20	4.20	4.50	4.00
사회봉사활동	4.06	4.06	4.00	4.22
세법, 중국법 등 특별법 전공과목들	3.95	3.95	3.00	4.22
법조윤리에 대한 교육	3.70	3.68	3.50	4.56
명사 특강	3.61	3.59	2.50	4.44

---

17) 이 책의 제1장 <표 1-20> 교육요소별 도움정도와 동일.

도움이 될 것을 의도한 변호사 양성 과정보다, 판·검사 양성 과정에 대해 더 높은 만족도를 표시한 것이기 때문이다. 어쩌면 이는 사법연수원에서 이루어지는 판·검사 양성 교육과 변호사 양성 교육의 방식 차이에서 비롯되는 것일 수 있다. 사법연수원의 판·검사 양성 교육은 사법연수원에 "상주"하면서 전업(專業)으로 사법연수생 교육에만 전념하는 판·검사들에 의해 수업 및 지도가 이루어진다. 반면 변호사 양성 교육은 사법연수원에 상주하는 극소수(시기마다 변동이 있긴 하지만 4명 정도)의 변호사 실무교수들을 제외하면, 현업에서 변호사로서 활동 중인 외래교수들에 의해 이루어진다. 따라서 아무래도 판·검사 양성 교육에 비해 변호사 양성 교육은 그 수업밀도나 준비 등의 측면에서 다소 차이가 날 가능성이 있다. 때문에 이러한 차이가 위와 같은 사법연수생들의 만족도 차이를 낳았다는 설명이 가능하다.

둘째로 변호사 업무 중 많은 부분은 판사 및 검사를 설득하는 활동이기에, 변호사 양성 과정과 판·검사 양성 과정은 전혀 별개의 것은 아니라고 볼 여지가 있다. 따라서 변호사로 진출한 사법연수생들도 판·검사 양성 과정을 통해 판사 및 검사들이 어떠한 방식으로 판결문과 공소장, 불기소장을 작성하는지 등을 이해할 수 있고, 이를 통해 변호사 업무에 많은 도움을 받을 수 있다. 어쩌면 이러한 부분도 판·검사 양성 교육과정에 대해 높은 만족도가 나오게 된 원인이라 해석할 수 있다.

이러한 분석은 아래의 본 설문조사 결과에 의해서도 뒷받침이 된다. 본 설문조사에서는 사법연수원 40~43기들에게 '사법연수원 교육과정에 대한 동의 정도'라는 제목 하에 "사법연수원은 판사 양성 중심의 교육을 제공하여, 변호사 실무에 도움이 되지 않았다", "사법연수원은 검사 양성 중심의 교육을 제공하여, 변호사 실무에 도움이 되지 않았다"라는 진술문에 동의하는 정도를 질문하였다(1점: 전혀 동의하지 않는다~7점: 매우 동의한다). 그 결과 응답 평균값이 각각 3.54(판사 양성 중심 관련), 3.41(검사 양성 중심 관련)로 부정적인 응답이 더 많이 나타났다. 이는 사법연수원이 판·검사 양성 중심 교육을 제공했다 하더라도, 그것은 변호사 실무에 도움이 된다고 생각하는 사법연수생들이 더 많다는 것이다.

그럼에도 우리는 앞서 본 바와 같이 "나는 사법연수원에서 더 많은 변호사 실무 교육, 실습을 받고 싶었다"는 진술문에 동의하는 응답이 더 많았던 점 (평균 4.64)을 상기할 필요가 있다. 이러한 여러 설문조사결과들을 종합해보면, 사법연수원 40~43기들이 판·검사 양성 교육 역시 변호사 실무에 도움이 된다는 점 자체는 긍정하지만, 그렇다고 해서 사법연수원이 보다 판·검사 양성 중심으로 변화하기를 바라는 것은 아니며, 보다 양질의 변호사 실무 교육을 받고 싶어한다고 해석할 수 있을 것이다.

한편 사내변호사들이 "판·검사 양성 중심 교육이 변호사 실무에 도움이 되지 않는다"는 입장에 가장 공감하는 것으로 나타났고, 그 뒤를 국내 로펌에서 일하는 변호사, 단독 개업한 변호사들이 따랐다(<표 4-4> 참조). 그리고 현재 많은 연봉을 받고 있을수록 판·검사 양성 중심 교육이 변호사 실무에 도움이 된다는 입장에 공감하는 것으로 나타났다(<표 4-5> 참조).

표 4-4   판·검사 양성 교육과 변호사 실무에의 도움 정도

직 업	판사 양성 교육 변호사 실무 도움 안 됨	검사 양성 교육 변호사 실무 도움 안 됨
	1점: 전혀 동의하지 않는다 7점: 매우 동의한다	
사내변호사	4.11	3.88
국내로펌변호사	3.41	3.32
단독개업변호사	3.08	3.00

표 4-5   연봉에 따른 판·검사 양성 교육에 대한 인식 차이

직 업	판사 양성 교육 변호사 실무 도움 안 됨	검사 양성 교육 변호사 실무 도움 안 됨
	1점: 전혀 동의하지 않는다 7점: 매우 동의한다	
연봉 6천만원 미만	3.87	3.87
6천만원~8천만원 미만	3.71	3.61
8천만원~1억 미만	3.71	3.55
1억~2억 미만	2.97	2.86

셋째로, 위 설문조사 결과는 어쩌면 원내에서 이루어지는 변호사 실무 교육이라는 것 자체가, 실제 업무수행에 도움이 되기엔 여러 한계점이 있음을 반영하는 것일 수 있다. 원내에서 이루어지는 민사·형사재판실무 교육과 검찰실무 교육 역시 원내교육으로서의 한계가 있긴 하겠지만, 그러한 부분이 변호사 실무 교육에 있어서 더 클 수 있기 때문이다. 다소 정형적인 민·형사 업무를 담당하게 될 가능성이 높은 판사·검사에 비해, 변호사가 담당하게 될 업무는 어느 분야로 진출하느냐에 따라 더욱 다양할 가능성이 있다. 따라서 그런 다양한 가능성들을 교육기관에서 모두 포괄하여 가르치기엔 어려움이 있을 수밖에 없다. 특히나 사법연수원의 변호사 교육은 전통적인 민·형사 송무변호사 업무에 방점을 찍고 있기에 경우에 따라 자문변호사 업무엔 도움이 덜 될 가능성이 있다(최근 사법연수원이 특별변호사실무 교육과정을 도입한 데에는 이러한 점을 보완하기 위한 것으로 풀이된다).

넷째로, 실무수습 과정의 경우 검찰실무수습 과정의 만족도가 다른 실무수습 과정에 비해 훨씬 높았다. 통상 검찰실무수습은 사법연수생들에게 가장 많은 업무량을 소화할 것을 요구하기에 이런저런 말들이 많다. 그럼에도 검찰실무수습이 가장 높은 만족도를 부여받은 점은, 그만큼 가장 내실있게 실무수습이 진행되고 있음을 반영한 것일 수 있다. 반면 가장 여유있는 실무수습 과정으로 평가받는 변호사 실무수습의 만족도가 가장 낮은 점은 주목할 만하다. 이는 많은 사법연수생들이 변호사 사무실의 재량에 맡겨져 있는 변호사 실무수습 과정에서, 단순히 여유있는 시간을 보내기만을 바라고 있는 것이 아니며, 오히려 자신들이 원하는 다양한 교육을 충분히 받고 있지 못해 불만임을 반영하는 것일 수 있다.

4. 특별법 전공과목에 대한 낮은 만족도

조사 결과, '세법, 중국법 등 특별법 전공과목'에 대한 만족도가 명사특강, 법조윤리과목을 제외할 경우 가장 낮게 나타났다(<표 4-6> 참조). 특별법 전공과목에 대한 만족도는 사회봉사활동보다도 낮게 나타났다. 최근 사법연수원에서는 특별변호사실무 과목을 신설하여 특별법들에 대한 실무교육을 강화하였는데, 이러한 변화가 향후 사법연수원 40~43기들이 보여준 "특별법 전공과목이 법률가로서의 경력을 준비하는 데 큰 도움이 되지 못했다"는 인식을 바꿀 수 있을지 주목할 만하다.

특별법 전공과목에 대한 만족도(7점 만점)와 관련하여 또 한 가지 눈여겨볼 부분은 응답자의 연령대가 20대, 30~34세, 35~39세, 40~44세로 상승할수록 각 연령대별 평균 만족도가 3.41, 3.89, 4.04, 4.60으로 점점 상승하였다는 점이다.

5. 연령에 따른 만족도 차이

특별법 전공과목을 제외한 모든 교과목에 대한 만족도는, 20대와 '40~44세'가 높은 만족도를 보이고, 30~34세, 35~39세는 다소 낮은 만족도를 보이고 있다.

표 4-6   연령에 따른 교과목에 대한 만족도 차이

	20대(N=22)	30~34세(N=171)	35~39세(N=83)	40~44세(N=20)
원내교육: 민·형사재판실무	6.00	5.58	5.41	5.85
원내교육: 검찰실무	5.64	5.24	4.89	5.60
원내교육: 민·형사 변호사실무	5.32	4.75	5.01	5.65
명사 특강	4.23	3.42	3.67	4.25
세법, 중국법 등 특별법 전공과목	3.41	3.89	4.04	4.60
법원실무수습	5.36	5.12	5.13	5.95
검찰실무수습	5.86	5.74	5.49	6.30
변호사실무수습	5.36	4.62	4.78	5.35
전문기관연수	4.82	3.99	4.20	5.20
사회봉사활동	4.18	3.95	3.99	5.10
법조윤리교육	4.18	3.61	3.49	4.60

나이가 어릴수록 사법연수원 성적이 좋은 경향이 있음[18]을 고려할 때, 20대의 높은 교육 만족도는 해당 교과목에 잘 적응하고 좋은 평가를 받음으로써 얻는 심리적 만족감으로 설명이 가능하다. 하지만 40~44세에서 나타나는 높은 수준의 교육 만족도는, 어쩌면 나이가 많은 사법연수생들이 성적 경쟁에 참여하는 경우가 드물다보니, 상대적으로 성적 압박으로부터 자유롭게 수업을 만끽할 수 있기 때문인지 등 그 원인에 대해 추가적인 연구가 필요한 부분이다.

6. 전문분야별 교육 만족도

본 설문조사에서는 "귀하가 법률가로서 경력을 준비함에 있어, 사법연수원의 교육은 다음 분야에 대한 전문지식[19]을 쌓는 데 얼마나 중요한 역할을 했는지 평가해 주십시오."[1점: 전혀 중요하지 않았다(부정적)~7점: 매우 중요했다(긍정적)]라는 질문 하에 전문분야별 교육 만족도를 조사하였다. 본 설문에서 다룬 여러 전문분야 지식의 경우, 사법연수원 교육과정 중에선 민사법과 형사법을 제외하면 모두 해당 특별법 전공과목을 선택했을 경우에만 배울 수 있다. 따라서 이 응답결과는 각 특별법 전공과목에 대한 사법연수생들의 만족도와 유사한 의미를 갖는다. 전체적인 응답결과를, 법학전문대학원생에게 실시한 동일한 질문의 설문조사 결과와 비교하여 개관하면 다음과 같다.

각 전문분야 중 민사법, 형사법, 상사법을 제외하고는 사법연수원 출신들의 교육 만족도가 4점 이하로 나타났고, 특히 민사법, 형사법을 제외하면 사법연수원 출신들의 교육 만족도는 법학전문대학원 출신들에 비해 모두 낮게 나타났다. 이러한 차이는 전통적인 민사법, 형사법 교육에 방점을 찍는 사법연수원 교육과정에 기인한 것으로 사료된다.

그리고 사법연수원 출신들의 경우, 여성이 남성에 비해 국제거래법(남: 2.58, 여: 3.14), 국제법(남: 2.64, 여: 3.17), 공법·헌법(남: 3.06, 여: 3.38)에 대해

---

18) 가령 성적 상위 10% 이내인 사법연수원 40~43기의 연령 분포를 보면, 20대가 45.5%, 30~34세가 12.3%, 35~39세가 8.4%이다.

19) 공법·헌법, 민사법, 형사법, 상사법, 계약법, 물권법, 채권법, 국제법, 국제거래법, 노동법, 조세법, 경제법, 환경법, 지적재산권법, 가족법, 법조윤리에 대해 질문하였다.

표 4-7	전문분야별 교육 만족도[20)		
	사법연수원 40~43기	변호사시험 1~3회
전문지식 교육 만족도 (항목평균)	3.77	4.23
민사법	6.06	5.64
형사법	5.86	5.37
계약법·물권법·채권법	5.49	5.57
상사법	4.23	5.31
가족법	3.58	4.28
공법·헌법	3.21	4.77
경제법	3.13	3.73
노동법	3.06	3.83
지적재산권법	3.01	3.60
조세법	2.98	3.29
국제법	2.88	3.23
국제거래법	2.84	3.31
환경법	2.73	3.07

높은 만족도를 보였다. 이는 여성 사법연수생들이 남성 사법연수생들에 비해 위 분야들에 대해 보다 많은 관심을 보이고 수강하였으며 만족하였음을 의미한다.

또한 본 설문조사에서 샘플 개수가 10개 이상이었던, 現 단독개업 변호사, 국내로펌 소속변호사, 사내변호사의 응답을 비교해보면, 단독개업한 응답자들이 가족법, 노동법, 조세법, 환경법, 지적재산권법, 국제법, 국제거래법 분야에 관하여 다른 직역의 변호사들보다 높은 만족도를 보였다(<표 4-8> 참조). 이는 단독개업의 경우, 실무상 다양한 분야에 대한 폭넓은 지식이 필요한 점을 반영한 것으로 이해된다.

---

20) 위 표는 이 책의 제1장 <표 1-18>과 동일하지만, 논의의 전개상 인용해두었다. 이하에서는 위 글에서 위 표와 관련하여 자세히 분석되지 아니한 내용을 다루도록 하겠다.

| 표 4-8 | 직역별 전문분야 교육 만족도 |

	단독 개업(N=25)	국내 로펌(N=177)	사내변호사(N=74)
가족법	4.36	3.41	3.39
노동법	3.64	3.02	3.04
조세법	3.56	3.02	2.74
환경법	3.52	2.68	2.61
지적재산권법	3.48	3.02	2.84
국제법	3.20	2.88	2.80
국제거래법	3.08	2.82	2.81
공법·헌법	3.12	3.25	3.14
민사법	6.04	6.16	5.80
형사법	6.04	5.94	5.54
상사법	4.20	4.30	4.26
계약법, 물권법, 채권법	5.40	5.56	5.28
경제법	3.24	3.11	3.22

7. 각 직무역량별 교육 만족도

그리고 "귀하가 법률가의 직무 역량들을 키우는 데 사법연수원은 충분한 기회를 제시했습니까? 아래에 제시된 역량들을 각각 발전시키는 데 사법연수원이 얼마나 만족스러운 교육을 제시했는지 평가해주십시오."라는 질문하에 각 직무역량별 교육 만족도를 조사하였다. 사법연수원 40~43기의 응답 결과를 법학전문대학원생의 응답 결과와 비교하여 제시하면 <표 4-9>와 같다.

특기할 만한 사항은 법조예절에 대한 교육 만족도이다. 사법연수원 40~43기와 법학전문대학원 졸업생들 사이에 해당 항목에 대한 교육 만족도는 차이를 보이고 있는데(법학전문대학원: 3.99, 사법연수원: 5.17), 이는 교육과정의 차이에 기인하는 것으로 보인다. 사법연수생들은 법학전문대학원생들과 달리, 사법연수원에서 법조예절에 대하여 별도의 특강을 통해 교육을 받고, 각 반 담

표 4-9	직무역량별 교육 만족도[21]	
	사법연수원 40~43기	**변호사시험 1~3회**
직무역량 교육 만족도(항목평균)	4.63	4.25
판례 기타 법률 지식	5.69	5.21
법적인 글쓰기 능력	5.58	4.94
법률적 분석, 추론 능력	5.50	5.04
문제 해결 능력	5.43	5.00
예절	5.17	3.99
변론 능력	4.46	3.84
직업윤리관 및 윤리적 판단력	4.45	4.23
팀워크 역량, 협동심	4.45	4.11
계약 관련 업무에 대한 친숙도	3.77	3.66
협상력	3.28	3.30
국제적 역량을 키울 기회	3.14	3.43

당교수인 부장판사, 부장검사들을 곁에서 모시는 과정에서 법조계의 의전방법을 자연스럽게 습득하게 된다.

　이러한 사법연수원 교육과정상 예절에의 강조는 위 두 집단에 대한 시니어 법조인(사법연수원 39기 이전 법조인들)의 평가에서 차이를 나타낸다. "예절을 잘 지킨다"라는 평가항목(7점 만점)에 관하여 사법연수원 출신 법조인들은 법학전문대학원 출신 법조인들에 비해 높은 평가를 받았다(직장 내에서 해당 집단을 경험해 본 시니어 법조인들의 응답에 따르면, 사법연수원: 5.17, 법학전문대학원: 4.55). 이러한 법조예절에 관한 여러 이슈들은 미국 로스쿨 연구에서는 발견되지 않는 한국 법조계 특유의 현상으로 흥미로운 부분이다.[22]

---

21) 위 표는 이 책의 제1장 <표 1-19>와 동일하지만, 논의의 전개상 인용해두었다. 이하에서는 위 글에서 위 표와 관련하여 자세히 분석되지 아니한 내용을 다루도록 하겠다.

22) 본문과 같은 내용이 미국의 연구들에서 발견되지 않는 이유는 한국과 미국의 법률제도 차이 때문일 가능성이 있다. 즉, 한국은 배심재판이 거의 없고 법률전문가들에 의해서만 소송절차가 진행되므로 법조 내부의 예절을 잘 지키는 것이 법조인으로서의 성공에 중요한 영향을 미칠 가능성이 높고 따라서 교육과정 내에서도 이 부분이 강조될 가능성이 있다. 하지만 미국의 경우는 법률전문가들이 아닌 일반인들이 참여하는 배심재판의 비중이 높기 때문에 법조예절을 잘 지키는지 여부가 사건의 승패에 영향을 미칠 가능성이 낮을 수 있고, 때문에 로스

표 4-10	연봉에 따른 직무역량별 교육 만족도			
	1억~2억원	8천만원~1억원	6천만원~8천만원	~6천만원
판례 기타 법률 지식	6.27	5.42	5.62	5.20
법적인 글쓰기 능력	6.01	5.40	5.48	5.27
법률적 분석, 추론 능력	6.00	5.26	5.42	5.07
문제 해결 능력	5.83	5.25	5.38	5.17
예절	5.60	5.01	4.93	4.97
직업윤리관 및 윤리적 판단력	4.51	4.42	4.27	4.20
팀워크 역량, 협동심	4.47	4.37	4.31	4.47
변론 능력	4.47	4.40	4.51	4.13
계약 관련 업무에 대한 친숙도	3.50	3.70	3.79	3.93
협상력	3.03	3.19	3.24	3.33
국제적 역량을 키울 기회	2.93	3.20	3.11	3.30

그리고 사법연수원 40~43기 사이에서는, 연봉이 1억~2억으로 가장 높은 집단이 '협상력, 국제적 역량을 키울 기회, 계약관련 업무에 대한 친숙도, 변론 능력'을 제외한 모든 분야에서 사법연수원 교육에 대해 가장 높은 만족도를 보였다. '협상력, 국제적 역량, 계약 관련 업무, 변론능력'은 사실 사법연수원 교과과정에서 가장 핵심적으로 다뤄지는 부분은 아니다. 이를 고려할 때 위 조사 결과는 앞서 언급한 바와 같이 사법연수원의 주요 교과목에 잘 적응하여 좋은 평가를 받아 고소득의 직장에 취직할 수 있게 된 사법연수생들이, 사법연수원 교과과정에 대해 높은 심리적 만족감을 표현한 것으로 해석된다.

8. 교육과정 전반에 대한 만족도

"사법연수원은 내가 법률가로서의 경력을 잘 준비할 수 있도록 교육을 제공했다"라는 진술문에 대한 동의 정도(1점: 전혀 동의하지 않을 경우~7점: 매우 동의할 경우)의 경우, 법학전문대학원 출신들에게 법학전문대학원에 대해 같은

쿨에서의 교육과정에서도 이 부분의 중요성이 덜 강조될 가능성이 있다 하겠다. 이러한 가능성이 존재함에 대해 고견을 주신 연세대학교 법학전문대학원 강용승 교수님께 깊이 감사드린다.

질문을 한 경우보다 긍정적인 응답이 더 많았다. (사법연수원: 5.39, 법학전문대학원: 4.95)

특기할 만한 부분은 현재 종사하고 있는 직장 형태에 따라 사법연수원에 대한 만족도가 다른 양상을 보였다는 점이다. 사내변호사(4.99)가 가장 낮은 만족도를 보였고, 그 뒤를 단독개업(5.32), 국내 로펌 소속변호사(5.52)가 따랐다. 또한 앞서 본 대부분의 교과목에 대한 만족도와 마찬가지로, 20대와 40~44세 집단이 사법연수원에 대해 높은 만족도를 보였고(20대: 5.95, 40~44세: 6.00), 30~34세, 35~39세는 다소 낮은 만족도를 보였다(30~34세: 5.29, 35~39세: 5.29).

그리고 연봉이 6천만원 미만일 경우에는 만족도가 어느 정도 나타나다가 (5.47), 6천만원~8천만원 미만(5.22), 8천만원~1억원 미만(5.05)으로 갈수록 만족도가 하락한 후, 다시 1억원~2억원 미만(5.90)에는 만족도가 상승하는 추이를 보였다. 이 중 연봉이 6천만원 미만인 연봉소득자들의 만족도가 어느 정도 높게 나온 데에는, (비록 샘플 숫자가 소수이긴 하지만) 사법연수원 과정에 대해 만족도가 높은 판·검사들이 포함되어 있었기 때문으로 판단된다(설문응답자에 포함된 인원 수: 판사 10명, 검사 2명).

또한 사법연수원 출신들을 상대로 한 "사법연수원의 교수 및 강사는 충분한 학문적 지도와 조언을 제공했다"는 진술문에 대한 응답(1: 전혀 동의하지 않음~7: 매우 동의한다)은 5.32로, 법학전문대학원 출신들에게 법학전문대학원에 대해 동일한 질문을 한 결과인 4.69보다 더 높았다. 즉, 사법연수원 출신들의 만족도가 더 높게 나타났다.

9. 교육기간의 부족 여부

사법연수원 출신 법조인들을 상대로 한 "2년의 사법연수원의 수학기간은 부족하다"에 대한 동의정도(1: 전혀 동의하지 않음~7: 매우 동의한다)는 2.34로, "3년의 법학전문대학원 수학기간은 부족하다"에 대한 동의정도인 2.97보다 낮았다. 즉, 수학기간의 충분 정도에 대한 만족도는 사법연수원 출신들이 조금 더 높은 것으로 나타났다.

10. 동기 및 선후배 관계

"사법연수원(법학전문대학원)에서 동기 및 선후배 관계(교우관계)는 협력적이다, 평등한 편이다"는 진술문에 대한 동의 정도(1: 전혀 동의하지 않음, 7: 매우 동의함)를 질문한 결과, 사법연수원 40~43기들이 법학전문대학원 출신들에 비해 동기 및 선후배관계가 더 협력적이고, 평등하다고 느끼는 것으로 나타났다. (<표 4-11> 참조)

그리고 사법연수원 40~43기는 연령이 낮을수록 동기 및 선후배 관계가 더욱 경쟁적이라 느낀 것으로 나타났다(20대: 5.68, 30~34세: 5.59, 35~39세: 5.08, 40~44세: 5.00).

또한 "사법연수원에서 동기 및 선후배 간에는 불평등도 존재한다"(1점: 전혀 동의하지 않음~7점: 매우 동의함)는 진술문에 대한 응답을 분석한 결과, 사법연수원 출신은 연령이 높을수록 동기 및 선후배 관계에 불평등이 존재한다고

표 4-11 동기 및 선후배 관계[23]

	사법연수원 40~43기	변호사시험 1~3회
사법연수원(법학전문대학원)에서의 동기 및 선후배 관계(교우관계)는 협력적이다	5.31	4.68
사법연수원(법학전문대학원)에서 동기(친구) 및 선후배 간에는 경쟁적인 측면도 존재한다	5.42	5.39
사법연수원(법학전문대학원)에서의 동기 및 선후배 관계(교우관계)는 평등한 편이다	5.23	4.81
사법연수원(법학전문대학원)에서 동기(친구) 및 선후배 간에는 불평등도 존재한다	3.32	3.69
사법연수원(법학전문대학원)에서의 동기 및 선후배 관계(교우관계)는 나의 개인적 발전을 위해 필요하다	5.43	5.24
사법연수원(법학전문대학원)에서의 동기 및 선후배 관계(교우관계)는 나의 구직활동에 도움이 되었다	4.19	4.06
사법연수원(법학전문대학원)에서의 동기 및 선후배 관계(교우관계)는 향후 나의 경력에 도움이 될 것이다	5.18	5.18

23) 위 표는 이 책의 제1장 <표 1-16>과 동일하지만, 논의의 전개상 인용해두었다. 이 글에서는 위 글에서 위 표와 관련하여 자세히 분석되지 아니한 내용을 다루도록 하겠다.

느낀 것으로 나타났다(20대: 2.91, 30~34세: 3.27, 35~39세: 3.41, 40~44세: 3.70). 이는 ① 사법연수원 동기라고 하더라도 성적 등에 따라 향후 법조계에서의 지위가 달라지게 되며, 그것이 현재에도 영향을 미치게 되는 부분을 반영한 것일 수 있다.[24] ② 혹은 나이 많은 사법연수생들이 같은 동기임에도 회식자리에서 밥을 사는 등 연장자로서의 역할을 담당할 것이 요구되는 점 때문일 수도 있겠다. ③ 아니면 사법연수원 기수에 따라 설정되는 법조계의 위계서열에 대한 비판적 의식에서 비롯된 것일 수도 있다. 보다 구체적인 원인 규명을 위해선 추가적인 연구가 필요할 것으로 보인다.

11. 교육기간 중 대외활동

"귀하는 사법연수원 연수/법학전문대학원 재학 중 다음과 같은 활동에 참여한 적이 있습니까?"(1: 참여, 2: 참여하지 않음)라고 아래 항목들을 제시하면서 질문한 결과, 사법연수원 출신들이 법학전문대학원 출신들에 비해 동문회에 참여하는 비율이 훨씬 높았다. 어쩌면 이는 법학전문대학원 1~3기생들의 경우, 법학전문대학원이 설립된 지 얼마 되지 않았다보니 선배가 없는 점 등으로 인해 사법연수원에 비해 동문회가 덜 발달했기 때문일 수 있다. 또는 기존 사법연수원 출신들로 구성된 법조 동문회에 법학전문대학원 출신들의 참여가 저조하기 때문일 수 있다. 향후에는 법학전문대학원 출신만이 법조인을 구성하게 될 것인데, 계속해서 동문회 참여 비율이 낮게 유지된다면 이는 엘리트 집단의 사교 문화에 큰 변화인 바, 주목할 필요가 있다.

한편 법학전문대학원 출신들은 사법연수원 출신들에 비해 논문공모에 많이 응모하는 것으로 나타났다. 이는 ① 법학전문대학원 수업 중에 소논문 작성을 바탕으로 중간고사 혹은 기말고사를 대체하는 수업들이 여럿 존재하는 점, ② 또한 법학전문대학원생들은 사법연수생들과 달리 논문발표 등 연구활동을 전업으로 하는 대학교수들의 지도를 받는 점, ③ "귀하의 직장에서 아래 요소들을 각각 얼마나 중요하게 고려하여 귀하를 고용했는지 평가해주십시

---

24) 성적이 좋아야 사법연수원에서 주변의 존중을 받을 수 있다는 등 관련된 구체적인 사례들에 대해서는 이준석, 앞의 글, 2011, 256면의 인터뷰 내용을 참조할 것.

표 4-12	교육기간 중 대외활동[25]

	사법연수원 40~43기	변호사시험 1~3회
동문회	82.3	30.2
학회활동	61.3	
법률기관, 인권보호단체 등	18.7	19.8
자치회 활동(학생회)	18.0	29.2
시민단체	5.3	9.1
논문공모 응시	1.0	16.9
법학학술지 로리뷰		29.9
모의재판		69.8
무료법률 상담		33.8
정당		1.3
기타	5.7	5.2

오."(1: 전혀 고려하지 않음~7: 매우 중요한 요소로 고려)라는 질문에 대해, 법학전문대학원 출신들이 사법연수원 40~43기들보다 채용과정에서 모의재판/논문 발표 등의 경험이 도움이 더 많이 된다고 느끼는 점(법학전문대학원 출신: 2.58/ 사법연수원 출신: 1.88) 등이 반영된 것으로 보인다.

그리고 사법연수원 40~43기들은 법학전문대학원 출신들에 비해 시민단체 활동에 소극적인 것으로 나타났는데, 이는 사법연수생들의 법원공무원 신분에 따른 제약에 기인한 것으로 보인다.

한편 사법연수원 40~43기들 사이에서는, 동문회의 경우 남성들이 참여해 본 경험이 더 많았고(남성: 87%, 여성: 76.8%), 학회의 경우 여성들이 참여해 본 경험이 더 많은 것(여성: 64.5%, 남성: 58.6%)으로 나타났다. 그리고 연령이 높을 수록 자치회 활동에 참여해 본 비중이 더 높았는데(20대: 4.5%, 30~34세: 12.9%, 35~39세: 21.7%, 40~44세: 45.0%), 이는 사법연수원의 관례상 연령이 높은 사법연수생들이 자치회 활동에 관여하는 경우가 많은 점에 기인한 것으로 보인다.

---

25) 위 표는 이 책의 제1장 <표 1-15>와 동일하지만, 논의의 전개상 인용해두었다. 이 글에서는 위 글에서 위 표와 관련하여 자세히 분석되지 아니한 내용을 다루도록 하겠다.

Ⅳ. 42기 사법연수생들의 사법연수원 수료 직후 가치관 변화

1. 직업선택 시 중시하는 가치의 변화

(1) 분석방법론 및 한계점

2012년 5월, 42기 사법연수생들을 상대로, 이들이 사법연수원을 수료하기 전인 3학기 원내교육 종료시점(4학기 시작시점)에 "이하의 항목들은 귀하가 사법연수원 수료 후 첫 직업을 통해 달성하고자 하는 목표들의 목록입니다. 첫 번째 란에는 귀하가 그 목표를 얼마나 중요하게 생각하는지 10점 만점 중에서 숫자로 표시하십시오(10점: 가장 중요하게 생각한다. 1점: 전혀 중요하게 생각하지 않는다)."라고 9가지 목표[26]에 대한 가치관을 설문조사한 바 있다.[27]

한편 2014년 8~10월에 이루어진 본 설문조사에서도 위와 유사한 질문을, 당시 사법연수원을 수료한 지 1년 반 정도 지난 사법연수원 42기 법조인들에게 질문하였다. 구체적인 질문 항목은 2가지였다. ① "법률분야에 경력을 시작하면서 현재 일하고 있는 분야(예컨대 정부, 대형로펌, 기업)를 선택한 이유는 무엇입니까? 아래 제시된 이유들[28]을 얼마나 중요하게 고려했는지에 대해, 전혀 고려하지 않았을 경우 1점, 매우 중요한 요소로 고려했을 경우 7점으로 평가해주십시오." ② "귀하는 현재 직장을 선택하는 데 어떠한 요소를 가장 중요하게 고려했습니까? 아래의 요소들[29]이 귀하의 의사결정에 미친 중요도를 평가

---

26) 9가지 목표는 다음과 같다. ① 많은 돈을 버는 것, ② 고용안정성이 보장되는 직장을 갖는 것, ③ 원하는 지역(가령 서울)에 위치한 직장을 갖는 것, ④ 충분한 여가시간을 갖는 것, ⑤ 사회적 정의실현을 위해 일하는 것(공익활동), ⑥ 경험많은 선배 법조인의 지도를 받을 수 있을 것, ⑦ 미래의 직업 선택에 있어서 보다 많은 선택지를 갖게 되는 것, ⑧ 자신이 흥미를 느끼는 분야에서 일하는 것, ⑨ 창의적이고 혁신적인 일을 하는 것.

27) 위 설문조사의 설계방식 및 그 결과에 대한 자세한 내용은 이준석, 앞의 글, 2013, 165~203면 및 이준석·김지희, 앞의 글, 469~505면을 참조할 것.

28) 각 이유 항목들은 다음과 같다. ① 중장기적 소득에 대한 기대, ② 특정 법률 분야에 대한 관심, ③ 학자금 대출 상환을 위한 충분한 연봉, ④ 학자금 대출 상환 지원 또는 학자금 대출 변제 프로그램 제공 여부, ⑤ 전문지식 개발을 위한 기회, ⑥ 일과 개인적 삶의 균형에 대한 기대, ⑦ 사회적 공헌을 할 수 있는 기회, ⑧ 해당 분야에 대한 명성, ⑨ 향후 경력 이동에 대한 기회, ⑩ 기타.

29) 각 요소 항목들은 다음과 같다. ① 연봉, ② 복지혜택, ③ 근무환경·동료, ④ (예상) 근무시간, ⑤ 공익활동(pro bono) 등 사회공헌기회, ⑥ 승진가능성, ⑦ 현 직장이 추구하는 가치와

해 주십시오. 전혀 고려하지 않았을 경우 1점, 매우 중요한 요소로 고려했을 경우 7점으로 평가해 주십시오."

비록 설문조사의 대상이 동일인들은 아니지만, 2012년 설문조사와 2014년 설문조사는 모두 42기 사법연수생 전체 집단 중에서 무작위 추출을 통해 선발된 인원들을 상대로 이루어졌다. 따라서 그 결과는 사법연수원 42기 전체 집단에 대한 대표성을 띄고 있으며, 때문에 두 응답결과를 비교하는 것은 의미가 있다.

이 비교를 통해 사법연수원 42기 법조인들의 "사법연수원 3학기 종료(혹은 4학기 시작) 시점의 가치관"과 "① 이미 법조인 생활을 시작한 지 1년 반 정도 지난 사법연수원 42기들이 회상하는, 그들이 현재 일하고 있는 분야를 선택할 당시의 가치관"과, ② 그들이 "현재 직장을 선택할 당시의 가치관"의 차이를 알아볼 수 있다.

물론 ① 두 시점의 설문문항들이 정확히 일치하는 것은 아니다. ② 또한 본 설문조사의 응답자들 사이에는 현 직장에서 일하기 시작한 시기가, 사법연수원 수료 직후인 경우가 많지만(절반 정도), 사법연수원을 수료한 지 1년 이후 시점인 경우도 다수 있었다.30) 따라서 응답자들 간에 현 분야 및 직장에서 일하기 시작한 시기가 다르기 때문에, 본 데이터를 가지고 사법연수원 4학기 시점으로부터 이후 정확히 특정 시점까지의 가치관 변화를 측정하는 것은 어려운 측면이 있다. 하지만 그럼에도 본 분석이 대략적으로나마 '사법연수원 4학기 시절의 가치관'이 '사법연수원 수료 직후인 청년 법조인의 가치관'으로 변화하는 과정을 알아보는 데에는 충분히 의미가 있다고 생각한다.

(2) 분석결과

두 설문조사의 결과를 비교한 표는 다음과 같다(2014년 설문조사의 경우 7점 만점으로 응답을 받았기 때문에, 2012년 설문조사와의 비교를 위해 10점 만점으로 값

내가 추구하는 가치의 적합성, ⑧ 직업안정성, ⑨ 지리적 위치, ⑩ 회사 규모, ⑪ 회사의 사회적 명망·평판, ⑫ 교육과 훈련의 기회(개인적인 멘토제 포함), ⑬ 육아 등 가정을 위한 편의 제공.

30) 응답자들의 현 직장 근무 시작 시기는 다음과 같다. 2012년: 1명, 2013년 1월~2월: 37명, 2013년 3월~5월: 14명, 2013년 6월~12월: 12명, 2014년: 15명. 참고로 42기 사법연수생들은 2013. 1. 21. 사법연수원을 수료하였다.

표 4-13 직업선택 시 중시하는 가치의 변화: 사법연수원 42기

2012. 5. 23. 설문조사(4학기)		2014년 8-10월 설문조사(약 1.5년차 법조인)					
수료 후 직업 통해 달성하려는 목표	중요도 (10점 만점)	경력시작 당시 현재 분야 선택 이유	중요도 (10점 만점)	증감	현재 직장 선택 시 고려요소	중요도 (10점 만점)	증감
많은 돈	5.90	중·장기소득에 대한 기대	6.78	↑	연봉	6.67	↑
사회정의실현	6.20	사회공헌기회	5.31	↓	공익활동 등 사회공헌	4.34	↓
흥미 느끼는 분야에서 근무	8.00	특정법률분야에 대한 관심	6.00	↓			
		전문지식개발	6.89	↓			
원하는 위치의 직장 근무	5.90				지리적 위치	6.50	↑
고용안정성	6.60				직업안정성	6.23	↓
보다 많은 미래선택지	6.20	경력이동기회	6.45	↑			

을 변환하였다).

주된 가치관의 변화로는 먼저 ① 금전적 목표가 가지는 중요성이 증가하였고, ② 사회공헌의 중요성은 감소하였다. 이는 설문조사 대상자들이 취직 후 사회에 진출하면서 점차 현실적으로 변해가는 모습을 반영한 것으로 보인다. 또한 자신이 원하는 분야에서 전문성을 쌓는 부분에 대한 관심이 감소하였다. 그리고 직장이 원하는 지역에 위치하여 있는지, 보다 많은 경력 이동의 기회를 제공하는지가 보다 중시되고, 직업안정성에 대한 중시는 다소 감소하였다.

2. 사법연수생 시절의 직업선호와 수료 후 실제 만족도 비교

(1) 직업별 비교

2012년 42기 사법연수원 출신들이 3학기 원내교육을 종료할 당시, 이들을 상대로 다음과 같이 질문하였다. "귀하께서 사법연수원 수료 후 첫 직장으로

각 항목의 직업을 선택할 의향이 어느 정도 있으신지 5점 만점 중 숫자로 표시하여 주십시오(5=매우 선호한다. 또는 1=전혀 선호하지 않는다)."[31)

한편 2014년 설문조사에서는 "귀하는 현재 근무하고 있는 직장에 대해 얼마나 만족하십니까? ① 전혀 만족하지 않는다 ② 별로 만족하지 않는다 ③ 보통이다 ④ 대체로 만족한다 ⑤ 매우 만족한다"라는 형태로 질문하였다. 양 설문조사 결과를 비교하여 의미있는 변화가 나타난 직역만을 제시하면 <표 4-14>와 같다(판·검사들이 2014년 설문조사 표본 중 사법연수원 42기 표본에 충분히 포함되어 있지 못했기 때문에, 표본이 충분히 확보된 소규모사무실(변호사 20명 이하) 고용변호사, 중대형로펌(변호사 20명 이상) 고용변호사, 사내변호사에 관해서만 살펴보도록 하겠다).

사내변호사, 소규모사무실 고용변호사의 경우, 사법연수생 시절의 선호도와 비교할 때 1.5년차 법조인들의 실제 만족도가 높은 것으로 나타났다. 한편 중대형로펌 고용변호사의 경우도 실제 만족도가 소폭 상승하였다. 이로 인해 결과적으로 직역별 만족도 차이가 많이 줄어들었다. 이는 사법연수생 시절의 중대형로펌에 대한 강한 선호가, 실제 실무계의 현실을 잘 반영한 것은 아닐 수 있다는 주장을 가능케 한다(물론 각 직업에 대한 현재 만족도가 평준화된 것이, 부분적으로는 심리학에서 지적하는 보유효과(endowment effect)가 작용하여 자신의 현재 직업에 대한 애착이 발생하였기 때문일 수도 있겠지만 말이다).

표 4-14 사법연수생 시절의 직업선호와 수료 후 실제 만족도 비교

	2012. 5. 23. 설문조사(4학기)		2014년 설문조사 (약 1.5년차 법조인)	증감
사내변호사	2.90		3.62	↑
소규모사무실 (변호사 20명 이하) 고용변호사	2.50		3.41 [항목: 국내 로펌 (20명 이하) 변호사]	↑
중대형로펌 (변호사 20명 이상) 고용변호사	3.60	3.75	3.85 [항목: 대형로펌 (201명 이상)]	↗

31) 보다 자세한 설문조사 결과는 이준석·김지희, 앞의 글, 481면을 참조할 것.

(2) 각 직업의 개별속성별 만족도 변화

2012년 42기 사법연수원 출신들이 3학기 원내교육을 종료할 당시, 이들을 상대로 각 직업에 대해서마다 다음과 같이 질문하였다. "아래에는 각 직업별로 귀하가 사법연수원 수료 후 첫 직업을 통해 얻고자 하는 목표들[32]이 나열되어 있습니다. 해당 칸에 귀하가 해당 직업을 통해 해당 목표를 달성할 수 있을 가능성을 5점 만점 중 숫자로 표현하여 주십시오(5=목표를 달성할 수 있는 가능성이 매우 높다. … 1=목표를 달성할 수 있는 가능성이 매우 낮다)."[33]

한편 2014년 설문조사에서는 "귀하는 현재 직장과 관련하여 다음의 사항들에 대해 어느 정도 만족하십니까? 항목별 만족도[34]를 해당하는 곳에 체크해주십시오(1점: 전혀 만족하지 않는다, 7점: 매우 만족한다)."라는 형태로 질문하였다. 양 설문조사의 항목들이 정확히 일치하지는 않지만, 비슷한 카테고리의 항목들을 모아 비교한 결과 의미있는 변화를 보인 부분들은 아래와 같다(판·검사들이 2014년 설문조사의 사법연수원 42기 표본에는 충분히 포함되어 있지 못했기 때문에, 표본이 충분히 확보된 소규모사무실(변호사 20명 이하) 고용변호사, 중대형로펌(변호사 20명 이상) 고용변호사, 사내변호사에 관해서만 살펴보도록 하겠다. 그리고 2012년 설문조사의 경우 5점 만점으로 응답을 받았기 때문에, 2014년 설문조사와의 비교를 위해 7점 만점으로 값을 변환하였다).

여가시간 및 업무량, 고용안정성, 흥미있는 분야에의 근무 및 전문성 개발에 관해서는, 위 세 직역 모두 사법연수생 시절의 예상보다 만족도가 높은 것으로 나타났다. 또한 공익활동에 대해서도 중·대형로펌 소속변호사 및 사내

---

32) 9가지 목표는 다음과 같다. ① 많은 돈을 버는 것, ② 고용안정성이 보장되는 직장을 갖는 것, ③ 원하는 지역(가령 서울)에 위치한 직장을 갖는 것, ④ 충분한 여가시간을 갖는 것, ⑤ 사회적 정의실현을 위해 일하는 것(공익활동), ⑥ 경험많은 선배 법조인의 지도를 받을 수 있을 것, ⑦ 미래의 직업 선택에 있어서 보다 많은 선택지를 갖게 되는 것, ⑧ 자신이 흥미를 느끼는 분야에서 일하는 것, ⑨ 창의적이고 혁신적인 일을 하는 것.

33) 본문의 질문에 관하여 판사, 검사, 중대형로펌(변호사 20명 이상) 고용변호사에 대한 사법연수생들의 응답결과는 이준석, 앞의 글, 2013, 185~191면을 참조할 것.

34) 각 항목은 다음과 같이 제시하였다. ① 연봉, ② 복지혜택, ③ 근무환경·동료, ④ 근무시간·업무량, ⑤ 공익활동(pro bono) 등 사회공헌기회, ⑥ 승진가능성, ⑦ 현 직장이 추구하는 가치와 내가 추구하는 가치의 적합성, ⑧ 직업안정성, ⑨ 회사의 사회적 명망·평판, ⑩ 교육과 훈련의 기회(개인적인 멘토제 포함), ⑪ 성과 평가 방식, ⑫ 일과 개인적 삶의 균형, ⑬ 업무수행 자율성, ⑭ 전문성을 개발할 기회, ⑮ 육아 등 가정을 위한 편의 제공.

변호사의 경우, 예상보다 만족도가 높았다. 한편 "경험많은 선배 법조인의 지도를 받을 수 있을 것" 및 "교육·훈련" 항목의 경우 소규모 사무실이나 중·대형로펌 소속변호사는 실제 만족도가 감소한 반면, 사내변호사의 경우 예상보다 만족도가 높았다.

표 4-15 소규모사무실 고용변호사에 대한 사법연수원 42기의 예상과 실제 만족도 비교

소규모사무실(변호사 20명 이하) 고용변호사(7점 만점)				
2012년 설문조사(4학기)		2014년 설문조사(법조인 1.5년차)		증감
충분한 여가시간	2.86	근무시간, 업무량	3.93	↑
		일과 개인적 삶의 균형	3.62	↑
고용안정성	2.90	직업안정성	3.62	↑
흥미 느끼는 분야에서 근무	3.32	전문성 개발	4.14	↑
선배의 지도	3.86	교육·훈련	3.55	↓
보다 많은 미래의 직업 선택지	3.20	회사의 사회적 명망, 평판	3.41	
		성과평가방식	3.21	
		업무수행 자율성	4.38	

표 4-16 중·대형로펌 고용변호사에 대한 사법연수원 42기의 예상과 실제 만족도 비교

중·대형로펌(변호사 20명 이상) 고용변호사(7점 만점)				
2012년 설문조사(4학기)		2014년 설문조사(법조인 1.5년차)		증감
충분한 여가시간	1.97	근무시간, 업무량	3.42	↑
		일과 개인적 삶의 균형	2.96	↑
사회정의실현(공익활동)	2.47	공익활동 등 사회공헌기회	3.25	↑
고용안정성	3.47	직업안정성	3.88	↑
선배의 지도	4.74	교육·훈련	4.13	↓
흥미 느끼는 분야에서 근무	3.72	전문성 개발	4.33	↑
보다 많은 미래의 직업 선택지	4.05	회사의 사회적 명망, 평판	4.96	
		성과평가방식	3.42	
		업무수행 자율성	4.67	

표 4-17	사내변호사에 대한 사법연수원 42기의 예상과 실제 만족도 비교

사내변호사(7점 만점)				
2012년 설문조사(4학기)		2014년 설문조사(법조인 1.5년차)		증감
충분한 여가시간	4.67	근무시간, 업무량	5.57	↑
		일과 개인적 삶의 균형	5.90	↑
사회정의실현(공익활동)	2.61	공익활동 등 사회공헌기회	3.19	↑
고용안정성	4.07	직업안정성	5.33	↑
선배의 지도	2.65	교육·훈련	4.67	↑
흥미 느끼는 분야에서 근무	2.89	전문성 개발	5.05	↑
보다 많은 미래의 직업 선택지	2.58	회사의 사회적 명망, 평판	4.29	
		성과평가방식	3.81	
		업무수행 자율성	5.43	

전체적으로 사내변호사에 대한 실제 만족도가 사법연수생 시절의 예상에 비해 상당히 높게 나타난 점, 특히 대부분의 요소들에서 사내변호사가 일반적으로 선호되는 중대형로펌 소속변호사와 비슷하거나 더 높은 만족도를 보였다는 점이 특기할 만하다.

V. 결 론

1. 주요 연구내용 요약

이상의 분석결과를 요약하면 다음과 같다. 먼저 사법연수원 교육과정에 관하여, 사법연수생들은 기존의 판·검사 양성 중심의 교육과정에서 변호사 양성 교육으로의 변화를 바라고 있다. 하지만 그럼에도 개별 교육과목의 만족도에선 판·검사 양성과목이 변호사 양성과목에 비해 높은 만족도를 보였다. 이는 현 사법연수원의 변호사 양성과목에 대한 낮은 만족도를 반영한 것으로 해석된다. 그리고 이러한 "판·검사 양성 중심 교육이 변호사 실무에 도움이 되지 않는다"는 입장에는 사내변호사가 가장 많이 공감하는 것으로 나타났고,

그 뒤를 국내로펌 소속변호사, 단독개업 변호사가 뒤따랐다.

실무수습의 경우, 검찰실무수습의 만족도가 다른 실무수습에 비해 높았다. 업무량이 가장 많이 부여되는 검찰실무수습이 가장 높은 만족도를 부여받은 점은, 가장 여유있는 실무수습으로 평가받는 변호사 실무수습의 만족도가 가장 낮은 점과 함께 향후 교육과정을 보다 발전시켜 나감에 있어 고려될 필요가 있어보인다. 그리고 세법, 중국법 등 특별법 전공과목에 대한 만족도가 낮게 나타났다는 점도 향후 교육과정 개편과 관련하여 주목할 부분이다.

그리고 협상력, 국제적 역량을 키울 기회를 제외한 모든 분야에서 사법연수원 교육에 대한 만족도가 법학전문대학원 교육에 대한 만족도보다 높은 것으로 나타났고, 사법연수원 교수 및 강사에 대한 만족도가 법학전문대학원의 교수 및 강사에 대한 만족도보다 높게 나타났다. 특히 법조예절에 대한 교육의 경우, 사법연수원 출신들이 법학전문대학원 졸업생보다 만족도가 높았고, 시니어 법조인(사법연수원 39기 이전 법조인들)에게도 사법연수원 출신들이 더 좋은 평가를 받았다. 한편 사법연수원에 대한 만족도의 경우, 사내변호사, 단독개업 변호사, 국내로펌 소속변호사 순으로 가장 낮은 만족도를 보였다.

동기 및 선후배관계의 경우, 사법연수원 출신들이 법학전문대학원 출신들에 비해 더욱 협력적이고 평등하다고 느끼는 것으로 나타났다.

다음으로 42기 사법연수생들이 수료한 지 1년 반 후, 가치관 및 직업세계에 대한 인식에 어떠한 변화를 겪었는지 보면, 직업선택에 있어서 중시하는 가치 중 금전적 목표가 가지는 중요성이 증가하였고, 사회공헌의 중요성은 감소하였다. 또한 자신이 원하는 분야에서 전문성을 쌓는 부분에 대한 관심이 감소하였다.

사법연수생 시절의 해당 직업에 대한 선호도와 해당 직업에 종사하게 된 후의 실제 만족도를 비교한 결과, 여러 직역 간의 만족도 차이가 많이 감소하였다. 그리고 전체적으로 사내변호사에 대한 실제 만족도가 사법연수생 시절의 예상과 비교할 때 매우 높게 나타났다. 특히 대부분의 개별적 평가요소들에서 사내변호사가 일반적으로 선호되는 중·대형로펌 고용변호사와 비슷하거나 더 높은 만족도를 보였다.

2. 후속연구 제언

이번 2014년 서울대학교 법학연구소의 설문조사는 전체 법조인들을 대상으로 한 사실상 첫 설문조사라는 의의를 가지고 있다. 본 설문조사가 단발성으로 그치는 것이 아니라, 미국의 After the JD 연구처럼 응답자들을 5년 혹은 10년 단위로 계속 추적해간다면 그 의의가 더욱 배가 될 것이다. 이런 형태의 후속 연구들이 축적된다면, 한국 법조계의 현황 및 작동 원리에 대해 좀 더 풍부한 이해가 가능해질 것이고, 그러한 값진 정보들을 바탕으로 보다 바람직한 법조인력 양성제도의 설계가 가능해질 것이다. 앞으로 보다 활발한 후속연구들이 이어지기를 기대해본다.

참고문헌

김두식, 헌법의 풍경: 잃어버린 헌법을 위한 변론, 교양인, 2004.

_____, 불멸의 신성가족―대한민국 사법패밀리가 사는 법, 창비, 2009.

박원경·김경호·김동현·이기리, 판사 검사 변호사가 말하는 법조인, 부키, 2006.

이재협·이준웅·황현정, "로스쿨 출신 법률가, 그들은 누구인가?―사법연수원 출신 법률가
와의 비교를 중심으로", 서울대학교 법학, 제56권 제2호, 2015(이 책의 제1장).

이준석, "사법연수원 과정이 공익적 관심을 갖고 있던 예비법조인들에게 미치는 영향",
인권법평론, 제6호, 2011.

_____, "42기 사법연수생들의 직업선호 변화와 그 원인―판·검사 선호의 하락과 중대형
로펌 선호 현상을 중심으로―" 서울대학교 법학, 제54권 제2호, 2013.

이준석·김지희, "사법연수생들의 직업선호, 가치관에 대한 실증연구", 법과 사회, 제46호,
2014.

최규호, 현직 변호사가 말하는 법조계 속 이야기, 법률저널, 2009.

Dinovitzer, R., and Garth, B., and Sander, R., and Sterling, J., and Wilder, G., After
the JD: First Results of a National Study of Legal Careers, The NALP Foundation for
Law Career Research and Education and the American Bar Foundation, (2004).

Dinovitzer, R., and Nelson, R., and Plickert, G., and Sandefur, R., and Sterling, J., After
the JD II: Second Results from a National Study of Legal Careers, The American Bar
Foundation and The NALP Foundation for Law Career Research and Education, (2009).

Heinz, J. and Laumann, E., *Chicago Lawyers: The Social Structure of the Bar*(Revised
ed.), (Northwestern University Press, 1994).

Heinz, J. and Nelson, R. and Sandefur, R. and Laumann, E., *Urban Lawyers: The New
Social Structure of the Bar*, (University Of Chicago Press, 2005).

Stover, R., *Making It and Breaking It: The Fate of Public Interest Commitment during
Law School*, (University of Illinois Press, 1989).

제 5 장

법학전문대학원 제도 도입을 통해 본 법률가직역의
젠더 계층화(Gender Stratification)에 관한 연구

최 유 경

I. 서 론

1. 문제제기

2000년대 이후 한국 사회에서의 여성의 약진(躍進)은 법률가직역에서도 두드러졌으며 사법시험에서의 여성 합격자 증가를 비롯해 여성 판·검사 임용 비율의 급증으로 나타났다.[1] 법률서비스 시장에서의 공급주체의 다양화 및 성장은 더 이상 새삼스러운 일이 아니며 헌법재판관, 대법관, 검사장 등 전통적으로 남성의 전유물이던 직역에서 '최초의 여성'이라는 신화적인 수식어를 붙일 일도 이미 줄어들고 있다. 2009년 법학전문대학원 제도가 시행된 이후에도 여성법률가의 양적 성장은 지속되고 있으며, 한국의 법률가 연구에 있어서 '젠더'는 중요한 의미를 지니게 되었다.

---

[1] 유승은, "세계여성법관회의 발표문: 한국의 여성법관과 리더십에 관하여", 법률신문, 2010. 5. 17.

미국의 경우 처음 여성의 로스쿨 입학이 허용된 것은 1870년의 일이다.[2] 차례로 예일, 스탠포드 로스쿨이 여자 입학생을 받기 시작했지만,[3] 하버드 로스쿨은 1950년에야 여자의 입학을 허가했으며, 1972년이 되어서야 모든 ABA(American Bar Association) 공인 로스쿨들이 여성의 입학을 허가하게 되었다.[4] 1960년대까지만 해도 전국 로스쿨에 1,739명뿐이던 여학생 수는 1986년 47,920명으로 늘어났고, 1970년대와 80년대부터 전통적으로 남성의 전유물이던 기업법무(commercial litigation) 혹은 회사거래(corporate transaction) 등과 같은 전문 영역에 여성법률가가 뛰어들기 시작했다. 아울러 법학교육, 고용, 라이프 스타일(주로 일·가정의 양립 등), (업무상) 스트레스와 도덕적 가치(moral value)에 있어서 젠더 관점에서 여성이 남성과 가지는 '다름' 혹은 '차이'에 입각한 다양한 연구가 이루어지고 있다. 대표적으로 미국 법조직역연구연합(National Association for Law Placement, NALP)과 미국변호사재단(American Bar Foundation, ABF)이 세 차례[5]에 걸쳐 함께 수행한 『로스쿨 졸업 이후』(After the JD, 이하 'AJD I' 및 'AJD II') 연구에서 일부 항목에 관한 젠더적 접근을 하고 있으며,[6] 그 외에도 법률가직역에 대한 젠더 관점의 해외의 선행연구는 광범위

---

2) 법률가직역에서의 여성에 관한 대표적인 연구로는 Cynthia Fuchs Epstein, *Women in law (2nd Edition)*, (University of Illinois Press, 1993); D. Kelly Weisberg, "Barred from the Bar: Women and Legal Education in the United States 1870~1890", 28 J. Legal Educ. T485, 494, (1977); "Gender, Legal Education, and the Legal Profession: An Empirical Study of Stanford Law Students and Graduates" (hereafter, 'Stanford Project'), Stanford Law Review, Vol. 40, No. 5, Gender and the Law, (1988), p. 1209에서 재인용. 이 연구에 따르면 The Union College of Law (현재 Northwestern School of Law)에서 처음으로 여성 입학자를 받았으며, 이후 1871년 Michigan과 Washington University (St. Louis)가 여성의 로스쿨 입학을 허가했다.

3) Yale Law School은 1885년에, Stanford Law School은 1895년에 각각 여자 신입생을 받기 시작했다.

4) Stanford Project, pp. 1209~1211.

5) 이 연구는 2000년 졸업한 5,000여 명의 법률가들을 10년 주기로 추적 조사한 것으로 제1주기(2002~2003년), 제2주기(2007~2008년) 및 제3주기(2012년)에 이루어진 바 있다. 특히 젠더 관점에서의 분석은 The NALP Foundation for Law Career Research and Education and the American Bar Foundation, "After the JD: First Result of a National Study of Legal Career", (2004) (이하, 'AJD I'), pp. 57~60; "After the JD II: Second Result from a National Study of Legal Careers", The American Bar Foundation and the NALP Foundation for Law Career Research and Education, (2009) (이하, 'AJD II'), pp. 62~70 및 "After the JD III: Third Result from a National Study of Legal Careers", The American Bar Foundation and the NALP Foundation for Law Career Research and Education 2014 (이하, 'AJD III') 등 참조.

6) 특히 AJD 연구결과를 젠더 관점에서 분석한 보고서로는 Gita Z. Wilder, "Women in the

한 편이다.[7]

국내 일부 선행연구가 여성법률가직역에 관한 연구를 시도한 바 있지만,[8] 여성법률가를 대상으로 한 국내 경험적 연구는 상대적으로 미흡한 실정이다. 성(性)인지적 통계와 분석 작업은 전문가 직역에서의 양성평등의 실현에 있어서 중요한 장치임에도 불구하고 여성법률가 관련 통계는 고작 사법시험 합격자의 성별 비율, 여성법률가의 수나 판사 혹은 검사 임용에서의 여성 비율 등을 파악하는 정도에 머물러 있다고 해도 과언이 아닐 정도다. 법학전문대학원 제도의 도입 이후에만 6,000여 명의 여성법률가가 배출되었지만 이들의 직역별 현황이나 수행업무 유형, 투입현황, 소득, 직역 변경 등에 관한 실증적인 통계와 객관적인 자료를 찾아보기는 쉽지 않다. 따라서 필자는 Ⅱ.장에서 여성의 법률가직역 진입 현황을 비롯해 우리 사회에서 '누가' 여성법률가가 되고 있는지에 관한 경험적·실증적 통계를 제시하고, 이를 분석하고자 한다.

한편 여성법률가의 양적 성장의 측면에서 한국은 짧은 시간에 놀라운 변화를 경험하고 있지만 이 같은 양적 성장과 더불어 '질적 성장'도 함께 이루고 있는지에 대해서는 쉽게 답하기 어려워 보인다. 법률가직역에서의 이른바 '젠더 계층화(gender stratification)' 현상은 법률가직역에서의 인종에 따른 계층화

Profession: Finding from the First Wave of the After the JD Study", The NALP Foundation for Law Career Research and Education, (2008).

7) 대표적으로 Fiona M. Kay와 John Hagan의 공동 연구 참조. Fiona M. Kay and John Hagan, "The Persistent Glass Ceiling: Gendered Inequalities in the Earnings of Lawyers", The British Journal of Sociology, Vol. 46. No. 2, (1996), pp. 279~310; "Raising the Bar: The Gender Stratification of Law−Firm Capital", American Sociology Review, Vol. 63, No. 5, (1998), pp. 728~743; "Cultivating Clients in the Competition for Partnership: Gender and the Organizational Restructuring of Law Firms in the 1990s", Law & Society Review, Vol. 33. No. 3, Changing Employment Statutes in the Practice of Law, (1999), pp. 517~555; "Even Lawyers Get the Blues: Gender, Depression, and Job Stratification in Legal Practice", Law & Society Review, Vol. 41, No. 1, (2007), pp. 51~57.

8) 법률가직역에 대한 젠더 관점에서의 분석은 이유정, "로스쿨 시대의 법률시장과 여성법조인", 한국젠더법학회·이화여대 젠더법학연구소 공동주최 제12차 한국젠더법학회 학술대회 발표문, 2009. 3. 14.와 이 발표문을 바탕으로 쓴 "여성 변호사의 현황과 성차별 실태에 관한 분석", 인권과 정의, 통권 제394호, 대한변호사협회, 2009; 신진화, "여성 법관의 현황과 과제", 젠더법학, 제2권 제2호, 2010; 김두식, "법학전문대학원 3년의 시점에서 바라본 여성법조인의 어제, 오늘, 그리고 내일", 젠더법학, 제3권 제2호, 2011 등이 대표적이다. 그밖에도 신선미, "고학력 여성의 사업서비스업 진출 촉진방안", 2009년 연구과제 성과발표회 발표문 및 "법학전문대학원 여학생 진로개발 지원", 한국여성정책연구원 2010년 정책제안서-여성인력, 2010, 17~19면 참조.

와 더불어 항상 주목받아 왔다. 여기서 젠더 계층화의 개념은 여성이 남성에 비해 사회적·경제적으로 낮은 지위를 차지함으로써 여성과 남성 사이에 일정한 위계질서가 성립되고, 고정된 성(性)역할이 부여9)되는 것을 의미하는 것으로 볼 수 있다. 즉, 법률가직역 내에서의 젠더 계층화란, 법률가 집단 내에서 권력(power), 특권(privilege) 또는 재산(property) 등에의 접근이 성별(性別)을 이유로 불평등(unequal)하게 이루어짐으로써 결과적으로 남성법률가와 여성법률가 간에 이루어지는 부(富), 권력, 특권 등의 분배가 공정하지 않게 되는 현상을 의미한다. 여성법률가를 대상으로 한 국내의 몇몇 연구들은 이러한 젠더 계층화 현상의 초기 현상을 이미 진단한 바 있으며, 법학전문대학원 시대에 이와 같은 젠더 계층화가 심화될 수 있다는 경고를 보내기도 했다.10)

과연 그러한가. 이러한 물음에 대답하기 위해서 필자는 III.장에서 여성법률가의 양적 성장을 넘어 질적 성장 여부를 평가할 수 있는 요소들을 구체적·실증적으로 제시하고자 한다. 특히 여성법률가가 남성법률가와 정말 '다른' 경험을 하고 있는지, 그렇다면 어떤 점에서 어떻게 다른지에 대해서 논의하는데 중요한 지표들로는 법률가의 소득, 직업만족도, 이직 의향 유무 등은 물론 직장 내 성차별 경험 유무 및 종류, 결혼-임신·출산-육아로 이어지는 일련의 경험 등이 주요한 지표가 될 것이다.

2. 연구방법과 범위11)

이 연구는 기본적으로 <2014 대한민국 법률 직역의 구조와 법률가 의식조사>(이하, '2014 법률가 의식조사')에 바탕을 두고, 주로 로스쿨 1기부터 3기 출신 법률가의 인구학적 구성, 출신학부 및 전공, 학부졸업 후 로스쿨 입학 소

---

9) 예를 들어 여성은 가정을 꾸리고 남편을 내조하는 가정주부로서의 역할이 이상화되거나 남성에게 경제적으로 처자식을 양육할 책임자로서의 사회적 역할을 기대하는 현상 등을 들 수 있다.
10) 이에 관해서는 이유정, 앞의 글; 김두식, 앞의 글; "여성 변호사의 고용환경 개선방안 연구(연구 책임자: 박선영)", 한국여성정책연구원·대한변호사협회 여성변호사특별위원회 2012년 연구보고서 등 참조.
11) 이재협·이준웅·황현정, "로스쿨 출신 법률가, 그들은 누구인가?— 사법연수원 출신 법률가와의 비교를 중심으로", 서울대학교 법학, 제56권 제2호, 2015(이 책의 제1장), 367~411면; 이준석·김지희, "사법연수원 출신 법조인에 대한 실증적 조사연구—사법연수원 교육에 대한 만족도 및 수료 직후의 인식변화", 법과 사회, 제49호, 2015(이 책의 제4장), 85~125면 등 참조.

요기간, 학자금 조달 방법 등에 관하여 원칙적으로 여성 응답자가 남성 응답자
와 유의미할 정도로 다르게 응답한 항목에 주목한다. 특히 연구 설계 단계에서
부터 가령 결혼, 가사, 임신과 출산 및 자녀양육 등이 여성법률가의 직업적 경
험에 미치는 영향이 있는지 여부, 여성에 대한 사회적 편견이나 직장 내에서의
차별 경험의 유무 등을 측정할 수 있는 별도의 문항을 설계함으로써 이를 객
관적으로 측정하고자 했다. 총 1,020명의 응답자 가운데 여성은 336명(33.1%),
남성은 682명(66.9%)이었으나 판사(재판연구원 포함)나 검사의 응답은 충분히
이루어지지 않아 일부 면접조사를 병행하는 것으로 보충하였다. 다만 젠더 관
점에서의 심층면접은 이루어지지 못했으므로 몇 가지 선행연구를 참고하였다.
대표적으로는 2009년 "여성변호사의 현황과 성차별 실태에 대한 분석"[12]과
2012년 "여성 변호사의 고용환경 개선방안 연구"[13]를 통해 여성변호사가 채용
이나 승진에서 느끼는 차별, 파트너 진입에서 느끼는 한계, 특히 성 편견으로
인해 업무수행 과정에서 느끼는 어려움, 일·가정의 양립 문제에 대한 설문조
사를 실시한 바 있으며, 법학전문대학원 도입 3년의 시점에서 한국 여성법률
가의 탄생과 성장, 여성법률가의 현재와 미래 등을 조명한 선행연구[14]는 헌법
적인 평등의 문제와 젠더 관점에서 법률가 연구를 시도하는 데 시금석이 될
만한 연구들이다. 아울러 필자가 2014년 제2기 재판연구원을 대상으로 실시한
설문조사[15]와 법원행정처, 법무부 및 통계청 자료, 법학전문대학원협의회와

12) 이유정, 앞의 글. 이 연구에서 이유정은 로펌 근무경험이 있으나 현재는 다른 직업에 종사하
는 사람을 포함한 여성 변호사(1차로 2009. 2. 23.~2009. 3. 1.까지 84명의 여성 변호사를 대
상으로 한 설문조사를 통해 21명에게 답변을 받았고, 2차로 2009. 3. 31.~2009. 4. 16.까지
변호사 100명 이상의 로펌 3군데에 의뢰하여 23명에게 답변을 받아옴)와 사법연수원 1년차
(39기) 여연수생(2009. 2. 25.~2009. 3. 10.까지 50명 중 29명이 답변함)을 대상으로 설문조
사를 실시하였으며, 여성 변호사 중 대형로펌의 경우 여성 파트너 변호사의 수가 적어 익명
으로 처리하더라도 인터뷰 대상자가 특정되는 점, 대형로펌 파트너 선발 기준 등은 대부분
대외비에 속하므로 조사대상자들이 면접조사에 응하지 않을 가능성이 높다는 점 등을 연구의
한계로 지적하고 있다.
13) "여성 변호사의 고용환경 개선방안 연구(연구 책임자: 박선영)", 한국여성정책연구원·대한변
호사협회 여성변호사특별위원회 2012년 연구보고서. 이 설문조사의 응답자는 360명으로 조사
당시 여성 변호사 1,200명 가운데 약 30%가 참여한 것으로 분석하면서 특히 여성변호사의
채용, 근무조건과 출산, 양육환경에 대한 실태 조사 및 심층면접조사 결과 등을 바탕으로 여
성 변호사의 고용환경과 로스쿨 제도가 여성 변호사의 고용환경에 미칠 영향을 진단하고자
했음을 밝히고 있다.
14) 김두식, 앞의 글.
15) Choe Yukyong, "Career Determinants of Lawyers under the Post–Reform Legal Education

한국변호사백서,[16] 신문기사와 기관 문의 등의 방법으로 보다 더 정확한 통계를 제공하고자 했다.

다만 <2014 법률가 의식조사>는 특별히 여성법률가에게만 초점을 맞추어 진행된 것이 아니라는 점에서[17] 일정한 한계를 지닐 수밖에 없다. 따라서 향후 여성법률가만을 대상으로 한 추가적인 설문조사나 심층면접, 주기적인 추적조사 등이 이루어져야만 젠더 계층화에 관한 유의미한 연구가 가능해 질 수 있을 것이다. 그럼에도 불구하고 이 글을 통해 제시하게 될 여성법률가들의 다양한 직역 분화, 업무유형, 업무 투입비율, 근무시간 소득, 직업만족도, 직장 내 성차별이나 편견, 일·가정의 양립에 관한 경험적인 자료와 분석은 향후 젠더 관점에서의 법률가 연구를 위한 기초 자료로 활용될 수 있을 것이다.

II. 여성법률가의 탄생과 성장

1. 여성의 법률가직역 진입 현황

(1) 사법시험 제도와 여성법률가의 양적 성장

한국 고등고시 사법과에 최초로 여성 합격자가 탄생한 것은 1952년이다.[18] 그 후 1970년까지 단 한 명의 여성 합격자도 나오지 않다가 1970년대 이르러 1980년까지 약 10년간 10명의 여성 합격자가 배출되었지만, 전체 합격자 923명 대비 평균 1.08%에 해당하는 수준에 그쳤다.[19] 이른바 사법고시 300명 시대(1980~1995년)가 도래하면서부터 여성 합격자는 꾸준히 증가하는 추세를 보였지만, 그 비율은 여전히 3~4% 정도에 지나지 않았다. 1990년대에 접어들

System of Korea", Law and Society Association Annual Meeting, (Minneapolis USA, 2014. 5.).

16) 대한변호사협회, 한국변호사백서, 2010.

17) 가령 경력단절 여성법률가의 업무 복귀 현황 등에 대한 분석 등은 포함되어 있지 않다.

18) 1952년 이태영이 여성 최초로 제2회 고등고시 사법과에 합격하였음.

19) 연도별 사법시험 여성 합격자는 각각 1970년(2명), 1971년(1명), 1975년(1명), 1976년(1명), 1978년(2명), 1980년(3명)으로 집계된다. 사법시험의 여성 합격자 수 및 여성 합격자 비율은 김두식, 앞의 글, <표 1> 및 <표 2> 참조.

면서 여성의 사법시험 합격률이 5%를 상회하다가 마침내 1994년 31명의 여성이 사법시험에 합격했고, 이로써 여성 합격자 비율은 10%를 넘어섰다.[20) 이른바 사법시험 1,000명 시대[21)가 도래하면서 여성의 법조계 진출은 일대 전환이라 할 만한 변화가 일어났다. 예를 들면 2002년 여성 합격자 비율이 20%를 넘어서는가 싶더니 곧이어 2005년과 2010년에 각각 30%, 40% 선을 넘기면서 괄목할만한 양적 성장을 이루어낸 것이다. 1981년부터 1995년까지 15년간 총 183명의 사법시험 여성 합격자가 배출되던 것이 1996년부터 2010년에 이르는 약 15년간 3,426명으로 급증하면서 여성 법조인 인구는 약 20배 가까이 증가했다.[22)

여성의 사회진출이 지극히 제한적이었던 시대적 상황에도 불구하고 여성이 유독 법률가직역에서 급속한 양적 성장을 이룰 수 있었던 것은 사법시험제도가 가지는 '공정성' 측면이 기여한 바가 분명히 있었다. '단 한 번의 시험으로 인생이 좌우'되는 문제 많던 사법시험이 아이러니하게도 여성에게는 기대 이상의 혜택으로 돌아온 것일까.[23) 그렇다면 2009년 법학전문대학원 제도 도입 이후의 사정은 어떠한가. 여전히 여성 예비 법률가들의 법률가직역 진입 전망은 밝은가.

(2) 법학전문대학원 도입 이후 여성법률가의 진입

1) 법학전문대학원 여성 입학자 현황

법학전문대학원 제도가 운영되기 시작한 2009년 이래 각각 법학전문대학원과 사법시험 합격자의 여성 합격자 비율은 <표 5-1>과 같다. 지난 7년간 법학전문대학원 입학생은 총 14,437명으로 여성은 6,131명, 약 42.47%를 차지

---

20) 특히 위의 글은 여성 합격자 수의 증가가 민주화 및 그에 수반된 여성의 지위 향상의 측면에서 비롯된 것이라고 볼 수도 있지만, 성적을 유일한 선발 기준으로 삼고 있는 사법시험 제도 자체의 공정한 평가방식과 밀접한 관련이 있다고 분석하고 있다. 김두식, 앞의 글, 8~9면.

21) 1995년 세계화추진위원회를 통한 사법개혁의 결과 1996년부터 사법시험 합격자를 점진적으로 증원하여 2001년부터 법학전문대학원 제도가 시행된 2009년까지 약 10년간 매년 1,000명의 사법시험 합격자를 배출한 바 있다.

22) 김두식, 앞의 글, 9~10면.

23) 김두식, 앞의 글, 10면. 특히 같은 세대 공부를 잘하는 모든 여성에게서 '단 한 번의 시험으로 인생을 좌우하는 문제 많은 시험 제도'가 갖는 유일한 장점인 공정성의 의미를 새롭게 평가할 수밖에 없다고 지적하고 있다.

| 표 5-1 | 법학전문대학원 입학생 및 사법시험 합격자 성(性)별 현황(2009~2014년) |

	법학전문대학원 입학생				사법시험 합격자			
	전체	여성	남성	여성비율	전체	여성	남성	여성비율
2009	1,998	788	1,210	39.64	997	355	642	35.61
2010	2,000	893	1,107	44.65	814	338	476	41.52
2011	2,092	855	1,237	40.87	707	264	443	37.34
2012	2,092	910	1,182	43.50	506	211	295	41.70
2013	2,099	881	1,218	41.97	306	123	183	40.20
2014	2,072	906	1,166	43.73	204	68	136	33.33
2015	2,084	898	1,186	43.09	153	59	94	38.56
합계	14,437	6,131	8,306	**42.47**	3,687	1,418	2,269	**38.46**

단위: 명, 비율(%)

한다. 각 연도별로 조금씩 차이는 보이지만, 2009년에 40%를 조금 밑도는 수준이던 것을 제외하면 지속적으로 40% 이상에 달한다. 같은 기간 사법시험에서의 여성 합격자 비율이 평균 38.46%인 것에 비하면 오히려 다소 높은 수준이다. 2014년에는 법학전문대학원의 여성 입학 비율이 약 10%(법학전문대학원 43.78%와 사법시험 33.33%)가량 많았다. 사법시험이 2017년 폐지를 앞두고 총합격자가 점진적으로 감소되고 있어 단순히 어느 제도가 여성 합격자를 더 많이 낳았는지 비교하는 것에는 한계가 따른다. 그렇다 하더라도 법학전문대학원 제도 도입이 적어도 여성의 법학교육 진입에 특별히 불리하게 작용하고 있지는 않고 있다.

2) 여성의 변호사시험 합격현황

변호사시험에서의 여성합격률은 법학전문대학원 입학에서 못지않게 여성의 법률가직역 진출 현황을 파악하기 위한 중요한 기준이다. <표 5-2>에서 보는 바와 같이 2012년부터 2015년 시행된 제1회~제4회 변호사시험 합격자 총 6,104명 가운데 여성은 약 2,638명(평균 43.22%)이 합격했다. 2013년 여성합격률은 43.86%를 기록한 이래 2014년과 2015년 두 해 연속 조금씩 낮아지고는 있지만 이것만으로 향후 여성 합격자 비율이 감소하리라고 예측하기는 어려워

| 표 5-2 | 변호사시험 합격자의 성(性)별 현황(2012~2015년) |

	전체	여성		남성	
	인원	인원	비율	인원	비율
2012(제1회)	1,451	595	41.01	856	58.99
2013(제2회)	1,538	690	44.86	848	55.14
2014(제3회)	1,550	681	43.94	869	56.06
2015(제4회)	1,565	672	42.94	893	57.06
합계	6,104	2,638	43.22	3,466	56.78

단위: 명, 비율(%)

보인다. 오히려 법학전문대학원의 여성 입학자가 평균 42.47%인 점을 고려한다면 여성의 변호사시험 합격률(43.22%)은 이를 상회하고 있다.

3) 재판연구원 및 검사 임용 현황

사법시험제도 하에서 여성은 특히 판사나 검사 등 공직 분야에 임용되는 비율이 높았다.[24] 법학전문대학원제도 시행 이후 2012년부터 선발하고 있는 재판연구원(로클럭)의 경우에도 여성 임용 비율이 높게 나타나 전체의 약 50% 이상에 달하고 있다.

먼저, <표 5-3>에서 보는 바와 같이 2012년부터 임용하기 시작한 재판연구원의 경우 첫 해 '법학전문대학원 출신' 재판연구원 100명 중 55명(55%)이 여성이었는가 하면, 2013(55명)과 2014년(59명)에도 여성 비율이 58.2%(32명)와 59.32%(35명)로 증가했다. 2015년 66명 중 여성은 34명(51%)으로 다소 감소하는 듯 보였지만[25] 여성 재판연구원 임용 비율은 50%를 넘어서고 있다. 반면

---

24) 김두식, 앞의 글은 2011년 사법연수원 제40기 수료자를 기준으로 판사로 임용된 81명 중 여성이 53명(65.43%)이었으며 군법무관에서 제대한 제37기 남성 62명을 포함하더라도 여성 비율이 37.06%에 달하는 것으로 보고했다. 이를 전체 판사 인구로 보면 1999년 1,344명의 판사 가운데 85명(6.3%)이 여성이었던 반면 2005년 1,934명 중 11.3%(219명), 2010년 24.5%(2,538명 중 621명)까지 급증하였다. 한편 1999년과 2000년 약 2.0% 미만이던 여성 검사비율은 꾸준히 증가하여 2007년 11.6%(총 1,550명 중 180명)에 달했고, 2009년 15.6%(1,670명 중 260명)에 이르기도 했다. 신진화, 앞의 글, 65면. 이는 같은 기간 여성 변호사가 1999년 약 3,887명 중 72명(1.9%)이던 것이 2005년 겨우 5.6%(6,997명 중 391명)를 넘어섰고, 2009년에도 10.5%(9,612명 중 1,013명)에 이르고 있는 것과 비교하면 급속한 양적 성장의 단면을 보여준다.

25) 고등법원 내부 자료에 의하면 2015년 현재 고등법원에 근무하고 있는 재판연구원(법학전문대학원 3기 및 사법연수원 출신) 총 105명 가운데 70명(66.67%)이 여성이다.

| 표 5-3 | 검사 및 재판연구원(로클럭) 임용 현황(2012~2015년) |

	검사		재판연구원(로클럭)	
	법학전문대학원(여성)	사법연수원(여성)[26]	법학전문대학원(여성)	사법연수원(여성)
2012	42 (13)	62 (37)	100 (55)	—[27]
2013	37 (12)	45 (32)	55 (32)	45 (35)
2014	35 (24)	43 (23)	59 (35)	46 (35)
2015	39[28]	33 (19)	66 (34)	32 (22)[29]
합계	153	183 (111)	280 (156)	123 (92)

단위: 명.

2015년 처음 임용된 법학전문대학원 출신 경력법관 총 37명 가운데 여성은 16 명이었으며 약 43.24%였다.[30]

　'사법연수원 출신' 재판연구원의 경우는 여성 비율이 더 높게 나타나고 있는데 2013년 77.78%(43명 중 35명), 2014년 76.08%(46명 중 35명)의 여성 재판 연구원이 임용되었다. 이 비율은 2015년 68.75%(32명 중 22명)로 조금 낮아지 기는 했지만[31] 재판연구원의 경우 특히 법학전문대학원의 학점 외에도 별도 의 시험 등을 통해 임용되는 점에서 향후 여성 비율은 비슷한 수준을 유지할 것으로 전망된다. 한편 2015년 현재 서울고등법원에 있는 여성 재판연구원 총 105명을 기준으로 70명(66.67%)이 여성이고 그 중 법학전문대학원 출신(3기와 4기)은 43명, 사법연수원 출신은 27명인 것으로 볼 때 재판연구원의 인적 구성 에서도 여성의 비율은 높은 편이다.

　<표 5-3>에서 보듯이 '법학전문대학원 출신' 검사의 경우도 여성 비율

---

26) 다만 같은 기간 동안 사법연수원 법무관 출신인 남성 검사의 임용은 별도로 이루어지고 있 고, 2012년부터 2015년까지 각각 25명(2012년, 사법연수원 38기), 23명(2013년, 사법연수원 39기), 34명(2014년, 사법연수원 40기) 및 31명(2015년, 사법연수원 41기).

27) 2012년의 경우 사법연수원 41기는 전원이 즉시임관 하였음.

28) 2015. 4. 14. 제4기 법학전문대학원 수료자 39명이 검사로 임용되었으며, 공식적인 여성 비율 을 파악할 수 없었음.

29) 「로스쿨 출신 재판연구원 임용: 여성이 51% 차지, 여풍거세」, 대한변협신문, 2015. 4. 24.

30) 「첫 로스쿨 출신 경력법관 서울대 출신 38% 최다」, 이데일리, 2015. 6. 12.

31) 그 원인에 대한 정확한 분석을 위해서는 재판연구원 지원자 가운데 여성이 차지하는 비율, 군법무관 출신 재판연구원 임용 현황 등을 종합적으로 고려할 필요가 있다.

이 상대적으로 높은 것으로 나타난다. 2014년 현재 1기~3기 법학전문대학원 출신 검사 총 113명[32] 가운데 여성은 약 49명으로 43.4%를 차지하고 있고, 현직 검사 전체 1,983명 가운데 약 532명이 여성으로 26.8%에 이른다.[33] 최근 5년간 약 10% 가량 증가된 셈이다. 제1기 법학전문대학원 졸업자가 처음 검사로 임용되기 시작한 2012년부터 매년 42명, 37명, 35명 및 39명의 '법학전문대학원 출신' 검사가 임용되었으며, 여성은 2012년과 2013년에 각각 13명(31.0%), 12명(32.4%)이던 것이 2014년 24명으로 68.6%까지 늘어났다.

2009년부터 2013년까지 '사법연수원 출신' 검사 임용 현황을 보더라도 여성 검사 임용 비율은 각각 51.8%(58명), 46.2%(54명), 49.2%(59명), 43%(37명) 및 47.1%(32명)로 급격히 높아진 것으로 보인다. 같은 기간 사법연수원 40기, 41기, 42기 수료자를 기준으로 하면 기수별로 각각 65.6%, 60.7%, 71.1%의 여성이 검사로 임용된 것으로 이른바 '여풍(女風) 현상'으로 묘사되기까지 하였다.[34] 이와 같은 통계만 가지고 젠더 관점에서 법학전문대학원 제도를 낙관하는 것이 시기상조라고 하더라도 법학전문대학원 제도 그 자체가 여성으로 하여금 검사직 진출을 어렵게 할 것이라는 우려는 일축할 만한 통계이다.

4) 직역별 여성법률가 현황

2013년을 기준으로 여성법률가 비율은 <표 5-4>와 같다.[35] 2000년 이후 최근 10년간 여성법률가는 양적으로 증가하고 있을 뿐만 아니라 판사나 검사와 같은 공직 진출에서 두각을 나타내고 있음은 앞에서도 이미 살펴보았다. 반면 변호사의 경우 여성은 여전히 20% 안팎에 그치고 있어 <표 5-1>과 <표 5-2>에서 살펴본 2009년부터 2014년 사법시험과 변호사시험 여성합격자 평균 비율인 38.46% 및 43.22%를 기준으로 절반에도 못 미치는 수준이다.[36] 즉, 최근 여성법률가의 양적 증대에도 불구하고 전체 법률가 지형에서

---

32) <표 5-3>은 해마다 법무부에서 발표한 검사 임용 현황을 기초로 작성된 것으로 이에 따르면 1기~3기 법학전문대학원 출신 검사는 총 114명이다.

33) 「로스쿨 출신 현직 검사 '여풍' 강세」, 법률저널, 2014. 8. 12.

34) 「올 신규검사 74명의 출신대학 살펴보니」, 법률저널, 2014. 1. 29.

35) 통계청, 2015 통계로 보는 여성의 삶, 38면 참조. 이 자료는 안전행정부, 안전행정 통계연보, 대한변호사협회, 한국변호사백서 2010 등을 기준으로 집계한 것으로 개업변호사를 기준으로 함. http://kosis.kr/ups/ups_01List.jsp(마지막 방문: 2015. 12. 29.)

36) 다만 <표 5-3>은 개업변호사를 기준으로 한 통계라는 점, 법학전문대학원을 통해 배출된

표 5-4	여성 법조인 비율			
	판 사	검 사	변호사	합 계
2000	6.8	1.8	2.3	3.1
2005	11.3	7.0	5.6	6.9
2010	24.0	20.8	11.7	15.0
2011	25.5	22.7	13.6	16.7
2012	26.8	24.1	16.1	18.7
2013	27.4	25.4	19.4	21.2

출처: 통계청, 2015 **통계로 보는 여성의 삶**, 여성가족부(2015), 단위: %, 개업변호사 기준.

는 여전히 남성 위주의 직역 분포를 보이고 있는 것으로 분석된다.

뿐만 아니라 여성법률가의 질적인 성장은 양적인 팽창 속도를 따라가지 못하고 있어서 사법 대표성을 갖춘 여성법률가의 배출은 여전히 부족한 실정이다. 예컨대 2003년과 2004년 각각 최초의 여성 헌법재판소 재판관과 여성 지방법원장이 배출되었고, 2004년 8월 최초의 여성 대법관이 탄생한 바 있음에도 불구하고 여전히 여성 헌법재판소장이나 대법원장은 배출된 적이 없다. 또한 2015년 현재 대법관 13명 중 여성은 2명(15.4%)[37]에 불과하고, 전·현직 대법관을 기준으로 해도 총 90명 가운데 여성 대법관은 4명에 지나지 않는다.[38] 청주지방법원에 최초의 여성 법원장이 임명된 데 이어[39] 영동지원장에 여성이 임명되면서 비로소 여성 법원장과 여성 지원장의 조합이 이루어지기는 하였지만,[40] 이 또한 각각 2014년과 2015년에 일어난 일이다. 헌법재판소의 경우도 사정이 크게 다르지 않다. 2015년 현재 헌법재판관 9명 중 1명(11%)[41]만 여성이며, 역대 헌법재판소장과 헌법재판관 총 36명을 기준으로 하면 1명

여성법률가의 경우에는 2012년부터 본격적인 구직활동을 하였을 것이라는 점 등에 비추어 보면 2015년 기준으로 이미 증가했거나 향후 지속적으로 증가할 수 있을 것으로 보인다.

37) 박보영(2012. 1.~현재)과 김소영 대법관(2012. 11.~현재).
38) 역대 대법관은 총 77명을 기준으로 하여도 여성 대법관은 김영란(2004. 8.~2010. 8), 전수안(2006. 7.~2012. 7) 대법관 둘 뿐이다.
39) 조경란(55세, 연수원 14기) 법원장.
40) 신진화(53세, 연수원 29기) 영동지원장.
41) 이정미(2011. 3.~현재) 재판관.

(2.9%), 전·현직 헌법재판소장 및 헌법재판관을 합해도 총 2명(약 4.4%)의 여성 헌법재판관[42]이 배출된 것에 그치고 있기 때문이다.

법원보다 검찰의 경우는 더욱 심각한 것으로 보인다. 2015년 현재 여성 검사는 530명에 달하고 있지만, 소위 '남성 엘리트' 검사가 독점해 오던 대검찰청 대변인에 최초의 여성 검사를 임명한 것이 2011년의 일이고,[43] 검찰 창설 67년만인 2015년 1월에서야 최초 여성 검사장이 나오는 등[44] 여성 검사의 주요 보직 진출은 여전히 미미하다.[45] 법률가 직역에서조차 '유리천장(glass ceiling)[46]'이 존재한다거나[47] 여성법률가의 고용 환경 및 일·가정 양립 개선 등의 문제가 끊임없이 제기되는 것에 주목할 필요가 있다.[48]

(3) 평   가

'성적'을 유일한 기준으로 하는 사법시험 제도 아래에서 여성은 역설적으로 법률전문직에 진출하는데 객관적이고 공정한 기회를 부여받았던 반면 지난 몇 년간 법학전문대학원 제도 운영 초기 학생들은 불확실성, 불공정성, 외부로부터의 간섭가능성, 과도한 경쟁과 자치권 상실 등의 위기에 직면해 있었던 점은 부정하기 어렵다.[49] 이는 법학전문대학원 도입 이후 오히려 여성법률가의

---

42) 전효숙(2003. 8.~2006. 8) 및 이정미(2011. 8.~현재) 재판관.
43) 「'엘리트 코스' 대검 대변인에 첫 여성」, 한국일보, 2011. 8. 29. 박계현 당시 대검 감찰 2과장이 대검 대변인에 임명되었음.
44) 「검찰서 늘 '여성 1호'였던 조희진 검사장 첫 여성 지검장에 올라」, 조선일보, 2015. 2. 6.
45) 「검찰 엘리트 146명 출신분석」에 따르면 여성 간부 수는 극히 적어 검찰 조직에 불고 있는 여풍 현상이 간부직까지 확대되기까지는 시간이 더 걸릴 전망이라고 평가하고 있다. 문화일보, 2010. 9. 8. 한편 「여성 대통령 시대」 파워엘리트 221명 중 여성 5명 뿐」에서는 국가정보원, 검찰, 경찰, 국세청 등 권력기관의 고위 공직자 221명 가운데 여성 공직자는 5명 수준에 그치고 있다고 지적하고 있으며, 경향신문, 2013. 6. 3. 「박근혜 정부 후반기 '파워엘리트' 218명 분석 국정원·경찰청·국세청 최고위직에 호남 출신 하나도 없어」에 따르면 최고위직 218명 가운데 여성은 5명에 그치고 있다. 경향신문, 2015. 9. 25.
46) 이 때 유리천장(glass ceiling)은 특히 여성법률가가 파트너 진입 등에 있어서 사실상 승진 기회를 제한당하고 있는 현상을 나타내는 말로 사용된다. Sharyn Roah Anleu, "Women in the Legal Profession: Theory and Research", p. 200.
47) 「여성 법조인 늘었지만, 아직 …」, 법률저널, 2014. 10. 30.
48) 박선영, "여성 변호사의 고용환경 개선방안 연구", 한국여성정책연구원·대한변호사협회 여성변호사특별위원회 2012년 연구보고서.
49) 김두식, 앞의 글, 25~26면; 이유정, 앞의 글, 및 이유정의 글에 대한 토론문으로 선미라, "미국 여성 변호사 현황" 등 참조. 이들 연구는 오로지 성적에 근거한 채용이 이루어지던 사법시험 및 사법연수원 제도 하에서는 그나마 여성에 대한 채용의 객관성이 보장될 수 있었던

미래가 어두워질 수 있다는 현실적 우려로 이어졌고, 법학전문대학원 제도의
운영과 공적 영역의 확장, 공정성 유지·강화, 그리고 감시와 견제 장치 마련이
시급한 상황이었다.50) 그러나 지금까지 살펴본 바에 의하면 법학전문대학원
제도 시행 이후 법학전문대학원 입학이나 변호사시험 합격률을 비롯해 재판연
구원과 검사 임용에 있어서 여성 비율이 이전보다 특별히 낮아지지는 않은 것
으로 보인다. 다만 공직이나 공공부문 이외의 직역에서 여성이 남성과 비교했
을 때 다양한 법률가직역으로 진출하고 있는지, 로펌이나 기업 등으로의 취업
에 있어서 사실상 차별이 이루어지지 않는지 여부에 관해서는 이들 자료만으
로 평가하는 데 여전히 한계가 있다. 특히 취업 과정에서의 공정성은 향후 취
업을 준비하거나 이직 등의 경험이 있는 여성법률가를 대상으로 한 심층면접
등을 통해 좀 더 정확하게 평가할 수 있을 것이다.

2. 여성법률가의 사회·경제적 배경

그렇다면 법학전문대학원 제도 도입 이후 여성법률가들의 고용상 지위와
직장규모는 어떠한가. 또한 오늘날 여성법률가들은 대체로 어떤 배경을 가지
고 있는가.

(1) 직장유형 및 고용 형태

<표 5-5>는 성별에 따른 직장유형과 고용 형태를 나타낸다. 이에 따르
면 전체 응답자의 약 60.5%는 국내로펌과 일반기업(16.7%)에 고용되어 있으며,
여성과 남성법률가 대부분이 상근직(각각 97.6%, 95.9%)에 종사하고 있었다. 오
히려 여성은 남성에 비해 비상근직 비율이 낮았고,51) 여성도 남성과 마찬가지

법원과 검찰 직역에서조차 이제 누가 선순위인지 정할 기준이 모호해진 측면이 있고, 지원자
의 출신학교나 과거 경력 등이 고려되기까지 한다면 그 기준은 더욱 불분명해질 수 있다는
점을 지적하고 있다. 뿐만 아니라 이미 미국 변호사업계에서 여성 채용에 보여주고 있는 차
별적인 현실 등을 고려했을 때 대형 로펌 면접을 경험한 여성 예비법률가들 사이에서 일부
대형로펌이 여성에게는 아예 관심을 돌리지 않고 있으며, 이른바 '명문' 법학전문대학원의 최
우수 학생들 중에서도 '남성들만'이 우선 채용되고 있다는 소문이 돌고 있다고 전한 바 있다.

50) 김두식, 앞의 글, 26~28면.

51) 이는 미국 AJD 연구결과와 다른 점으로, 세 차례의 AJD 연구는 여성이 남성보다 비상근직에
근무하는 경향이 강하며, 비율상 차이도 갈수록 심화되는 것으로 분석했다. AJD I, p. 57,

| 표 5-5 | 고용상 지위 및 재직 직장 유형: 항목별 활용도 |

		전 체	여 성	남 성
고용상 지위	상근직	96.5	97.6	95.9
	비상근직	0.7	0.6	0.7
	기타	2.8	1.8	3.4
재직 직장	단독개업	10.4	7.1	12.0
	국내로펌	60.5	55.9	62.8
	법원검찰	3.0	3.8	2.6
	공공기관(공기업 포함)	4.6	6.5	3.7
	일반기업(금융기업 포함)	16.7	19.2	15.4
	기타	4.8	7.4	3.5

전체(n=1020), 단위: %.

로 국내로펌(55.9%)에 취업하는 비율이 가장 높다.

다만 여성이 단독개업(7.1%)을 하는 경우는 남성(12.0%)보다 적게 나타나고 있으며, 법원·검찰 및 공공기관(공기업 포함) 재직 비율이 상대적으로 높다. 한편 남성의 약 62.8%가 국내로펌에 고용된 반면 여성은 55.9%만이 국내로펌에 고용된 것으로 조사됐으며, 일반기업(금융기업 포함)에 취업한 여성 비율이 19.2%로 남성(15.4%)보다 높게 나타나는 특징을 보인다. 여성의 경우 '기타'라고 응답한 비율이 남성보다 높았는데 구체적인 직장의 유형은 파악되지 않았지만 전형적인 유형이 아닌 직역에 종사하는 비율이 여성이 조금 높은 것으로 해석할 수 있다.

한편 'AJD I'와 'AJD II' 등에서도 여성법률가가 남성법률가에 비해서 직역의 분화 및 소득 분화 현상이 두드러지고 있다고 분석한 바 있고, 여성이 남성에 비해 정부나 법률구조(legal services) 및 국선변호사(public defender), 공공영역(public sector), 공익변호사(public interest law position), 비영리 혹은 교육분야에 종사하는 비율이 높은 것으로 나타났다. 특히 여성은 초기 직장인 로펌에서 사내 변호사나 공공영역으로 이직하는 비율이 남성에 비해 높았던 점에

AJD II, pp. 63~65 등 참조.

비추어 볼 때[52] 한국의 여성법률가의 직역 분화 형태와 범위, 이직의 빈도와 종류 등에 대한 분석은 상대적으로 초기 단계에 머물러 있는 측면이 있으므로 향후 주기적인 추적 조사 등이 병행되어야 할 것으로 보인다.

(2) 직장규모

직장규모는 여성과 남성 모두 2~10명 이하 규모의 직장에 고용된 비율이 각각 43.7%와 37.7%로 가장 높게 나타났고, 200명 초과 대형로펌에 속한 경우도 각각 18.2%와 22.4%에 달했다.

<표 5-6>에서 보는 바와 같이 개인변호사 사무소(1인) 형태에 소속된 비율이나 11~60명 이하 규모 직장에 속한 비율은 여성과 남성 간 큰 차이가 없었으며, 61~100명 이하의 경우 남성이, 101~200명은 여성의 경우 전체 평균보다 높은 것으로 응답했다.

표 5-6 현직 직장 규모

	전 체	여 성	남 성
본인(1명)	11.6	11.4	11.7
2명~10명 이하	39.96	43.7	37.7
11명~60명 이하	18.1	17.8	18.2
61명~100명 이하	5.0	3.7	5.6
101명~200명 이하	4.7	5.2	4.4
200명 초과	21.0	18.2	22.4

검사, 사법부 재직자 제외 응답자(n=989), 단위: %.

(3) 학부성적

법학전문대학원 여성 입학자의 학부 평점은 95점 이상(A+)이 28.4%, 90점~94점 이상(A)이 및 53.8%로 무려 82.2%가 90점(A 학점) 이상을 받은 반면 남성의 경우 이 95점 이상(A+)이 12.5%, 90점~94점 이상(A)이 47.4%, 85~89점(B+)이 32.1%로 85점~94점에 약 79.5%가 속하여 여성 입학자의 학부 평점

---

52) AJD II, p. 63.

이 통상 더 높은 것으로 나타났다. 이를 석차 기준으로 환산하면 법학전문대학원의 여성입학자의 경우 학부 석차 상위 10% 이내인 경우가 42.6%(남성 28.6%), 상위 11~25% 이내가 19.2%(남성 21.7%)로 조사됐다. 남성의 경우는 상위 11~25%와 26~50%(19.9%)라고 응답한 비율이 가장 높고, 51~75% 미만도 약 10.1%나 되었지만 여성의 경우 대부분 상위 25% 이내 또는 26~50%(11.2%)라고 응답해 여성의 학부 평점이 상대적으로 높은 것으로 보인다.

표 5-7   학부 평점

	전 체	여 성	남 성
95점 이상 A+	17.7	28.4	12.5
90점~94점 A	49.5	53.8	47.4
85점~89점 B+	26.5	15.1	32.1
80점~84점 B	5.5	2.1	7.2
75점~79점 C+	0.6	0.3	0.7
70점 미만 D이하	0.1	0.3	0.0
거절	0.1	0.0	0.1
평균	91.01	92.40	90.32
중간 값	92	93	91

전체(n=1020), 단위: %, 100점 평균(점).

표 5-8   학부 석차

	전 체	여 성	남 성
상위 10% 이내	33.0	42.6	28.3
상위 11%~25%	20.9	19.2	21.7
26%~50%	17.1	11.2	19.9
51%~75%	7.6	2.7	10.1
75% 미만	3.0	0.9	4.1
잘 모름	18.3	23.4	15.8

전체(n=1020), 단위: %.

(4) 부모의 사회·경제적 배경

부모의 사회·경제적 배경의 측정 기준은 다양하다. 특히 부모의 학력을 기준으로 흥미로운 결과는, <표 5-9>에서 보는 바와 같이 남성 응답자의 고등학교 졸업 시점의 아버지 학력 수준은 전문대학을 포함한 4년제 대학 졸업 비율이 가장 높게 나타난 반면 초등학교 졸업 이하도 10.4%나 되었다는 점이다.

표 5-9 고등학교 졸업 시점의 아버지 학력

	전 체	여 성	남 성
초등학교 졸업 이하	8.0	3.3	10.4
중학교 졸업 이하	6.2	2.4	8.1
고등학교 졸업 이하	23.2	21.3	24.2
전문대학 졸업	2.5	1.5	2.9
4년제 대학 졸업	36.7	37.9	36.1
석사 졸업	12.6	17.5	10.3
박사 졸업	8.6	14.2	5.9
해당 사항 없음(안 계심 등)	2.2	2.1	2.2

전체(n=1020), 단위: %.

반면 여성 응답자의 경우 역시 고등학교 졸업 시점의 아버지 학력 수준은 전문대학 및 4년제 대학 졸업 비율이 가장 높았고, 초등학교 졸업 이하인 경우는 3.3%로 극히 적은 반면 석사졸업(17.5%)과 박사졸업(14.2%) 비율이 남성 응답자의 아버지보다 월등히 높게 나타났다.

이러한 차이는 응답자의 고등학교 졸업시점 어머니의 학력 수준에서는 더 극명하게 드러나고 있다. 특히 여성 응답자의 경우 어머니의 학력 수준이 남성보다 높은 특징을 보이고 있다. <표 5-10>에서 보는 바와 같이 남성 응답자의 경우 고등학교 졸업 시점의 어머니 학력 수준이 전문대학 이상 4년제 대학 졸업인 경우는 30.6%인 데 반해 고등학교 졸업 이하(중학교 졸업 이하 및 초등학교 졸업 이하 포함)인 경우가 62.6%나 된다. 그런데 여성 응답자의 경우

| 표 5-10 | 고등학교 졸업 시점의 어머니 학력 |

	전　체	여　성	남　성
초등학교 졸업 이하	13.1	5.3	17.0
중학교 졸업 이하	10.9	7.4	12.6
고등학교 졸업 이하	31.8	28.1	33.6
전문대학 졸업	2.7	3.0	2.6
4년제 대학 졸업	32.6	**42.0**	28.0
석사 졸업	5.5	9.8	3.4
박사 졸업	1.5	2.7	0.9
해당 사항 없음(안 계심 등)	1.9	1.8	1.9

전체(n = 1020), 단위: %.

고등학교 졸업 시점의 어머니 학력 수준은 전문대학원 이상 4년제 대학 졸업이 45.0%나 되었으며, 석사(9.8%)와 박사(2.7%) 졸업 비율도 남성 응답자의 경우(각각 3.4%, 0.9%)보다 약 3배 가량 높은 것으로 나타났다. 여성 응답자의 어머니 가운데 고등학교 졸업 이하(중학교 졸업 이하 및 초등학교 졸업 이하 포함)는 40.8%로 남성 응답자의 어머니의 경우(63.2%)보다 낮았다.

Ⅲ. 여성법률가의 삶 – 일과 가정

1. 여성법률가의 직장 선택

(1) 현재 직장 선택 시 고려사항 및 고려정도

<표 5-11>에서 보는 바와 같이 현 직장을 선택할 때 고려하는 요소로는 여성과 남성 모두 '근무환경과 동료'(각각 5.10점, 5.03점)를 꼽았으며, 여성은 남성에 비해서 '회사규모와 지리적 위치', '가정을 위한 편의제공' 등을 비중 있게 고려하는 반면 남성은 '연봉', '승진 가능정도' 및 '추구가치 적합 정도' 등을 더욱 중요한 요소로 고려하는 것으로 나타나고 있다.

표 5-11 현재 직장 선택 시 항목별 고려정도

		전 체	여 성	남 성
현직 분야 선택 시 고려요인 (1pt: 전혀 고려하지 않음~7pt: 매우 중요한 요소로 고려)	연봉	4.60	4.41	4.70
	복지혜택	3.88	4.02	3.81
	근무환경, 동료	5.05	5.10	5.03
	근무시간	4.31	4.63	4.15
	사회 공헌 기회	3.25	3.31	3.22
	승진가능 정도	3.26	3.09	3.35
	추구가치 적합 정도	4.40	4.32	4.44
	직업안정 정도	4.48	4.50	4.46
	지리적인 위치	4.15	4.31	4.07
	회사규모	4.33	4.52	4.24
	명망, 평판	4.62	4.71	4.57
	교육훈련기회	4.30	4.47	4.22
	가정 위한 편의제공	3.14	3.77	2.83

전체(n=1020), 단위: 7점.

표 5-12 현직 분야 선택 시 항목별 고려정도

		전체	여성	남성
현직 분야 선택 시 고려요인 (1pt: 전혀 고려하지 않음~7pt: 매우 중요한 요소로 고려)	중장기 소득에 대한 기대	4.67	4.44	4.78
	특정 법률분야에 대한 관심	4.56	4.55	4.56
	학자금 대출 상환을 위한 충분한 연봉	2.18	2.16	2.19
	학자금 대출 상환 지원, 변제 프로그램 제공 여부	1.47	1.40	1.51
	전문지식 개발을 위한 기회	4.90	4.97	4.86
	일과 개인적 삶의 균형에 대한 기대	4.53	4.71	4.44
	사회적 공헌을 할 수 있는 기회	3.93	3.83	3.98
	해당 분야에 대한 명성	4.42	4.37	4.44
	향후 경력이동에 대한 기회	4.49	4.78	4.34
	기타	3.49	3.64	3.41

전체(n=1020), 단위: 7점.

한편 <표 5-12>와 같이 여성과 남성 모두 현직 분야 선택 시 항목별 '전문지식 개발을 위한 기대'(각각 4.97점, 4.86점)를 가장 많이 고려하는 것으로 나타났다. 여성은 남성에 비해 '향후 경력 이동에 대한 기회'(4.78점) 및 '일과 개인적 삶의 균형에 대한 기대'(4.71점)에 더 높은 가치를 둔 데 비해 남성은 '중장기 소득에 대한 기대'(4.78점)나 '특정 법률분야에 대한 관심'(4.56점), '해당 분야에 대한 명성'(4.44)을 여성보다 상대적으로 더 많이 고려하는 것으로 나타났다.

(2) 취업 전 지원 및 채용제안 현황

<표 5-13>에서와 같이 직장 취업을 위해 여성은 공공부문과 민간부문 모두에 있어서 남성보다 더 많은 곳에 지원하고 있다. 여성(1.46)이 남성(0.90)에 비해 공공부문에 더 많이 지원하는 것은 사실이지만, 여성의 경우도 민간부문(7.72) 지원율이 공공부문에 비해 현격히 높은 것으로 보인다. 반면 채용제안을 받는 경우는 공공부문의 경우 남성(0.20)보다 여성(0.35)이 조금 높지만, 민간부문의 경우 남성이 평균 2.03곳으로부터 채용제안을 받는 반면 여성은 1.68곳으로부터 채용제안을 받고 있다.

표 5-13 현 직장 취업 전 지원/채용제안 회사 수(현 직장 포함)

		전 체	여 성	남 성
공공부문	지원한 곳	1.11	1.46	0.90
	채용제안을 받은 곳	0.26	0.35	0.20
민간부문	지원한 곳	6.70	7.72	6.09
	채용제안을 받은 곳	1.90	1.68	2.03

전체(n=1020), 단위: 개.

(3) 채용합격의 요인

현 직장 채용합격에 작용한 요인에 대한 항목별 중요도를 자기평가 기준으로 살펴보면 '기타 개인 능력'(여성 4.65점, 남성 4.18점)과 '졸업대학'(여성 4.56점, 남성 4.21점)이 가장 높았고, 특히 여성의 경우 '로스쿨 및 사법연수원

| 표 5-14 | 채용합격 시 중요하게 작용한 요인: 자기 평가 기준 |

	전 체	여 성	남 성
로스쿨 및 연수원 성적	4.01	4.36	3.83
모의재판, 논문발표 경험	2.08	2.25	1.99
졸업대학	4.33	4.56	4.21
이전 근무 경험 유무	3.58	3.30	3.71
이전 직장 경력	3.66	3.40	3.79
고객 유치 능력	2.44	2.15	2.59
교수추천	1.97	2.07	1.92
인맥	2.60	2.38	2.71
학연	2.70	2.50	2.80
석사 이상 학위	2.17	2.27	2.12
성별	3.26	2.86	3.46
외모	3.04	3.17	2.97
기타 개인능력	4.34	4.65	4.18
졸업 로스쿨 명성, 순위	4.04	4.45	3.77

전체(n=1020), 단위: 7점.

성적'(여성 4.36점, 남성 3.83점)을 중요한 요인으로 꼽았다. 남성 응답자는 여성에 비해 '성별'(여성 2.86점, 남성 3.46점), '이전 직장 경력'(여성 3.40점, 남성 3.79점)과 '이전 근무 경험 유무'(여성 3.71점, 남성 3.30점), '고객유치능력'(여성 2.15점, 남성 2.59점) 등을 각각 상대적으로 더 중요하게 인식하는 데 반해 여성은 남성에 비해 '외모'(여성 3.17점, 남성 2.97점)에 대해서 상대적으로 중요한 의미를 부여하는 것으로 보인다.

2. 여성법률가직역의 분화

(1) 직장의 유형과 분포

오늘날 법률가직역은 일반적으로 단독개업과 국내로펌으로 나누어지며 그 외 법원, 경찰 또는 공공기관(공기업 포함)과 같은 공적 영역과 금융기업을 포함한 일반기업의 사내변호사 형태가 있다. 법률가직역의 분화에 있어서 성별 간 편차는 두드러지고 있지 않으나 여성의 경우 '단독개업'보다 '일반기업(금융기업 포함)' 진출이 약간 높게 나타나는 경향을 보인다. 국내로펌 진출 비율은 남녀 모두에서 가장 높은 비율을 나타내고 있으나(여성 55.9%, 남성 62.8%), 여성의 국내로펌 진출 비율은 남성보다 약 7% 가량 낮게 나타나고 있다. 반면 여성은 남성보다 법원이나 검찰 등 공적 영역 진출 비율이 높은 것으로 조사됐다(여성 65.%, 남성 3.7%).

표 5-15   재직 직장 유형

	전 체	여 성	남 성
단독개업	10.4	7.1	12.0
국내로펌	60.5	55.9	62.8
법원경찰	3.0	3.8	2.6
공공기관(공기업 포함)	4.6	6.5	3.7
일반기업(금융기업 포함)	16.7	19.2	15.4
기타	4.8	7.4	3.5

전체(n＝1020), 단위: %.

(2) 직장규모

현직 직장규모 면에서 여성과 남성 모두 2명~10명 이하 규모에 재직 중인 경우가 가장 많았고 전체의 약 39.96%를 차지했다. 이 가운데 여성은 43.7%로 평균을 상회하고 있으며 이어서 200명 초과 규모에 여성과 남성이 각각 18.2%와 22.4%였으며, 그 외 11~60명 이하 중급규모(여성 17.8%, 남성 18.2%), 본인(여성 11.4%, 남성 11.7%) 등으로 여성과 남성이 비슷한 비율을 보이고 있다. 다만 여성은 101~200명 이하 규모(5.2%)가 61~100명 규모(3.7%)보다 높게 나타났다.

| 표 5-16 | 현직 직장규모 |

	전 체	여 성	남 성
본인(1명)	11.6	11.4	11.7
2명~10명 이하	39.96	43.7	37.7
11명~60명 이하	18.1	17.8	18.2
61명~100명 이하	5.0	3.7	5.6
101명~200명 이하	4.7	5.2	4.4
200명 초과	21.0	18.2	22.4

검사, 사법부 재직자 제외 응답자(n=989), 단위: %.

(3) 수행업무 및 유형별 투입비중

1) 법률분야별 업무수행

<표 5-17>에 따르면 법률분야별 업무수행률은 일반 민형사사건 (84.4%)이 가장 높았고, 기업업무(66.4%), 건설부동산(63.4%), 정부행정(50.5%), 인사노무(49.9%), 가사이혼상속(44.0%), 공정거래(41.9%), 금융 및 자본시장

| 표 5-17 | 법률분야별 업무 수행 여부(각 분야별 수행률) |

	전 체	여 성	남 성
가사이혼상속	44.0	41.7	45.2
건설부동산	63.4	54.4	67.9
기업법무	66.4	63.0	68.0
금융 및 자본시장	41.8	40.5	42.4
지식 재산권	39.5	39.3	39.6
조세 및 관세, 통상	32.8	27.2	35.6
공정거래	41.9	39.6	43.0
인사노무	49.9	46.7	51.5
정부행정	50.0	51.2	49.4
일반 민형사사건	84.4	79.6	86.8
기타	61.1	61.2	61.0

전체(n=1020), 단위: %.

(41.8%), 지적재산권(39.5%), 조세 및 관세, 통상(32.8%) 순으로 나타났다. 특히 여성은 ① 일반 민·형사 사건(79.6%), ② 기업법무(63.0%), ③ 건설·부동산 (54.4%) 및 ④ 정부·행정(51.2%) 순으로, 남성의 경우 ① 일반 민·형사 사건 (86.8%), ② 기업법무(68.0%) 및 ③ 건설·부동산(67.9%) 순으로 법률분야별 업무수행을 하고 있는 것으로 조사됐다.

2) 법률분야별 업무 투입비중

그렇다면 법률분야별 업무 투입비중은 여성과 남성에 있어서 어떻게 나타나는가.

<표 5-18>에서 보는 바와 같이 법률분야별 업무 투입비중은 민·형사 사건(26.8%), 기업법무(13.2%), 건설부동산(10.8%), 금융 및 자본시장(9.3%), 가사이혼상속(6.5%), 공정거래(6.4%), 정부행정(6.2%), 지식재산권(6.0%), 인사노무(5.0%) 조세 및 관세, 통상(4.7%) 순으로 높게 나타났다. 여성의 경우 가사이혼상속(8.6%) 투입비율이 남성(5.5%)에 비해서 상대적으로 높지만, 그 외의 법률분야별 업무 투입비중에서 여성과 남성은 큰 차이를 보이지는 않고 있다. 오

표 5-18 법률분야별 업무 투입비중

	전 체	여 성	남 성
가사이혼상속	6.5	8.6	5.5
건설부동산	10.8	8.0	12.2
기업법무	13.2	13.3	13.2
금융 및 자본시장	9.3	10.0	9.0
지식 재산권	6.0	6.3	5.8
조세 및 관세, 통상	4.7	4.4	4.9
공정거래	6.4	7.1	6.0
인사노무	5.0	5.3	4.8
정부행정	6.2	7.3	5.7
일반 민형사사건	26.8	24.9	27.7
기타	5.1	4.9	5.2

전체(n=1020), 단위: %.

히려 여성이 기업법무(13.3%), 금융 및 자본시장(10.%), 정부행정(7.3%), 공정거래(7.1%), 지식재산권(6.3%), 인사, 노무(5.3%) 등 다방면에서 전체 업무투입비율 대비 높은 투입률을 보이는 것으로 나타났다.

3) 수행 업무유형

<표 5-19>는 법률가가 수행하는 업무유형별 수행률로 법률리서치(94.8%)로 수행하는 비중이 가장 높았고, 법률의견서작성(93.3%), 소송관련 서류작성(88.8%), 의뢰인과 의사소통(86.5%), 재판·수사 전략논의(85.4%), 재판참석(84.3%), 계약서 작성·수정·검토 및 협상(80.5%) 등이 그 뒤를 따랐다. 반면 업무 관리감독(46.1%), 실사(39.0%) 및 수임활동(33.2%)은 상대적으로 낮은 비중을 차지하고 있다. 여성의 경우, 남성과 수행 업무유형이 크게 다르지 않았으나 남성에 비해 법률리서치(98.2%) 업무 비중이 더 높게 나타난 반면 업무관리 감독(39.6), 실사(36.1%), 수임활동(20.1%) 등의 업무는 남성법률가에 비해 훨씬 적은 수행률을 보이고 있다.

이를 전체 수행 업무유형별 평균 투입률을 기준으로 살펴보면 전체 평균 소송관련 서류작성이 평균 24.8%로 가장 많았고, 법률의견서 작성(13.4%), 법

표 5-19 수행 업무유형(각 업무유형별 수행률)

	전 체	여 성	남 성
수임활동	33.2	20.1	39.7
법률 리서치	94.8	98.2	93.1
소송 관련 서류작성	88.8	87.6	89.4
재판 참석	84.3	81.7	85.6
재판, 수사 전략 논의	85.4	83.4	86.4
법률 의견서 작성	93.3	92.3	93.8
계약서 작성, 검토 및 협상	80.5	76.3	82.6
실사	39.0	36.1	40.5
의뢰인과 의사소통	86.5	84.0	87.7
업무관리 감독	46.1	39.6	49.3

전체(n=1020), 단위: %.

률리서치(12.1%), 재판참석(11.9%), 계약서 작성·수정·검토 및 협상(9.7%), 의
뢰인과의 소통(7.6%), 재판·수사 전략논의(6.5%), 수임활동(4.3%), 업무관리감
독(3.0%), 실사(2.2%) 순으로 높은 것으로 조사됐다.53) 다만 이 경우 여성은 남
성에 비해 소송 관련 서류작성(25.6%), 법률의견서 작성(14.6%), 법률리서치
(13.9%) 및 계약서 작성·수정·검토 및 협상(11.0%)에서 다소 높은 비율을 보였
고, 의뢰인과의 소통(7.1%), 재판·수사전략 논의(5.6%), 수임활동(1.9%) 및 업
무관리감독(1.8%) 등의 활동은 남성의 업무수행률이 각각 7.9%, 6.9%, 5.5%,
3.5%로 여성보다 낮게 나타났다. 그러나 수임활동이나 재판, 수사전략 논의,
업무 관리감독 등은 단순히 성별에 따른 업무투입 비율의 차이로 보기는 어렵
고 표적집단의 법률가로서의 경력이 상대적으로 짧은 데서 비롯되는 결과일
수 있으므로 향후 추적조사 등이 지속적으로 이루어질 필요가 있다.

4) 전문법률인(speciality) 활동분야

여성과 남성을 막론하고 전문법률인으로서 활동하는 비율은 상사(여성과

표 5-20 전문법률인 활동

		전 체	여 성	남 성
전문법률인 활동 여부	활동 중	45.7	42.3	47.4
전문법률인 주된 활동 분야	민사	16.1	14.0	17.0
	상사	19.1	18.9	19.2
	형사	8.6	6.3	9.6
	가사	2.8	5.6	1.5
	행정	8.8	11.9	7.4
	노동	4.1	4.9	3.7
	조세	8.4	6.3	9.3
	지적 재산권	12.2	12.6	12.1
	국제관계	4.5	4.2	4.6
	기타	15.5	15.4	15.5

전체(n=1020), 전문 법률인 활동 법률가(n=466), 단위: %.

53) 전체 업무를 100%로 놓고 합계 100%가 되도록 업무 투입비율을 조사한 자료에 근거함.

남성 각각 18.9% 및 19.2%) 분야이며, 그 외 민사(14%, 17%), 지적재산권(12.6%, 12.1%) 등에서 전문법률인 활동이 두드러진다. 특히 여성법률가는 남성에 비해 행정(11/9%), 가사(5.6%), 노동(4.9%) 영역에서 전문성을 보이고 있고, 형사(6.3%) 및 조세(6.3%)는 남성법률가의 전문적인 활동 분야인 것으로 보인다.

(4) 근무시간

남성과 여성의 총 근무시간은 각각 51.11과 50.31시간으로 유사할 뿐 아니라 근무시간 외 초과근무 시간도 거의 비슷한 수준인 것으로 조사됐다. 여성의 경우 '사무실에서의 근무시간'은 평균(42.22시간) 및 남성(41.80시간) 근무시간보다 높게 나타나 약 43.07시간인 반면 '사무실 외 공간'에서 일한 시간은 남성(7.70시간)보다 낮다(5.73시간). 주목할 점은 '네트워킹 목적 레크리에이션 시간'에 있어서 남성은 4.52시간이라고 응답한 데 비해 여성은 2.10시간으로 절반 수준에도 못 미치고 있다.

표 5-21 주당 평균 근무시간 및 네트워킹 활동시간

	전 체	여 성	남 성
총 근무시간	50.84	50.31	51.11
사무실에서 일한 시간	42.22	43.07	41.80
사무실 외 공간에서 일한 시간	7.04	5.73	7.70
근무시간 외 초과근무 시간	9.59	9.02	9.87
네트워킹 목적 레크리에이션 활동	3.72	2.10	4.52

전체(n=1020), 단위: 평균(시간).

이 같은 현상은 여성법률가들이 업무와 관련된 법률사무소 내부 인사와의 네트워킹 활동이나, 강의·저술 등 개인 경력과 관련된 활동에 있어서는 남성과 비슷하거나 높은 정도로 참여하는 데 비하여 외부 인사들과의 비즈니스를 위한 활동에는 상대적으로 적은 시간을 투여하거나 시민사회활동 또는 봉사활동에서 평균보다 낮은 정도로 참여하고 있는 것에서도 확인된다. AJD 연구에서도 남성이 여성에 비해 파트너 변호사와의 네트워킹이나 출판을 위한

집필, 로펌 거버넌스 위원회 등에 참석하는 비율이 높은 반면 여성은 사내에서 영향력이 덜한 위원회 등에 참여하고 있는 것으로 나타난 바 있다.[54] 특히 '네트워킹 목적 레크리에이션 시간'이 잠재적 고객과의 관계는 물론 회사의 경영 등과 관련되어 있다고 볼 때 여성이 지속적으로 남성에 비해 이 영역에 적은 시간을 투입하는 것이 장차 법률가직역에서의 젠더 계층화에 어떤 영향을 미칠 것인지 주목해야 할 것이다. 만일 여성이 일과 가정의 양립 등을 위해 이러한 시간을 포기하거나 후순위로 생각하게 되는 것인지 여부 등은 물론 이러한 시간의 안배가 승진이나 이직의 경우 미치는 영향 등에 대해서도 살펴보아야 한다.

한편 공공서비스(프로보노) 활동 참여에 있어서 여성법률가는 남성의 경우보다 약 10.88시간 적게 참여하고 있으며 평균 26.87시간보다 약 7.3시간 적은 것으로 조사됐다.

표 5-22　월평균 업무 외 유형별 활동 횟수

	전체	여성	남성
소속 법률사무소 및 회사 내부 인사들과의 네트워킹 활동	3.63	3.81	3.54
외부의 인사들과 비즈니스를 위한 활동	2.01	1.21	2.41
강의, 저술활동 등 개인의 경력과 관련된 활동	0.60	0.59	0.60
시민사회 활동, 봉사활동	0.76	0.64	0.82

전체(n=1020), 단위: 회.

(5) 소　　득

여성법률가가 남성법률가에 비해 확연히 적은 소득을 받는다는 것은 미국의 AJD I, II를 통해서도 이미 확인된 바 있는데,[55] 'AJD I'에서 여성법률가의 소득은 남성법률가에 비해 현격히 낮은 것으로 보고했고, 특히 251명 이상 대형로펌에서는 남성과 여성법률가 사이의 연봉에 약 $15,000가량 편차를 보

---

54) AJD I, p. 58; AJD II, p. 68.

55) AJD I, p. 58.

인 바 있다. 'AJD I'에서 여성은 남성보다 약 5%가량 적은 연봉을 받았으며,[56] 이어 'AJD II'에 따르면 여성의 소득이 남성의 약 85% 수준[57])으로 낮아졌고, 'AJD III'에서 남녀 간 소득 편차는 더욱 커져 약 20%로 벌어졌다.[58]

우리의 경우는 어떠한가.

여성법률가의 소득은 남성법률가의 75.06% 수준에 머무는 것으로 조사됐다. 이 때 응답자는 반드시 법학전문대학원 출신의 여성법률가만을 의미하지는 않으며, 전체 응답자 가운데 각각 1~3기 법학전문대학원 출신 법률가, 40~43기 사법연수원 출신 법률가 및 39기 이전 경력법률가를 포함하는 것으로 이해할 수 있다. 이 경우에도 <표 5-23>에서 보는 바와 같이 연 5천만

표 5-23 현 직장 연봉

	전 체	여 성	남 성
2천만 원 미만	0.1	0.0	0.1
2천만 원~3천만 원 미만	2.0	1.8	2.1
3천만 원~5천만 원 미만	5.7	6.8	5.1
5천만 원~7천만 원 미만	20.9	29.0	16.9
7천만 원~9천만 원 미만	17.6	18.9	17.0
9천만 원~1억 원 미만	6.6	7.7	6.0
1억~1억 2천 5백만 원 미만	13.0	10.1	14.5
1억 2천 5백만 원~1억 5천만 원 미만	6.3	5.9	6.5
1억 5천만 원~2억 원 미만	9.7	9.5	9.8
2억 원 이상	7.0	0.6	10.1
거절	11.2	9.8	11.9
평균(백만 원)	105.89	86.77	115.59

전체(n=1020), 단위: %, 평균(백만 원).

---

56) AJD I, p. 58.
57) 상근직 여성법률가의 평균 소득은 $85,000인 반면 상근직 남성법률가는 평균 $105,000의 연봉을 받고 있는 것으로 조사됐고, 법률구조나 국선변호사, 비영리 직역 이외의 모든 영역에서 남성이 여성보다 높은 소득을 가지는 것으로 파악된 바 있다. AJD II, p. 67.
58) AJD III, p. 64. 성별에 따른 법률가 소득 간 격차에 관해서는 Ronit Dinovitzer, Nancy J. Reichman and Joyce S. Sterling, "The Differential Valuation of Women's Work: A New Look at the Gender Gap in Lawyers' Incomes.", Social Forces Vol. 88(2), pp. 819~864.

원~7천만 원 수준의 연봉을 받는 여성법률가는 약 29.0%로 같은 수준의 연봉을 받는 남성(16.9%) 및 전체 평균(20.9%)보다 높은 비율을 보인다. 한편 7천만 원~9천만 원 미만의 연봉을 받는다고 응답한 비율 또한 여성과 남성이 유사하게 나타났고, 상대적으로 고액(9천만 원~1억 원 미만)의 연봉을 받는 비율은 여성이 7.7%, 남성이 6.0%로 여성이 다소 높다. 1억~1억 2천 5백만 원 미만, 1억 2천 5백만 원~1억 5천만 원 미만 및 1억 5천만 원~2억 원 미만의 경우 남성 응답자가 여성에 비해 조금 높은 반면 2억원 이상 연봉을 받는다고 응답한 비율은 남성이 10.1%인 데 반해 여성의 경우 0.6%로 현격한 차이가 벌어졌다.

　여기서 여성과 남성의 로펌 기타 법률사무소 진출 비율이 크게 다르지 않았던 점에 비추어 보면 우리 법률 시장에서 여성법률가의 파트너 진입은 극히 드물다는 점을 시사한다. 물론 이번 의식조사는 법학전문대학원 1~3기 출신 또는 같은 기간 사법연수원 출신으로 법률시장에 진입한 지 5년차 미만인 변호사가 대부분이고, 여성법률가가 급증한 것이 2000년대 이후의 일임을 감안할 때 조사 대상인 여성법률가는 특히 법률전문가로서 초·중기 경력에 머물고 있기 때문인 것으로 분석된다. 한편 평가집단(사법연수원 39기 이전 일반법률가)의 14.3% 및 17.0%가 각각 1억 5천만 원~2억 원 및 2억원 이상의 연봉을 받는다고 응답하였는데, 각 집단별 여성과 남성의 급여를 비교하고 있는 <표 5-24>는 이와 같은 분석을 뒷받침하고 있다.

　다만 앞에서도 언급한 바와 같이 AJD 연구의 흐름상 우리의 경우도 여성과 남성법률가의 소득 격차는 향후 더욱 커질 가능성이 있다. 여성과 남성 간

표 5-24 각 집단별 여성과 남성 급여 비교

	여				남			
	평균 연봉	중간값	하위 25%	상위 25%	평균 연봉	중간값	하위 25%	상위 25%
1~3기 법전원	72.54	60.00	53.00	80.00	72.50	60.00	60.00	80.00
40~43기 사법연수원	87.31	80.00	60.00	98.00	88.59	80.00	65.00	100.00
39기 이전 경력변호사	110.73	100.00	84.00	133.75	152.21	120.00	95.00	180.00

법률가직역의 분포나 성별에 따른 법률가의 소득 격차는 여성법률가의 양적인 증가뿐만 아니라 질적 성장을 측정하는 중요한 지표로서 향후에도 지속적인 추적 연구가 필요한 영역이다.59)

3. 만족도

(1) 직장만족도

<표 5-25>에서 보는 바와 같이 법률가의 경우 여성과 남성 모두 현재 근무하고 있는 직장에 대한 만족도는 만족('대체로 만족'+'매우 만족')이 여성과 남성 각각 62.4%와 69.4%로 만족하지 않는다('별로 만족하지 않음'+'전혀 만족하지 않음')가 각각 10.1%와 7.5%인 것과 비교하면 크게 높은 편이다. '보통'이라고 응답한 비율까지 고려하면 상당히 높은 만족도라 할 수 있다. 그렇지만 '만족하지 않는다'고 응답한 여성은 남성보다 높게 나타났고, 이와 같은 불만족은

표 5-25 현재 근무 직장 만족도: 전반적 만족도

구 분	전 체	여 성	남 성
만족하지 않음	8.3	10.1	7.5
전혀 만족하지 않음	1.3	1.8	1.0
별로 만족하지 않음	7.1	8.3	6.5
보통	24.6	27.5	23.2
만족함	67.1	62.4	69.4
대체로 만족	55.5	53.0	56.7
매우 만족	11.6	9.5	12.6
평균	3.69	3.60	3.73

전체(n=1020), 단위: %, 평균(5점).

59) Fiona M. Kay and John Hagan, "The Persistent Glass Ceiling: Gendered Inequalities in the Earnings of Lawyers", The British Journal of Sociology, Vol. 46. No. 2, (1996), pp. 279~310. 이 연구는 특히 여성과 남성 변호사의 지속적인 소득 간 격차가 존재하는 것에 주목하고 있으며, 39% 이상의 남녀 간 소득 격차는 여성 변호사가 남성 변호사와 다른 규모의 로펌이나 조직, (법률)전문 직역, 지위, 피고용 환경 등에 속해 있거나 노출되어 있기 때문이라고 결론짓고 있다. 특히 이와 같은 남녀 간 소득 격차는 여성법률가의 경력이 올라갈수록 더 커지는 것으로 분석되기도 했다.

<표 5-27>에서와 같이 '이직 의향'과도 연결지어 생각해 볼 수 있을 것이
다. 여성은 약 59.2%(남성은 38.1%)가 이직 의향이 있다고 응답했다.[60]

한편 <표 5-26>에 따르면 현재 직장 만족도를 평가하는 척도로 여성
과 남성이 유사한 경향을 보이고 있다. 특히 '근무시간과 업무량', '업무수행의
자율성', 및 '전문성을 개발할 기회'에 상대적으로 만족도가 높은 반면 '복지혜
택'이나 '사회공헌 기회', '승진가능성', '성과평가 방식', 그리고 '가정을 위한

표 5-26   현재 직장 만족도: 요소별 만족도

	전 체	여 성	남 성
연봉	4.15	4.01	4.22
복지혜택	3.73	3.74	3.72
근무환경, 동료	4.91	4.94	4.90
근무시간 업무량	4.35	4.37	4.34
사회공헌 기회	3.58	3.45	3.64
승진가능 정도	3.61	3.34	3.75
추가가치 적합 정도	4.25	4.09	4.33
직업안정 정도	4.31	4.17	4.38
명망, 평판	4.59	4.51	4.63
교육훈련 기회	4.14	4.12	4.15
성과평가 방식	3.68	3.51	3.77
일과 개인적 삶의 균형	4.21	4.31	4.17
업무수행 자율성	4.93	4.79	5.00
전문성을 개발할 기회	4.73	4.66	4.77
가정 위한 편의 제공	3.42	3.69	3.29

전체(n=1020), 단위: 7점.

---

60) Ronit Dinovitzer and Bryant G. Garth, "Lawyer Satisfaction in the Process of Structuring
Legal Careers.", Law and Society Review Vol. 41, pp. 1~50. 이 연구는 법률전문직에서의
만족도는 사회적·전문적 서열(hierarchies)이 생산, 재생산 되는 메커니즘을 통해 직업만족도
는 사회적인 출신이나 이를 바탕으로 한 신임 등이 전문가로서의 경력(이력)을 형성할 수 있
다는 기대나 가능성을 규정하는 사회적 서열(social hierarchies)에 따라서 결정되는 것이라고
분석하고 있다. 이 연구에서는 법률가의 사회적 배경(출신 로스쿨 순위)은 법률시장 진입의
단계에서 가장 성공적인 신입 법률가를 위한 구직의 가능성을 높이는 반면 직업만족도는 감
소시킬 수 있다고 정리하고 있다.

편의 제공' 등에서는 상대적으로 만족도가 낮다. '가정을 위한 편의제공'에 대해 남성 응답자가 여성보다 다소 낮은 점수를 부여했는데 <표 5-30>에서 보는 것처럼 여성 응답자의 경우 55.3%가 미혼인 반면 남성의 75.5%가 기혼인 것과 무관하지 않은 것으로 보인다.

(2) 향후 이직 의향

<표 5-27>은 향후 이직을 희망하는지 여부와 희망하는 경우 어떤 직역으로의 이직을 희망하는지에 관한 조사 결과를 보여준다.

여성 응답자 가운데 25.5%가 공기업 또는 공공기관으로의 이직을 희망하고 있으며, 그 외에도 여성법률가의 16.0%가 법원이나 검찰로의 이직을 희망하는 점을 고려하면 약 41.5%가 공직 또는 공공분야로 이직을 희망하고 있다. 반면 '단독개업'(7.5%)이나 '교육연구기관'(6.5%) 또는 '외국로펌'(6.5%)으로의 이직은 상대적으로 덜 희망하는 것으로 나타났는데, 남성 응답자는 경우는 '국내로펌'(19.0%)으로의 이직 의사가 가장 높은 반면 '법원·검찰'(15.4%), '일반기업 및 금융권'(14.6%), '단독개업'(13.5%) 등 이직 희망 분야가 여성에 비해 고른 분포를 보이고 있다.

표 5-27   향후 이직 의향

		전 체	여 성	남 성
향후 이직 의향	의향 있음	45.1	59.2	38.1
이직을 원하는 분야	단독개업	10.9	7.5	13.5
	국내로펌	17.0	14.0	19.2
	외국로펌	6.1	6.5	5.8
	법원검찰	15.7	16.0	15.4
	공기업 및 공공기관	20.9	25.5	17.3
	일반기업 및 금융권	15.0	15.5	14.6
	교육연구기관	7.0	6.5	7.3
	기타	7.6	8.5	6.9

전체(n=1020), 이직 의향자(n=460), 단위: %.

한편 사법연수원 출신 법률가와 비교해 보면, 사법연수원 수료 후 첫 직장을 퇴사한 이유에 대해서 여성 응답자의 경우 39.5%(남성은 24.4%)가 퇴사하지 않은 반면 퇴사를 희망한 경우 '발전가능성의 한계'(14.5%)나 '경력 변화를 위하여'(11.8%), 나아가 '업무 및 업무환경에 대한 불만족'(9.2%) 등을 그 이유로 꼽고 있다. 반면 사법연수원 수료 후 첫 직장을 퇴사한 남성의 경우는 '경력의 변화를 위해'(17.0%), '발전가능성의 한계'(14.6%) 외에도 '군법무관 전역'(10.4%) 등이 주된 이유인 것으로 조사됐다.

(3) 법률가로서의 미래전망

다음으로 흥미로운 것은 10년 후 법률가로서의 미래 전망에 대해서는 여성 응답자의 약 81.4%가 긍정적인 것으로 대답해 남성(72.3%)보다 미래에 대한 직업적 전망을 긍정적으로 하고 있는 것으로 나타났다는 점이다.

<표 5-28>만으로는 여성법률가가 '어떤 근거'로 법률가로서의 미래에 대해서 남성보다 긍정적으로 인식하고 있는지 확인할 수 없는 한계가 존재하고, 반드시 파트너 혹은 고위직으로의 승진이 법률가로서의 밝은 전망의 기준이 되어야 하는 것이냐에 대해서는 논란의 여지가 있을 것이다. 따라서 이러한 대답과 관련해서는 법률가집단을 대상으로 한 심층면접 등이 추가로 이루어져야 할 것으로 보인다.

표 5-28   10년 후 법률가로서의 미래 전망

구 분	전 체	여 성	남 성
부정적	24.7	18.6	27.7
매우 부정적	3.9	2.7	4.5
다소 부정적	20.8	16.0	23.2
긍정적	75.3	81.4	72.3
다소 긍정적	57.5	68.0	52.3
매우 만족	17.7	13.3	19.9
평균(4점)	2.89	2.92	2.88

전체(n=1020), 단위: %, 평균(4점).

(4) 평 가

'AJD I'과 'AJD II' 연구에서도 이미 대형로펌에 재직하고 있던 남성법률 가는 대부분 유사한 규모의 로펌에 남아 있는 반면 여성법률가의 경우 'AJD II'에서 사내변호사로 이직한 비율이 높았고, 주(州)정부나 법률구조 및 비영 리, 교육 관련 직종으로의 전환도 남성보다 높은 것으로 나타난 바 있다.[61] 통 상 이직을 고려하는 요소로는 직장 내에서의 승진기회, 연봉, 직업 안정성 등 이 주요 요인인 것 반면 여성법률가의 이직 동기에 관해서는 법전문가로서 의 능력을 발현하거나 법실무를 통한 성취의 측면에서 기회가 제한되는 경우 를 포함하는 '본질적인 보상(intrinsic reward)의 결여'가 가장 결정적인 영향을 미치는 것으로 분석한 연구[62] 결과를 고려해 본다면 우리나라의 여성법률가 이직에 관한 향후 동향에 관한 추적조사나 실질적인 이직 원인에 관한 심층 면접조사는 꼭 필요할 것으로 보인다.

뿐만 아니라 'AJD II' 보고서에 따르면 남성은 평균 70%가 파트너 진입이 가 능할 것으로 보는 데 반해 여성은 겨우 46%만 파트너 진입이 가능할 것으로 응답 했고, 이처럼 여성이 남성에 비해 파트너로 승진할 가능성을 스스로 낮게 전망하 는 경향은 대형로펌(101명~250명 규모)일수록 더 크게 나타났다. 이는 'AJD I'이나 'AJD II'를 통해서 이미 보고된 바와 같으며, 'AJD III'에서도 큰 변화가 없었다.

그렇다면 우리의 경우, 법학전문대학원 졸업 후 초기 법률가직역 진입의 단계에서와 달리 경력 5년, 10년, 혹은 20년 및 그 이상인 법률가로 성장했을 때 여성이 남성에 비해서 (그것이 가정과 육아 때문이든 법률가직역에서의 구조화 된 문제 때문이든) 더 잦은 이직, 업종의 변경, 적은 소득, 파트너 진입 포기 등 을 감내해야 할 가능성은 낮지 않다. 이런 선택이 자발적인 의사에 의한 것이 라 하더라도 결과적으로 법률전문직 내에서 젠더를 이유로 또 하나 또는 (여성 법률가가 처한 경제적, 사회적, 문화적 상황에 따라) 그 이상의 계층들이 형성될 수 있다는 점은 충분히 예견되는 현상이다.

---

61) AJD II, p. 65.
62) Fiona M. Kay & John Hagan, "Building Trust: Social Capital, Distributive Justice, and Loyalty to the Firm", 28 Law & Social Inquiry, (2003), pp. 483~519.

4. 직장 내 성차별 경험

직장 내 성차별 경험에 대한 응답은 남녀 응답자 간에 유의미한 차이를 드러낸다. 남성의 경우 9.5%만이 성차별 경험이 있다고 응답한 데 반해 여성의 경우 45.3%가 성차별을 경험한 적이 있다고 대답하여 여성은 남성에 비해 약 4.8배 가량 성차별을 경험하고 있는 것으로 보인다. 여성이 경험하는 성차별 경험은 주로 승진 또는 연봉지급의 차별(16.0%)과 원하는 업무 배제·업무 배당 차별(14.0%)인 것으로 나타나고 있으며, 남성은 여성에 비해 모욕적인 언사나 다른 형태의 괴롭힘을 당한 비율이 상대적으로 더 높게 나타났다.

표 5-29 성차별 피해 경험 및 경험 사례

		전체	여성	남성
성차별 경험	경험 없음	78.6	54.7	90.5
성차별 경험 사례 (MR)	원하는 업무 배제, 업무 배당 차별	17.0	14.0	19.2
	승진 또는 연봉 지급 차별	15.7	16.0	15.4
	모욕적인 언사나 다른 형태의 괴롭힘	10.9	7.5	13.5
	의뢰인, 상사, 동료가 자신 외 다른 담당자를 배정 요청	6.1	6.5	5.8
	기타 다른 형태의 차별을 경험	7.6	8.5	6.9

전체(n=1020), 단위: %.

5. 여성법률가의 혼인과 가정, 자녀양육

(1) 혼인과 가정

여성법률가의 경우 남성에 비해 결혼이나 자녀양육에 있어서 소극적인 것으로 보인다. 여성법률가의 경우 약 55.3%가 미혼(한 번도 결혼한 적이 없음)이거나 이혼 후 재혼하지 않은(1.2%) 반면 남성법률가의 약 75.5%가 기혼인 것과 극명한 대조를 이룬다.

동거 가족구성원의 분포에서는 혼인(무자녀) 비율은 여성과 남성이 각각 24.6%와 23.0%로 크게 다르지 않았지만 혼인(유자녀) 비율은 남성의 경우가

47.8%로 여성(12.4%)보다 월등히 높게 나타나고 있다. 여성의 경우 약 17.2%가 1인 가구를 구성하고 있거나 양(편)친과 동거(34%)하고 있는 것으로 나타나 남성 가운데 양(편)친과 동거하는 비율(11.4%)보다 약 3배 가량 높게 나타나고 있다.

표 5-30 혼인 여부

	전 체	여 성	남 성
미혼(한 번도 결혼한 적 없음)	34.1	55.3	23.6
기혼	64.9	43.5	75.5
이혼 후 재혼하지 않음	1.0	1.2	0.9

전체(n=1020), 단위: %.

(2) 출산과 육아휴직

여성의 출산 또는 육아휴직 경험은 평균 67.6%이며, 그 중 60.4%가 3개월에서 6개월 미만, 24.5%가 6개월에서 1년 미만의 유직휴가 기간을 갖고 있는 것으로 집계된다. 반면 남성의 경우는 육아휴직 경험이 있는 경우가 8.9%에 그치고 있고, 그 경우에도 2주 미만(48.7%) 혹은 2주~1개월 미만(25.6%)인 경

표 5-31 출산 또는 육아휴직 경험비율 및 기간

	전 체	여 성	남 성
있다	17.6	67.6	8.9
2주 미만	20.7	0.0	48.7
2주-1개월 미만	10.9	0.0	25.6
1개월-2개월 미만	2.2	1.9	2.6
2개월-3개월 미만	4.3	5.7	2.6
3개월-6개월 미만	35.9	60.4	2.6
6개월-1년 미만	17.4	24.5	7.7
1년-2년 미만	8.7	7.5	10.3
평균(주)	15.90	20.34	9.87

기혼자(n=476), 단위: %, 평균(주).

| 표 5-32 | 출산 또는 육아 휴직 기간 중 유급휴가 비중 |

	전　체	여　성	남　성
없음	11.6	7.5	18.2
10% 미만	2.3	1.9	3.0
10%~30% 미만	4.7	7.5	0.0
30%~50% 미만	3.5	5.7	0.0
50%~80% 미만	15.1	**22.6**	3.0
80%~100% 미만	3.5	3.8	3.0
100%	59.3	**50.9**	72.7
평균(%)	74.52	72.65	77.51

출산, 육아휴직 경험자(n=86), 단위: %, 평균(%).

우가 대부분이다.

여성법률가의 경우 출산 또는 육아휴직 기간 동안 전액 유급휴가를 받는 비율은 약 50%에 이르며, 50~80% 수준의 유급휴가를 받는 경우도 22.6%에 달하고 있다. 그에 비해 육아휴직 경험이 있는 남성의 경우는 약 72.7%가 전액 유급휴가를 받은 데 반해 무급휴가 비율은 18.2%로 여성(7.5%)에 비해 높게 나타나고 있다.

(3) 자녀양육과 일

1) 자녀 및 육아를 위한 행동

여성에게 있어서 자녀양육은 일과의 양립에 있어서 남성에 비해 분명 적지 않은 영향과 부담으로 작용함을 알 수 있다.

<표 5-33>에서 보는 바와 같이 자녀양육을 위한 행동으로 남성의 경우 59.9%가 '변화가 없다'고 대답한 데 비해 여성의 경우는 29.6%만이 '변화가 없다'고 대답하였고, 가장 높은 비율로는 '다른 가족과 가까운 곳으로 이주'(33.8%), '재택근무시간 늘림'(19.7%), '출산 이전보다 업무시간 줄임'(12.7%) 등의 순으로 나타났다. 그 외에도 '업무시간이 적은 일을 찾거나'(12.7%), '도전적이거나 중요도 높은 업무를 회피하거나 타인에게 양보'(11.3%)하는 비율도

표 5-33 자녀 육아를 위한 행동

	전체	여성	남성
퇴직	1.9	8.5	0.7
업무시간이 적은 일을 찾음	6.7	12.7	5.7
아이 출산 이전보다 업무시간을 줄임	13.7	21.1	12.3
일의 분야를 변경	3.2	9.9	2.0
배우자의 업무시간을 줄일 것을 장려	9.9	8.5	10.1
다른 가족과 가까운 곳으로 이주	12.4	33.8	8.6
아이 출산 이전보다 더 많은 시간을 일함	6.9	7.0	6.9
도전적이거나 중요도 높은 업무를 회피하거나 타인에게 양보	5.3	11.3	4.2
재택근무시간을 늘림	13.2	19.7	12.1
기타	4.8	11.3	3.7
변화 없었음	54.8	29.6	59.3

기혼자(n=476), 단위: %.

남성에 비해서 확연히 높은 것으로 조사됐다. 한편 자녀양육을 위해 퇴직한 비율도 남성의 경우 0.7%에 불과한 반면 여성의 경우 8.5%에 달한다.

2) 자녀양육 후 경험

여성법률가에게 자녀양육은 '출산 및 육아휴직 동안 업무에 대한 압박'(22.5%)이나 '수입의 감소'(16.9%) 등으로 구체적으로 표출되고 있다(각 항목에 대해서 남성은 6.9%, 2.5%가 같은 응답을 함). 특히 ① 다른 사람들이 업무능력에 대해 의문을 가짐, ② 탄력적인 근무나 비상근직을 원하나 구하기 어려움, ③ 도전적이거나 중요도 높은 업무가 할당되지 않는다고 응답한 비율도 모두 12.7%에 이르고 있어 남성이 각각 2.0%, 1.2% 및 0.2%의 낮은 응답률을 보이는 것과 극명한 대조를 이룬다. 그 외에도 여성은 약 7.0%가 '자녀양육 후 승진이 미뤄지는' 경험을 한 데 반해 남성은 자녀양육으로 인해 승진이 미뤄진 경험을 한 경우가 극히 드물다.

표 5-34	자녀양육 후 경험		
	전체	여성	남성
승진이 미뤄짐	1.3	7.0	0.2
출산 이전의 직급의 성실	0.2	1.4	0.0
다른 사람들이 당신의 업무능력에 대해 의문을 가짐	3.6	12.7	2.0
출산 및 육아휴직 동안 업무에 대한 압박	9.2	22.5	6.9
탄력적인 근무나 비상근직을 원하나 구하기 어려움	2.9	12.7	1.2
의뢰인의 상실	1.5	4.2	1.0
도전적이거나 중요도 높은 업무가 할당되지 않음	2.1	12.7	0.2
수입의 감소	4.6	16.9	2.5
기타	5.5	14.1	4.0
변화 없었음	78.8	39.4	85.7

기혼자(n=476), 단위: %.

(4) 평 가

한국의 여성법률가에게 있어서 직장 내에서 여성법률가가 경험하고 있는 성차별은 물론 혼인, 임신·출산 및 자녀양육은 남성보다 여성법률가에게 더 큰 영향을 미치고 있다. 'AJD Ⅰ'에서 미혼 혹은 무자녀라고 대답한 비율은 'AJD Ⅱ'에서 낮아지고, 적어도 '결혼을 했거나 1명 이상의 자녀를 가지고 있다'는 응답 비율이 증가한 바 있다. 지금까지 살펴본 법률가 의식조사의 경우, 주로 법학전문대학원 1~3기를 대상으로 하고 있는 점을 감안하면 조사시점 이후에도 가정이나 자녀를 갖는 여성법률가의 비율은 증가할 것으로 보인다. 그러나 그 경우에도 여성법률가의 혼인 비율은 남성에 비해서 낮을 것으로 전망해 볼 수 있으며, 임신과 출산 및 자녀양육은 그만큼 여성법률가로 하여금 근무시간이나 직장의 유형, 직장소재지 등을 고려하는 데 영향을 미칠 수밖에 없을 것이다. 아직까지 이러한 부담은 고스란히 여성법률가 개인 또는 그 가정의 부담으로 흡수되고 있으며, 그 때 배우자의 직업유무, 가정의 소득 등도 영향을 미치게 될 것이다. 이와 같은 구조적인 문제들이 결국 여성법률가가 남성법률가와 달리 네트워킹이나 레크리에이션 등에 투자할 수 있는 시간이 상대적으로 적은 것으로 연결될 수 있으며, 무엇보다 여성이 남성에 비해 잦은 이직, 혹은 업무전환 등에 영향을 미치는 것이 아닌가 한다. 여성의 파트너 진입 비율이 낮은 것과 관련해서도 혼인, 출산, 육아는 사건의 수임이나 네트워킹 등에서 많은 시간과 노력이 요구되는 파트너 진입을 여성 스스로 포기하거나 경력을 전환[63]하는 등 가사나 육아에 더 많은 시간을 확보하는 결과로 이어질 수 있어 여성법률가에게 있어서 일과 가정 양립은 남성법률가의 경우에 비해서 큰 부담으로 작용할 수 있다.[64]

Ⅳ. 결   론

지금까지 법학전문대학원 제도 도입을 통해 법률가직역에서 나타나고 있는 젠더 계층화, 즉 여성법률가를 중심으로 한 법률가직역의 현황과 특징에 대해서 살펴보았다. 먼저 법학전문대학원 도입 이후 여성법률가의 법학교육 및 법률가직역으로의 진입은 점차 증가하고 있는 것으로 볼 수 있다. 뿐만 아니라 재판연구원(로클럭)이나 검사 임용 비율에 있어서도 여전히 여성법률가의 양적 성장은 이어지고 있다. 그러나 이와 같은 양적 성장의 이면에서 그만큼 질적 성장도 이루어지고 있는지 여부에 대해서는 섣불리 단정 짓기 어렵다. 여성의 법률가직역 진출현황 고용형태, 업무투입률, 소득 및 만족도에 있어서는 남성과 크게 다르지 않은 것으로 보이지만 일과 가정의 양립 측면에서 혼인, 임신과 출산, 나아가 자녀양육 등이 여성법률가의 직역과 직종 및 장소적 선택 등에 중요한 요인으로 작용하는 점은 부정할 수 없을 것이다. 뿐만 아니라 이러한 요인들은 법률가직역에 있어서 여성법률가가 진입 단계에서 못지않은 성장, 발전가능성과 관련하여 고려되어야 할 것인데, 특히 여성법률가의 경력이나 고객 관

---

63) 'AJD Ⅰ'과 'AJD Ⅱ'의 비교연구를 통해서 여성법률가의 14%가 비상근직으로 고용형태를 변경해 남성(2.3%)보다 비상근직 근무 비율이 약 7배 가량 높은 것으로 분석했고, 여성법률가의 경우 9.6%가 비고용 상태에 있어 남성(1%)의 비고용률에 비해 약 9~10배 가량 높은 것으로 보고한 바 있는데, 이는 'AJD Ⅲ'에서도 두드러지게 나타났다. 'AJD Ⅲ'에 따르면 여성의 경우 비상근직 형태의 고용 형태가 15%를 차지하는 한편 9%가 육아 등을 위해 비고용 상태에 있다고 분석한 바 있다.

64) 이에 관한 설문조사로는 이유정, 앞의 글, 설문 Q 6−2, 6−3 참조.

리, 파트너 진입 등과 같은 항목에서 남성과는 다소 다른 모습을 보이게 될 수
도 있을 것으로 전망된다. 또한 법률가직역에서 여성법률가가 양적으로나 질적
으로나 성장한다 하더라도 그것이 사회적으로 혹은 법률가직역 내에서 구체적
으로 어떤 영향이나 변화를 가져오게 되는 것인지에 대해서는 좀 더 장기적인
관점에서 심층적인 연구가 다각도로 이루어져야 할 것이다.

　이 연구는 법률가의 직역에 관한 국내 경험적·실증적 연구로는 사실상
첫 걸음인 셈이고, 특히 젠더 관점에서 여성법률가직역의 분화 및 특성을 연구
하는 점에서 이 연구는 그동안 일정 부분 짐작이나 전언(傳言)에 의존하던 현
상에 대한 실증적인 분석과 확인의 작업으로서 유의미하다. 그럼에도 불구하
고 법학전문대학원을 통해 배출된 여성법률가들이 이제 막 법률가직역에 유입
된 데 불과하다는 측면에서는 결혼과 임신 및 출산, 나아가 자녀양육이 이들
법학전문대학원 출신 여성법률가의 일과 가정 양립의 측면에서 어떤 모습으로
나타나게 될 것인지를 파악하는데 일정한 한계를 가지고 있음도 사실이다. 뿐
만 아니라 법학전문대학원 졸업 이후의 초직으로부터의 이직(移職) 또는 전직
(轉職)에 관한 연구를 비롯해 실제로 여성법률가들이 직장 내 승진, 소득수준,
업무 만족도 측면 등에서 남성법률가들과 비교했을 때 어떤 지위 혹은 정도를
경험하게 될 것인지에 대해서는 지속적인 추적 조사와 더불어 심층면접이나
관찰 등의 질적 연구가 뒷받침 되어야 할 것이다.

참고문헌

김두식, "법학전문대학원 3년의 시점에서 바라본 여성법조인의 어제, 오늘, 그리고 내일", 젠더법학, 제3권 제2호, 2011.

박선영(연구책임자), "여성 변호사의 고용환경 개선방안 연구", 한국여성정책연구원·대한 변호사협회 여성변호사특별위원회 2012년 연구보고서.

신선미, "고학력 여성의 사업서비스업 진출 촉진방안", 2009년 연구과제 성과발표회 발표문.

____, "법학 전문대학원 여학생 진로개발 지원", 한국여성정책연구원 2010년 정책제안서— 여성 인력, 2010.

신진화, "여성 법관의 현황과 과제", 젠더법학, 제2권 제2호, 2010.

이유정, "로스쿨 시대의 법률시장과 여성법조인", 한국젠더법학회·이화여대 젠더법학연구소 공동 주최 제12차 한국젠더법학회 학술대회 발표문, 2009. 3. 14.

____, "여성 변호사의 현황과 성차별 실태에 관한 분석", 인권과 정의, 통권 제394호, 대한변호사협회, 2009.

이재협, 이준웅, 황현정, "로스쿨 출신 법률가, 그들은 누구인가?— 사법연수원 출신 법률가와의 비교를 중심으로", 서울대학교 법학, 제56권 제2호, 2015(이 책의 제1장).

이준석, 김지희, "사법연수원 출신 법조인에 대한 실증적 조사연구—사법연수원 교육에 대한 만족도 및 수료 직후의 인식변화", 법과 사회, 제49호, 2015(이 책의 제4장).

대한변호사협회, 한국변호사백서, 2010.

Choe Yukyong, "Career Determinants of Lawyers under the Post—Reform Legal Education System of Korea", Law and Society Association Annual Meeting, (Minneapolis USA, 2014. 5.).

Ronit Dinovitzer, Reichman Nancy J., and Sterling, Joyce S., "The Differential Valuation of Women's Work: A New Look at the Gender Gap in Lawyers' Incomes.", Social Forces Vol. 88(2).

Epstein, Cynthia Fuchs, Women in law (2nd Edition), (University of Illinois Press, 1993).

Kay, Fiona M., and Hagan, John, "The Persistent Glass Ceiling: Gendered Inequalities in the Earnings of Lawyers", The British Journal of Sociology, Vol. 46. No. 2, (1996).

_____, "Raising the Bar: The Gender Stratification of Law−Firm Capital", American Sociology Review, Vol. 63, No. 5, (1998).

_____, "Cultivating Clients in the Competition for Partnership: Gender and the Organizational Restructuring of Law Firms in the 1990s", Law & Society Review, Vol. 33. No. 3, Changing Employment Statutes in the Practice of Law, (1999).

_____, "Even Lawyers Get the Blues: Gender, Depression, and Job Stratification in Legal Practice", Law & Society Review, Vol. 41, No. 1, (2007).

_____, "Building Trust: Social Capital, Distributive Justice, and Loyalty to the Firm", 28 Law & Social Inquiry, (2003).

"Gender, Legal Education, and the Legal Profession: An Empirical Study of Stanford Law Students and Graduates", Stanford Law Review, Vol. 40, No. 5, Gender and the Law, (1988).

The NALP Foundation for Law Career Research and Education and the American Bar Foundation, "After the JD: First Result of a National Study of Legal Career", The American Bar Foundation and the NALP Foundation for Law Career Research and Education, (2004).

Kelly, Weisberg, D., "Barred from the Bar: Women and Legal Education in the United States 1870−1890", 28 J. Legal Educ. T485, 494, (1977).

Wilder, Gita Z., "Women in the Profession: Finding from the First Wave of the After the JD Study", The NALP Foundation for Law Career Research and Education, (2008).

「검찰 엘리트 146명 출신분석」, 문화일보, 2010. 9. 8, (http://www.munhwa.com/news/ view. html?no＝2010090801070527032002, 마지막 방문: 2015. 12. 29.).

「검찰서 늘 '여성 1호'였던 조희진 검사장 첫 여성 지검장에 올라」, 조선일보, 2015. 2. 6, (http://news.chosun.com/site/data/html_dir/2015/02/06/2015020603632.html, 마지막 방문: 2015. 12. 29.).

「로스쿨 출신 재판연구원 임용: 여성이 51% 차지, 여풍거세」, 대한변협신문, 2015. 4. 24, (http://news.koreanbar.or.kr/news/articleView.html?idxno＝12667, 마지막 방문: 2015. 12. 29.).

「로스쿨 출신 현직 검사 '여풍' 강세」, 법률저널, 2014. 8. 12, (http://www.lec.co.kr/news/ articleView.html?idxno＝34011, 마지막 방문: 2015. 12. 29.).

「'엘리트 코스' 대검 대변인에 첫 여성」, 한국일보, 2011. 8. 29, (http://news.naver.com/ main/read.nhn?mode＝LSD&mid＝sec&sid1＝102&oid＝038&aid＝0002176015, 마지

막 방문: 2015. 12. 29.).

「올 신규검사 74명의 출신대학 살펴보니」, 법률저널, 2014. 1. 29, (http://www.lec.co.kr/news/articleView.html?idxno=31778, 마지막 방문: 2015. 12. 29.).

「첫 로스쿨 출신 경력법관 서울대 출신 38% 최다」, 이데일리, 2015. 6. 12, (http://www.edaily.co.kr/news/NewsRead.edy?SCD=JG41&newsid=03289846609401064&DCD=A00704&OutLnkChk=Y, 마지막 방문: 2015. 12. 29.).

통계청, 2015 통계로 보는 여성의 삶, (http://kostat.go.kr/portal/korea/kor_nw/2/1/index.board?bmode=read&aSeq=346959, 마지막 방문: 2015. 12. 29.).

제 6 장

변호사 대량 배출 시대의 법학전문대학원 운영 개선
– 학생 선발과 교육을 중심으로

문 재 완

Ⅰ. 들어가는 글

법학전문대학원은 2007년 7월 「법학전문대학원 설치·운영에 관한 법률」
(이하 '법전원법'이라 한다)이 제정되고, 2009년 3월 전국 25개교가 신입생을 받
으면서 시작되었다. 사법시험은 2016년 제1차, 2017년 제2차 및 제3차를 마지
막으로 시행될 예정이다. 그 후 법률가 양성은 법학전문대학원(이하 '법전원'이
라 한다)으로 일원화된다. 폐지 시한이 임박하면서 사법시험 존치의 목소리가
커지고 있다. 국회에는 사법시험 존치 또는 예비시험제도 도입을 골자로 하는
변호사시험법 개정안이 계류 중이고,[1] 헌법재판소에는 사시 폐지를 규정하고
있는 변호사법 부칙 제2조 등에 대한 헌법소원심판이 계류 중이다.[2] 대한변호

---

[1] 2015. 9. 3. 현재 국회에 계류 중인 변호사시험법 일부개정법률안은 모두 9건이고, 이 가운데
5건이 사법시험 폐지를 규정한 변호사시험법 부칙 제2조 및 제4조의 삭제 내지 개정에 관한
내용이고, 1건이 예비시험 제도 도입에 관한 내용이다.

[2] 2015. 8. 27. 사법시험 준비생 1,034명이 헌법소원을 낸 것을 비롯해서 변호사시험법 부칙의
위헌성을 다투는 헌법소원은 2015. 9. 23. 현재 3건(2012헌마1002, 2013헌마249, 2015헌마
873) 있다.

사협회와 서울지방변호사회는 사법시험 존치를 강력히 주장하고 있는 데 반해,3) 법학전문대학원협의회와 법전원 출신 변호사들이 창립한 한국법조인협회는 예정대로 사법시험이 폐지되어야 한다고 주장한다.4)

사법시험 존치의 주된 논거는 사시가 경제적 약자를 위한 '희망의 사다리'라는 것이다.5) 법전원은 학비가 비싼 고비용 구조이기 때문에 사시를 통한 법조인 선발처럼 "개천에서 용이 나는 일"을 기대하기 어렵다고 한다. 법전원에 사회 유력인사의 자제가 많이 다닌다는 점에 근거해서 '현대판 음서제'라는 비판도 제기되고 있다.6) 언론 보도에 따르면, 과반수 국민이 이러한 주장에 동조하는 것으로 나타난다.7) 이에 대해 법학전문대학원협의회는 사법시험 존치 주장이 정당한 근거 없이 감정에 호소하는 여론몰이라고 비판한다.8)

필자는 사법시험 존치 논쟁에 앞서 검토되어야 할 것은 출범 7년째인 법학전문대학원의 운영 실태라고 본다. 사법개혁이라는 거대한 기치 아래 시작된 법학전문대학원 제도가 도입 당시 내세운 목적을 충실하게 이행하고 있는지 실증자료에 의해서 분석하고, 부족한 점이 있다면 그 원인이 무엇인지 검토한 후 해결 방안으로 현행 법전원 운영을 개선할 것인지, 아니면 법조인 양성제도를 새로 짤 것인지 검토하는 것이 올바른 접근이다. 사법시험

---

3) 「사법시험 존치를 본격적으로 논의하자」, 대한변호사협회 성명서, 2015. 5. 28, (http://www.koreanbar.or.kr/notice/board04_detail.asp, 2015. 9. 3. 확인);「사법시험 존치, 국민의 요구이다」, 서울지방변호사회 성명서, 2015. 5. 29, (https://www.seoulbar.or.kr/cop/bbs/selectBoardList.do, 2015. 9. 3. 확인).

4) 「전국 법학전문대학원 원장단 성명서」, 2015. 8. 31, (http://info.leet.or.kr/board/board.htm?bbsid=media&ctg_cd=&page=1&skey=&keyword=&mode=view&bltn_seq=1258, 2015. 9. 3. 확인);「'사시존치 안돼' … 로스쿨 출신 변호사들 첫 집단대응」, 연합뉴스 인터넷판, 2015. 9. 2, http://www.yonhapnews.co.kr/bulletin/2015/09/01/0200000000AKR20150901211200004.HTML? input=1195m, 2015. 9. 3. 확인).

5) 대한변호사협회와 새누리당 김용남 의원이 2014. 11. 18. 국회의원회관 제2소회의실에서 개최한 토론회 제목은 "희망의 사다리 사법시험, 존치해야 한다."였다. 이에 대해 법학전문대학원협의회는 2015. 5. 8. 보도자료를 통해 "사법시험은 희망의 가면을 쓴 허울뿐인 계층사다리"라며 "로스쿨이야말로 사회적·경제적 약자를 위한 희망의 사다리"라고 주장하였다.

6) 「유력 자세 뽑는 '로펌 음서제' … 로스쿨 父子 사제관계도」, 동아일보 인터넷판, 2014. 9. 1, (http://news.donga.com/3/all/20140901/66131278/1, 2015. 9. 3. 확인).

7) 「국민 75% '사법시험 폐지 반대'」, 동아일보 인터넷판, 2015. 5. 28, (http://news.donga.com/3/all/20150528/71505271/1, 2015. 9. 3. 확인).

8) 「여론몰이식 세미나·공청회를 통한 사법시험 존치 주장, 언제까지 정당한 근거없이 같은 주장만을 되풀이 할 것인가?」, 법학전문대학원협의회 보도자료, 2015. 7. 29, (http://info.leet.or.kr/board/board.htm?bbsid=media&mode=view&bltn_seq=1232, 2015. 9. 3. 확인).

존치 주장은 현행 제도의 개선이 아니고, 새로운 제도의 주장이다.[9] 필자는 법학전문대학원 제도가 운영상 많은 문제를 낳고 있지만, 제도를 시행한 지 10년이 안 된 지금 주력할 일은 새로운 제도의 도입보다 기존 제도의 개선 이라고 본다.

이에 따라 본 논문은 법전원 출신 변호사가 대량 배출되고 있는 법률시장 의 실상을 진단하고(Ⅱ), 현재 진행되고 있는 법전원 운영을 설립 목적에 맞추 어 분석·평가하고(Ⅲ), 개선 방향을 제시하는(Ⅳ) 내용으로 구성되었다. 특히 법전원 운영 중 비판 여론이 큰 학생 선발과 전문 교육을 중심으로 검토하였 다. Ⅲ에서는 법전원 출신 법률가와 사법연수원 출신 법률가에 대한 비교분석 이 이루어졌으며, 이를 위하여 서울대학교 법학대학원과 법학연구소가 수행한 <2014 대한민국 법률직역의 구조와 법률가 의식조사>(이하 '<법률가 의식조사>' 라고 한다) 결과를 활용하였음을 밝혀둔다.[10]

Ⅱ. 법률시장의 변화

1. 변호사 2만 명 시대

우리나라 변호사 수는 1990년대 중반 이후 급속히 늘어났다. 1992년 3,000명에 불과하던 변호사 수는 2008년 10,000명을 넘었으며, 2015. 7. 31. 기 준 19,835명으로 증가하였다. 최근 변호사 수의 급증 원인은 크게 두 가지다. 첫째는 1995년 국무총리 산하에 구성된 세계화추진위원회의 결정이고,[11] 둘

---

9) 사법시험의 존치는 사법연수원 출신과 법학전문대학원 출신이라는 이원적 법률가 양성제도를 의미하므로 법전원 제도와 다른 새로운 법조인 양성제도를 의미한다.

10) 이 조사는 한국의 전체 법률가를 세 그룹, 즉 로스쿨 제1~3기 출신 법률가를 표적집단으로, 표적집단과 동시대에 사법연수원 교육을 받은 연수원 40~43기 법률가를 비교집단으로, 위 두 그룹 이전에 사법연수원에 입소한 연수원 39기 이전 법률가를 평가그룹으로 구분하여 각 모집단을 대표하는 표본을 추출한 후 2014. 8. 11~10. 15.까지 설문조사하는 방식으로 진행 되었다. 표적집단은 308명, 비교집단은 300명, 평가집단은 412명이었다. 구체적인 연구방법론 및 핵심적인 내용에 대해서는, 이재협·이준웅·황현정, "로스쿨 출신 법률가, 그들은 누구인 가?", **서울대학교 법학**, 제56권 제2호, 2015(이 책의 제1장) 참조.

11) 이에 관한 상세한 내용은 권오승, "법학교육개혁의 과제와 추진", **법학연구**(연세대학교 법학 연구원), 제7권, 1997, 79~99면 참고.

째는 2007년 법학전문대학원 제도의 도입이다. 1995년 김영삼 정부는 국무총리 산하에 세계화추진위원회를 구성하여 사법개혁을 추진하였다. 처음에는 로스쿨 도입 등 여러 과제가 논의되었으나, 최종적으로는 당시 300명이던 사법시험 합격자 수를 1,000명까지 점진적으로 증원하는 결정으로 사법개혁이 마무리되었다. 실제로 사법시험 합격자 수는 증가하여 2001년부터 2009년까지 매년 1,000명 내외가 최종 선발되었다.

법학전문대학원은 2012년 제1회 변호사시험이 실시된 후 매년 1,500명 이상의 변호사를 배출하고 있다. 변호사시험 합격자 수는 변호사시험 관리위원회가 정한 합격기준에 따라 결정되는데, 제1회 변호사시험 때부터 '입학정원(2,000명)의 75% 이상' 기준이 적용되고 있다.[12] 이에 따라 제1회 1,451명, 제2회 1,538명, 제3회 1,550명, 제4회 1,565명이 변호사시험에 합격하였다.[13] 사법시험이 2017년까지 존속하므로 2020년까지 사법연수원에서도 변호사가 배출된다.

최근 변호사단체는 우리나라 변호사 수가 경제사회 규모에 비해 과다하다는 이유로 신규 변호사 수의 축소를 주장하기 시작하였다.[14] 2007년 법전원 도입 직후 벌어졌던 적정 변호사 논쟁의 재연이다.[15] 과거 적정 변호사론은

---

12) 법무부는 2010. 12. 7. 변호사시험 관리위원회 심의를 거쳐, 법학전문대학원협의회가 2010. 12. 1. 발표하고 2011년부터 시행 예정인 "법학전문대학원 학사관리 강화방안"이 확실히 실행되는 것을 전제로, 법학전문대학원 과정을 충실히 이수하여 변호사로서의 능력과 자질을 갖춘 법학전문대학원 졸업생의 경우, 변호사 자격을 무난히 취득할 수 있도록 변호사시험을 자격시험으로 운영하기로 하고, 우선, 제1기 법학전문대학원생에 대해서는 2011년 학사관리가 엄정하게 이루어 질 것을 전제로, 변호사시험 합격률을 입학정원의 75% 이상으로 하기로 결정하였다.

13) 제1회 변호사시험의 경우 응시자가 1,665명으로 적고 과락을 면한 사람이 1,472명에 불과하여 '1,500명 이상의 원칙'이 적용되지 않았다. 같은 기간 동안 사법연수원 수료생의 수는 2012년 1,030명, 2013년 826명, 2014년 786명, 2015년 509명 등 총 3,151명이다.

14) 서울지방변호사회는 2014. 12. 15. '적정 변호사 수에 관한 심포지엄'을 개최하였으며, 2015. 4. 23., 「적정 변호사 수에 대한 연구」라는 연구서를 출간하였다. 대한변호사협회도 2014. 12. 3. 서영교·서기호 의원실과 공동으로 '법률시장의 위기와 미래-변호사 수 이대로 좋은가'라는 주제로 심포지엄을 열었다. 대한변협의 주장으로는, 「[사설]변호사시험 합격자 수 축소해야」, 대한변협신문 인터넷판, 2015. 4. 6, (http://news.koreanbar.or.kr/news/articleView.html?idxno= 12514, 2015. 9. 10. 확인) 참고.

15) 유중원, "변호사 대량증원론의 허구성과 로스쿨 제도 도입의 문제점", 인권과 정의, 제337호, 2004; 한상희, "한국의 변호사: '변호사 적정수'의 아젠다", 법과 사회, 제27권, 2004; "연간변호사 3000명 만들기 국민서명운동", '올바른 로스쿨을 위한 시민·인권·노동·법학계 비상대책위원회'(상임대표 이기수 한국법학교수회 회장, 이철송 전국법과대학학장협의회 회장, 김상

로스쿨 도입을 주장하는 쪽에서 변호사 수 확대의 논리로 사용되었다면, 최근 적정 변호사론은 실무가들이 변호사 업무 현실과 시장 분석을 통해 공급과잉 의 논리로 주장되고 있는 점에서 차이가 있다.16) 법학전문대학원협의회는 '응 시자 대비 75% 합격'을 통한 변호사시험의 자격시험화, 즉 변호사시험 합격자 수 확대를 주장하고 있어 신규 변호사 수 감축을 둘러싼 논쟁은 쉽게 진화되 기 어려운 상황이다.

2. 양극화

변호사는 그동안 우리 사회에서 높은 사회적 지위와 부의 상징이었다. 사 법시험을 '희망의 사다리'라고 부르고, 사시 합격을 "개천에서 용 났다"고 말 하는 이유는 시험 합격이 곧 인생 성공이라는 명제가 성립하기 때문이다. 하지 만 변호사 수가 급속히 늘면서 변호사 간 경쟁이 치열해지고 변호사 소득은 확연히 감소 중이다. 2012년 국세청 자료에 따르면, 개인 사업자로 등록한 변 호사 중 연간수입 2,400만 원 이하의 변호사 비율은 17.2%에 이른다.17) 이 비 율은 2008년 12.9%, 2009년 14.4%, 2010년 15.5%, 2011년 16.1%로 매년 증가 하고 있다.18)

법률시장의 경쟁 심화가 모든 변호사에게 고르게 영향을 미치는 것은 아 니다. 대형로펌 소속 변호사와 전관예우(前官禮遇)를 받는 변호사는 여전히 고 소득을 올리면서 법률시장은 고소득자와 저소득자로 갈리는 양극화 현상이 나 타나고 있다. 변호사 설문조사 결과와19) 고위 공직자 인사청문회에서 밝혀지

곧 민주적 사법개혁실현을 위한 국민연대 상임공동대표, 조병윤 명지대학교 법과대학장) 선 전물, 2006. 3. 15; 김두얼, "변호사인력 공급규제정책의 개선방향 - 법학전문대학원 정원 중 대의 필요성 -", KDI정책포럼, 제189호, 2008. 1. 14 등 참고.

16) 서울지방변호사회 법제연구원 편, 「적정 변호사 수에 대한 연구」, 법률신문사, 2015. 4.

17) 「변호사 2만명 시대…무한경쟁 속 양극화 뚜렷」, 연합뉴스, 2014. 9. 24, (http://news.naver. com/main/read.nhn?mode=LSD&mid=sec&sid1=102&oid=001&aid=0007141116, 2015. 9. 10. 확인).

18) 위 기사; 「변호사 6명 중 1명은 '워킹푸어'」, 한국경제 인터넷판, 2012. 11. 6, (http://s.hankyung. com/board/view.php?id=s_topnews&no=1240&ch=s1, 2015. 9. 10. 확인).

19) 서울지방변호사회(회장 나승철)가 2014. 7. 14.부터 8. 8.까지 소속 회원(2014. 8. 8. 현재 개업 회원 11,019명)을 대상으로 '전관예우'에 관한 설문조사를 실시하여 총 1,101명의 회원이 설 문에 참여하였다. 설문조사 결과, 전관예우 존재 여부에 대해 89.5%(985명)에 달하는 응답자

는 일부 전관 출신 변호사의 소득에서[20] 전관예우는 실제 존재하는 심각한 문제라는 점이 확인된다.

경쟁이 치열해지는 법률시장에서 양극화 현상까지 나타나면서 변호사 사회의 동질성이 사라지고, 유사한 환경에 있는 변호사끼리 단결하여 집단적 이익을 추구하는 이익집단화 현상이 뚜렷하게 나타난다. 최근 대한변호사협회나 서울변호사회의 회장 선거 때마다 젊은 변호사와 기득권 변호사 간 대립, 로펌을 대표하는 후보자와 개인변호사를 대표하는 후보자 간 대립도 치열하다.[21] 대한변호사협회와 각 지방변호사회는 변호사의 품위를 보전하고, 법률사무의 개선과 발전을 도모하며, 변호사의 지도 및 감독에 관한 사무를 하기 위하여 설립된 공법인인데,[22] 이익단체처럼 행동하는 경우도 있다. 최근 법전원 출신 변호사들의 이익을 대변하는 단체도 설립되어, 법전원 출신 변호사와 사법연수원 출신 변호사 간 갈등도 우려된다.

가 존재한다고 응답함으로써 존재하지 않는다고 응답한 회원(9.8%, 108명)에 비하여 압도적으로 많았다. 법원·검찰 출신 회원은 176명 중 64.7%(114명)가 전관예우가 존재한다고 응답하였다. 전관예우가 심각하게 발생하는 영역으로는 검찰수사단계 35.0%, 형사 하급심 재판 22.1%, 민사 하급심 재판 15.9% 순으로 나타났다. 상세한 내용은, 서울지방변호사회, 「2014 전관예우에 관한 설문조사 결과」, (https://www.seoulbar.or.kr/cop/bbs/selectBoardList.do, 2015. 9. 10. 확인) 참고.

20) 고검장 출신의 안대희 전 대법관은 2014년 국무총리 후보자로 내정되었으나 2013년 7월부터 5개월간 16억여원의 수입을 올린 것으로 나타나 낙마하였고, 2011년 정동기 감사원장 후보자도 대검 차장을 지낸 후 로펌 대표변호사 등을 맡으면서 7개월간 약 7억원의 급여를 받은 사실로 낙마하였다. 그러나 황교안 국무총리는 부산고검장 퇴직 후 17개월간 16억원의 수입을 얻었으나 2013년 법무부장관 인사청문회와 2015년 국무총리 청문회를 통과하였고, 2005년 이용훈 대법원장은 대법관 퇴직 후 5년간 60억원, 박시환 대법관은 서울지법 부장판사 퇴임 후 22개월간 22억원, 2008년 김경한 법무장관은 서울고검장 퇴직 후 6년간 48억원의 수입을 올린 것으로 나타났으나 청문회를 통과하였다. 「60억원 통과·7억원 낙마 … 전관예우 기준 들쭉날쭉」, 세계일보 인터넷판, 2015. 5. 25, (http://www.segye.com/content/html/2015/05/25/20150525002301.html, 2015. 9. 10. 확인).

21) 과거 대한변호사협회 회장은 판·검사 출신이거나 로펌 대표가 맡는 경우가 대부분이었으나, 회원 직선제로 바뀐 제47대 변협 회장에 '보통변호사의 성공시대'를 주장한 위철환 변호사가 당선되었으며, 제48대 회장인 현 하창우 회장도 재조 경험과 대형 로펌 근무 경력이 없다. 서울지방변호사회 역시 마찬가지다. 2013년 1월 제92대 회장에 당선된 나승철 변호사의 경우 경력 4년에 불과하였으나 판·검사 경력 없이 개업한 20~30대 젊은 변호사의 지지를 얻어 당선할 수 있었다. 또 2015년 1월 제93대 회장에 당선된 김한규 변호사는 경원대(현 가천대) 출신으로 법조계의 대표적인 비주류다. 그가 내세운 "변호사의 권익은 누가 변호합니까?"라는 구호에서 볼 수 있듯이 최근 변호사단체는 이익집단적 성격을 보이고 있다. 하창우 변호사, 나승철 변호사, 김한규 변호사는 모두 선거운동 중 사법시험 존치를 공약으로 내걸었다.

22) 지방변호사회의 목적 및 설립은 변호사법 제64조, 대한변호사협회의 목적과 설립은 변호사법 제78조 참고.

3. 법조윤리의 후퇴

법률시장의 경쟁 심화는 법조윤리를 무시하거나, 심지어 경제적 어려움으로 범죄를 저지르는 변호사의 증가로 이어지고 있다. 대한변호사협회가 징계한 변호사의 수는 2011년 37명, 2012년 48명, 2013년 49명으로 매년 증가하고 있다. 형사사건으로 입건된 변호사의 수도 2011년 325명, 2012년 375명, 2013년 544명, 2014년 566명으로 늘어나는 중이다. 심지어 재력 있는 수용자의 잔심부름이나 말벗을 해주는 소위 '집사 변호사'까지 등장하였다.[23] 집사 변호사는 일반인과 달리 회수나 시간 제약 없이 구치소 수용자를 만날 수 있는 변호사접견권을 악용하여 변호사의 품위를 손상하고 다른 수용자와의 형평성을 저해한다.

더 심각한 문제는 법률시장에 갓 진입한 법전원 출신 변호사들의 직업윤리의식 약화에 있다. <법률가 의식조사>에 의하면 다음과 같은 사실이 밝혀졌다. 첫째, 법전원 1~3기 출신 법률가들(표적집단)은 사법연수원 40~43기 출신 법률가들(비교집단)보다 사회봉사활동을 적게 하고 있다. 변호사 공익활동(pro bono)의 경우 표적집단은 연 15.93시간 한 것으로 나타나 비교집단(연 26.55시간)보다 10시간 이상 적었다. 여기에서 보수를 지급받은 시간을 제외하더라도 표적집단의 변호사 공익활동 시간은 연 11.32시간으로, 비교집단의 14.64시간보다 여전히 적었다. 또 시민사회 활동 및 봉사활동에 있어서도 표적집단은 월 0.66번으로, 비교집단의 월 0.73번보다 낮게 나타났다.

둘째, 법전원 출신 법률가는 인성 부문에서 사법연수원 출신 법률가보다 좋은 평가를 받지 못하고 있다. <표 6-1>에서 보는 바와 같이, 표적집단은 법률가로서 자긍심과 공익에 대한 고려, 공정성 및 객관성, 책임감 등 여러 항목에서 비교집단보다 낮은 평가를 받았다. 평가자가 직장 외 법률가일 경우 동일 직장 내 변호사가 평가할 경우보다 표적집단과 비교집단 간 격차가 더 크게 나타났는데, 이는 평가자와 피평가자와의 사회적 거리(social distance) 내지

---

23) 대한변협은 법무부로부터 집사 변호사 10명의 명단을 통보받아 징계절차를 진행 중이다. 「변협, '옥중 뒷바라지' 집사 변호사 10명 징계 착수」, 연합뉴스, 2015. 7. 21, (http://www.yonhapnews. co.kr/bulletin/2015/07/21/0200000000AKR20150721187100004.HTML, 2015. 9. 10. 확인).

| 표 6-1 | 인성평가(최고 7점, 최저 1점) |

	직장 내 법률가의 평가		직장 외 법률가의 평가	
	표적집단	비교집단	표적집단	비교집단
공정성 및 객관성	4.22	5.20	3.37	4.57
책임감	4.23	5.11	3.43	4.79
직무에 대한 열정	4.47	4.75	3.55	4.72
의뢰인에 대한 이해심	4.15	4.89	3.23	4.52
긍정적 태도	4.48	5.20	3.68	4.60
성실한 태도	4.54	4.88	3.68	4.78
감정의 조절과 통제	4.27	4.93	3.49	4.53
협동심	4.37	4.72	3.52	4.50
동료에 대한 희생정신	3.94	4.93	3.23	4.32
법률가로서 자긍심/공익에 대한 고려	3.79	4.93	3.00	4.52
자기계발의지	4.65	4.00	3.86	4.59
항목 평균	4.28	4.87	3.46	4.59

친숙도에 따라 나타난 편차이거나 표적집단에 대한 선입견이 작용할 결과일 수 있다고 한다.[24]

셋째, 법전원 출신 법률가는 직무 역량 평가에서도 국제적 업무수행능력을 제외한 모든 항목에서 사법연수원 출신 법률가보다 뒤쳐진다. <표 6-2>에서 보는 바와 같이, 법률지식, 법률적 분석, 문제해결능력, 법문서 작성, 변론능력, 재판준비(진행)와 같은 가치중립적 직무 역량뿐 아니라 윤리적 판단력, 협동심과 같은 인성 항목에서도 표적집단은 비교집단보다 낮은 평가를 받았다.

---

24) 이재협 등, 위 논문(이 책의 제1장), 404면.

표 6-2	역량평가(최고 7점, 최저 1점)			
	직장 내 법률가의 평가		직장 외 법률가의 평가	
	표적집단	비교집단	표적집단	비교집단
판례 기타 법률지식	3.42	5.20	2.55	4.84
법률적 분석/추론능력	3.44	5.09	2.49	4.77
문제해결 및 대안제시능력	3.46	4.86	2.56	4.61
의사소통능력: 법문서 작성	3.41	5.13	2.43	4.76
의사소통능력: 말하기	3.92	4.84	2.99	4.56
변론능력	3.46	4.77	2.65	4.52
협상력	3.55	4.42	2.83	4.23
재판준비(진행)/수사능력	3.39	4.95	2.60	4.54
윤리적 판단력	4.05	4.85	3.40	4.52
팀워크 역량/협동심	4.26	4.90	3.54	4.43
의뢰인 섭외능력	3.30	4.00	2.82	4.00
정보수집능력	4.05	4.64	3.26	4.44
국제적 업무 수행능력	4.13	3.95	3.20	3.91
항목 평균	3.64	4.80	2.84	4.52

우리나라에서 로스쿨 도입은 사법개혁 작업의 하나로 진행되었고, 로스쿨이라는 새로운 제도 도입에 많은 사람들이 동의했던 것은 로스쿨을 통해서 사회정의를 실현하고 인간과 사회에 대한 따뜻한 애정을 가진 법률가, 즉 인성을 갖춘 법률가가 나오기를 기대하였기 때문이다. 위 조사결과는 법전원이 본래 설립 목적에 부응하지 못하고 제대로 기능하지 못하고 있음을 보여준다.

III. 법학전문대학원의 학생 선발과 교육에 대한 평가

1. 법학전문대학원의 도입과 학교의 역할

법학전문대학원의 도입 목적은 법전원법 제2조에 있다.[25] 위 내용은 대법

---

25) "법학전문대학원의 교육이념은 국민의 다양한 기대와 요청에 부응하는 양질의 법률서비스를

원 산하 설치된 사법개혁위원회가 2004. 10. 4. 법조인 양성 및 선발에 관하여 건의한 내용의 머리말과 같은 것으로,[26] 그동안 운영하던 사법시험 제도의 구조적인 문제점을 시정하고,[27] 새로운 시대상황이 요구하는 법조인을 양성하기 위하여 법학전문대학원 교육이 지향하는 바를 제시하고 있다. 그 내용을 크게 보면, 첫째 "풍부한 교양, 인간 및 사회에 대한 깊은 이해"를 갖춘 법조인, 둘째 "자유·평등·정의를 지향하는 가치관을 바탕으로 건전한 직업윤리관"을 갖춘 법조인, 셋째 "복잡다기한 법적 분쟁을 전문적·효율적으로 해결할 수 있는 지식 및 능력"을 갖춘 법조인이라고 하겠다. 즉, 다양성,[28] 인성, 전문성의 확보가 법전원 제도 도입의 핵심이다.[29]

세 가지 목표는 사법시험 제도가 학교 교육과 분리되어 시행됨으로써 사회에서 격리된 채 학원 등에서 공부한 사람이 법조인이 되는 폐해를 시정하고, 새로운 법조양성 제도가 대학원에 설치되어야 하는 정당성을 제시한다. 위 목표에 따라 설치인가를 받은 법학전문대학원은, 첫째 다양한 인재를 선발하여 교육한 후 사회의 다양한 분야에 배출해야 할 의무를 지게 되고, 둘째 인성을 갖춘 인재를 선발하고 건전한 직업윤리관을 교육할 의무를 지게 되고, 셋째 전

제공하기 위하여 풍부한 교양, 인간 및 사회에 대한 깊은 이해와 자유·평등·정의를 지향하는 가치관을 바탕으로 건전한 직업윤리관과 복잡다기한 법적 분쟁을 전문적·효율적으로 해결할 수 있는 지식 및 능력을 갖춘 법조인의 양성에 있다(밑줄은 강조를 위해 필자가 추가함)."

26) "21세기의 법치국가를 뒷받침할 장래의 법조인은, 국민의 기대와 요청에 부응하는 양질의 법적 서비스를 제공하기 위하여 풍부한 교양, 인간과 사회에 대한 깊은 애정과 이해 및 자유·민주·평등·정의를 지향하는 가치관을 바탕으로, 건전한 직업윤리관과 복잡다기한 법적 분쟁을 보다 전문적·효율적으로 해결할 수 있는 지식과 능력을 갖추고, 개방되어 가는 법률시장에 대처하며 국제적 사법체계에 대응할 수 있는 세계적인 경쟁력과 다양성을 지녀야 합니다(밑줄은 강조를 위해 필자가 추가함)." 사법제도개혁추진위원회 백서(하), 83면.

27) 사법시험 제도의 문제점으로는, 첫째 소위 '고시 망국론'이라고 할 정도로 국가인력 배분이 왜곡되었다, 둘째 고급인력의 편중 현상으로 학문의 균형발전이 저해되었다, 셋째 다양한 분야에 걸쳐 전문화·국제화된 변호사를 배출하는 데 한계가 있다가 지적된다. 법학전문대학원 협의회 브로슈어, 「법학전문대학원에 대한 오해와 편견」, 2015, 3면 (한찬식 법무부 법조인력과장의 2007. 11. 6. 정책브리핑 정책뉴스 인용).

28) "풍부한 교양, 인간 및 사회에 대한 깊은 이해"를 하는 법조인을 양성하기 위해서는 학부보다 대학원 과정에서 교육을 실시하는 것이 낫고, 대학원에 설치되는 법학교육기관은 필연적으로 입학하는 학생의 전공 다양화를 유발한다.

29) 제도 개선의 요점을 다양성, 전문성, 국제경쟁력으로 보는 견해도 있다. 국제경쟁력은 전문성의 한 내용으로 볼 수 있으며, 또 사법개혁위원회 개선안에 있던 내용이나 법전원법 제2조에서 삭제되었다. 이에 반해 인성은 사개위 개선안이나 법 제2조에 모두 들어가 있는 내용이다.

문적인 교육, 특히 개방화된 세계에서 국제경쟁력 있는 법조인을 양성하는 교
육을 실시할 의무를 지게 된다.

2. 학생 선발의 다양성 강화, 예측가능성 약화

사법시험 제도와 비교할 때 법전원 제도의 두드러진 특징은 학생 선발의
다양성에 있다. 법전원은 신체적 경제적 여건이 열악한 학생을 특별전형으로
선발하기 때문에 다양성을 제고한다.[30] 또 학생 선발권이 대학에 있기 때문에
대학마다 선발 기준이 다르고, 다양한 대학과 전공의 학생이 법전원에 입학할
수 있게 되었다. 이는 실증적으로 확인된다. 법학전문대학원협의회가 2011년
부터 2015년까지 법전원에 입학한 10,410명과 2002년부터 2014년까지 사법시
험에 합격한 10,458명의 출신 대학 현황을 전수 조사한 결과, 법전원 입학자
출신 대학은 102개교로 사법시험 합격자 출신 대학 40개교보다 2.5배 많았으
며, 서울대·고려대·연세대 3개교의 비율은 법전원이 46.8%로 사법시험
58.51%보다 감소한 것으로 출신 대학의 다양화가 실현되었다.[31] 학부 전공의
다양성에 있어서도 법전원 제도는 사법시험 제도보다 우수한 것으로 나타났
다. <법률가 의식조사>에서 법전원 출신의 경우 법학 전공자의 비율이 약
60%로, 사법연수원 출신의 약 80%보다 크게 낮아진 반면, 인문·사회계 및 자
연·공학계의 비중은 법전원에서 크게 늘어났다.[32]

성(性)과 연령에 있어서는 법전원 출신과 사법연수원 출신 사이에 차이가
거의 없었다. 법전원 전체로 보면 35세 이상 연령자도 변호사자격을 많이 취
득하고 있지만,[33] 일부 법전원은 학생 선발에 연령 제한을 두고 있다는 의혹
을 받고 있다.[34] 지난 5년간 전국 25개 법전원에 입학한 학생 1만439명 중 30세

---

30) 특별전형 등 법전원 학생선발의 다양성에 대해서는 박근용, "법학전문대학원 제도의 운영 현
　　황: 학생선발의 다양성과 장학제도를 중심으로", **법과 사회**, 제45호, 2013. 12. 참고.
31) 「로스쿨, 출신대학의 다양화를 실현했다.」, 법학전문대학원협의회 보도자료, 2015. 7. 23,
　　(http://info.leet.or.kr/board/board.htm?bbsid=media&ctg_cd=&page=1&skey=&keyword
　　=&mode=view&bltn_seq=1229, 2015. 9. 10. 확인).
32) 이재협 등, 위 논문(이 책의 제1장), 383면.
33) 박근용, 위 논문, 481면.
34) 서울대학교의 경우 2014학년도 신입생 합격자 153명 중 만 25세 이하가 113명으로 73.9%를
　　차지하고 있고, 26~28세 25명, 29~30세 7명, 31~31세 5명, 33~34세 2명, 35세 이상 1명에

이하는 8,598명으로 82.4%이지만, 같은 기간 동안 30세 이하 입학생 비율이 고려대 99.5%, 서울대 97.8%, 연세대 96.2% 등 서울 소재 대규모 법전원에서 높게 나타났다.[35] 이는 "법학전문대학원은 다양한 지식과 경험을 가진 자를 입학시키도록 노력하여야 한다."고 규정한 법전원법 제26조 제1항에 위반 된다.

학생 선발에 있어서 가장 큰 문제는 불공정성 시비다.[36] 학생 선발의 공 정성을 확보하고 외부 의혹을 불식시켜야 법전원 제도가 성공적으로 정착할 수 있다.[37] 법학전문대학원협의회는 법령을 준수하여[38] 매년 투명하고 객관 적인 입학전형 계획을 수립하여 시행하고 있으며, 학부보다 더 엄격·공정한 기준으로 학생을 선발하고 있다고 강조한다.[39] 그러나 학생 선발에 있어서 형 식적·절차적 공정성은 확보되었는지 몰라도 실질적 공정성이 확보되었는지는 의문이다. 한 설문조사에 의하면, 법전원 교수 중 12%는 법전원 입학 전형에 서 공정성이 확보된 정도를 60점 이하로 평가하고 있다.[40]

법전원 학생 선발이 불투명하고 불공정하다고 평가받는 가장 큰 이유는 정성평가의 영향력이 크기 때문이다. 거의 모든 법전원이 법학적성시험(LEET)

불과하였다. 「흔들리는 로스쿨② 학생선발 논란」, 법률신문 인터넷판, 2014. 11. 11, (https:// www.lawtimes.co.kr/Legal-News/Legal-News-View?Serial=88474, 2015. 9. 10. 확인).

35) 「김진태 의원, 'SKY 로스쿨, 30세 넘으면 못가'」, 법률저널 인터넷판, 2015. 9. 15, (http://www. lec.co.kr/news/articleView.html?idxno=37994, 2015. 9. 17. 확인).

36) 동아일보가 2015년 5월 22, 23일 전국 성인 남녀 1,000명을 대상으로 조사한 바에 따르면, 입학절차가 공정하게 이루어진다고 생각하느냐는 질문에 부정적으로 응답한 비율은 56.0%로 긍정적인 응답률 25.8%보다 월등하게 높았으며, 불공정하다고 생각하는 이유에 대해서는 "부 모 재력, 집안 등 요소가 영향을 미치기 때문"이라는 응답과 "입학 선발 기준이 명확하지 않 기 때문"이라는 응답이 가장 많았다. 「로스쿨에 집안배경 작용' 88% … '현대판 음서제' 불신 팽배」, 동아일보 인터넷판, 2015. 5. 28, (http://news.donga.com/rel/3/all/20150528/71505387/1, 2015. 9. 10. 확인).

37) 이종수, "법학전문대학원 학생선발의 실태와 과제", 연세 공공거버넌스와 법, 제2권 제2호, 2011. 8, 74면.

38) 법전원법은 "입학자의 공정한 선발을 위하여 대통령령이 정하는 내용이 포함된 입학전형계획 을 수립하여 공표하고, 이를 시행하여야 한다."고 규정하고 있다(제23조 제3항). 이에 따라 제정된 시행령은 법전원으로 하여금 학생 선발의 공정성 확보 방안을 매년 수립하도록 의무 화하고 있다(제15조 제1호).

39) 「여론몰이식으로 로스쿨 제도를 흠집내기보다, 제도의 안착에 힘써야 한다.」, 법학전문대학원 협의회 보도자료, 2015. 5. 28, (http://info.leet.or.kr/board/board.htm?bbsid=media&ctg_cd= &page=2&skey=&keyword=&mode=view&bltn_seq=1138, 2015. 9. 10. 확인).

40) 이호선, "현행 로스쿨 운영 및 성과에 관한 실증적 분석과 그 시사점", 법과 정책연구, (한국법 정책학회), 2015. 6, 503면.

성적, 학부 성적, 영어 성적 등 정량평가 외에 자기소개서 등 서류평가와 면접이
라는 정성평가를 통해 학생을 선발하고 있다. 형식적으로는 정량평가의 비중이
크지만, 면접과 같은 정성평가 항목은 정량평가를 통해 일정 수준 이상의 학생
을 골라낸 후 합격자를 선발하는 데 활용되기 때문에 실질적인 영향력이 크다.
　정성평가의 비중이 높아지는 이유는 정량평가 항목이 법학적성을 평가하
는 지표로서 신뢰도가 낮기 때문이다. 학부 성적의 경우 대학마다, 학과마다,
과목마다 평가방법이 다르기 때문에 총평균평점(GPA)의 의미가 퇴색되고, 외
국어 성적은 법학 공부에 직접적인 연관성이 없기 때문에 많은 법전원이 최저
기준으로 활용한다. 법학공부의 잠재적인 능력을 평가하는 시험으로 개발된
것으로 법학적성시험(Legal Education Eligibility Test, LEET)이 있다. 미국의
LSAT(Law School Admission Test)와 유사한 시험이다. 그런데 미국에서는 LSAT
성적과 로스쿨 성적과의 상관관계가 높은 것으로 나타나는데,[41] 우리나라에서
는 그러한 연구결과가 없다.[42] 많은 법전원 교수들은 경험을 통해 LEET 성적
과 법전원 성적은 상관관계가 없다고 생각한다.[43] 법률가로서 잠재적인 능력
을 평가하기 위하여 도입된 LEET가 제 기능을 하지 못하는 한 법전원 학생 선
발은 서류전형과 면접이라는 정성평가에 의하여 좌우되고 투명성과 공정성 시
비에서 벗어날 수 없게 된다.

3. 전문 교육의 정체

　전문화는 법학전문대학원 도입의 중요한 목적이다. 2007년 교육인적자원

---

41) 미국 로스쿨입학위원회(The Law School Admission Commission; LSAC)는 LSAT과 로스쿨 성
　적 간 상관관계에 관연 실증연구를 지속적으로 하고 있으며, 그 결과를 홈페이지에 게시해놓
　고 있다. 2010년 189개 로스쿨에서 LSAT 성적과 로스쿨 1학년 성적 간 상관관계를 분석한
　결과 최저 0.12에서 최고 0.56까지(중간값 0.28)로 나타나 정(正)의 상관관계를 보여준다.
　(http://www.lsac.org/jd/lsat/your-score/law-school-performance, 2016. 9. 10. 확인).
42) 「[인터뷰] 로스쿨 '법학적성시험 개편안 두고 논의 중'」, 법률저널 인터넷판, 2015. 3. 27,
　(http://www.lec.co.kr/news/articleView.html?idxno=36252, 2015. 9. 18. 확인) ("논술이나 추
　리논증 분야에서 고득점 한 학생들이 법학교육을 이수하는 데 유리하다는 각 로스쿨 내부의
　자체평가가 없는 것도 아니다. 다만 아직까지 통계적으로 유의미한 결과를 도출하기 힘들었
　다.").
43) 이창현, 「[기고] 법학적성시험에 대한 의문」, 법률저널 인터넷판, 2015. 9. 4, (http://www.lec.
　co.kr/news/articleView.html?idxno=37877, 2015. 9. 10. 확인).

부는 법학전문대학원을 설치·인가하는 과정에서 법전원마다 고유한 전문화 교육, 즉 특성화 교육을 실시할 것을 요구하였다. 당시 법학전문대학원 설치인가 심사기준에 따르면, 특성화 목표 및 전략, 입학전형 계획에 교육 목표와 특성화 목표의 반영정도, 특성화 프로그램의 적절성, 연구소의 특성화 연구지 등 발간, 학위과정 혹은 연구과정에 법학전문대학원의 교육 목표 및 특성화 계획의 적절한 반영 여부 등이 평가되었다. 이에 따라 모든 법전원은 하나 이상의 특성화 영역을 선정하여 교과목을 개설하고 담당 교수를 채용하였다. 이 밖에도 설치인가 심사기준은 국내외 수요 등 참신성을 반영한 전공 교과목 개설 여부를 포함하고 있어 법전원은 특성화 외에도 전문화된 교과목을 상당수 개설하고 있다.

　　<법률가 의식조사>는 사법연수원보다 법전원에서 전문과목 교육이 더

표 6-3　법 분야별 전문지식 교육 만족도(최고 7점, 최저 1점)

	표적집단	비교집단
공법, 헌법	4.77	3.21
민사법	5.64	6.06
형사법	5.37	5.86
상사법	5.31	4.23
계약법, 물권법, 채권법	5.57	5.49
국제법	3.23	2.88
국제거래법	3.31	2.84
노동법	3.83	3.06
조세법	3.29	2.98
경제법	3.73	3.13
환경법	3.07	2.73
지적재산법	3.60	3.01
가족법	4.28	3.58
법조윤리	4.22	4.26
만족도 평균	4.23	3.77

잘 이루어지고 있음을 보여주고 있다. <표 6-3>에서 보듯이 국제법, 국제
거래법, 노동법, 조세법, 경제법, 환경법, 지적재산권법 등 전문화된 교과목의
교육만족도에서 표적집단이 비교집단보다 높았다. 그러나 전반적인 만족도 수
준은 낮은 편이어서 법전원에서 전문화 교육이 충실히 이행되고 있다고 평가
하기는 힘들다.[44)]

<법률가 의식조사>에서 드러나지 않은 심각한 문제는 특성화 전문화
교과목 중 상당수가 폐강되어 실제 개설되지 않는다는 데 있다.[45)] 법전원 출
범 초기에는 특성화 교육이 실시되었으나, 2011년 1학기부터 실시된 학사관리
엄정화방안으로 수강학생 수와 관계없이 상대평가제가 적용되면서 학생들은
수강학생 수가 적은 전문화, 특성화 과목을 기피하는 현상이 발생하였고, 2014년
1학기부터 엄격한 상대평가제는 완화되었지만 매년 변호사시험 합격률이 낮
아지면서 학생들은 수험과목이 아닌 특성화 교과목을 외면하는 현상이 두드러
지게 나타나고 있다.

4. 인성 교육의 실패

법학전문대학원은 법 기술자를 양성하는 곳이 아니다. 법은 개인의 자유
와 권리를 보호하는 수단이자 사회정의를 실현하는 도구이기 때문이다. 변호
사법 제1조 제1항이 변호사의 사명으로 기본적 인권의 옹호와 사회 정의의 실
현을 명시한 것도 같은 이유에서다. 변호사 양성을 목적으로 하는 법학전문대학
원은 학생들이 교육과정을 통해 변호사의 사명을 체득하도록 할 의무가 있다.[46)]

그러나 앞의 <표 6-1>에서 나타나듯이 인성평가에서 법전원 출신 변

---

44) 이재협 교수는 로스쿨에서 기본법 중심의 과목에 대한 만족도가 전문 과목의 만족도보다 높
은 데 근거하여 법전원 내의 특성화 교육이 의미 있게 진행되고 있지 않다고 설명한다. 이재협
등, 위 논문(이 책의 제1장), 395면.
45) 「로스쿨 도입 7년, 특성화 교육 한다더니 … 평균 폐강률 16%」, 한겨레 인터넷판, 2015. 6.
24, (http://www.hani.co.kr/arti/society/society_general/697045.html, 2015. 9. 17. 확인).
46) 법전원법은 "풍부한 교양, 인간 및 사회에 대한 깊은 이해와 자유·평등·정의를 지향하는 가
치관을 바탕으로 건전한 직업윤리관"을 가진 법조인의 양성을 교육이념으로 명시하고(제2조),
이러한 교육이념의 취지에 부합하는 법조인의 양성에 필요한 교과목을 개설하는 등 체계적인
교육과정을 운영하도록 법전원에게 요구하고 있다(제20조). 또 변호사시험은 사법시험과 달
리 법조윤리시험을 포함하여 실시된다.

호사들은 사법연수원 출신 변호사들보다 좋은 평가를 받지 못하고 있다. 그 원인은 법전원이 인성이 제대로 된 학생을 선발하지 못하였거나, 법전원이 3년간 교육을 제대로 시키지 못한 데 있을 것이다. 하지만 전자가 주된 원인일 수는 없다. 사법연수원 출신은 인성평가 없이 시험성적만으로 선발되기 때문이다.[47] 결국 법전원의 양성과정에 문제가 있다는 결론인데, 이러한 사실은 <법률가 의식조사>에서 확인된다.

<표 6-4>는 사법연수원 및 법전원의 교육과정이 법률가로서 경력을 준비하는 데 얼마나 도움이 되었는지 교육요소별로 평가한 결과를 보여준다. 전반적인 교육 도움의 정도에 있어서 사법연수원이 법전원보다 높은 평가를 받았다. 특히 주목할 점은 공익활동 또는 사회봉사 활동의 기회에 있어서 사법연수원이 법전원보다 월등히 높은 평가를 받았다는 점이다. 법전원 학생은 변호사시험 합격이라는 부담을 안고 공부하기 때문에 이미 사법시험을 통과한

표 6-4 교육요소별 도움 정도(최고 7점, 최저 1점)

표적집단	점수	비교집단	점수
수업 커리큘럼	5.06	원내 민·형사재판 실무	5.60
리걸 클리닉	3.76	원내 검찰 실무	5.20
법전원만의 특별 강좌	4.56	원내 민·형사변호사 실무	4.95
학기 중 취업 기회 제공	3.69	명사 특강	3.61
해외 연수 기회 제공	2.72	세법·중국법 등 특별법	3.95
학기 중 인턴십	3.92	법원 실무 수습	5.21
법률적 글쓰기 교육	4.54	검찰 실무 수습	5.72
개인생활지도/심리상담	3.66	변호사 실무 수습	4.77
기타	3.67	전문기관 연수	4.20
공익활동(pro bono 포함)	2.96	사회봉사 활동	4.06
법조윤리에 대한 교육	3.71	법조윤리에 대한 교육	3.70
전반적인 교육 도움 정도	3.84	전반적인 교육 도움 정도	4.63

47) 사법시험 제3차시험은 법조인으로서의 국가관·사명관 등 윤리의식, 전문지식과 응용능력, 의사발표의 정확성과 논리성, 예의·품행 및 성실성, 창의력·의지력 그 밖의 발전가능성을 면접을 통해 평가하지만, 면접 탈락률이 낮기 때문에 수험자의 인성이 사법시험 합격의 관건이라고 보기 어렵다.

사법연수원 학생보다 사회봉사 활동에 소극적일 수밖에 없다. 그렇기 때문에 법전원 교육과정은 사법연수원 교육과정보다 이 부분을 더 강화하는 교과과정을 운영하여야 한다. 하지만 현실을 그렇지 않다는 사실이 <표 6-4>에서 확인된다.

법률가의 직무 역량을 키우는 데 있어서 충분한 교육을 제공했는지 묻는 항목에서도 법전원은 사법연수원보다 낮은 평가를 받았다. <표 6-5>는 국제적 역량을 키울 기회 항목을 제외한 모든 항목에서 법전원의 교육만족도가 사법연수원의 그것보다 낮다는 것을 보여준다. 특히 예절 항목에서 격차가 크게 나타났고, 직업윤리관 및 윤리적 판단력 항목에서도 법전원 교육은 사법연수원 교육보다 만족도가 낮았다. 법전원은 도입 당시 내세웠던 인성 교육을 제대로 실시하지 못하고 있다는 결론이다.

표 6-5 직무역량 신장을 위한 교육 만족도(최고 7점, 최저 1점)

	표적집단	비교집단
판례 기타 법률 지식	5.21	5.69
법률적 분석, 추론 능력	5.04	5.50
문제 해결 능력	5.00	5.43
법적인 글쓰기 능력	4.94	5.58
변론 능력	3.84	4.46
계약 관련 업무에 대한 친숙도	3.66	3.77
협상력	3.30	3.28
직업윤리관 및 윤리적 판단력	4.23	4.45
팀워크 역량, 협동심	4.11	4.45
국제적 역량을 키울 기회	3.43	3.14
예절	3.99	5.17
전반적인 교육 만족도	4.25	4.63

IV. 제도 개선의 방향

1. 학생 선발을 위한 객관적 지표의 활용

법전원 제도는 대학의 자율성에 기초한 법률가 양성제도이다. 입학과 교육의 주체가 법학전문대학원이다. 그러나 자율성은 자칫 불공정의 의혹으로 비춰질 수 있다. 현재 법전원 제도에 대한 불신은 학생 선발과 취업에 있어서 불공정 의혹에 기인하는 바가 크다.[48] 법전원 입시는 사법시험 성적과 같은 객관적인 비교지표가 없는 상태에서 실시되기 때문에 불공정 시비에서 벗어나기 힘든 제도적 한계를 가지고 있다. 법전원 입시를 위한 객관적 지표로 개발된 법학적성시험(LEET) 성적은 법전원 교수들로부터 외면 받고 있다.[49] 최근 LEET를 고급 사고능력의 표준으로 개선하기 위한 노력이 이루어지고 있지만,[50] 그렇게 된다고 해도 일선 법전원 교수들은 법학 공부의 선행지표로서 LEET를 신뢰하지 않을 가능성이 크다.

---

48) 취업의 불공정성 의혹은 변호사시험 성적의 비공개와 관련이 있다. 사법시험과 달리 변호사시험은 합격자에게 성적을 공개하지 않았다. 성적 비공개로 인하여 법전원 출신 변호사는 취업 때 자신의 능력을 객관적으로 드러낼 자료가 부족하였고, 이로 인하여 학연, 지연, 부모의 사회적 지위 등 실력 외에 요소가 취업을 좌우한다는 의혹이 제기되었다. 헌법재판소는 2015. 6. 25. 변호사시험 성적을 합격자에게 공개하지 않도록 규정한 변호사시험법(2011. 7. 25. 법률 제10923호로 개정된 것) 제18조 제1항 본문이 헌법에 위반된다고 결정하였다(2011헌마769 등)(재판관 조용호의 법정의견에 대한 보충의견: "변호사시험은 법조인으로서의 전체적인 능력과 역량을 가늠할 수 있는 유효하고도 중요한 수단 중의 하나임에도 성적 비공개에 따라 변호사로서의 능력을 측정할 객관적이고 공정한 기준이 없어 채용 과정에서 능력보다는 학벌이나 배경 등이 중요하게 작용한다는 의혹이 있고, 변호사시험의 높은 합격률과 성적 비공개는 법학전문대학원을 기득권의 안정적 세습수단으로 만든다는 비판도 있다."). 위 결정은 시험이 아닌 교육으로 법률가를 양성하자는 법학전문대학원 도입 취지를 도외시한 것으로 잘못된 것이나, 본 논문과 직접 관련이 없으므로 상세한 논증은 생략하겠다.

49) 법전원법 제23조 제2항은 학생선발 방법으로 학사학위과정에서의 성적, 법조인이 될 수 있는 자질에 관한 적성을 측정하기 위한 시험의 결과 및 외국어능력을 입학전형자료로 활용하도록 의무화하고 있다.

50) 법학전문대학원협의회는 법학적성시험의 개선안을 마련하기 위하여 2015. 4. 3, "법학적성시험의 성과와 발전 방향/고급 사고능력시험의 표준으로서의 법학적성시험"이라는 제목으로 공청회를 열었다. 「법학적성시험 '추리논증 분리하고 문항수 줄여야 …'」, 법률저널 인터넷판, 2015. 4. 6, (http://www.lec.co.kr/news/articleView.html?idxno=36325, 2015. 9. 10. 확인). 개선방향은 현행 언어이해, 추리논증, 논술의 3과목을 독해, 추리, 비판, 논술의 4과목으로 변경하고, 각 과목별 시간 배정을 늘려 속독시험이 아닌 충분히 생각하고 푸는 사고력 측정 시험으로 만들겠다는 것이다.

그 이유는 첫째, LEET가 고급 사고능력 시험의 표준이 된다고 하더라도, 법전원 교육이 미국 로스쿨처럼 법적 사고력과 사안 적응력을 중시하고 이를 평가하지 않는 이상 LEET 성적이 법전원 교육 성과의 선행지표가 되기 어렵다. 법전원 교육이 법적 사고의 깊이보다 법률 지식의 양을 중시할수록 입학전 법학 공부의 경험, 특히 사법시험 응시경험이 법전원 교육성과를 좌우할 것이다. 둘째, 법전원 입학생 간 법학지식의 차이가 커서 LEET 성적과 법전원 성적 간의 상관관계를 파악하기 힘들다. 미국에서는 GPA와 LSAT 성적이 모두 좋은 학생이 로스쿨 1학년에서 좋은 성적을 받을 확률이 매우 높다는 실증연구 결과가 있다.[51] 미국 로스쿨 입학생은 모두 학부에서 법학을 공부한 경험이 없기 때문에 동등한 조건에서 LEET 성적이 로스쿨 1학년 성적과 상관관계가 있는지 알아 볼 수 있다. 하지만 우리나라에서는 그렇지 않다. 대학 시절 전공 수업에 충실해서 학점이 좋고 LEET 성적이 우수한 학생이 사법시험을 준비하느라 GPA가 좋지 않고 LEET 성적도 낮은 학생보다 법전원 성적이 좋기 어렵다. 셋째, 변호사시험이 사법시험처럼 광범위한 법학지식을 평가하는 이상 법전원 교육은 이에 따라갈 수밖에 없고 그렇게 되면 고급 사고능력을 평가하는 LEET 성적은 법전원 교육성과와 정비례 관계를 보이기 어렵다. 마지막으로 대부분 법전원 교수는 LEET에 대한 이해도가 낮다. LEET 문제를 직접 풀어보거나 LEET로 평가하려는 내용이 무엇인지 이해하지 못한 상태에서 LEET 무용론을 주장하는 경우가 많다.

이처럼 LEET 성적이 법전원 교육성과의 선행지표, 더 나아가 법학 적성의 평가지표로 활용되는 데 큰 한계가 있는 것은 사실이지만, 그럼에도 불구하고 법전원 입시에서 LEET 비중은 더 커져야 한다. 그 이유는 첫째, LEET 성적이 법전원 성적의 선행지표로서 기능할 수 있는 환경이 마련되고 있는 중이다. 법학부가 폐지된 지 6년이 넘었고, 사법시험 폐지가 임박하였기 때문에 상당한 법학 지식을 가진 채 법전원에 입학하는 학생의 비중은 급격히 줄고 있다. 둘째, 법전원 교육이 지향하는 방향은 단순한 법률지식의 암기가 아니라 법적 분쟁을 창의적으로 해결하는 고급 사고능력에 있으므로 이를 평가하는 데 LEET가 적절하다. 법전원 교육이 변호사시험에 맞춰 학원 강의처럼 변하고 있는 것

51) 각주 41 참고.

은 현실이지만, 이러한 현실은 타도되어야 할 대상이지 학생 선발의 기준을 결정하는 정당성 논거가 될 수는 없다. 셋째, 학생 선발의 객관적 지표로 LEET 성적을 대신할 수 있는 방안은 없다. LEET 성적을 고려하지 않고 서류전형과 면접의 방식으로 학생을 선발한다면 객관성과 투명성은 더욱 담보되지 않을 것이다.

법전원 입시에서 LEET 활용도가 높아지기 위해서는, 기초적으로 다양한 법조직역의 직무를 정기적으로 분석하여 그 결과를 LEET에 반영하는 작업이 진행되어야 하며,52) 장기적으로 LEET와 변호사시험 간 관련성을 높이는 방향으로 LEET시험과 변호사시험을 동시에 개선하여야 하며, 단기적으로 LEET 주관기관인 법학전문대학원협의회는 법전원 교수들에게 LEET의 장점을 설명하는 노력을 기울여야 한다. 법학교수 중에는 LEET 과목을 미국식 LSAT형에서 기본 법률과목에 대한 지식 테스트로 바꾸자는 의견도 있지만,53) 법률 지식을 평가하는 순간 사법시험의 병폐가 부활하고 법전원을 도입한 의의가 사라지게 된다.

2. 법조직역의 전문화·국제화와 법학전문대학원의 역할

사회가 복잡다기해지고 국제화되면서 법률서비스의 전문화·국제화가 점점 중요해지고 있다. 더구나 변호사가 대량으로 배출되는 시기에는 일반 민·형사 법률사무를 다루는 변호사는 경쟁심화로 설 자리가 더 좁아진다. 다양한 전문성의 확보와 법조인의 국제경쟁력 강화를 위해 법전원 제도를 도입했지만, 안타깝게도 법전원 교육의 현실은 이상을 못 따라가고 있다. 학생들은 변호사시험 준비에 도움 되는 과목과 학점 따기 쉬운 과목에 몰리고, 전문화·특성화·국제화에 관련된 과목을 외면한다. 법전원 교수들도 특성화 교육의 실제 운영을 높이 평가하지 않는다.54) 학생들의 외면으로 국제법, 국제거래법 등

---

52) 이재협, "법학적성시험(LEET) 출제와 시행의 바람직한 방향", 법과 사회, 제35호, 2008, 58면.

53) 곽창신, "한국 로스쿨제도 개선 및 예비시험제도 도입에 관한 연구", 법학논총(단국대학교) 제38권 제4호, 2014, 436~38면.

54) 한 설문조사에 의하면, 법전원 교수들은 소속 학교의 특성화 교육의 성과에 대하여 만족도가 높지 않다. 기대치를 100으로 놓았을 때 현실적으로 이뤄지고 있는 교육에 대한 점수로 60점

국제화 관련과목의 교육이 법전원 출범 전보다 후퇴되었다는 평가도 나온다.[55] 법전원 교육에서 전문화·특성화·국제화가 차지하는 위상과 그 실현 방법에 대해서 심각하게 고민해야 할 시점이다.

그동안 제시된 해결방법은 주로 변호사시험의 개선에 있다. 변호사시험이 변호사로서 활동하는 데 필요한 최소한의 능력 유무를 평가하는 순수한 자격 시험으로 운영되어야 한다는 주장이 많다.[56] 이 주장은 현실적으로는 변호사 시험의 합격률을 '응시자 대비 75%'로 조정하자는 주장으로 이어진다. 그러나 이러한 주장은 법전원 입시의 공정성과 법전원 교육의 수월성이 담보되지 않는 이상 법조계가 받아들일 수 없는 한계를 가지고 있다. 보다 현실적으로 방안으로 변호사시험 과목의 조정이나 방법의 개선을 주장하는 견해도 있다. 현재 변호사시험의 과목은 공법, 민사법, 형사법 외에 전문적 법률분야에 관한 과목으로 응시자가 선택하는 1개 과목으로 구성되었으며,[57] 전문적 법률분야로 국제법, 국제거래법, 노동법, 조세법, 지적재산권법, 경제법, 환경법이 지정되어 있다.[58] 개선안으로 비즈니스와 국제화 관련 과목을 필수과목에 포함시키자는 견해,[59] 전문선택과목과 각 대학에서 자율적으로 지정한 특성화 1과목을 법전원에서 B학점 이상 취득한 경우에 한하여 변호사시험에 응시할 수 있도록 하자고 한 견해[60] 등이 있다. 현실적인 안이지만, 법전원 교육을 변호사시험에 연계해서 유지하고자 한다는 점에서 수용하기 어렵다.

변호사의 전문화·국제화는 이 시대 우리 사회가 요구하는 과제임에는 틀림없다. 하지만, 이 과제를 법전원이 혼자 해결해야 하는 것은 아니다. 법전원 교육은 변호사 양성 과정의 일부일 뿐이다. 유능한 변호사의 양성은 법전원 교육에서 시작되는 것이지, 완성되는 것이 아니다. 교수들은 3년간 교육으로 법

이상 준 비율이 절반 정도인 52%에 불과하다. 이호선, 위의 논문, 513면.

55) 류병운, "바람직한 법학 교육방식: 현 로스쿨 과정의 문제점과 개선방향", **서강법률논총**, 제3권 제1호, 2014, 149면.

56) 송기춘, "법학전문대학원 교육과정 운영에 대한 평가", **법과 사회**, 제45호, 2013, 330면.

57) 변호사시험법 제9조 제1항.

58) 변호사시험법 제9조 제2항 및 동법 시행령 제7조 제1항 별표1.

59) 류병운, 위 논문, 161면.

60) 김용섭, "로스쿨에서의 실무역량강화를 위한 커리큘럼(교육과정)의 개선과제", 이화여자대학교 법학논집, 제18권 제2호, 2013, 354면.

에 무지한 학생을 일반 변호사로 만드는 것도 무척 힘들다고 하는데,[61] 그 다음 단계인 전문화된 변호사로 양성하는 것은 불가능한 목표다.

　법전원 제도는 이상을 추구한다고 성공할 수 없다. 오히려 성공은 현실의 문제점을 직시하고 개선점을 모색하려는 노력으로 달성할 수 있다.[62] 현행 제도 아래 법전원은 할 수 있는 것과 그렇지 못한 것을 구분하여 선택과 집중을 하여야 하며, 이를 위해 법전원 교육의 목적을 제한적으로 설정할 필요가 있다.[63] 그렇다고 보면 전문화·특성화·국제화는 법전원 교육의 일반적 목적일 수 없다. 법전원은 일반 변호사를 양성하되 그가 특정한 분야의 업무에 친숙하도록 하는 일종의 동기부여를 하는 것이 특성화 교육의 목적이라고 하겠다.[64] 과거 인가를 받기 위해 과도하게 부풀렸던 특성화 교육의 목표는 현실적으로 가능한 수준으로 시정되어야 할 것이다.[65]

　우리나라 대형 로펌의 전문화·국제화 수준은 세계 최고이므로 법조인 양성에 있어서 전문화·국제화 과제는 로펌에 맡기면 된다. 우리나라 로펌들은 1997년 말 외환위기 이후 전례 없이 많은 기업관련 사건들을 처리하면서 전문영역을 구축하고 국제경쟁력을 키워왔다.[66] 지금도 법률시장의 경쟁이 격화되면서 많은 로펌들이 그 돌파구를 전문화·국제화에서 찾고 있다. 전문화·국제화는 로펌이 자연스럽게 지향하는 바이므로 이에 필요한 변호사 양성도 로펌 스스로 해결하고 있다. 법전원은 학생들에게 변호사로서 기본을 충실히 다지고 특정한 분야에 관심을 가지도록 교육하는 것으로 그 임무를 다한다고 본다. 법전원에 과도하게 부과되었던 전문화·국제화의 짐을 덜어주는 것이 올바른 방향이다.

---

61) 박찬운, "[지정토론문] 한국 로스쿨 이대로는 안 된다", 저스티스, 통권 제146−2호, 240면; 김경제, "법학교육 연계를 통한 법과대학과 법학전문대학원의 공존방안", 법학논총, 제21권 제1호, 2014. 3, 44면. 법전원법이 스스로 제시하였던 법전원 도입의 목적이나 교육이념을 법전원이 규정하고 있는 수업연한과 수업내용으로는 결코 달성할 수 없다는 것이다.

62) 김용섭, "법학전문대학원에서의 법학교육과 법조양성시스템 중간점검", 저스티스, 통권 제120호, 2010. 12, 260면.

63) 박지원, 위 논문, 428면.

64) 박지원, 위 논문, 421면.

65) 박찬운, 위 토론문, 244면.

66) 한국 로펌의 성장 과정과 원인에 관한 분석으로 Jaewan Moon, "Impact of Globalization on Korean Legal Profession", 「HUFS Global Law Review」 August 2012, pp. 22~25 참고.

3. 리걸 클리닉을 통한 인성 교육 강화

인성 평가에서 법전원 출신 변호사가 사법연수원 출신 변호사보다 낮은 평가를 받은 것은 전적으로 법전원의 책임이다. 직무역량에 있어서 법전원 출신 변호사가 사법연수원 출신 변호사보다 뒤질 수 있다는 우려는 법전원 출범 전에도 있었지만, 인성 평가에서 뒤진 결과가 나오리라는 것은 누구도 예상하지 못한 것이다. 직무역량의 경우 법전원의 실무교육이 사법연수원의 것보다 부족하고, 법전원 교육기간 3년은 사법시험 합격 후 2년간 교육을 받은 사법연수생과 비교할 때 부족하다는 점이 고려되어야 한다. 법전원 제도는 법학에 적성이 있는 학생을 선발하여 교육하면 장기적으로 경쟁력 있는 법률가로 성장할 것이라는 판단 아래 도입한 것이므로 두 집단의 직무역량에 대한 평가는 아직 이르다. 하지만 전공 공부에 충실한 학생들을 면접을 통해 선발해서 교육시킨 인성평가의 결과가 사법시험에 매달린 학생들을 성적으로만 뽑아 교육시킨 그것보다 나쁘다면 그 책임은 전적으로 법전원에 있다.

<표 6-4>에서 나타나듯 법전원은 사법연수원보다 공익활동교육의 기회를 더 제공하지 못하고 있다. 법전원 교육에서 공익활동교육이 얼마나 중요한지 인식하고 있는지조차 의심스럽다. 최근 법전원의 공과를 놓고 수 없이 많은 논쟁이 벌어지고 있지만, 인성교육의 부재를 지적하는 견해는 찾아보기 힘들다. 법전원을 법에 관한 이론과 실무를 가르치는 곳으로만 이해하는 견해가 법조계에 팽배하기 때문이다. 법전원 제도는 학생들이 법학교육을 받으면서 사회봉사활동에도 열심히 참여하는 모습을 기대하고 설계된 제도다. 법전원법 시행령은 실습과정을 필수교과목으로 정하고(제13조 제1항), 법전원으로 하여금 실습과정을 통하여 학생에게 사회에 봉사할 수 있는 기회를 제공하여야 한다고 규정하고 있다(동조 제2항). 또 실습과정에 대한 기대가 컸기에 2012년 10억 원, 2013년 10억 원, 2014년 8.75억 원 등 수십 억 원의 국고가 실습과정에 지원되었다. 대학원에서 인성교육을 실시하는 것이 부적절하다는 견해도 있을 수 있다. 하지만 제도가 요구하는 것은 법전원이 학생을 대상으로 하는 인성교육을 직접 실시하라는 것이 아니고, 학생들이 법을 배우면서 자연스럽게 인성을 함양할 수 있는 기회를 제공하라는 것이다.

　　법전원 인성교육은 리걸 클리닉 교육의 활성화를 통해서 강화되는 것이 바람직하다고 본다. 리걸 클리닉으로 대표되는 실습과정은 학생들이 주도적으로 사회적 약자를 법적으로 지원하면서 법률가로서 갖춰야 할 법률지식과 실무기술을 습득하고, 정의로운 가치관을 자연스럽게 형성하는 교육방법이다.[67] 리걸 클리닉은 교육 방법론적으로도 좋은 평가를 받는다. 미국 로스쿨 교육은 그동안 '변호사처럼 생각하기'(thinking like a lawyer)를 지향하였으나, 최근에는 '변호사처럼 하기'(doing like a lawyer) 교육이 강조되고 있다. 변호사처럼 생각하기 교육이 소위 소크라테스식 케이스 분석방법(Socratic case method)이고, 변호사처럼 하기 교육이 리걸 클리닉이다. 법전원 인성 교육을 강화하기 위해서 리걸 클리닉 등 실습과정을 활성화하는 것이 법전원 제도의 취지에 맞는 가장 적절한 방법이라고 본다. 국고지원을 받는 법전원에 한하여 리걸 클리닉 과목 이수를 졸업요건으로 강화하고, 리걸 클리닉 운영 평가를 엄격히 할 필요가 있다.

V. 맺는 글

　　사법시험 폐기시한이 다가옴에 따라 과거 법전원 제도 도입 때처럼 바람직한 법조인 양성제도를 놓고 주장과 주장이 대립한다. 하지만 이 시대 우리 사회가 요구하는 법률가를 양성하기 위해 제도를 어떻게 개선하여야 할지 진지하게 고민하는 주장보다는 소속 집단의 이익을 대변하거나 현실에 기반을 두지 않은 이상적인 주장이 더 많다. 변호사시험 실시 후 매년 2,000명 내외의 변호사가 배출되면서 법률시장이 극심한 경쟁시장으로 바뀌었는데도 과거 변호사가 부족할 때 나왔던 주장을 되풀이하는 것은 이익집단의 주장만큼 해악이 크다. 직무역량과 인성을 갖추지 못한 변호사가 계속 양산된다면 법조직역의 미래는 어둡다.

　　본 연구는 <법률가 의식조사>를 바탕으로 법전원 제도의 문제를 실증

---

67) 실습과정과 리걸 클리닉 등의 의의, 수업 구조, 기본 내용 등에 대해서는 문재완·정한중·김인회, 로스쿨 실습과정, 한국학술정보, 2011 참고.

적으로 제시하였다는 점에서 의미가 있다고 자평한다. <법률가 의식조사>에서 나타난 법전원 제도의 주된 문제는 인성교육의 부재에 있다. 언론에 자주 등장하는 전문화·특성화·국제화 교육의 부실은 부수적인 문제다. 법전원은 기본법을 중심으로 한 이론과 실무 교육에 충실하고, 전문법 분야에 대해서는 학생들에게 관심을 불어넣는 정도만 수행해도 제 역할을 하는 것이다. 하지만 법전원 출신 변호사에 대한 인성 평가가 좋지 않으면 법전원 제도는 법률가 양성제도로서 존속되기 힘들다.

과거 정부의 사법개혁위원회처럼 사법개혁의 시각에서 법전원 운영의 문제를 종합적으로 검토해서 개선방안을 마련하는 위원회를 구성할 필요가 있다고 본다. 본 연구의 주된 검토 대상인 인성교육의 강화와 관련해서는 법전원 제도 도입 당시부터 강조되었던 리걸 클리닉 교육의 활성화가 현실적인 해결 방안이다. 더 근본적으로는 인간 및 사회에 대한 깊은 이해와 자유·평등·정의를 지향하는 가치관을 갖춘 법조인을 양성하기 위하여 이에 적합한 학생을 공정하게 선발해서 교육하려는 법전원 교수 모두의 노력이 필요하다. 법전원의 학생 선발과 관련해서는 LEET 활용도가 높아져야 한다. 법률가로서 잠재적인 능력을 평가하기 위하여 도입된 LEET가 제 기능을 하지 못하는 한 법전원 학생 선발은 서류전형과 면접이라는 정성평가에 의하여 좌우되고 투명성과 공정성 시비에서 벗어날 수 없게 된다.

마지막으로 법전원 제도가 처음 의도대로 운영되고 있지 않다고 하더라도 사법시험 존치의 정당성이 생기는 것은 아니라는 점을 지적한다. 사법시험 존치는 이원적 법조인 양성제도를 의미하므로 새로운 국민적 합의를 필요로 한다. 개인적으로는 이원적 법조인 양성제도는 사법시험제와 법전원제의 단점만 부각되고 연수원 출신 변호사와 법전원 출신 변호사 간 갈등만 일으킬 가능성이 크다고 본다. 사법시험 제도가 유지되어야 한다면 사법시험 존치가 아니라 법전원 제도의 폐지가 올바른 방향이다. 필자는 법전원 제도가 그 정도로 문제가 있다고는 생각하지 않는다.

참고문헌

곽창신, "한국 로스쿨제도 개선 및 예비시험제도 도입에 관한 연구", **법학논총**(단국대학교), 제38권 제4호, 2014.

권오승, "법학교육개혁의 과제와 추진", **법학연구**(연세대학교 법학연구원), 제7권, 1997.

김경제, "법학교육 연계를 통한 법과대학과 법학전문대학원의 공존방안", **법학논총**, 21권 제1호, 2014.

김두얼, "변호사인력 공급규제정책의 개선방향 −법학전문대학원 정원 증대의 필요성−", **KDI정책포럼**, 제189호, 2008.

김용섭, "로스쿨에서의 실무역량강화를 위한 커리큘럼(교육과정)의 개선과제", **이화여자대학교 법학논집**, 제18권 제2호, 2013.

김용섭, "법학전문대학원에서의 법학교육과 법조양성시스템 중간점검", **저스티스**, 통권 제120호, 2010.

류병운, "바람직한 법학 교육방식: 현 로스쿨 과정의 문제점과 개선방향", **서강법률논총**, 제3권 제1호, 2014.

문재완·정한중·김인회, **로스쿨 실습과정**, 한국학술정보, 2011.

박근용, "법학전문대학원 제도의 운영 현황: 학생선발의 다양성과 장학제도를 중심으로", **법과 사회**, 제45호, 2013.

송기춘, "법학전문대학원 교육과정 운영에 대한 평가", **법과 사회**, 제45호, 2013.

서울지방변호사회 법제연구원 편, **적정 변호사 수에 대한 연구**, 법률신문사, 2015.

유중원, "변호사 대량증원론의 허구성과 로스쿨 제도 도입의 문제점", **인권과 정의**, 제337호, 2004.

이재협·이준웅·황현정, "로스쿨 출신 법률가, 그들은 누구인가? −사법연수원 출신 법률가와의 비교를 중심으로−", **서울대학교 법학**, 제56권 제2호, 2015(이 책의 제1장).

이재협, "법학적성시험(LEET) 출제와 시행의 바람직한 방향", **법과 사회**, 제35권, 2008.

이종수, "법학전문대학원 학생선발의 실태와 과제", **연세 공공거버넌스와 법**, 제2권 제2호, 2011.

한상희, "한국의 변호사: '변호사 적정수'의 아젠다", **법과 사회**, 제27호, 2004.

Moon Jaewan, "Impact of Globalization on Korean Legal Profession", *HUFS Global Law Review,* August 2012.

제 7 장

법학교육기관 조직지위와
법률직역에서 사회적 자본의 역할

김영규 · 김화리

I. 문제 제기

1990년 김영삼 정부에서부터 시작된 사법시험 존폐 여부에 대한 논란은 2007년 노무현 정부 때 「법학전문대학원 설치·운영에 관한 법률」 의결 및 이에 따른 2009년 25개 법학전문대학원 출범에 따라 일단락되는 듯 하였다. 그러나 법학전문대학원의 개원과 함께 사법시험 선발인원을 단계적으로 축소하여 2017년 이후에는 법조인 선발을 온전히 법학전문대학원 체제에서 이루고자한 계획은 최근 사법시험 폐지 시기가 도래함에 따라 다시 사회적 논란의 중심에 떠오르게 되었다.

본 연구는 사법시험 체제와 대비되는 법학전문대학원의 도입 목적을 다양성,[1] 인성, 전문성을 갖춘 법조인 양성[2]이라고 할 때,[3] 과연 법학전문대학

---

[1] 여기서 말하는 다양성이란 전공 및 출신학교의 다양화를 의미한다.

[2] 이러한 취지는 "법학전문대학원의 교육이념은 국민의 다양한 기대와 요청에 부응하는 양질의 법률서비스를 제공하기 위하여 풍부한 교양, 인간 및 사회에 대한 깊은 이해와 자유·평등·정의를 지향하는 가치관을 바탕으로 건전한 직업윤리관과 복잡다기한 법적 분쟁을 전문적·효율적으로 해결할 수 있는 지식 및 능력을 갖춘 법조인의 양성에 있다."라는 「법학전문대학원 설치·운영에 관한 법률」 제2조에도 잘 나타나 있다.

[3] 문재완, "변호사 대량 배출 시대의 법학전문대학원 운영 개선－학생 선발과 교육을 중심으로", 인권과 정의, 제453호, 2015(이 책의 제6장).

원이 이러한 도입 목적을 달성하고 있는지를 평가하는 데 중요한 정보를 제공
하고자 한다. 이러한 맥락에서 사법연수원과 법학전문대학원 출신의 법조인들
을 다양한 각도에서 비교분석하는 연구를 통해 사법시험과 법학전문대학원 출
신 법조인들이 다양성, 인성 및 전문성에서 유의한 차이를 보이는지에 관해 살
펴보는 것[4]은 사회적으로 의의가 크다. 노무현 정부 때 발족된 사법제도개혁

표 7-1 사법시험체제와 법학전문대학원 체제의 차이

	사법시험 체제	법학전문대학원 체제
학력 조건	학력과 상관없이 법 관련 과목 35학점 이상 이수[5]	4년제 학부 졸업
훈련 및 교육	사법연수원	25개 법학전문대학원
학비 및 비용	별도 학비 없음 시험 준비(예: 사설학원수강료, 인터넷 강의) 및 응시료[6]	약 1,569만원/년 (2015년 기준)[7]

---

4) 이러한 맥락에서 최근 사법시험 출신과 법학전문대학원 출신 법조인들의 법 기능 및 법 현실
에 대한 인식, 법조 현실에 대한 평가 등에 대한 차이를 비교분석하는 연구는 두 집단의 차
이가 생각보다 크지 않음을 보여주고 있기도 하다. 이준웅·이재협·황현정, "법학전문대학원
과 사법연수원 교육이 직장선택 고려사항과 법조현실 평가에 미치는 영향," **법과 사회**, 제50
호, 2015(이 책의 제3장).

5) 법학과목의 종류와 학점인정의 기준은 사법시험관리위원회의 심의를 거쳐 결정된 '법학과목
의 종류 및 학점인정의 기준'에 따르고 있다. 법학과목 이수기관은 고등교육법상 학교, 평생
교육법상 사내대학 또는 원격대학 형태의 평생교육 시설을 뜻한다.

6) 사법시험 준비생들의 월 평균 지출에 대해서는 다양한 추정이 제기되고 있는데, 국민대 이호
선 교수는 2009년에서 2015년까지 사법시험 합격자의 77%가 39만원 이하의 비용을 지출하고
합격자의 79%가 5년 이내에 합격했다고 제시하면서, 로스쿨 대비 사법시험 비용이 훨씬 저
렴할 수 있다고 주장한 반면[「이슈&논쟁」 사법시험 폐지 유예」, 서울신문, 2015. 12. 10,
(http://www.seoul.co.kr/news/newsView.php?id=20151210029001, 2016. 3. 28. 검색), 로스쿨학
생협의회는 평균수험기간 4.79년 이상, 합격률 2.94%로 사법시험 준비생들의 1인당 비용이 8
천만원 이상에 이를 것이라는 주장을 제기하기도 하였다[「로스쿨학생협 사시존치 반대 … 로
스쿨 취약계층에 유리」, 머니투데이, 2015. 7. 24, (http://news.mt.co.kr/mtview.php?no=
2015072401247673839&type=1, 2016. 3. 28. 검색). 정확한 비용을 추정하기 위해서는 모든
사법시험 준비자를 대상으로 조사해야 하나, 이것은 불가능하며, 다만 시험의 특성상 준비자
의 태도 및 선호에 따라 매우 저비용으로도 준비할 수 있는 반면, 매우 고비용이 들 수도 있
는 것으로 본다.

7) 2015년 교육부 발표된 등록금 기준이며, 국공립대 평균은 1,045만원, 사립대 평균은 1,920만
원 수준이다. 장학금 혜택을 받고 있는 상당수의 학생들에게는 이보다 실제 학비는 낮을 것
이다. (「'등록금 15% 인하' 정책 싸고 교육부-로스쿨 충돌」, 법률신문, (https://www.lawtimes.
co.kr/Legal-News/Legal-News-View?serial=98779, 2016. 3. 28. 검색)).

추진위원회는 법학전문대학원 설치 목적으로 1) 특정 대학, 전공에 쏠린 사법부 획일주의 탈피 2) '고시 낭인' 양산에 따른 부작용 완화 3) 실무형 법조인 양성 4) 변호사 수 증가를 통한 법률 서비스 비용 절감 등을 꼽았었다.[8] 본 연구는 실제로 법학전문대학원이 이러한 설치 목적을 얼마나 잘 달성하고 있는지에 대하여 다음과 같은 질문을 통해 시사점을 주고자 진행되었다. 법학전문대학원 체제는 실제로 다양성을 증가시켰는가? 특히 전공의 다양성뿐 아니라 특정대학 쏠림 현상을 완화시켰는가? 법학교육기관의 사회적 지위나 평판이 해당 학교 졸업생들이 법률직역에서 성공하는데 얼마나 중요한 영향을 미치는가? 예컨대 사법시험 체제와 법학전문대학원 체제를 비교한 <표 7-1>에서 볼 수 있듯이 법학전문대학원은 학력 조건이나 비용 측면에서 사법시험보다 진입장벽이 높은 것으로 볼 수 있는데, 그렇다면 진입장벽이 높아진 만큼 법학전문대학원이 더 다양한 분야의 지식을 가진 인재들을 법률직역에 등용하는 통로가 되고 있으며, 특정 대학 쏠림 현상을 극복하는 데 기여하고 있는가?

본 연구는 먼저 25개 법학전문대학원의 학생 선발과정에 대한 정보를 이용하여 각 법학전문대학원이 어떻게 위계화되고 있는지 살펴보고, 이에 따라 서로 다른 위계에 있는 법학전문대학원 출신 법조인들의 탐색 및 선택 행동을 살펴봄으로써 이러한 질문에 대한 답을 제시하고자 하였다. 또한 과연 법학전문대학원 체제가 사회적 자본(Social Capital)[9] 형성에 미치는 시사점이 무엇인지에 관해 논의하였다. 사회적 자본에 대한 관심은 사회학 뿐 아니라, 정치학, 경제학, 경영학 등 학문을 막론하고 다양한 분야에서 증대되고 있다. 본 연구에서는 법학전문대학원이 사회적 자본에 대해 어떤 영향을 미쳤는지에 관해 개인 및 기관 차원에서 다양성이 증가하였는지, 동문 네트워크가 양적 및 질적으로 성장하였는지, 또한 이러한 네트워크가 사회 전반의 신뢰나 규범에 긍정적인 영향을 미칠 수 있는 방향으로 발전될 수 있는지 등을 검토함으로써 시사점을 제공하고자 하였다.

---

8) 「1990년 YS 때 로스쿨 추진 … 2007년 노무현 정부 때 사시 폐지 가시화」, 서울신문, 2015년 12월 5일.

9) 사회적 자본은 대략적으로 "goodwill that is engendered by the fabric of social relations and that can be mobilized to facilitate action"이라고 정의될 수 있다. (P. S. Adler, & S. W. Kwon, "Social Capital: Prospects for A New Concept", *Academy of Management Review*, (2002), 27(1): p. 17)

이하 본고의 구성은 다음과 같다. 먼저 법률저널(new.lec.co.kr)에 기사화되었던 '법학전문대학원별 입학자 출신 대학' 정보를 활용, 네트워크 분석 방법을 통해 법학전문대학원의 위계화에 관해 살펴보았다. 다음으로 위계화의 결과 나타나는 조직지위가 법학전문대학원 출신 변호사들의 직업 탐색 및 선택과정에서 어떤 영향을 미치고 있는지 살펴보았다. 과연 조직지위는 실력을 어느 정도 반영하고 있는지, 조직지위의 차이에 따라 발생할 수 있는 성과의 차이는 어느 정도인지, 조직지위의 차이를 극복하기 위해 개인들은 어떠한 노력을 기울이고 있는지 등에 관하여 서울대학교 법학연구소가 실시한 '대한민국 법률직역의 구조 및 법률가 의식조사'에서 수집된 법조인 정보를 활용하여 분석하였다. 그리고 법률직역 내에서 사회적 자본의 형성과 역할에 관해 10개 대형로펌에 재직 중인 법조인을 대상으로 로앤비(www.LAWnb.com) 법조인명록 정보를 분석, 법학전문대학원 출신 변호사들과 사법시험 합격자들의 다양성을 비교하고, 사회적 자본으로서 동문 네트워크 형성에 법학전문대학원 체제가 어떤 영향을 미쳤는지 고찰해 보았다. 아직 법학전문대학원 도입의 역사가 일천하여 해당 내용을 일반화하기에는 어려움이 있을 수 있지만, 다양한 출처의 데이터를 사용하여 입체적 분석을 시도한 점에서 의의가 있다. 마지막으로 본 연구의 결과를 요약하고 결론을 제시하였다.

II. 법학전문대학원의 조직지위

생산자의 품질이나 역할 등에 관한 불확실성이 높을 때 고객이나 투자자와 같은 생산자를 둘러싼 이해관계자들은 생산자가 다른 생산자들과 맺고 있는 관계 속에서 상대적으로 어떤 지위에 있는지, 어떤 평판을 갖고 있는지, 또 어떤 집단에 속하는지에 관한 정보를 통해 그 생산자에 대해 판단하게 된다.[10] 생산자를 대상으로 판단하는 이해관계자들이 생산자에게 갖고 있는 불확실성이 큰 경우는 경제학적으로는 신뢰재(credence goods)를 거래하는 시장

---

10) J. M. Podolny, "Networks as the Pipes and the Prisms of the Market", *American Journal of Sociology*, (2001), 107(1): pp. 33~60.

으로 볼 수 있으며, 법률서비스는 신뢰재의 대표적 경우로 알려져 있다. 따라서 이론적으로 법률서비스 시장에서 로펌의 조직지위[11]는 성과에 중요한 역할을 미칠 것으로 예상할 수 있으며, 법률서비스와 비슷한 성격을 가진 투자은행(investment banking),[12] 창업금융(venture capital)[13] 등 전문서비스(professional service) 영역에서 조직지위는 성과에 중요한 긍정적 영향을 미치는 것으로 나타났다. 일찍이 Robert K. Merton은 높은 지위의 과학자들은 그들이 마땅히 받아야 할 지분(share)보다 더 많은 보상을 받는 것을 Matthew Effect[14]라고 명명한 바 있는데, 조직지위가 높을수록 사람들은 "실력"에 대해 물음을 갖지 않기 때문에 후원이 용이할 수 있다는 것을 의미한다. 실제로 높은 조직지위의 로펌은 다소 문제가 될 만한 행동을 하더라도 의심받지 않거나 단순한 실수로 인식되는 경우가 많은 것으로 나타난 연구도 있었다.[15] 이와 같이 조직지위는 조직이 갖는 하나의 사회적 자본으로서 중요한 우위를 제공한다.

이러한 로펌의 조직지위에 중요한 영향을 미치는 요소 중 하나는 바로 법학전문대학원의 조직지위이다. 기업이 전략적으로 중요한 문제에 있어 로펌을 선택할 때 중요하게 고려하는 요소는 유사 사례에서의 과거 성과, 기존 관계, 로펌의 평판 등 "로펌과의 관계(relationships)"[16]로 요약할 수 있는데, 이 관계를 맺게 될 때 중요한 고려사항이 바로 조직지위이며, 고객들은 조직지위가 높은 법학전문대학원, 즉 소위 엘리트 로스쿨 출신의 학생이 많을수록 "좋은 로펌"으로 인식하는 것이 통상적이기 때문이다.[17] 실제로 미국의 경우 "We hire

11) 조직지위는 조직이 다른 조직과의 관계 속에서 차지하고 있는 위치에 기반한 것으로, 시장에서 같은 제품이나 서비스가 더 좋은 품질로 인식되게 하는 역할을 통해 해당 조직에게 우위를 제공한다.

12) J. M. Podolny, "A Status-based Model of Market Competition", *American Journal of Sociology*, (1993), 98(4): pp. 829~872.

13) M. S. Bothner, Y.-K. Kim, & W. Lee, "Primary Status, Complementary Status, and Organizational Survival in the U.S. Venture Capital Industry", *Social Science Research*, (2015), 52: pp. 588~601.

14) R. K. Merton, "The Matthew Effect in Science", *Science*, (1968), 159(3810): pp. 56~63.

15) K. W. Koput, *Social Capital: An Introduction to Managing Networks*. Cheltenham, UK: Edward Elgar Publishing, (2010), p. 42.

16) J. C. Coates, M. DeStefano, A. Nanda, & D. B. Wilkins, "Hiring Teams, Firms, and Lawyers: Evidence of the Evolving Relationships in the Corporate Legal Market", *Law & Social Inquiry*, (2011), 36(4): pp. 999~1031.

17) D. J. Phillips, & E. W. Zuckerman, "Middle-Status Conformity: Theoretical Restatement and

lawyers, not law firms"라는 인식이 있어 로펌보다는 담당 변호사를 더 중요하게 생각하지만, 조직지위가 높은 로펌에 좋은 변호사가 더 많이 있을 거라는 인식이 존재하는 것이다. 사회적 지위를 추구하는 사람은 같은 조건이라면 더 지위가 높은 로펌에 입사할 것이기 때문이다.

본 연구는 우리나라 법학전문대학원의 위계화 정도를 살펴보기 위해 법률저널 이성진 기자가 연재한 기획 '7년간 각 로스쿨 입시결과 분석'의 각 법학전문대학원별 입학자 출신 대학 정보를 기초로 법학전문대학원이 설치된 학교 중 한 곳의 학부를 졸업하고 다른 학교의 법학전문대학원에 진학한 학생 숫자로 <그림 7-1>과 같은 학생 교환 네트워크를 구성하였다. <그림 7-1>에서 학교 사이의 선은 학교 i의 학부를 졸업하고 학교 j의 법학전문대학원에 진학한 학생 숫자를 나타낸다. 따라서, 선이 두꺼울수록 학생들의 교환

그림 7-1 학생 교환 네트워크

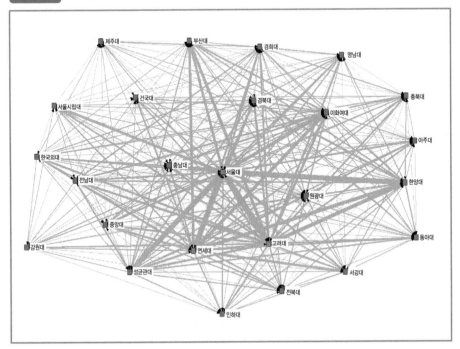

이 더 활발하다고 볼 수 있다. 예컨대, 서울대와 연세대, 서울대와 고려대를 연결하는 선은 굉장히 두꺼운 반면, 연세대와 고려대 간의 선은 상대적으로 얇은 것을 알 수 있다.

이 학생 교환 네트워크를 UCINet을 이용하여 핵심(core)—주변(periphery) 구조가 나타나는지 분석해 보았는데, 고려대, 서울대, 연세대 3개 학교가 서로 간 교환이 가장 활발한 핵심에 위치하고 나머지 22개교는 주변에 위치한 것으로 나타났다. 핵심에 위치한 학교들 간의 학생 교환은 다른 학교들 간 학생 교환에 비해 비대칭적으로 많은 것으로 나타났다. 특히 서울대는 자교 외에 고려대와 연세대에 가장 많은 출신 학생을 합격시킨 학교였으며, 타교 출신 입학생 중 가장 많은 학생을 고려대와 연세대로부터 받아들여 네트워크의 핵심을 이루는 데 중요한 역할을 하였다.

한편, 학교별로 순유출과 순유입에 기초하여[18] 연결정도 중심성(degree

표 7-2 연결정도 중심성 상위 법학전문대학원

	순 유 출		순 유 입	
1	서울대	77.5	부산대	23.7
2	고려대	63.9	경북대	22.4
3	연세대	57.6	전남대	22.3
4	이화여대	25.6	충남대	21.5
5	한양대	22.8	한양대	20.1
6	성균관대	20.1	성균관대	16.8
7	경희대	11.0	영남대	16.6
8	서강대	10.6	동아대	16.0
9	한국외대	8.6	전북대	15.2
10	중앙대	7.2	충북대	14.7

---

18) 순유출에 기반한 중심성을 계산하는 매트릭스는 각 셀이 학교 i의 학부를 졸업하고 학교 j의 법학전문대학원에 입학한 학생 수에서 학교 j의 학부를 졸업하고 학교 i의 법학전문대학원에 입학한 학생 수를 차감한 숫자(+인 경우) 또는 0으로 한 매트릭스이며, 순유입에 기반한 중심성을 계산하는 매트릭스는 학교 i의 법학전문대학원에 입학한 학교 j의 학생 수에서 학교 j의 법학전문대학원에 입학한 학교 i의 학생 수를 차감한 숫자(+인 경우) 또는 0인 매트릭스이다.

centrality)을 계산해 보았는데 그 결과는 <표 7-2>와 같다. 순유출 측면에서 중심성이 높은 학교는 경쟁력 있는 법조인 지망생을 더 많이 공급하는 학교라고 할 수 있으며, 순유입 측면에서 중심성이 높은 학교는 상대적으로 타교에서 더 많은 학생들을 받아들여 법조인으로 양성하는 학교로 해석할 수 있기 때문에 서로 다른 역할에서 우위를 갖고 있다고도 받아들일 수 있다.[19]

순유출은 해당 출신 학교 학생들이 얼마만큼 다른 법학전문대학원에서 선호되는가를 가늠하는 잣대로 볼 수 있다. 또한 타교 출신 학부생이 입학하기 상대적으로 어려움을 의미하기도 한다. 이와 같이 순유출 측면에서 중심성이 높은 상위 대학들은 모두 서울 소재임을 알 수 있는데, 실제로 이들 법학전문대학원 입학자 "공급" 상위 12개교 모두 서울 소재인 것으로 나타났다. 서강대, 이화여대, 한양대, 성균관대 등에서도 순유출이 순유입보다 높게 나타났다. 반면, 자대 출신의 학생을 타교의 법학전문대학원으로 보낸 수 대비 타 학부생을 유입하는 경우가 더 많은 순유입은 부산대, 경북대, 전남대, 충남대 순으로 이들의 공통점은 지방 소재의 국립대학교인 것을 알 수 있다. 실제로 순유입 중심성을 통해 본 법학전문대학원 입학자 타교생 유입 상위 14개교 중 12개교가 지방에 위치해 있는 것으로 나타났다. 이를 통해 서울 소재 대학 졸업생들이 과거 성과가 좋았던 서울이 아닌 지역의 대학으로 진출하는 경우는 많았으나, 반대의 경우는 상대적으로 적은 것으로 나타났으며, 이러한 현상이 법학전문대학원 위계화에 영향을 끼치고 있는 것으로 해석될 수 있다.

최종적으로 본 연구에서 법학전문대학원의 지위를 구분하기 위해 사용한 네트워크 중심성은 <그림 7-1>에서 제시된 학생 교환 네트워크에 Bonacich[20]의 방법을 적용하여 계산하였다. 이 방법은 중심성이 높은 상대방과 관계에 더 큰 가중치를 두어 중심성을 계산하는 방법으로, 비대칭적 관계에 적용할 경우 조직지위를 나타낼 수 있다. 본 연구에서는 국내 25개의 법학전문대학원을 바로 이 Bonacich 중심성에 따라 중심성 값이 1 이상인 경우를 매우 높은 조직지위, 또는 최상지위(Very High Status, VHS), 중심성 값이 0.1 이상인 경우를 높

---

19) M. S. Bothner, Y.-K. Kim, & W. Lee, (2015), *op. cit.*, p. 589.

20) P. Bonacich, "Power and Centrality: A Family of Measures", *American Journal of Sociology*, (1987), 92(5): pp. 1170~1182.

은 조직지위(High Status, HS), 중심성 값이 0.02 이상인 경우를 중간 수준의 조직지위(Middle Status, MS), 중심성 값 0.02 미만을 낮은 조직지위(Low Status, LS)로 분류하였다. 그 결과 각각 3, 4,[21] 8, 10개교가 각 지위에 해당되었다.[22]

한편 <그림 7-2>에서 보는 바와 같이 법학전문대학원의 조직지위에 따른 위계화는 사법시험 합격자 배출을 기준으로 한 과거 성과와 높은 일치 수준을 보이고 있다. 그러나, 과거 성과에 비해 다소 중심성이 더 높게 나타나는 학교와 그렇지 않은 학교가 있었는데, 과거 법학 전공별로 대학의 좋고 나

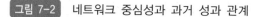

그림 7-2 네트워크 중심성과 과거 성과 관계

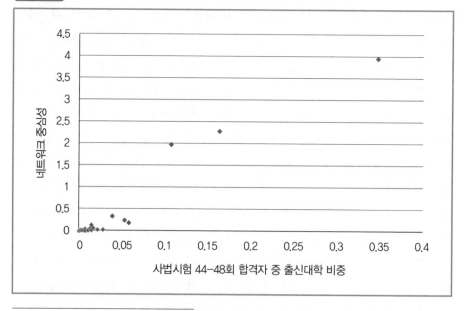

---

21) 높은 조직지위(High Status) 4개 학교 중 한 곳에서는 설문 응답이 한 건도 없는 것으로 나타났으며, 따라서 본 장의 결과를 일반화하기에는 주의가 필요하다.

22) 2009년부터 2015년까지의 데이터를 합산하여 조직지위를 계산한 것은 (1) 조직지위가 생성되고 관찰되는 데는 어느 정도 시간이 필요하기 때문에 1년 간의 변화보다는 지난 몇 년간의 변화를 보는 것이 더 타당할 것이라는 생각과 (2) 최근 3년 동안 법학전문대학원을 졸업한 학생들을 대상으로 살펴보는 것이기 때문에 시계열적인 차이가 두드러지지 않을 것이며, 따라서 이들을 함께 분석해도 무방할 것이라는 생각에서 비롯되었다. 그러나, 물론 조직지위는 시간에 따라 변하는 속성이 있어 이를 고려하는 것이 필요하며, 특히 향후 더 오랜 기간 동안의 졸업생들을 대상으로 하는 연구에서는 연도별 조직지위를 이용한 연구가 필요할 것이다. 다만 2013년부터 2015년까지 같은 방식으로 연도별 중심성을 계산한 결과 최상지위와 높은 지위의 학교들은 3년 동안 지위 변화가 전혀 없었고, 일부 중간지위 및 낮은 지위의 학교들 사이에서 지위 이동이 있었으나 그 폭은 매우 제한적인 것으로 나타났다.

뜸을 평가하려던 추세에서 보다 일반적인 대학 평가와 더 일치하는 방향으로 법학전문대학원이 위계화 되었을 가능성을 제기할 수 있었다.[23)]

III. 조직지위가 법학전문대학원 졸업생들의 직업 탐색 및 선택 과정에 미치는 영향

    조직지위는 불확실성이 있는 시장에서 중요한 신호로 받아들여지기 때문에 이러한 신호의 강도에 따라 졸업생들의 행동에 영향을 미칠 것으로 추론할 수 있다. 따라서 법학전문대학원의 지위에 따른 졸업생의 성향에 대해 분석하는 것은 의미 있는 결과를 제공할 수 있을 것이다. 본 연구에서는 서울대학교 법학연구소의 2014년 <대한민국 법률직역의 구조 및 법률가 의식조사> 중 연구목적에 맞는 질문 중 일부를 발췌하여 이에 대한 응답결과가 지위별로 차이를 보이는지에 대해 분석하였다. 이를 위해 사용된 질문들은 다음과 같다: "귀하는 다음 보기에 제시된 업무 외 활동을 지난 한 달간 몇 회 하셨는지 알려주십시오(소속 법률사무소 및 회사 내부 인사들과의 네트워킹 활동, 외부의 인사들과 비즈니스를 위한 활동)", "귀하는 특정 분야의 전문법률인(스페셜리스트)으로 활동하고 있습니까?", "귀하의 학부 석차는 어느 정도였습니까?", "귀하는 법학전문대학원 재학 중 법조동문회에 참여한 적이 있습니까?", "귀하가 법학전문대학원 재학기간 동안 만난 동료와 선후배에 대해 평가해 주십시오", "귀하는 지난 1년 동안 다음의 각 모임이나 단체 활동에 얼마나 자주 참여하셨습니까(스포츠, 문화 관련, 종교, 지역 사회 봉사활동, 정당/정치, 인터넷 기반 모임)?", "귀하의 현재 직장에서 귀하를 채용하는 데에 있어 중요하게 작용한 요소는

23) 한편, 조직지위를 측정하기 위해 제도화된 대학 랭킹을 사용할 수 있다. 미국의 *US News and World Report*의 대학교 랭킹이 미국 대학교의 조직지위를 측정하는 연구에 사용되는 것이 그 예이다. (N. Askin, & M. S. Bothner, Status-Aspirational Pricing: The "Chivas Regal" Strategy in U.S. Higher Education, 2006-2012, *Administrative Science Quarterly*, (2016), 29: pp. 1~37.) 이러한 랭킹의 제도화 수준이 높지 않을 때 비대칭적인 교환관계에 의한 중심성 지수는 조직지위를 측정하는 데 특히 유용할 수 있으나, 이 네트워크 중심성이 일반적인 청중들의 인식과 잘 일치하는지 확인하는 과정이 필요하다. 본 연구에서는 과거의 성과를 통해 학교의 수준에 대한 청중들의 인지가 형성되있다고 가정하여 이와 관계를 살펴보아 지표의 타당성을 검증하였다.

무엇이라고 생각하십니까(고객유치능력, 교수 추천, 개인적 인맥, 학연, 석사 이상의 학위, 성별, 외모, 졸업한 법학전문대학원의 명성·순위)?", "귀하는 현재 직장에 취업하시기 위해 얼마나 많은 회사에 지원했습니까?", "그리고 현재 직장을 포함하여 당시 지원한 회사들로부터 얼마나 많은 채용 제안을 받으셨습니까?" (설문지에 답하는 순서에 따라 제시되었음)

1. 조직지위와 실력

조직지위가 높은 학교에서 배출한 변호사가 실제로 법조인으로서 실력이 좋은지 아직까지는 검증하기 어렵다. 그러나, 실제로 조직지위가 높은 법학전문대학원이 더 능력 있을 가능성이 큰 학생들을 선발하고 있는지, 그 기준은 어떤 것인지에 대해 살펴보면 향후 조직지위가 실제로 성과의 차이로 이어지게 될지에 대해 유추할 수 있을 것으로 보았다.

(1) 학부 석차와 LEET 점수

응답자들의 학부 석차에 대한 분포는 <그림 7−3>과 같다. 설문 결과 전체 응답자의 60.5%가 상위 25% 이내에 속해 있었다. 이는 과반수 이상의 법조인들이 성실한 학부 생활을 영위한 것으로 평가할 수 있으며, 소위 '고시 낭인'의 문제 중 하나였던 비정상적인 대학교육의 문제점을 법학전문대학원 체제가 어느 정도 해결했다는 것을 보여준다. 상위 25% 이내에 해당하는 응답자의 비중은 지위별로 다소 차이가 있는 것으로 나타났는데, 최상 지위 법학전문대학원 출신의 법조인의 87.4%가 학부 석차가 상위 25% 이내에 해당되었으며, 중간 지위(55.4%), 낮은 지위(53.5%), 높은 지위(45.8%) 순서로 상위 25% 이내에 해당하는 학생들의 비중이 높았다. 특히 최상 지위 법학전문대학원 출신 법조인들의 경우는 대부분 학부 석차 상위 10% 이내에 속한 것으로 나타났다. 높은 지위의 경우 중간 및 낮은 지위 법학전문대학원 출신 대비 상위 25% 이내의 비율, 특히 상위 10% 이내의 비율이 낮았는데, 이는 최상 지위를 가진 학교의 학부생들 중 상위 25% 이내에는 해당되지 않으나 상위 50% 이내에 해당하는 학생들이 높은 지위 법학대학원에 입학해서 나타난 현상으로 보인다. 최상 지위 법학전문대학원 출신 중 학부 석차 10% 이내에 속한 응답자 비율(56명 vs 31명)은 높은 지위 법학전문대학원 출신 중 학부 석차 10% 이내에 속한 응답자 비율(15명 vs 44명)과 통계적으로 유의한 차이가 있었다(x^2 검정 결과 p = .0000).

그림 7-3 학부 석차

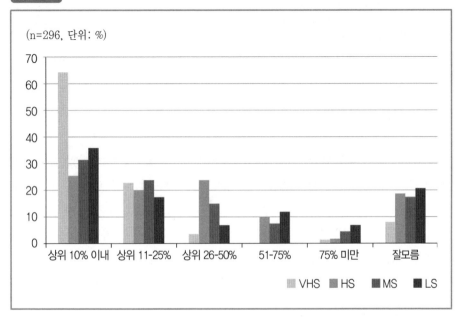

(n=296, 단위: %)

반면, 설문 결과 평균 LEET 점수는 높은 지위 법학전문대학원 출신의 법조인이 130.49점으로 가장 높았으며, 최상 지위(126.04점), 중간 지위(123.08점), 낮은 지위(111.99점) 순서로 나타났다. 주목할 점은 높은 지위 법학전문대학원 출신의 경우 학부 석차는 타 지위 대비 다소 낮은 편이지만 평균 LEET 점수는 가장 높았다는 점이다. 이를 통해, 학부 성적이 상대적으로 낮은 학생들이 높은 LEET 점수를 통해 학부 성적을 보완하려는 노력이 더 많았을 것으로 추정할 수 있었다. 한편 학교별로 평균 LEET 점수를 계산한 다음 이를 지위별로 다시 비교해 본 결과, 최상지위와 높은 지위에 속한 법학전문대학원 출신 변호사의 평균 LEET 점수가 중간 지위 및 낮은 지위에 속한 법학전문대학원 출신 변호사의 평균 LEET 점수보다 통계적으로 유의하게 높았다(양측 t검정 결과 pvalue = .003). 물론 이 데이터가 입학자 전체를 대상으로 한 것이 아니라 해당 법학전문대학원 출신 변호사들을 대상으로 하였다는 점에서 실제 데이터와 차이를 배제할 수는 없으나 일반적으로 지위가 높을수록 보다 지적능력(intellectual capacity)이 높은 학생들을 선발할 수 있다는 점을 보여주고 있다.

(2) 전문법률인(스페셜리스트) 활동 여부 및 분야

법학전문대학원 설립 목적 중 하나는 전문성의 확보였다. 서울대학교 법학연구소의 설문은 법학전문대학원 출신 변호사가 스페셜리스트로 일하고 있는지를 설문하였었는데, <표 7-3>은 그 결과를 정리한 것이다. 본 연구에서는 이를 이용하여 실제로 지위에 따라 전문적인 인력을 배출하는 데 차이를 보이는지 살펴보았다.

법학전문대학원 지위에 관계없이 스페셜리스트로 활동하고 있는 법조인은 평균 37.2%이며, 그렇지 않은 법조인이 62.8%로 더 많은 것으로 조사되었다. 최상 지위 및 높은 지위의 경우 스페셜리스트로 활동 중인 비율(44.5%)이 평균 대비 높은 반면 중간 지위 및 낮은 지위 출신의 경우 평균 대비 낮은 것(30.7%)으로 나타났다. 또한, 최상 지위와 높은 지위의 경우 스페셜리스트로 활동 중인 법조인과 그렇지 않은 법조인의 차이가 크지 않았으나, 중간 지위

표 7-3 스페셜리스트 활동 여부 및 분야

	스페셜리스트 예	스페셜리스트 아니오	엔터테인먼트	지적재산권
VHS	41 (47.1%)	46 (52.9%)	5 (5.7%)	8 (9.2%)
HS	24 (40.7%)	35 (59.3%)	2 (3.4%)	6 (10.2%)
MS	29 (31.5%)	63 (68.5%)	0 (0.0%)	7 (7.6%)
LS	17 (29.3%)	41 (70.7%)	1 (1.7%)	5 (8.6%)
평균	(37.2%)	(62.8%)	(2.7%)	(8.9%)

(n=296, 단위: 빈도)

및 낮은 지위의 경우 약 두 배 가량 차이나는 점은 주목할 만하다. 실제로 두 그룹 간의 차이는 통상적인 기준으로 볼 때 통계적으로 유의한 것으로 나타났다(x^2 검정 결과 p = .014 < .05). 활동 분야의 경우 지적재산권 분야에 전문성을 가진 스페셜리스트가 전체 스페셜리스트에서 차지하는 비중은 지위와 상관없이 비슷하였으나, 엔터테인먼트 분야 스페셜리스트의 비중은 최상 지위 및 높은 지위 법률전문대학원 출신의 법조인이 훨씬 높은 것으로 나타났다(x^2 검정 결과 p = .011 < .05). 분야에 특화된 로펌이 서울에 위치하고 있는 소재의 특수성 때문일 수도 있지만, 지위가 높은 법학전문대학원 출신 변호사들이 보다 다양한 전문 분야에 진출할 수 있는 가능성도 고려해 볼 수 있다.

(3) 가족 중 법률 전문가 유무

그렇다면 혹시 실력 외에 다른 요소가 학생 선발에 어떤 영향을 미치는 것은 아닌지에 대해 살펴볼 필요가 있다. 특히 가족 중 법률전문가가 있는 비중이 특별히 높은 패턴이 나타난다면 이는 선발 당시 실력 이외의 다른 요소가 개입되었을 개연성을 높이는 증거가 될 수 있기 때문이다.

표 7-4 가족 중 법률전문가 유무[24]

	없다	아버지	어머니	배우자	남자 형제	여자 형제	자녀	기타 친척
VHS	69 (79.31%)	3 (3.45%)	0 (0.00%)	4 (4.60%)	0 (0.00%)	6 (6.90%)	0 (0.00%)	11 (12.64%)
HS	39 (66.10%)	5 (8.47%)	0 (0.00%)	2 (3.39%)	3 (5.08%)	2 (3.39%)	0 (0.00%)	10 (16.95%)
MS	71 (77.17%)	2 (2.17%)	0 (0.00%)	0 (0.00%)	1 (1.09%)	0 (0.00%)	0 (0.00%)	19 (20.65%)
LS	39 (67.24%)	1 (1.72%)	0 (0.00%)	2 (3.45%)	2 (3.45%)	2 (3.45%)	0 (0.00%)	13 (22.41%)
평균	(72.46%)	(3.96%)	(0.00%)	(2.86%)	(2.40%)	(3.43%)	(0.00%)	(18.16%)

(n=296, 단위: 빈도)

---

24) 중복 답변이 가능한 질문이었기 때문에 표에 나타난 빈도 전체를 합한 숫자(306)는 전체 응답자(296)보다 크게 나타나 있다.

법학전문대학원 지위를 막론하고 가족 및 친척 중 법률 전문가가 없는 경우는 전체 296명 중 73.8%에 해당하는 218명으로, 대부분의 법학전문대학원 출신 법조인들은 가족 중 법률 전문가가 없는 것을 알 수 있다. 또한 이 비율은 <표 7-4>에서 알 수 있듯, 지위별로도 큰 차이가 없는 것으로 나타났다.

이러한 점들을 종합해 볼 때 법학전문대학원은 주로 지적 역량을 보고 학생들을 선발하며, 따라서 높은 조직지위를 가진 법학전문대학원들이 지위에서 오는 이점(status advantage)을 살려 평균적으로 보다 지적 역량이 우수한 학생들을 선발할 수 있는 것으로 판단된다.

2. 조직지위와 직업 선택 과정 및 취업 성과

조직지위가 실제로 개인의 법조인으로서 능력에 어떤 영향을 미치는지에 대해서는 아직 분석할 수 없으나, 조직지위가 실제로 개인의 취업 선택 행동에 차이를 발생시키는지, 또 취업 성과에 어떤 영향을 미치는지에 대해 지위별로 채용에 대한 양적 노력(지원 회사 수)과 성과(제안을 받은 회사 수)를 살펴보고, 또 채용에 있어 중요하게 생각하는 요인에 대해 생각이 서로 다른지에 대해 살펴보았다. 그 결과는 다음과 같다.

(1) 지원 회사 수

먼저 법학전문대학원 졸업 후 취업 당시 직장을 포함하여 지원한 회사 수를 지위별로 살펴보았다(<표 7-5> 참조). 그 결과 전체적으로는 평균 약 9곳에 지원한 것으로 나타났으나, 지위별로 지원하는 행동의 차이가 두드러지게 나타났다. 최상 지위 법학전문대학원 출신의 법조인들은 1곳에 지원한 비율이 26.7%로 가장 높았으며, 3곳 이하로 지원한 인원이 약 46.5%로 상당히 높은 편임을 알 수 있다. 그러나, 이는 기타 학교들과 통계적으로 유의한 차이는 아니었다. 반면, 높은 지위 출신, 중간 지위 출신, 낮은 지위 출신은 최상 지위 출신 대비 10곳 이상에 지원하는 비중이 높은 것으로 조사됐으며(33.9% vs 17.4%), 이는 통계적으로 유의한 차이였다(x^2 검정 결과 p = .005). 결과적으로, 지위가 높을수록 더 적은 곳에 지원하며, 지위가 낮을수록 더 많은 곳에 지원

| 표 7-5 | 지원 회사 수 |

	0	1	2	3	4	5	6	7	8	9	10 이상
VHS	0 (0.0%)	23 (26.7%)	9 (10.5%)	8 (9.3%)	6 (7.0%)	9 (10.5%)	6 (7.0%)	5 (5.8%)	3 (3.5%)	2 (2.3%)	15 (17.4%)
HS	0 (0.0%)	6 (10.9%)	10 (18.2%)	4 (7.3%)	6 (10.9%)	4 (7.3%)	1 (1.8%)	0 (0.0%)	2 (3.6%)	0 (0.0%)	22 (40.0%)
MS	0 (0.0%)	12 (15.2%)	6 (7.6%)	7 (8.9%)	4 (5.1%)	10 (12.7%)	5 (6.3%)	4 (5.1%)	5 (6.3%)	1 (1.3%)	25 (31.6%)
LS	0 (0.0%)	8 (14.5%)	8 (14.5%)	7 (12.7%)	3 (5.5%)	4 (7.3%)	2 (3.6%)	4 (7.3%)	1 (1.8%)	1 (1.8%)	17 (30.9%)

(n=275, 단위: 명)

하는 경향이 있다고 해석할 수 있다. 설문조사에는 지원한 회사 수만 답변하였으나, 로펌의 순위 등을 병행하여 조사한다면 더 설득력 있는 결과를 기대해볼 수 있을 것이다.

(2) 채용 제안을 받은 회사 수

채용 제안을 받은 회사 수(<표 7-6> 참조)는 지원한 회사 수와 다소 상이한 결과를 보였다. 최상 지위 출신의 54.7%가 한 곳으로부터, 약 94%가 3곳 이하로부터 채용 제안을 받으며 타 집단 대비 상대적으로 적은 곳으로부터 채

| 표 7-6 | 채용 제안을 받은 회사 수 |

	0	1	2	3	4	5	6	7	8	9	10 이상
VHS	0 (0.0%)	47 (54.7%)	26 (30.2%)	8 (9.3%)	3 (3.5%)	2 (2.3%)	0 (0.0%)	0 (0.0%)	0 (0.0%)	0 (0.0%)	0 (0.0%)
HS	0 (0.0%)	21 (38.2%)	23 (41.8%)	9 (16.4%)	1 (1.8%)	1 (1.8%)	0 (0.0%)	0 (0.0%)	0 (0.0%)	0 (0.0%)	0 (0.0%)
MS	0 (0.0%)	33 (41.8%)	15 (19.0%)	12 (15.2%)	7 (8.9%)	7 (8.9%)	2 (2.5%)	1 (1.3%)	0 (0.0%)	0 (0.0%)	2 (2.5%)
LS	0 (0.0%)	23 (41.8%)	18 (32.7%)	12 (21.8%)	1 (1.8%)	1 (1.8%)	0 (0.0%)	0 (0.0%)	0 (0.0%)	0 (0.0%)	0 (0.0%)

(n=275, 단위: 명)

용 제안을 받은 것으로 나타났다. 이는 최상 지위 출신 법조인의 경우 지원한 곳이 적기 때문인 것이라고 생각해볼 수 있다. 최상 및 높은 지위 출신 중 4군데 이상 채용 제안을 받은 졸업생 비중(전체 141명 중 7명)은 중간 및 낮은 지위 법학전문대학원 출신 중 4군데 이상 채용 제안을 받은 비중(전체 134명 중 21명)에 비해 현저히 낮은 수치였다(x^2 검정 결과 p = .003).

그러나 지원한 회사 대비 채용 제안 비율은 지위별로 큰 차이가 없는 것으로 나타났다. <그림 7-4>에 근거, 법학전문대학원 지위별 지원한 회사 대비 채용 현황 검토 결과 채용 제안 비율은 최상 지위(25.36%), 중간 지위(20.89%), 높은 지위(20.85%), 낮은 지위(19.22%) 순으로 나타났다. 주목할 점은 최상 지위 법학전문대학원 출신의 경우 지원한 회사는 평균 6곳 정도로 적은 편이지만 중간 지위의 경우 평균 12여 곳으로 많은 회사에 지원하고 있는 것을 알 수 있다.

이는 지위가 높은 법학전문대학원 출신들은 상대적으로 원하는 회사에 보다 높은 확률로 지원을 하는 반면, 중간 지위 법학전문대학원 출신들은 보다 확률이 낮다고 판단한 가운데 가장 많은 수의 회사에 지원을 하여 여러 제안

그림 7-4 법조인들의 지원 회사 대비 채용 제안을 받은 회사 현황

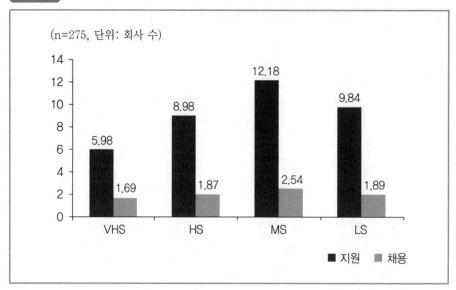

을 비교하고 있으며, 지위가 상대적으로 낮은 법학전문대학원 출신들은 다른
졸업생들이 지원하는 회사 중 높은 지위 이상의 법학전문대학원 졸업생들이
주로 들어갈 것으로 예상되는 곳에는 지원을 하지 않기 때문에 생기는 현상으
로 유추해 볼 수 있다. 대형 로펌에서 낮은 지위 법학전문대학원 출신을 상대
적으로 찾아보기 힘들다는 데이터가 이러한 가능성을 뒷받침한다.

앞에서 살펴본 내용을 통해 조직지위가 높은 법학전문대학원들은 상대적
으로 지적 능력이 우수한 학생들을 선발할 수 있으며, 졸업생들이 가장 원하는
회사들 역시 이들 조직지위가 높은 법학전문대학원 졸업생들을 선호하고 있음
을 유추할 수 있었다. 이것이 법학전문대학원이 실제로 우수한 학생들을 유치
한 효과인지 조직지위의 효과인지에 대해 다음을 통해 알아보았다.

(3) 채용 시 중요 작용 요소

법학전문대학원 지위별로 채용 시 중요하게 작용하는 요소의 인식 정도
를 검토하기 위해 본 연구에서는 서울대학교 법학연구소는 "귀하의 현재 직장
에서 귀하를 채용하는 데에 있어 중요하게 작용한 요소는 무엇이라고 생각합
니까?"(1-전혀 고려하지 않음; 7-매우 중요한 요소로 고려, 7점 척도 사용)라는 질
문을 활용하였다. <표 7-7>에서 이 질문에 대한 가중 평균치(weighted
average)를 함께 보고하여 지위별로 중요도에 대한 시선의 차이가 존재하는지
살펴보았다.

흥미로운 점은 채용 시 중요하게 작용하고 있는 요소의 인식 정도가 법학
전문대학원 지위에 따라 다르다는 것이다. 최상 지위 법학전문대학원을 졸업
한 법조인은 법학전문대학원의 명성 및 순위가 다소 중요하다고 인식하고 있
으나, 이 수치는 법학전문대학원의 지위가 낮아질수록 감소하는 추세를 보인
다. 이는 결국 법학전문대학원의 조직지위가 채용에 있어 중요하게 작용한다
는 시각을 모두가 공유하고 있다는 증거라고 할 수 있다. 즉, 자신이 속한 법
학전문대학원의 명성이나 순위가 자신의 채용에 얼마만큼 도움을 줄까 하는
측면에서 최상 지위 출신들은 중요하게, 높은 지위 출신들은 보통 이상, 중간
지위나 낮은 지위는 도움이 별로 되지 않았다고 답하고 있는 것이다.

표 7-7　로펌 채용 시 중요 작용 요소[25]

	VHS		HS		MS		LS	
	부정적 답변	가중 평균치	부정적 답변	가중 평균치	부정적 답변	가중 평균치	부정적 답변	가중 평균치
고객(의뢰인) 유치능력	83.9	2.20	71.2	2.36	65.2	2.93	65.5	2.79
교수 추천	77.0	2.39	72.9	2.47	68.5	2.50	67.2	2.60
개인적 인맥 (가족, 친구, 동료)	80.5	2.16	62.7	3.03	60.9	2.91	53.4	3.26
학연(대학, 고등학교 등)	72.4	2.59	62.7	2.86	55.4	2.99	56.9	2.93
석사 이상의 학위	60.9	2.85	50.8	3.14	58.7	2.98	62.1	2.71
성별	52.9	3.26	50.8	3.25	29.3	3.95	37.9	3.71
외모	58.6	2.97	49.2	3.22	31.5	3.90	43.1	3.38
졸업한 법학전문 대학원의 명성·순위	10.3	5.44	23.7	4.27	44.6	3.55	67.2	2.71

(n＝296, 단위: %, 점)

반면 최상 및 높은 지위 출신들은 고객유치능력, 개인적 인맥, 학연 등 개인의 능력과 관계없는 요소들은 별로 중요하게 인식하지 않는 것으로 나타났다. 물론 중간 지위 및 낮은 지위 법학전문대학원 출신 법조인 역시 이들 요소를 중요하다고 보고 있지는 않으나(평균 4점 이하) 이들 요소를 보다 긍정적으로 바라보는 경향이 있었다. 예컨대 각 요소별로 부정적인 대답(3점 이하)을 한 비중은 최상 및 높은 지위 출신들이 중간 및 낮은 지위 출신들에 비해 대부분 높았다. 예컨대 고객유치능력(78.8% vs 65.3%, x^2 검정 결과 p = .0101), 개인적 인맥(73.3% vs 58%, x^2 검정 결과 p = .0057), 학연(68.5% vs 56%, x^2 검정 결과 p = .0267), 성별(54.8% vs 36%, x^2 검정 결과 p = .0006), 외모(54.8% vs 36%, x^2 검정 결과 p = .0012) 모든 면에서 두 집단의 시각 차이가 존재했다. 즉, 개인의 지적

---

25) 지위별로는 중요 정도의 차이를 비교할 수 있으나, 7점 척도를 기준으로 봤을 때에는 졸업한 법학전문대학원의 명성·순위(최상 지위/높은 지위), 성별 및 외모(중간 지위), 성별(낮은 지위)이 지위별로 가장 중요한 요소로 생각되고 있는 것으로 나타났다.

역량을 보완하기 위한 방편으로 관계적 요소 및 외적 요소 등이 고려되고 있음을 알 수 있다. 이는 지위가 낮은 학교 출신들이 사회적 자본을 축적하기 위해 학교 바깥에서 노력할 가능성을 시사한다.

3. 조직지위와 개인의 네트워킹

그렇다면 실제로 조직지위가 개인이 사회적 관계를 맺는 패턴에도 영향을 주고 있는가? 이에 답하기 위해 먼저 현재 직장 내에서 업무를 수행함에 있어 집단 간에 차이를 보이는지 살펴보았다.

(1) 월평균 업무 외 활동 횟수

<표 7-8>은 설문에 응답한 법조인들의 지난 한 달간 업무 외 활동 횟수를 조사한 결과이다.

<표 7-8>에 따르면 높은 지위 법학전문대학원 출신 법조인들이 가장 활발히 내부 네트워킹 활동을 수행하는 반면 낮은 지위 법학전문대학원 출신 법조인들이 외부 비즈니스를 위한 활동을 가장 활발히 수행하는 것으로 나타났다. 또한 최상 지위 법학전문대학원 출신 법조인들은 상대적으로 외부 비즈니스 활동을 하지 않은 것으로 나타났다. 이러한 차이는 통계적으로 유의하게 나타나지는 않았지만, 남성 변호사들에 비해 여성 변호사들이 내부에서 상대적으로 불

표 7-8 월간 업무 외 활동 횟수

	응답자 수	소속 법률사무소 및 회사 내부 인사들과의 네트워킹 활동	외부의 인사들과 비즈니스를 위한 활동
VHS	87	2.94	0.79
HS	59	5.03	1.85
MS	92	2.89	1.56
LS	58	3.63	2.07

(n=296, 단위: 회)

리한 점을 극복하기 위해 외부 네트워킹을 늘린다는 미국의 연구결과[26]를 생각해 보면 지위가 낮을수록 외부 네트워킹 활동을 통한 사회적 자본 축적의 중요성이 커질 수 있다는 가설에 대해 좀 더 연구해 볼 필요가 있다.

(2) 법학전문대학원 재학 중 네트워킹

<표 7-9>에서 볼 수 있듯이, 지위별 법조동문회 활동 여부는 최상 지위 법학전문대학원 출신의 법조인들이 가장 활발한 것으로 나타난 반면, 높은 지위 출신 법조인들이 참여도가 가장 저조한 것으로 나타났다. 그러나 통계적으로 유의한 차이는 아니었다.

표 7-9 법학전문대학원 재학 중 법조동문회 활동 여부

	참 여	참여하지 않음
VHS	19(39%)	30(61%)
HS	15(25%)	44(75%)
MS	34(37%)	58(63%)
LS	19(33%)	39(67%)

(n=258, 단위: 명)

한편 법학전문대학원 출신 법조인의 구직 활동 및 경력에 있어서 교우관계의 정도를 파악하기 위한 "귀하가 법학전문대학원 재학기간 동안 만난 동료와 선후배에 대해 평가해 주십시오"(1점: 전혀 동의하지 않는다; 7점: 매우 동의한다, 7점 척도 사용) 질문을 통해 법학전문대학원 재학 당시 네트워킹의 대상이 되는 동문들에 대한 평가에 대한 가중평균치를 계산, <표 7-10>과 같이 살펴보았다. 그러나 이 역시 지위별 차이를 찾을 수 없었다.

---

26) B. Groysberg, "How Star Women Build Portable Skills", *Harvard Business Review,* (2008), 86(2): pp. 74~82.

표 7-10	법학전문대학원 동료와 선후배에 대한 평가							
	VHS		HS		MS		LS	
	부정적 답변	가중 평균치	부정적 답변	가중 평균치	부정적 답변	가중 평균치	부정적 답변	가중 평균치
법학전문대학원에서의 교우관계는 협력적이다.	26.4	4.5	8.5	5.1	22.8	4.6	17.2	4.8
법학전문대학원에서의 교우관계는 나의 개인적 발전을 위해 필요하다.	12.6	5.3	0	5.4	7.6	5.1	10.3	5.1
법학전문대학원에서의 교우관계는 나의 구직활동에 도움이 되었다.	34.5	4.2	28.8	4.4	37.0	4.0	43.1	4.1
법학전문대학원에서의 교우관계는 향후 나의 경력에 도움이 될 것이다.	10.3	5.3	6.8	5.5	12.0	5.0	12.1	5.1
평균	21.0	4.8	11.0	5.1	19.8	4.7	20.7	4.8

(n=296, 단위: %, 점)

(3) 교외 네트워킹 활동

그렇다면 지위가 상대적으로 낮은 법학전문대학원 출신 법조인들은 다른 방식의 네트워킹을 통해 부족할 수 있는 사회적 자본을 보완하는가? 이 질문에 답하기 위해 본 연구에서는 서울대 설문조사의 "귀하는 지난 1년 동안 다음의 각 모임이나 단체 활동에 얼마나 자주 참여하셨습니까?"(0점: 없음, 1점: 연 1~2회 참여, 2점: 연 3회 이상, 3점: 월 1회 이상, 4점: 주 1회 이상)라는 질문에 대한 응답을 활용하였다. <표 7-11>에서 보듯이, 이 질문에 대한 응답 역시 가중평균치(weighted average)를 계산하였다. 가중평균치가 1점 이상은 해당되는 모임에 최소 연 1~2회 이상 참여한다는 것으로 생각해 볼 수 있는데, 모임/단체의 종류에는 다소 차이가 있으나 중간 및 낮은 지위 법학전문대학원 출신들에게서만 나타나고 있어 이들이 보다 적극적으로 외부 네트워킹을 위해 노력한다는 점을 볼 수 있다. 다만 종교 모임이나 단체는 지위와 상관없이 주요한 외부 네트워킹의 장이 될 수 있음을 보여주고 있다.

표 7-11   모임/단체활동 참여 횟수

	VHS		HS		MS		LS	
	불참	가중 평균치	불참	가중 평균치	불참	가중 평균치	불참	가중 평균치
스포츠모임이나 단체	58.6	0.80	52.5	0.90	34.8	1.10	43.1	1.10
문화관련 모임이나 단체	51.7	0.92	52.5	0.76	39.1	1.12	50.0	0.88
교회 절 등 종교 모임이나 단체	56.3	1.14	61.0	0.95	43.5	1.45	58.6	1.10
지역사회 봉사활동 또는 시민모임이나 단체	67.8	0.47	69.5	0.53	54.3	0.76	37.9	1.19
정당 또는 정치 모임이나 단체	97.7	0.03	94.9	0.07	91.3	0.13	91.4	0.14
인터넷 동호회 등 인터넷 기반의 모임이나 단체	81.6	0.33	83.1	0.22	81.5	0.26	75.9	0.47
기타	77.0	0.36	62.7	0.59	60.9	0.26	69.0	0.47
평균	70.1	0.58	68.0	0.57	57.9	0.73	60.8	0.76

(n=296, 단위: %, 점)

한편 최상 및 높은 지위와 중간 및 낮은 지위 간에 모임 종류별로 최소 연 1~2회 이상 참여하는 비율에 차이를 보이는지 분석한 결과, 스포츠 모임이나 단체(43.8% vs 62%, x^2 검정결과 p = .0017) 그리고 지역사회 봉사활동 또는 시민모임이나 단체(31.5% vs 52%, x^2 검정결과 p = .0004)에 중간 및 낮은 지위 출신들의 참여가 더 두드러짐을 알 수 있었다. 이는 중간 및 낮은 지위 법학전문대학원의 지역 분포 때문일 수도 있으나, 이것이 이러한 모임이나 단체 활동의 참여가 이들의 부족할 수 있는 사회적 자본 축적에 도움이 될 수 있을 것이라는 가설은 여전히 가능성이 큰 것으로 보인다.

Ⅳ. 법학전문대학원과 사회적 자본

본 장에서는 대형로펌에 취직한 변호사들을 중심으로 개인 및 학교 차원의 사회적 자본 형성에 대해 고찰해 본다. 여기에서는 두 가지 차원의 사회적 자본 형성에 관해 논의한다. 첫째, 개인 관점의 사회적 자본[27]이다. 이는 개인이 형성한 사회적 연결망(social network)의 형태가 개인의 성과에 영향을 미친다는 입장의 연구이다. 예컨대 다수의 구조적 공백(structural holes)이 있는 경우, 즉 개인이 관계를 맺고 있는 사람들 또는 집단들이 서로 알지 못하는 경우와 개인이 관계를 맺고 있는 사람들 또는 집단들이 서로 잘 아는 경우 각 연결망 형태의 특징이 개인의 성과나 기회 등에 영향을 미치게 된다는 것이다. 예컨대 Burt(1992)는 전자에 해당하는 연결망을 가진 개인이 다양한 정보에 접근할 수 있고, 더 좋은 기회를 발견할 수 있으며, 정보에 대한 통제가 가능해짐에 따라 얻을 수 있는 이점 등을 통해 더 성공적인 경력을 쌓을 수 있음을 밝힌 바 있으며, 반면 Podolny & Baron(1997)[28]은 후자에 해당하는 연결망을 가진 개인이 역할에 대한 명확한 정체성을 갖게 됨에 따라 더 성공적인 경력을 가질 수 있음을 실증한 바 있다. 이와 같은 연구들은 맥락에 따라 연결망 형태가 성과에 미치는 영향이 달라질 수 있다는 점을 보여주고 있으나, 연결망이 개인의 생산활동 및 성과에 영향을 미친다는 점에서 자본적 성격이 있음을 보여주는 점에서는 일치하고 있다. 개인이 맺고 있는 사회적 관계는 새로운 정보나 자원에 대해 접근을 가능케 하고, 경력에 대한 후원을 제공함으로써 경력발전에 긍정적인 영향을 미친다.[29] 따라서 법학전문대학원 체제에서 배출되는 변호사들이 보다 양질의 사회적 자본을 축적할 수 있는지 그 가능성을 검토함으로써 변호사들의 역량 및 고객들이 받을 수 있는 서비스 품질 등에 대한 시사점을 제공한다.

둘째, 법학전문대학원 차원에서 사회적 자본의 축적이다. 이 관점은 사회적 연결망을 사회적 자원으로 보는 관점과 연계하여 볼 수 있다. 예컨대 개인

---

27) 대표적 학자로 Ronald S. Burt가 있으며, Burt는 사회적 자본을 "friends, colleagues, and more general contacts through whom you receive opportunities to use your financial and human capital"이라고 정의하였다. (R. S. Burt, *Structural holes: The social structure of competition.* Cambridge, (Harvard University Press, 1992)).

28) J. M. Podolny, & J. N. Baron, "Resources and Relationships: Social Networks and Mobility in the Workplace", *American Sociological Review*, (1997), 62(5): pp. 673~693.

29) S. E. Seibert, M. L. Kraimer, & R. C. Liden, "A Social Capital Theory of Career Success", *Academy of Management Journal*, (2001), 44(2): pp. 219~237.

또는 사회적 단위가 소유한 관계 연결망에 내재되고 가용한 실제 또는 잠재적 자원들의 합("the sum of the actual and potential resources embedded within, available through, and derived from the network of relationships possessed by an individual or social unit.")으로 사회적 자본을 정의하는 관점30)에서는 연결망 자체에 덧붙여 연결망을 통해 활용될 수 있는 자산을 포괄("Social capital thus comprises both the network and the assets that may be mobilized through that network")하고 있다. 이러한 측면에서 본 연구는 특히 동문 네트워크의 역할에 주목하였다. Hall(2011)31)에 의하면 동문 네트워크의 강화는 개인의 성과 뿐 아니라 기부금 증가 등 학교 입장에서도 도움이 되는 사회적 자본 형성으로 볼 수 있다.

본 연구에서는 이를 위해 로앤비 법조인명록을 이용, 우리나라 10대 대형 로펌32) 변호사의 출신학교 및 전공, 교육 배경 등을 수집하였다. 데이터 수집은 2015년 11월에 이루어졌으며, 이들 로펌에 근무하는 변호사시험 1~3회에 합격한 280명과 같은 시기의 사법연수원 41~43기 217명을 포함한 총 497명의 정보를 추출하였다. 또한 이들 로펌에 근무하는 1,935명의 사법연수원 40기 이전 변호사들에 대한 출신대학 정보를 추출하였다. 본 연구에서는 학사 학위가 두 개 이상인 경우 최종 학위를 기준으로 수집하였으며, 학부 전공이 두 개 이상인 경우 각각의 전공으로 집계하였다.33)

1. 전공의 다양성

서로 다른 다양한 그룹에 접근이 가능한 중개자(broker)가 더 창의적인 아이디어를 만들어 낼 수 있다는 점에서34) 네트워크 다양성은 개인 차원에서 중

---

30) J. Nahapiet, & S. Ghoshal, "Social Capital, Intellectual Capital, and the Organizational Advantage", *Academy of Management Review*, (1998), 23(2): pp. 242~266.

31) S. Hall, Educational Ties, "Social Capital and the Translocal (Re)Production of MBA Alumni Networks", *Global Networks*, (2011), 11(1): pp. 118~138.

32) 대형로펌의 경우 2014년 12월 기준의 변호사 수 기준 로펌 순위임: 김앤장, 태평양, 광장, 세종, 화우, 율촌, 바른, 지평, 로고스, 대륙아주 順(「대기업에 무릎 꿇은 대형 로펌들」, 주간동아, (http://news.donga.com/3/all/20151005/74008127/1, 2016. 1. 14. 검색))

33) 로앤비 데이터의 경우 법조인이 직접 본인의 정보를 입력하기 때문에 모든 법조인의 정보가 입력되지 않은 것은 분석 자료상 한계점이라고 할 수 있을 것이다.

요한 사회적 자본이 된다. 또한, 비슷한 역사와 기술력을 지닌 실리콘밸리와
보스턴 중심의 128번 국도 지역의 비교를 통해 분권화되어 있으면서도 협력적
인 커뮤니티에서 더 많은 혁신이 일어난다는 사례에서[35] 볼 수 있듯이 보다
다양한 정보에 접근할 수 있는 구성원들의 참여가 해당 커뮤니티, 또는 조직의
사회적 자본이 된다는 것을 알 수 있다. 지원자들의 학부 전공이 다양해지면서
각 분야의 소양을 갖춘 인재들을 법조인으로 양성해 낼 수 있을 뿐 아니라, 졸
업생들이 다양한 분야로 진출하게 됨에 따라 다양한 산업군의 인맥을 형성할
수 있다면 법학교육기관이 사회에서 더 중요한 역할을 담당할 수 있는 토대가
될 수 있다는 것이다. <그림 7-5>는 사회적 자본과 관련하여, 같은 시기에
입사하였으나 서로 다른 체제에서 유입된 두 집단의 전공 다양성을 비교하고
있다.

그림 7-5 로스쿨과 사법시험 출신 법조인들의 전공 비교

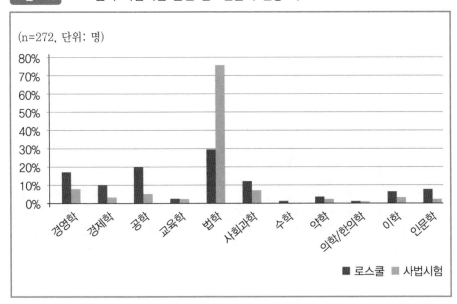

---

34) R. S. Burt, "Structural Holes and Good Ideas", *American Journal of Sociology*, (2004),
110(2): pp. 349~399.

35) A. Saxenian, *Regional Advantage: Culture and Competition in Sillicon Valley and Route
128*. Cambridge, (Harvard University Press, 1994).

<그림 7-5>에서 볼 수 있듯이, 대형로펌 재직 변호사들의 경우 법학전문대학원 출신 변호사들이 사법시험 출신 변호사들에 비해 법학 전공자 수가 월등히 적은 반면, 경영학, 공학 등 타 전공자 수가 월등히 많은 것으로 조사됐다. 얼마나 한 전공에 집중되었는지 또는 여러 전공에 분산되었는지를 분석하기 위해 허핀달 지수(Herfindahl index)[36]를 계산한 결과 법학전문대학원 출신 전공에 비해 사법시험 출신 전공의 다양성이 훨씬 낮은 것으로 나타났다 (0.17 vs 0.57). 전공의 다양성은 변호사들이 협업할 경우 더 다양한 정보를 주고 받을 수 있다는 점에서 사회적 자본을 증가시키는 요소라고 볼 수 있다. 내부 네트워킹만으로도 다양한 정보에 접근이 가능할 수 있으며, 특히 보다 나은 법률서비스 제공을 위해 다른 전문지식이 필요할 때 해당 전문가에 대한 접근성 및 전문성에 대한 평가 등에도 유리하게 작용할 수 있다. 따라서 개인적 차원이나 로펌 차원 모두에서 사회적 자본이 증가하는 것으로 볼 수 있다. 물론

그림 7-6 법학전문대학원 지위에 따른 전공의 다양성

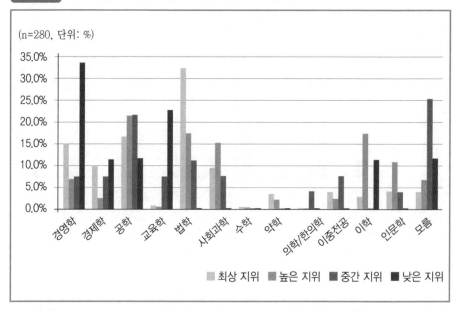

(n=280, 단위: %)

■ 최상 지위 ■ 높은 지위 ■ 중간 지위 ■ 낮은 지위

---

36) 허핀달 지수는 전체 전공 중 해당전공이 차지하는 비율을 제곱한 값의 총합으로 계산되며 0부터 1까지의 범위를 가진다. 0에 가까울수록 다양성이 높고 모두가 한 전공이라면 값은 1이 된다.

법조인들의 전공 다양화는 법학전문대학원 도입 취지이기도 했으므로, 이는 어느 정도 달성되고 있다고 평가할 수 있다.

그렇다면 법학전문대학원 지위에 따른 전공의 다양성은 어떨까? <그림 7-6>에서 볼 수 있듯이 최상지위 법학전문대학원 졸업생은 법학을, 높은 지위와 중간지위는 공학을, 그리고 낮은 지위는 경영학을 전공한 학생들이 가장 많은 것으로 조사됐다. 그러나 이는 대학교의 특성[37]이나 풍토가 반영된 것으로 볼 수도 있기 때문에 지위에 따른 차이로 일반화하기는 다소 무리가 있는 것으로 보인다. 또한 최상 지위 및 낮은 지위에 비해 높은 지위 및 중간 지위 법학전문대학원 출신 대형로펌 재직 변호사들의 다양성 지수가 조금 더 높게 나타나고 있는 것으로 조사됐으나, 이를 유의한 차이로 해석할 수 없었다.

2. 동문 네트워크

사회적 자본은 구직활동에 도움이 되며 기업이 채용활동을 하는 데 있어 풍부한 자원을 제공하며,[38] 이러한 측면에서 동문 네트워크가 구직활동에 어떤 영향을 미치는지 살펴볼 필요가 있다. 이와 관련, Brocklehurst et al.(2007)[39]은 MBA 학위를 통한 가장 가치 있는 성과는 비즈니스 스쿨을 통한 네트워킹 기회와 동문 네트워크를 통한 멤버십이라고 주장하였다. 본 연구에서는 실제로 동문 네트워크를 비롯한 다양한 사회적 활동이 과거 특정 대학 출신에게만 집중되어 있는 사회적 자본을 보다 많은 사람에게 분산하는 효과가 있었는지에 대해 살펴보았다.

(1) 대형로펌 변호사 출신대학 비중 변화

법학전문대학원의 주요 설립 목적 중 하나는 특정 대학 쏠림현상의 해소

---

37) 예를 들어 한양대-공대, 경희대-한의학 등 학교별로 상대적으로 특출한 전공분야가 있는 경우.

38) R. M., Fernandez, E. J., Castilla, & P. Moore, "Social Capital at Work: Networks and Employment at a Phone Center", *American Journal of Sociology*, (2000), 105(5): pp. 1288~356.

39) M. Brocklehurst, A. Sturdy, D. Winstanley, & M. Driver, "Introduction: Whither the MBA? Factions, Fault Lines and the Future", *Management Learning*, (2007), 38(4): pp. 379~388.

이다. 특정 대학 쏠림 현상은 법조계에 대한 신뢰를 떨어뜨릴 수 있다는 점에서 장기적으로 커뮤니티 차원의 사회적 자본을 감소시키는 요소이다. 특정 대학 출신들이 이들 대형로펌에서 차지하는 비중이 시간 및 체제 변화에 따라 변화했는지 살펴보기 위해 먼저 연수원 40기 이전, 연수원 41~43기, 변호사시험 1~3회 변호사들의 출신 대학을 수집하여 앞서 분류한 법학전문대학원 조직지위에 매칭 시켰다.[40] 연수원 1~40기 대비 연수원 41~43기를 비교하면 최상 지위 대학 출신은 다소 감소한 것을 알 수 있다. 변호사시험 1~3회 출신의 법조인의 학부도 마찬가지로 연수원 1~40기 대비 최상 지위 출신 비중은 감소하였다. 또한 연수원 1~40기 대비하여 법학전문대학원이 설치되지 않은 학교 출신이 증가한 것으로 나타났다. 그러나, 이것만으로는 법학전문대학원 체제가 특정 학교 쏠림 현상을 효과적으로 완화했다고 하기는 어려워 보인다.

그림 7-7 대형로펌 변호사 출신 대학 비중

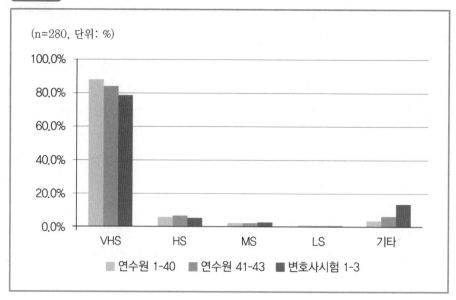

---

40) <그림 7-7>과 <그림 7-9>에서는 학교별 통계를 조직지위별로 합산하여 제시하고 있다. 예컨대, 대형로펌 변호사들의 출신 대학이 HS에 속한 4개 법학전문대학원이 소속된 대학교 출신인 비중이 <그림 7-7>에, HS에 속한 4개 법학전문대학원 또는 해당 대학교 학위과정을 졸업한 경우의 비중이 <그림 7-9>에 제시된 것이다. 따라서, 사법시험이 수행되는 과정에서 있었을 법학교육기관, 즉 대학교 법학과의 조직지위 변화는 반영되지 않았음을 밝힌다.

(2) 법학전문대학원 체제에서 동문 네트워크의 변화

다음으로 대형로펌 변호사들의 출신 대학 및 법학전문대학원의 지위별 입학 동향을 살펴보았는데, <그림 7-8>과 같이 지위에 따라 확연한 차이가 나타났다. 최상 지위 법학전문대학원의 경우 196명 중 102명(52%)이 본교 출신이었으며 94명(48%)이 타교 출신인 것으로 나타났다. 반면 높은 지위, 중간 지위, 낮은 지위의 법학전문대학원의 경우 본교 출신보다는 타교 출신 비율이 높게(평균 89%) 나타났다. 이는 곧 최상 지위의 경우 타교 출신의 학생을 받아들이는 것보다 본교 출신의 학생을 더 많이 받아들인다는 것이다. 실제로 학생 교환 네트워크에서 이미 분석하였듯이 대형로펌에 입사한 변호사들의 경우에도 최상 지위 법학전문대학원 졸업생 중 타교 출신의 경우 대부분 타 최상 지위의 학부 출신인 것으로 나타났다. 그러나, 법학전문대학원 체제가 아니라면 내부에서 결속을 다졌을 최상 지위 학부 출신들이 법학전문대학원에서 새로운 네트워크를 형성하게 되었다는 것은 상대적으로 사회적 자원이 부족할 수 있는 학교들에 긍정적 영향을 미치는 요소일 수 있다.

그림 7-8 본교 출신 vs 타교 출신

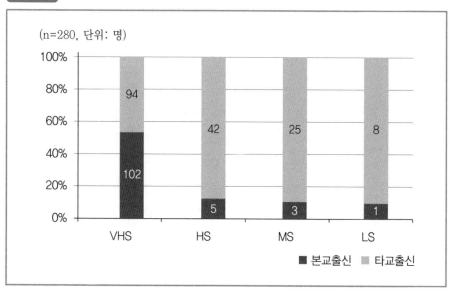

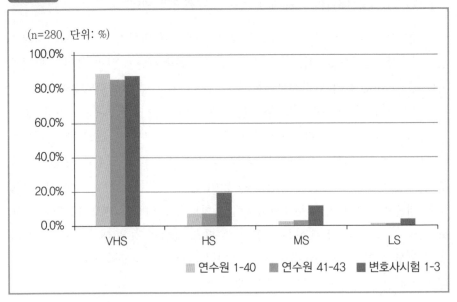

그림 7-9 　대형로펌 변호사 동문비중

대형로펌 변호사의 출신대학 비중을 나타낸 <그림 7-7>에서는 연수원 1~40기에 비해 연수원 41~43기의 경우 최상 지위 학부 출신이 감소한 것으로 보인다. 그러나 출신 학부와 법학전문대학원 중 한 곳 이상을 졸업한 동문이 대형로펌에 일하는 변호사시험 1~3회 출신 중에 얼마나 되는지를 표시한 <그림 7-9>는 대형로펌 동문 비중을 살펴볼 때 예전에 비해 최상 지위 학교 출신이 크게 감소한 것이 아님을 알 수 있다. 그런데, 더 중요한 것은 법학전문대학원을 거쳐야 하고, 법학전문대학원 정원에 제한이 있기 때문에 모든 지위에서 동문이 늘어난 효과가 있었다는 것이다. 이는 법학전문대학원이 설치된 학교들에게는 이전에 동문이 많지 않았던 분야에 더 많은 동문을 가질 수 있게 되어 사회적 자본이 증가되는 효과가 있을 것으로 생각할 수 있다.

이를 좀 더 자세히 살펴보기 위해 출신 학부와 법학전문대학원을 지위별로 분석한 것이 <표 7-12>에 정리되어 있다. 일반적으로 출신 대학교보다 지위가 높은 학교의 법학전문대학원 입학은 다소 어려운 것으로 나타나며, 따라서 동문이 늘어난 것은 대다수 정원의 제한 등 제도적 요인에 의해 출신 학부보다 상대적으로 낮은 지위의 법학전문대학원에 진학한 경우 때문인 것으로

| 표 7-12 | 대형로펌 변호사들의 출신 학부와 법학전문대학원 지위 |

학부＼법전원	LS	MS	HS	VHS	합계
VHS	4	13	29	173	219
HS	1	4	8	2	15
MS	2	4	0	1	7
LS	1	0	0	1	2
기타/모름	1	7	10	19	37
합계	9	28	47	196	280

(n=280, 단위: 명)

나타났다. 특히 앞서 <표 7-10>에서 살펴보았듯이 동문에 대한 평가가 상당히 호의적이라는 점에서 이들이 해당 법학전문대학원에 향후 도움이 되는 동문으로 성장할 가능성이 있으며, 이에 따라 법조계에 특정 학교 쏠림 현상 역시 다소 완화될 것으로 예상할 수 있다.

(3) 출신 학교 동문 존재 여부의 영향

그렇다면 출신 학교 동문은 어떤 영향을 주는가? 동문 커뮤니티의 성장은 동문들에게 보다 많은 정보와 자원에 대한 접근을 제공할 뿐 아니라 이들 동문들을 통해 해당 학교 역시 성장의 기회를 얻는다는 측면에서 긍정적 영향이 있다. 그러나 만약 동문 네트워크가 폐쇄적으로 성장하여 동문이 아닌 다른 사람들에 비해 배타적으로 기회나 자원을 독점하게 된다면, 동문 네트워크는 사회 전체적으로 사회적 자본을 감소시키는 부정적 영향을 끼치게 된다. 이러한 점을 살펴보기 위해 대형로펌에 취업한 변호사시험 1~3회 출신 변호사들이 동문이 없는 로펌에 취업한 경우가 얼마나 되는지를 <표 7-13>과 같이 살펴보았다.

<표 7-13>을 살펴보면 대부분 동문이 있는 로펌에 취업하고 있으나, 중간 및 낮은 지위의 법학전문대학원 출신들의 경우 법학전문대학원 동문이 없는 로펌에 취업한 수가 더 많은 것으로 나타났다. 다만 이들 중에도 상당수는 해당 법학전문대학원이 설치되어 있는 학부를 졸업한 기존 변호사가 있는

| 표 7-13 | | 지위별 출신 학교 동문 존재 여부의 영향 | | |

법학전문 대학원	동문 있는 로펌	법전동문 없지만 학부동문 있는 로펌	동문 없는 로펌	총합계
최상 지위	196	0	0	196
높은 지위	43	3	1	47
중간 지위	10	12	6	28
낮은 지위	1	8	0	9
총합계	250	23	7	280

(n=280, 단위: 명)

로펌에 취업한 것으로 나타났다. 그러나, 특히 중간 지위에 속하는 법학전문대학원 출신들이 동문이 없는 대형로펌에 취업한 것을 볼 수 있다.

<표 7-14>는 지위별로 10개 대형로펌에 얼마나 많은 동문이 진출해 있는지를 보여주며, 또 이들 로펌들이 얼마나 많은 비중으로 동문을 받아들였는지를 보여준다. 최상 지위 법학전문대학원 3개교의 경우엔 10개 대형로펌 모두에 동문인 변호사들이 일하고 있었으며, 이들 학교 출신 변호사들은 10개 대형로펌 모두에 취업한 것으로 나타났다. 한편 높은 지위에 해당하는 4개교는 10개 대형로펌 중 평균 8곳에 동문인 변호사들이 일하고 있는 것으로 나타나 최상 지위에 해당하는 학교들과 다소 차이를 보였다. 이들이 일하고 있는 로펌에서 이들과 같은 학교 법학전문대학원 출신의 변호사를 채용한 비율은 55%로 나타났는데, 이는 사실상 동문이라고 특혜를 주지 않았을 것으로 생각할 수 있는 수치이다. 중간 지위에 해당하는 학교를 졸업한 동문들은 10개 대

| 표 7-14 | | 지위별 동문 채용 비율 | |

법학전문대학원	동문 있는 대형로펌 수(평균)	동문 받아들인 로펌 수(평균 %)
최상 지위	10	100.0%
높은 지위	8	55.0%
중간 지위	3.375	21.2%
낮은 지위	0.8	8.3%

(n=280, 단위: 대형로펌 수, %)

형로펌 중 평균 3.4개 정도의 로펌에서 일하고 있었으며, 이들이 일하고 있는 로펌에서 같은 학교 법학전문대학원 출신 변호사를 채용한 경우는 21.2%에 불과했다. 마지막으로 낮은 지위에 해당하는 학교 출신 동문들은 10개 대형로펌 중 1개에도 미치지 못하는 숫자에서 일하고 있는 것으로 나타났는데, 이들이 일하고 있는 로펌이 이들과 같은 학교 출신 변호사를 채용한 비율도 10%에 미치지 못하는 것으로 나타났다. 결국 동문을 받아들인 로펌 수는 동문이 있는 대형로펌 수와 전반적으로 정의 관계를 나타내고 있는 것을 알 수 있다. 동문이 있더라도 동문을 받아들이지 않는 이유로는 대형로펌에 근무하는 선배 입장에서는 후배에게 유리한 정보 및 후원을 제공하기 어렵거나, 제공하더라도 원하는 결과를 얻기 어려운 것으로 추정할 수 있다. 다시 말해, 이는 곧 조직지위가 낮아질수록 사회적 자본이 감소하는 증거라고 볼 수 있다. 다만 긍정적인 면은 동문이라고 특혜를 제공하는 부정적 효과 역시 최소한 이 데이터를 통해서는 찾기 힘들다는 것이다.

V. 결 론

본 연구에서는 먼저 법학전문대학원이 조직지위에 따라 계층화되고 있는 현상에 대해 살펴보았다. 전문서비스 영역에서 지위가 높은 조직이 그에 따른 우위를 갖는 것은 보편적 현상인데, 본 연구에서는 먼저 조직지위가 조직 구성원, 즉 법학전문대학원 졸업생들의 취업 행동에 어떤 영향을 미치는지를 특히 그들의 사회적 자본 축적과 관련하여 살펴보았다. 그 중 중요한 발견점들과 이에 따른 시사점을 정리하면 다음과 같다.

첫째, 법학전문대학원의 높은 조직지위는 학업성적이 우수한 학생들을 선발할 수 있게 해 주며, 이들 학생들은 법학전문대학원의 조직지위가 취업에 도움이 되는 것으로 평가하고 있다. 따라서 이들은 취업에도 보다 유리한 입장이었다. 그러나, 조직지위가 상대적으로 높지 않은 법학전문대학원 출신 졸업생들은 이를 극복하기 위해 다양한 노력을 하고 있으며, 그 중 하나가 외부 모임을 통해 사회적 자본을 형성하려는 노력이었다. <표 7-7>에서 보는 바와 같이 최상 지위 법학전문대학원 출신의 법조인은 법학전문대학원의 명성 및 순위가 가장 중요하다고 답변하였으나, 지위가 상대적으로 높지 않은 법학전문대학원 출신 법조인은 고객(의뢰인) 유치능력, 개인적 인맥, 학연 등과 같은 관계지향적 요소뿐 아니라 성별, 외모와 같은 외적인 요소도 필요하다고 답하고 있다. 법학전문대학원 지위에 따른 네트워킹 활동 정도는 본 연구에서 분석한 바 있으나, 외모와 관련된 연구는 고객 유치 능력과도 관련이 있는 것으로 보이기 때문에 후속 연구로써 생각해 볼 문제라고 생각한다. 또한 상대적으로 지위가 낮은 법학전문대학원 출신이 사회적 관계를 늘리는 방법 중에 지역사회 봉사활동 참여율이 높은 것에 대해서도 좀 더 살펴볼 필요가 있다고 본다.

둘째, 법학전문대학원은 다양한 정보와 지식을 갖고 있는 동료들과 소통을 통해 가치를 창출할 수 있는 기반을 제공하는 것으로 나타났다. 물론 법학전문대학원 입학자들이 대학원 입시에 전념하기보다 학부에서 각자 전공의 학우들과 교류하고 전문지식을 습득하는 것에 우선순위를 둘 수 있어야 한다는 전제조건이 있는데, 과반수 이상이 출신 학부에서 석차 25% 이내에 든다는 면에서 이들이 자기 전공의 지식을 어느 정도 습득하고 있고, 따라서 이러한 지식들, 그리고 각 전공별로 접근 가능한 네트워크를 통해 얻을 수 있는 정보들이 법학전문대학원과 로펌에서 재조합되어 가치를 창출할 수 있는 기반이 된다는 점에서 긍정적이다. 물론 모두가 같은 전공, 예컨대 대다수가 법학 전공이라면 기초적인 법 지식에 대해 다시 다룰 필요가 없기 때문에 법 자체에 대해 보다 깊이 있는 대화를 나눌 수 있다는 장점이 있을 것이다. 그러나, 점점 더 복잡해지는 사회 현상 속에서 법리를 적용하고 새로운 계약이나 거래를 성사시키는 데 있어 보다 창의적이고 전문적인 지식은 필수일 것으로 생각되며, 이를 위해서 법학전문대학원은 이러한 다양한 지식의 포럼(forum)으로서 기능할 수 있다. 따라서 「법학전문대학원 설치·운영에 관한 법률」 제2조에서 교육이념으로 제시된 '국민의 다양한 기대와 요청에 부응하는 양질의 서비스 제공'을 실현하기 위해 '다양한 지식과 경험을 가진 자'를 선발할 것과 비법학전공자 비율을 1/3 이상으로 규정하고 있는 제26조는 제도적 장치로서 목적을 잘 달성하고 있다고 평가할 수 있다. 다만 이러한 제도적 장점은 법학전문대학원 교육 자체가 문제 해결 중심으로 학생들의 창의적인 사고를 가능하도록 디자인되어야 누릴 수 있을 것으로 생각한다. 예컨대 네트워크 다양성은 새로운 가치를 만들어낼 때 더 유리한 반면 네트워크 응집성은 그러한 가치를 전달할 때 더 적합한 것으로 여겨지는데, 따라서 법학 전공자들이 주로 모여서 일해야 할 분야와 다양한 전공 출신의 법률가들이 모여서 일해야 할 분야가 상존할 가능성에 대해서도 검토가 필요할 것이다.

셋째, 법학전문대학원이 특정대학 쏠림 현상을 완화하는 방향으로 발전해 왔는지에 대해서는 여전히 논란의 여지가 있다. 최소한 대형로펌에서는 조직 지위가 높은 학교 출신들이 여전히 대다수를 차지하고 있는 것이 사실이며, 이는 조직지위가 높은 학교 출신 변호사들의 존재가 로펌의 서비스 품질에 대한 신호(signal)로 받아들여지는 법률서비스 특성상 어쩔 수 없는 부분이기도 하다. 반면 법학전문대학원 제도 도입 후 한 단계의 교육을 더 거치게 되면서 이전에 법조계 동문을 많이 배출하지 못하던 학교들에도 자교 출신 대형로펌 변호사를 배출할 수 있는 기회가 생겨서 이들의 영향력이 생긴다면 특정학교 쏠림 현상은 상대적으로 줄어들 수도 있는 것이다. 다만 지위가 낮은 학교 학부 출신이 지위가 높은 학교의 법학전문대학원에 입학하기가 그 반대의 경우보다 훨씬 어렵기 때문에[41] 사회적 이동을 제한한다는 비판은 있을 수 있다. 또한 조직지위가 낮은 학부와 법학전문대학원 출신들의 성공을 조직지위의 한계를 극복한 개인 역량에 의한 성공으로 볼 것인지 아니면 이러한 것이야말로 인맥 이나 다른 부정부패의 증거로 보게 될 것인지는 사회 전반적인 신뢰수준과 맞물려서 생각할 수밖에 없다. 조직지위가 높은 법학전문대학원일수록 커뮤니티 수준의 사회적 자본 축적에 큰 영향을 미치기 때문에 결국 이들의 노력이 중요하며, 조직지위와 실력이 합치되는 정도와 그에 대한 인식 정도를 파악하고 이를 향상시키기 위해 더 노력하는 자세가 필요할 것이다.

마지막으로 조직지위에 따른 법학전문대학원에 대한 제도적 지원에 관해 검토해 볼 필요가 있다. 예컨대 조직지위가 높은 법학전문대학원에 더 많은 지원을 통해 이들이 주도하여 사회 후생을 늘리게 할 것인지 아니면 조직지위가 낮은 법학전문대학원들에 대한 지원을 확대해서 더 활발한 법학전문대학원 간 실력 경쟁을 통해 사회 후생을 높일 것인지의 문제이며, 그 해답은 각 법학전

---

41) 바로 이것이 위계화의 증거이며 조직지위를 계산할 수 있는 근거이기도 하다.

문대학원이 법학교육의 질 향상에 대해 어떤 가치관을 갖고 있는지와 관련지어 생각할 수 있다.[42] 또한 사회적 이동의 제약이나 특정대학 쏠림 현상을 완화하기 위한 방편의 하나로 미국에서 소수인종 변호사들에 대한 차별을 줄이기 위해 기업 고객이 로펌에 다양성 확보에 대해 요구한 것[43]처럼 법률서비스 주요 고객인 대형기업 법무책임자들이 보다 큰 역할을 할 수 있을 것으로 생각한다.

---

42) M. S. Bothner, J. M. Podolny & E. B. Smith, "Organizing Contests for Status: the Matthew Effects vs. the Mark Effects", *Management Science*, (2011), 57(3): pp. 439~457 참조.

43) 2004년 당시 Sara Lee의 General Counsel이었던 Richard Palmore는 A Call to Action: Diversity in the Legal Profession을 통해 다양성에 대한 이슈를 부각시키고 기업과 로펌의 변화를 촉구하였다. Association of Corporate Counsel, A Call to Action: Diversity in the Legal Profession. http://www.acc.com/vl/public/Article/loader.cfm?csModule=security/getfile&pageid=16074&recorded=1 (2016. 2. 11. 검색)

참고문헌

문재완, "변호사 대량 배출 시대의 법학전문대학원 운영 개선 — 학생 선발과 교육을 중심으로", **인권과 정의**, 제453호, 2015(이 책의 제6장).

이준웅·이재협·황현정, "법학전문대학원과 사법연수원 교육이 직장선택 고려사항과 법조현실 평가에 미치는 영향", **법과 사회**, 제50호, 2015(이 책의 제3장).

Adler, P. S., & Kwon, S. W., "Social capital: Prospects for a new concept", *Academy of management review*, (2002), 27(1): pp. 17~40.

Askin, N. & Bothner, M. S., Status — Aspirational Pricing: The "Chivas Regal" Strategy in U.S. Higher Education, 2006 — 2012, *Administrative Science Quarterly*, (2016), 29: pp. 1~37.

Bothner, M. S., Kim, Y.‑K., & Lee, W., "Primary Status, Complementary Status, and Organizational Survival in the U.S. Venture Capital Industry", *Social Science Research*, (2015), 52: pp. 588~601.

Bothner, M. S., Podolny, J. M., & Smith, E. B., "Organizing Contests for Status: the Matthew Effects vs. the Mark Effects", *Management Science*, (2011), 57(3): pp. 439~457.

Bonacich, P., "Power and Centrality: A Family of Measures", *American Journal of Sociology*, (1987), 92(5): pp. 1170~1182.

Brocklehurst, M., Sturdy, A., Winstanley, D., & Driver, M., "Introduction: Whither the MBA? Factions, Fault Lines and the Future", *Management Learning*, (2007), 38(4): pp. 379~388.

Burt, R. S., Structural holes: *The social structure of competition*. Cambridge, (Harvard University Press, 1992).

_____, "Structural Holes and Good Ideas", *American Journal of Sociology*, (2004), 110(2): pp. 349~399.

Coates, J., DeStefano, M., Nanda, A., & Wilkins, D. B., "Hiring Teams, Firms, and Lawyers: Evidence of the Evolving Relationships in the Corporate Legal Market", *Law & Social Inquiry*, (2011), 36(4): pp. 999~1031.

Fernandez, R. M., Castilla, E. J., & Moore, P., "Social Capital at Work: Networks and

Employment at a Phone Center", *American Journal of Sociology*, (2000), 105(5): pp. 1288~1356.

Groysberg, B., "How Star Women Build Portable Skills", *Harvard Business Review*, (2008), 86(2): pp. 74~82.

Hall, S., "Educational Ties, Social Capital and the Translocal (Re)Production of MBA Alumni Networks", *Global Networks*, (2011), 11(1): pp. 118~138.

Koput, K. W., Social Capital: An Introduction to Managing Networks. Cheltenham, UK: Edward Elgar Publishing, (2010), p. 42.

Merton, R. K., "The Matthew Effect in Science", Science, (1968), 159(3810): pp. 56~63.

Nahapiet, J., & Ghoshal, S., "Social Capital, Intellectual Capital, and the Organizational Advantage", *Academy of Management Review*, (1998), 23(2): pp. 242~266.

Phillips, D. J., & Zuckerman, E. W., "Middle-Status Conformity: Theoretical Restatement and Empirical Demonstration in Two Markets1", *American Journal of Sociology*, (2001), 107(2), pp. 379~429.

Podolny, J. M., "A Status−based Model of Market Competition", *American Journal of Sociology*, (1993), 98(4): pp. 829~872.

_____, "Networks as the Pipes and the Prisms of the Market", *American Journal of Sociology*, (2001), 107(1): pp. 33~60.

Podolny, J. M., & Baron, J. N., "Resources and Relationships: Social Networks and Mobility in the Workplace", *American Sociological Review*, (1997), 62(5): pp. 673~693.

Saxenian, A., *Regional Advantage: Culture and Competition in Sillicon Valley and Route 128.* Cambridge, (Harvard Unveristy Press, 1994).

Seibert, S. E., Kraimer, M. L., & Liden, R. C., "A social Capital Theory of Career Success", *Academy of Management Journal*, (2001), 44(2): pp. 219~237.

제 **3** 부

제 8 장

변호사 수 증가와 지리적 분포의 변화

전초란 · 김두얼

I. 서   론

우리나라 변호사는 서울에 몰려 있다. 2000년대에 들어서는 서울 중에서도 서초구와 강남구에 법조타운이라 불릴만한 지역이 형성될 정도로 집중이 심화되었다.[1] 이처럼 법률 산업이 한 지역에 밀집하는 현상이 일어난 데에는 크게 두 가지 요인이 작용한 것으로 보인다. 먼저, 서초구에는 대법원, 대검찰청, 서울중앙지방법원 등 주요 사법기관들이 위치해 있으며, 그리 멀지 않은 곳에 서울행정법원, 서울남부지방법원이 있다. 이 기관들과 지리적으로 가까운 거리에 위치할 경우 변호사들은 법원 업무 처리가 용이할 것이기 때문에 자연스럽게 이곳을 선택했을 수 있다. 두 번째는 '집적의 경제(Agglomeration Economy)'이다. 법률서비스라는 동종의 산업이 한 곳에 모임으로써 얻게 되는 시너지 효과가 크기 때문에 많은 변호사들이 이곳에 사무실을 열었을 수 있다.

반면 변호사의 지리적 집중이 인력공급규제의 부정적인 부수효과일 가능

---

1) 서순복, "이른바 '무변촌'의 해소와 소규모 간이법원에 관한 서설적 연구", **법학논총**(조선대학교 법학연구원), 제19권 제1호, 2012, 89~115면에서는 법원종합청사가 위치한 서초구에 전체 변호사의 31%가 위치해 있음을 지적하였다.

성도 있다. 즉, 변호사의 지리적 집중이 효율성 추구로 인한 자연스런 결과라
기보다는 변호사 공급규제로 인해 서울 일부 지역 외에는 변호사들이 제대로
공급되지 않은 결과일 수 있다.[2] 우리나라의 법률서비스 시장은 오랜 기간 동
안 정부의 진입규제 때문에 법조 인력의 수가 매우 낮은 수준으로 제한되어
왔다.[3] 시장 규모에 비해 변호사들이 너무 적어서 서울 지역에 모여 있더라도
대부분이 높은 수입을 얻을 수 있었고 또한 송무 외의 다른 분야를 다루지 않
더라도 충분히 높은 수입을 얻을 수 있었기 때문에, 이러한 집중현상이 발생했
을 수 있다. 법조 인력의 공급 제한이 변호사의 직무수행 구조를 왜곡하였고
이로 인해 법률소외지역 또는 '무변촌' 문제가 발생하였다는 주장 역시 이러한
추론의 연장선상에 위치한다.[4]

　변호사의 "서초, 강남" 집중 현상에 대한 위의 두 가설은 서로 배치되지
는 않더라도 동일한 현상에 대해 매우 상반된 설명과 정책적 함의를 함축한다.
전자는 변호사의 지역적 집중이 비용 절감을 추구한 결과이며 집중 자체가 효
율성을 증진시키는 현상이기 때문에 지리적 분포를 다변화하기 위한 인위적
정책이 오히려 문제를 야기할 수 있음을 함축한다. 변호사 공급의 인위적 통제
자체는 잘못된 것이지만, 이것을 해소하더라도 변호사의 지역적 집중이 크게
달라지지 않으리라는 것이다. 반면, 후자는 지역집중이 소비자 후생을 감소시
키기 때문에 이를 해소하기 위한 정책, 근본적으로는 변호사 수 증가 혹은 지
역할당제와 같은 개입이 불가피함을 시사한다.

　이상과 같은 논의로부터 제기해볼 수 있는 흥미로운 문제는 변호사 수 증
가가 지리적 분포에 미칠 영향이다. 과연 변호사 수가 늘어난다면 변호사의 지
역분포는 어떻게 변화할까? "서초, 강남" 지역으로의 집중이 보다 심화될까,
아니면 완화될까? 지난 10여 년 동안의 변호사 인력 증가는 이러한 질문에 대

---

2) 한상희, "법률서비스 소외지역의 해소방안에 관한 연구", **입법학연구**, 제6집, 2009, 233~279
면에서는 법률서비스시장에서 독점적 지위를 누리고 있는 상황에서 무변촌으로의 개업, 활동
유인은 무의미한 것임을 지적하였다.

3) 김두얼, "법학전문대학원과 법조인력 공급규제", KDI FOCUS, 제5호, 2009; 손창완, "법률서
비스시장의 진입규제와 변호사가 전속적으로 제공하는 법률서비스의 범위(상, 하)", **법조**, 제
58권 6, 7호, 2009, 208~277면 등.

4) 한상희, "우리 변호사 체계의 문제점 —법치와 경쟁력 확보를 위한 실태분석—", **민주법학**,
제43호, 2010; 황승흠, "변호사 직무의 성격과 법률서비스 전달체계의 개선 방향", **법과 사회**,
제27권 0호, 2004, 55~77면 등.

해 답을 얻을 수 있는 일종의 실험적 상황을 제공해 준다. 정부는 1990년대 초반 500명에 불과하던 사법시험 합격자 정원을 1990년대 말까지 1,000명까지 끌어올린 결과, 개업 변호사의 수는 2000년 약 4,200명이던 것이 2013년에 약 14,200명으로 약 만 명 가까이 증가하였다.[5] 이와 같은 법조 인력 증가가 과연 변호사의 지리적 집중에 어떤 방향으로 얼마만큼 변화를 가져왔는지를 실증적으로 파악하고 분석하는 것은 경제활동의 지리적 분포에 대한 이해를 심화시킨다는 점에서 뿐 아니라 사법정책 차원에서도 중요한 시사점을 얻을 수 있다.

이러한 취지에서 본 연구는 2000년대 중반 이후 최근까지 지난 10년 동안 변호사 수 증가와 지역적 분포가 어떻게 상호작용하였는지를 실증적으로 분석해 보기로 한다. 그 중에서도 특히 우리나라에서 변호사들이 가장 많이 모여 있는 "서초, 강남"으로의 집중 현상이 어떻게 변화해 갔는지를 분석한다. 아울러 이러한 변동을 가져온 요인들, 즉 변호사의 신규 시장 진입 및 탈퇴, 지역 간 이동 등을 검토함으로써 변호사 인력 증가가 지역분포에 어떤 영향을 미쳤는지 파악하고 정책적 시사점을 궁구해 보기로 한다.

II. 자료 및 변호사 수 증가 추이

우리나라의 변호사 수는 기본적으로 정부가 정하는 사법시험 정원에 의해 결정되어 왔다. <그림 8-1>은 2004년부터 2013년까지의 변호사 수를 나타낸 것인데, 2004년에 비해 2013년의 개업변호사 수는 2배가 넘을 정도로 10년 동안 변호사 수는 대폭 증가해왔다. 이러한 변화는 기본적으로 정부의 인력 공급정책 변화에 기인한다. 사법시험의 선발인원은 1985년까지 300명을 유지해오다가 이후 1990년도 초반까지는 500명 정도로 증원이 이루어지고, 1998년이 넘어서면서부터는 1,000명까지의 증원이 나타난바 있다. 이러한 시험 정원 조정이 2000년대 변호사 수의 급격한 증가를 야기하였다.

인력 증가가 변호사들의 지리적 분포에 어떻게 작용하였는지 파악하기

---

5) 김두얼·이시욱, "법률분야 전문자격사제도의 개선방안", **법경제학연구**, 제7권 2호, 2009, 183~222. 아울러 <그림 8-1> 참조.

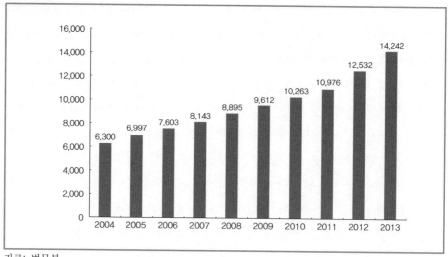

그림 8-1   변호사 수, 2004~2013(단위: 명)

자료: 법무부.

위해서는 변호사들의 지역분포에 대한 정보가 필요하다. 본 연구는 대한변호
사협회와 서울변호사회가 발간한 「회원명부」를 이용하였다. 「회원명부」는 변
호사협회에 등록·등재·인가된 변호사들의 성명, 생년월일, 소속(개인 변호사,
사내변호사, 법무법인, 합동사무소), 주소 등의 정보를 담고 있는 자료로, 이 자료
를 이용하면 변호사들의 시점별 지역분포를 분석할 수 있다.

　　본 연구에서는 연구 주제와의 부합 여부, 자료 확보 가능성 등을 고려하
여 2006년과 2014년 명부를 통해 이 기간 동안의 지리분포 변화를 분석하기로
한다. 2010년 이전에는 대한변호사협회 명부가 발간되었으나, 그 이후로는 지
역변호사회들이 별도로 명부를 만들었기 때문에, 본 연구에서는 2006년의 경
우는 대한변호사협회 명부 중 서울변호사회 부분, 2014년의 경우는 서울변호
사회 명부를 이용하여 해당 기간 동안 서울 내에서의 변화를 분석하기로 한다.

　　아울러 전체 정보의 규모가 크기 때문에 'ㄱ'씨 성을 가진 변호사를 표본
으로 하여 분석을 수행하였다(이하에서는 'ㄱ'표본이라 부르기로 한다). 지리적 분
포와 성씨는 서로 독립적이라는 점, 그리고 'ㄱ'씨 성을 가진 변호사가 전체
변호사의 20~30%를 차지한다는 점에서 'ㄱ'표본은 대표성을 충분히 갖고 있
다고 할 수 있다.

　　<표 8-1>은 'ㄱ'표본에 수록된 변호사 수를 연도별, 소속별로 제시한
것이다. 먼저 연도별로 보면 2006년과 2014년의 변호사 수는 각각 1,589명과
2,495명으로 나타났다. 즉, 해당 기간 동안 서울변호사회에 등록한 변호사는
57% 정도 증가하였다.

　　소속별로 볼 때 이러한 변화를 주도한 것은 법무법인 소속 변호사들의 증
가이다. 법무법인 소속 변호사는 633명에서 1,453명으로 130% 증가하였다. 같
은 기간 동안 해당 변호사들이 소속된 법무법인 수가 117% 늘어난 점을 고려
할 때, 법무법인 소속 변호사의 증가는 법무법인의 규모 증가보다는 법무법인
수의 증가가 주도한 것으로 짐작된다. 합동사무소 소속 변호사와 사내변호사
의 경우도 모두 60% 정도 증가하였다. 단, 여기에 소속된 변호사의 수는 법무
법인 소속 변호사보다 규모가 훨씬 작기 때문에, 변호사수 증가에서의 상대적
기여는 법무법인 소속변호사보다 낮은 수준이다. 반면 개인변호사는 오히려
2% 정도 감소한 것으로 나타났다.

　　요약하자면, 2006년부터 2014년까지 서울 내 변호사는 약 57% 증가하였
는데, 법무법인의 증대 그리고 법무법인 소속 변호사의 증가가 변호사 수 증가
의 주요 형태였다고 정리할 수 있다.

표 8-1　'ㄱ'표본 변호사의 수와 시점별, 소속별 분포(단위: 개, 명)

소　속	기관, 변호사	2006년	2014년	변화율(%)
법무법인	기관	200	433	116.5
	변호사	633	1,453	129.5
합동사무소	기관	37	41	10.8
	변호사	114	187	64.0
사내변호사	기관	37	71	91.9
	변호사	47	76	59.6
개인변호사	변호사	795	779	-2.0
전　체	기관	274	545	98.9
	변호사	1,589	2,495	57.0

주: 'ㄱ'표본 변호사의 정의는 본문 참조. '기관'은 해당 변호사들이 소속된 기관 수.
자료: 본문 참조.

Ⅲ. 지리적 분포의 변화

본 장에서는 2006년부터 2014년 기간 동안 변호사 수의 증가가 서울 내
변호사들의 지리적 분포를 어떻게 변화시켰는지 분석해 보기로 한다. 분석의
핵심은 서초구 및 강남구 지역에 위치한 변호사의 비율이 어떻게 변화하였는
지 여부이다. 따라서 서울을 서초구와 강남구를 묶은 "서초, 강남" 그리고 그
외의 서울 지역을 묶은 "기타" 지역으로 구분한 뒤, 양 지역에 위치한 'ㄱ'표본
변호사가 2006년과 2014년 사이에 어떻게 바뀌는지를 살펴보았다.

<표 8-2>는 두 시점 간 지역별 분포 변화를 보여준다. 먼저 2006년에

| 표 8-2 | 'ㄱ'표본 변호사의 서울 내 지리적 분포(단위: 개, 명, %) |

소 속	기관, 변호사	2006년			2014년		
		기타	서초, 강남	합계	기타	서초, 강남	합계
법무법인	기관	57	143	200	41	392	433
	변호사	199	434	633	276	1,177	1,453
	(%)	(31)	(69)		(20)	(80)	
합동사무소	기관	24	13	37	7	34	41
	변호사	91	23	114	143	44	187
	(%)	(80)	(20)		(76)	(24)	
사내변호사	기관	30	7	37	35	36	71
	변호사	39	8	47	36	40	76
	(%)	(82)	(18)		(48)	(52)	
개인변호사	변호사	237	558	795	139	640	779
	(%)	(30)	(70)		(18)	(82)	
전 체	기관	111	163	274	83	462	545
	변호사	566	1,023	1,589	594	1,901	2,495
	(%)	(35)	(65)		(24)	(76)	

주: 'ㄱ'표본 변호사의 정의는 본문 참조. '기관'은 해당 변호사들이 소속된 기관 수.
자료: 본문 참조.

는 서울 소재 변호사 가운데 65%에 해당하는 1,023명이 "서초, 강남" 지역에 위치하였다. 2014년에 "서초, 강남" 소재 변호사는 1,901명으로 증가하였는데, 이는 2014년 서울 소재 변호사의 76%에 해당한다. 2006년부터 2014년 기간 동안 "서초, 강남" 소재 변호사가 절대 수 뿐 아니라 비율에서도 11%p. 더 높아졌다는 사실은 변호사 증가가 지역 집중을 완화시키기보다는 오히려 심화시키는 결과를 가져왔음을 의미한다.

기관별로 살펴보면 모든 유형에서 "서초, 강남" 소재 변호사의 비중이 상승하고 있음을 확인할 수 있다. 특히 "서초, 강남"의 법무법인 소속 변호사는 434명에서 1,177명으로 3배 가까이 증가하였다. <표 8-1>에서와 마찬가지로 법무법인 소속 변호사들이 서울 내 변호사 증가 뿐 아니라 "서초, 강남"으로의 집중도 증가를 주도하고 있다.

한 가지 언급할 사실은 개인변호사의 동향이다. 앞서 <표 8-1>을 살펴보는 과정에서 서울 전체로는 개인변호사가 감소하고 있음을 지적하였는데, <표 8-2>는 이런 추이에도 불구하고 "서초, 강남"에서는 개인변호사가 15% 정도 증가하고 있음을 확인할 수 있다. 반면 기타 지역에 위치한 개인변호사는 237명에서 139명으로 크게 감소하였다. 결국 해당 기간 동안 서울 지역 개인변호사가 줄어든 것은 "서초, 강남" 지역의 개인변호사 증가보다 "기타" 지역 개인변호사의 감소가 더 컸던 데 기인하였다.

Ⅳ. 지리적 분포 변화의 결정 요인

1. 결정 요인 분해

본 장에서는 이상에서 살펴본 "서초, 강남"으로의 변호사 집중 심화를 초래한 원천(source)이 무엇인지를 인구학적 방법을 통해 분석해 보기로 한다. t기 말에 서울에 존재하는 변호사 수를 P_t라고 하면, P_t는 "서초, 강남"에 존재하는 변호사(P_t^{SK})와 기타 지역에 존재하는 변호사(P_t^O)의 합이다.

$$P_t = P_t^{SK} + P_t^{O} \qquad\qquad ------ \text{(8-1)}$$

이 중 t기 말 "서초, 강남" 변호사의 수 P_t^{SK}는 t−1기 변호사 수(P_{t-1}^{SK})에다가 이 지역에 새로 진입한 변호사(E_t^{SK}) 그리고 이 지역으로부터 나간 변호사의 수(X_t^{SK})가 작용하여 결정된다.

$$P_t^{SK} = (E_t^{SK} - X_t^{SK}) + P_{t-1}^{SK} \qquad\qquad ------ \text{(8-2)}$$

"서초, 강남"에 새로 진입한 변호사 E_t^{SK}들은 다시 t기에 새로 변호사 업계에 진입한 변호사($E_{t,N}^{SK}$), 그리고 t−1기에 다른 지역에 있다가 "서초, 강남"으로 이주한 변호사($E_{t,M}^{SK}$)로 나눌 수 있다.

$$E_t^{SK} = E_{t,N}^{SK} + E_{t,M}^{SK} \qquad\qquad ------ \text{(8-3)}$$

t기에 "서초, 강남"에서 나간 변호사 X_t^{SK} 역시 변호사 업계로부터 나간 변호사($X_{t,R}^{SK}$) 그리고 다른 지역으로 이주한 변호사($X_{t,M}^{SK}$)로 구분해 볼 수 있다.

$$X_t^{SK} = X_{t,R}^{SK} + X_{t,M}^{SK} \qquad\qquad ------ \text{(8-4)}$$

식(8−3)과 식(8−4)를 식(8−2)에 대입하면, t기 말 "서초, 강남"의 변호사 수는 식(8−5)와 같이 다섯 가지 요인에 의해 결정되는 것으로 정리해 볼 수 있다.

$$P_t^{SK} = E_{t,N}^{SK} + E_{t,M}^{SK} - X_{t,R}^{SK} - X_{t,M}^{SK} + P_{t-1}^{SK} \qquad\qquad ------ \text{(8-5)}$$

기타 지역의 변호사 수도 위와 마찬가지로 분해할 수 있다.

$$P_t^{O} = E_{t,N}^{O} + E_{t,M}^{O} - X_{t,R}^{O} - X_{t,M}^{O} + P_{t-1}^{O} \qquad\qquad ------ \text{(8-6)}$$

식(8-5)와 식(8-6)을 이용하면, t기에 서울에 존재하는 변호사 수의 결정요인은 아래와 같은 세 식으로 정리해 볼 수 있다.

$$P_t = NE_t + ME_t + S_t \qquad ----- (8-7)$$
$$P_{t-1} = RX_t + MX_t + S_t \qquad ----- (8-8)$$
$$ME_t = MX_t{}^{6)} \qquad ----- (8-9)$$

NE_t: 진입변호사. 즉, t기에 새로 등록한 변호사($NE_t = E_{t,N}^{SK} + E_{t,N}^{O}$)

ME_t: 이입변호사. 즉, t기 동안 다른 지역에서 해당 지역으로 사무실을 옮긴 변호사
  ($ME_t = E_{t,M}^{O} + E_{t,M}^{SK}$)

RX_t: 퇴출변호사. 즉, t기 동안 등록을 취소한 변호사($RX_t = X_{t,R}^{SK} + X_{t,R}^{O}$)

MX_t: 이출변호사. 즉, t기 동안 다른 지역으로 사무실을 옮긴 변호사
  ($MX_t = X_{t,M}^{SK} + X_{t,M}^{O}$)

S_t: 지속변호사. 즉, t-1기와 t기의 사무실 위치에 변화가 없는 변호사

위 식은 두 시점 간 변호사의 변화($\triangle P = P_t - P_{t-1}$)가 진입($NE_t$), 퇴출($RX_t$), 이주($ME_t, MX_t$), 지속($S_t$)이라는 네 가지 요인으로 분해할 수 있음을

그림 8-2 2006~2014년 기간의 진입, 퇴출, 이주, 지속 변호사

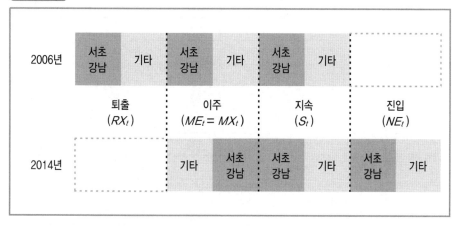

---

6) 서울 내의 이주에서는 "서초, 강남"에서의 이출과 기타지역의 유입이 같고($X_{t,M}^{SK} = E_{t,M}^{O}$), "서초, 강남"으로의 유입과 기타지역에서의 이출이 같으므로($E_{t,M}^{SK} = X_{t,M}^{O}$), $ME_t = MX_t$이 된다.

보여주며, <그림 8-2>는 식(8-6)을 보다 알기 쉽게 나타내 본 것이다. 이
하에서는 앞서 열거한 항목별로 지역분포 변화를 결정한 범주, 특히 "서초, 강
남"으로의 집중을 심화시키는 데 기여한 요인들을 살펴보기로 한다.

2. 진입 및 퇴출

<표 8-3>은 2006년부터 2014년 기간 동안 진입 혹은 퇴출한 변호사의
지역적 분포 변화를 보여준다. 먼저 진입을 살펴보면, 2006년부터 2014년까지
기간 동안 1,383명의 변호사가 신규 진입하였다. 이 중 75%에 해당하는 1,038
명이 "서초, 강남"에 자리를 잡았는데, 법무법인 소속변호사와 개인변호사들

표 8-3 진입변호사와 퇴출변호사의 지리적 분포: 'ㄱ'표본(단위: 개, 명, %)

소 속	기관, 변호사	진 입			퇴 출		
		기타	서초, 강남	합계	기타	서초, 강남	합계
법무법인	기관	27	261	288	42	69	111
	변호사	150	624	774	80	117	197
	(%)	(20)	(80)		(41)	(59)	
합동사무소	기관	3	23	26	18	8	26
	변호사	80	28	108	29	8	37
	(%)	(74)	(26)		(78)	(22)	
사내변호사	기관	26	33	59	21	5	26
	변호사	27	35	62	24	5	29
	(%)	(45)	(55)		(83)	(17)	
개인변호사	변호사	88	351	439	107	107	214
	(%)	(20)	(80)		(50)	(50)	
전체	기관	58	315	373	81	82	163
	변호사	345	1,038	1,383	240	237	477
	(%)	(25)	(75)		(50)	(50)	

주: 'ㄱ'표본 변호사의 정의는 본문 참조. '기관'은 해당 변호사들이 소속된 기관 수.
자료: 본문 참조.

이 이러한 흐름을 주도하였다. 특히 개인변호사의 경우 351명이 진입하였는데, 이는 <표 8-2>에 나타난 순진입 82명(=640-558)의 4배에 해당하는 규모이다.

퇴출의 경우, 기타 지역과 "서초, 강남" 지역의 퇴출변호사 수는 각각 240명과 237명으로 사실상 동일하였으며, 규모가 상대적으로 큰 법무법인 소속변호사와 개인변호사의 경우 두 지역에서의 퇴출 규모가 큰 차이를 보이지 않고 있다. "서초, 강남"에 위치한 변호사가 "기타" 지역의 3~4배에 이른다는 점을 고려할 때, 두 지역 퇴출변호사 규모가 거의 유사하다는 것은 "기타" 지역에서의 퇴출이 "서초, 강남"보다 훨씬 큰 폭으로 진행되었음을, 퇴출 역시 "서초, 강남"으로의 집중 심화에 기여하였음을 의미한다.

3. 지속 및 이주

다음으로 2006년부터 2014년까지 계속 영업을 하는 변호사들 중 같은 위치에서 계속 영업한 변호사들(지속변호사)과, "서초, 강남"에서 기타 혹은 그 반대로 근무지를 옮긴 변호사(이주변호사)들의 분포를 살펴보기로 한다.

<표 8-4>는 이주변호사와 지속변호사의 지역적 분포를 보여준다. 지속 변호사의 경우, "서초, 강남"의 비율이 73%, 기타 지역 비율이 27%로 나타나서, 두 지역 변호사 규모의 비율과 거의 유사한 양태를 보여준다. 이주 변호사의 경우에는 "서초, 강남" 지역으로 이주한 변호사의 비율이 72%로 "서초, 강남"에서 기타 지역으로의 이주 비율인 28%에 비해 약 3배나 높았다. 이는 사내변호사를 제외한 대부분의 소속변호사들과 개인변호사들이 주로 "서초, 강남"으로 이주한 것에 영향을 받은 것이다.

종합하자면, 2006년부터 2014년까지 계속 등록한 변호사 1,112명(=937+175) 가운데 84%가 같은 지역에 근무한 반면, 나머지 16%가 다른 지역으로 이동을 하였다. 이동한 변호사들 가운데 72%가 기타 지역에서 "서초, 강남"으로 이동함으로써, 이동 요인 역시 "서초, 강남"으로의 집중에 기여하였다.

| 표 8-4 | 지속변호사와 이주변호사의 지리적 분포: 'ㄱ'표본(단위: 개, 명, %) |

소　속	기관, 변호사	지속			이주		
		기타	서초, 강남	합계	서초, 강남 → 기타	기타 → 서초, 강남	합계
법무법인	기관	18	202	248	14	69	83
	변호사	93	470	563	33	83	116
	(%)	(16)	(84)		(28)	(72)	
합동사무소	기관	7	12	19	1	3	4
	변호사	62	13	75	1	3	4
	(%)	(83)	(17)		(25)	(75)	
사내변호사	기관	4	3	7	5	2	7
	변호사	4	3	7	5	2	7
	(%)	(57)	(43)		(71)	(29)	
개인변호사	변호사	41	251	292	10	38	48
	(%)	(14)	(86)		(20)	(80)	
전체	기관	29	245	274	20	74	94
	변호사	200	737	937	49	126	175
	(%)	(27)	(73)		(28)	(72)	

주: 'ㄱ'표본 변호사의 정의는 본문 참조. '기관'은 해당 변호사들이 소속된 기관 수.
자료: 본문 참조.

4. 소　결

　2006년부터 2014년 기간 동안, 신규 변호사의 75%가 "서초, 강남" 지역에서 개업을 하였으며, 이주변호사의 72%가 기타 지역에서 "서초, 강남" 지역으로 사무실을 옮겼다. 퇴출변호사의 절대규모는 두 지역이 크게 다르지 않았다. 결국 지역 간 변호사 수를 결정하는 모든 요인들이 "서초, 강남"으로의 변호사 집중을 강화하는 방향으로 작용하였던 셈이다. 단, 이주변호사의 규모는 진입변호사의 13%(=175/1,383)에 불과하며, 퇴출변호사 규모의 절반에도 미치지 못한다(0.37=175/477). 이처럼 규모까지를 고려할 때, 2006년부터 2014년 기간 동안 "서초, 강남" 지역으로의 변호사 집중도 증가를 주도한 요인은 변호사 신규 진입이 "서초, 강남"에 집중되었기 때문이라고 결론지을 수 있다.

V. 개인 특성과 위치 선택

변호사의 지역 분포는 시장 상황 같은 객관적 요인과 아울러 변호사들의 개인적 특성에 의해서도 영향을 받는다. 본 장에서는 변호사명부에 수록된 정보를 이용해서 변호사 개인의 특성이 지역 선택에 어떤 영향을 미치는지를 살펴보기로 한다. 변호사명부에는 변호사의 성별과 나이가 기재되어 있다. 이하에서는 이 요인들과 지역 분포 간의 상관관계를 차례로 살펴보기로 한다.

1. 성   별

성별은 변호사의 지역 선택에 영향을 미칠 수 있다. 여성의 경우 남성과는 다르게 육아와 가사에 상대적으로 많은 시간을 쓰기 때문에, 법무법인이나 개인 사무실과 같은 영업 형태의 선택, 또는 변호사 사무실의 위치를 선정하는 데 있어서 남성과는 다른 양태를 보일 수 있기 때문이다. 특히 우리나라 법률 서비스 시장에서 여성 비율은 지난 20년 동안 계속 증가해 왔는데, 이러한 요인들이 변호사의 지역분포에 적지 않은 영향을 미쳤을 가능성이 있다.[7]

<그림 8-3>은 2006년과 2014년 두 해에 변호사들의 성별 분포를 두 지역으로 나누어 그려본 것인데, 몇 가지 특징을 발견할 수 있다. 첫째, 2006년에 비해 2014년의 여성 비율이 두 지역 모두에서 상승하였다. 둘째, "서초, 강남"과 "기타" 지역 비율의 경우 그 차이는 크지 않으나, 전자가 남성 비율이 약간 더 높은 것으로 나타났다. 이는 남성의 경우 "기타" 지역보다는 "서초, 강남"에 보다 입지하였고, 여성은 그 반대임을 의미한다.

<그림 8-4>와 <그림 8-5>는 진입변호사와 퇴출변호사의 성별분포

---

7) 2003~2014년까지 사법시험 여성합격자의 비율은 21%에서 33%까지 지속적으로 상승함을 보였으며, 2009~2014년까지 로스쿨 여성 입학생의 평균 비율은 사법시험 여성합격자의 비율보다 높은 42%로 나타났다. 법무부, 법무부 여성통계(2008), 2008; 법무부, 법무부 여성통계(2014), 2014.

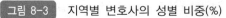 지역별 변호사의 성별 비중(%)

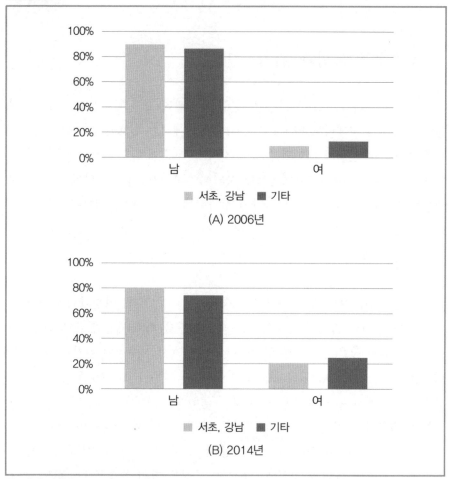

(A) 2006년

(B) 2014년

주: 전체 인원은 <표 8-1> 참조.
자료: 부표1.

를 보여준다. 진입변호사의 경우 남성의 비율이 약 70%로 여성보다는 월등히 높았지만 퇴출의 경우 남성의 비율이 약 85%로 진입 비율을 상회하였다. 물론 진입변호사에 비해 퇴출변호사의 규모가 작지만 그 수치를 계산해보면 여성변호 사의 퇴출 대비 진입비율이 남성변호사의 비율보다 높은 것으로 나타났고, 이는 2006년에 비해 2014년에 여성변호사의 비율이 증가한 것을 뒷받침한다.8)

---

8) 진입변호사의 남성과 여성의 수는 968명, 415명, 퇴출변호사의 남성과 여성의 수는 405명,

그림 8-4 　지역별 진입변호사의 성별 비중(%)

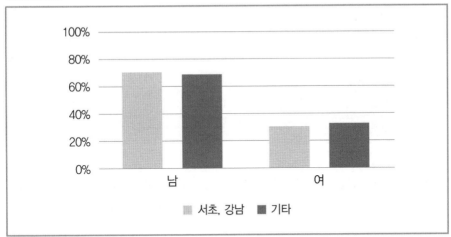

주: 전체 인원은 <표 8-3> 참조.
자료: 부표1.

그림 8-5 　지역별 퇴출변호사의 성별 비중(%)

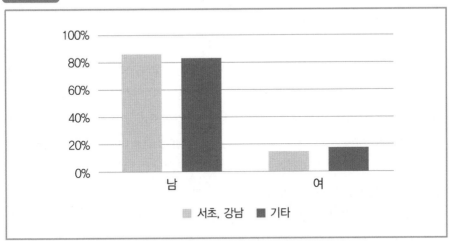

주: 전체 인원은 <표 8-3> 참조.
자료: 부표1.

72명임. 퇴출 대비 진입변호사의 비율은 남성과 여성 각각 200%, 500%이므로 여성변호사가
남성변호사보다 퇴출과 대비해서 더 많이 진입한 것을 알 수 있다.

진입과 퇴출변호사의 성별에 따른 지리적 분포의 경우에는 앞서 보았던 <그림 8-3>과 마찬가지로 지역 간 비율차이가 미미한 것으로 나타났다.

변호사 성별분포에 대한 이상의 분석은 성별과 지역선택 간에는 큰 관련이 없음을, 그리고 여성변호사의 증가가 "서초, 강남" 지역으로의 변호사 집중현상에는 큰 영향을 주지 않았음을 보여준다.

2. 나   이

나이 역시 영업 형태의 선택이나 진입, 퇴출에서 매우 중요한 고려 요소라고 할 수 있다. <그림 8-6>은 2006년과 2014년 두 해에 변호사들의 연령분포를 두 지역으로 나누어 그려본 것인데, 몇 가지 특징을 발견할 수 있다. 첫째, 2006년에 비해 2014년은 상대적으로 젊은 변호사의 비중이 높다. 이는 변호사 정원 증대로 인해 30대 변호사들의 진입이 크게 증가한 데 따른 현상으로 보인다. 둘째, "서초, 강남"과 "기타" 지역을 비교해 볼 때, 전자가 상대적으로 고연령층의 비중이 높다. 이것은 아마도 퇴직 판사나 검사 등이 "서초, 강남" 지역에 근무지를 정하는 경우가 많거나, 혹은 고연령층이 되어 "서초, 강남" 지역으로 이주하는 변호사들이 존재하기 때문인 것으로 추론해 볼 수 있다.

<그림 8-7>에 나타난 진입변호사의 연령분포는 이러한 추론을 뒷받침해준다. 우선 진입변호사 중 30~39세 구간 연령의 비중은 60~70%로, 이는 "서초, 강남" 지역의 변호사 집중을 주도한 진입변호사들이 비교적 새로 변호사 자격을 취득한 자들임을 보여준다. 단, 40~50대 연령의 진입변호사들을 보면 "서초, 강남" 지역의 비율이 기타 지역보다 높은데, 이는 앞서 언급한 고연령층 신규진입자들의 진입 양상에 대한 추론을 뒷받침한다.

흥미로운 것은 퇴출변호사의 연령분포이다(<그림 8-8>). 퇴출변호사의 경우, 60세 이상 영역의 비중이 전체 변호사 연령분포와 비교해서 높은 편인데, 이 점은 은퇴로 인한 자연스런 현상으로 해석해 볼 수 있다. 그러나 퇴출변호사의 경우에도 30대 영역의 비중이 가장 높은 것은 다소 이례적이다. 이들이 변호사 등록을 하지 않게 된 데에는 판·검사로의 임용, 다른 직업으로의 이직, 서울 외 지역으로의 이동 등 다양한 이유가 있을 것으로 짐작되는데, 이

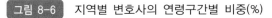

그림 8-6   지역별 변호사의 연령구간별 비중(%)

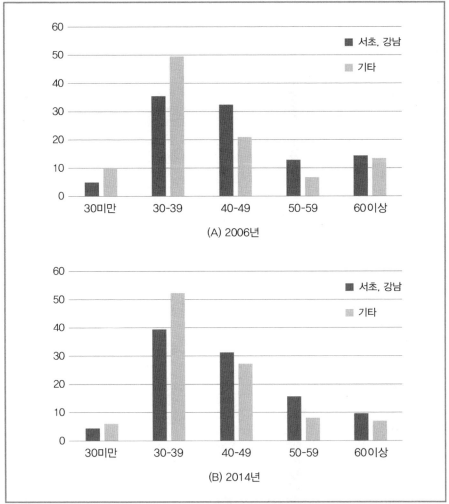

주: 나이는 (A)의 경우 2006년, (B)의 경우 2014년임.
자료: 부표2.

들에 대해서는 차후에 보다 상세한 분석이 이루어질 필요가 있다.

변호사 연령분포에 대한 이상의 분석은 변호사수 증가가 "서초, 강남" 지역으로의 변호사 집중현상에 어떤 방식으로 영향을 주었는지에 대해 보다 심도 있는 정보를 제공해 준다. 2006년에서 2014년 동안 "서초, 강남" 지역으로의 변호사 집중을 주도한 것은 결국 새롭게 변호사 자격을 취득한 30대 변호

그림 8-7 　지역별 진입변호사의 연령구간별 비중(%)

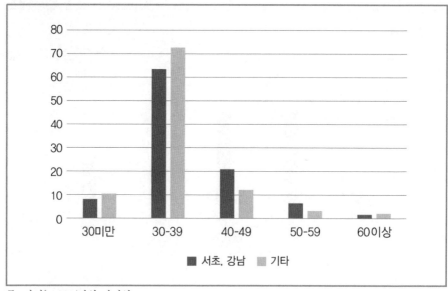

주: 나이는 2014년의 나이임.
자료: 부표2.

그림 8-8 　지역별 퇴출변호사의 연령구간별 비중(%)

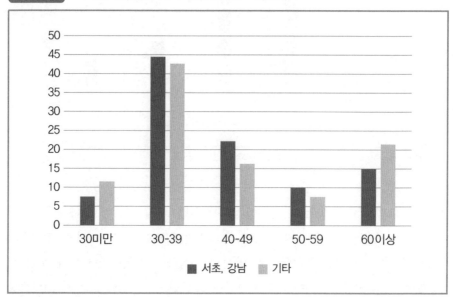

주: 나이는 2006년 나이임.
자료: 부표2.

사들이었다. 이들이 집중적으로 "서초, 강남" 지역의 법무법인에 들어가거나 혹은 법무법인을 만듦으로써, 그리고 이 지역에 개인변호사 사무실을 엶으로서, 이 지역으로의 변호사 집중이 발생하게 된 것이다.

VI. 회귀분석

1. 기초통계

이상에서 개별적으로 살펴본 개별 요소들이 진입, 퇴출, 이주 등을 통해 지역분포에 미친 영향을 종합적으로 살펴보기 위해 본 장에서는 회귀분석을 실시하기로 한다. <표 8-5>는 분석에 사용된 자료의 기초통계를 유형별로 제시하였다.

표 8-5 기초통계량

	변수명	관측치	평균	표준편차	최소값	최대값
진입	2014년 위치	1383	0.751	0.433	0	1
	성별	1383	0.308	0.462	0	1
	2014년 나이	1383	36.678	7.291	25	76
	소속					
	법무법인	774	0.560	0.497	0	1
	합동사무소	108	0.078	0.268	0	1
	사내변호사	62	0.045	0.207	0	1
	개인변호사	439	0.317	0.466	0	1
퇴출	2006년 위치	477	0.497	0.501	0	1
	성별	477	0.155	0.362	0	1
	2006년 나이	477	43.824	14.955	24	91
	소속					
	법무법인	197	0.413	0.493	0	1

		합동사무소	37	0.078	0.268	0	1
		사내변호사	29	0.061	0.239	0	1
		개인변호사	214	0.449	0.498	0	1
지속	2014년 위치	937	0.787	0.410	0	1
	성별	937	0.093	0.291	0	1
	2014년 나이	937	50.990	12.094	32	97
	소속					
	법무법인	563	0.601	0.490	0	1
	합동사무소	75	0.080	0.272	0	1
	사내변호사	7	0.008	0.086	0	1
	개인변호사	292	0.311	0.463	0	1
이주	2006년 위치	175	0.279	0.450	0	1
	2014년 위치	175	0.721	0.450	0	1
	성별	175	0.117	0.323	0	1
	2006년 나이	175	39.916	10.831	25	83
	소속					
	법무법인	116	0.659	0.475	0	1
	합동사무소	4	0.022	0.148	0	1
	사내변호사	7	0.039	0.194	0	1
	개인변호사	48	0.279	0.450	0	1

자료: 본문 참조.

2. 진　입

　　먼저 진입변호사의 지리적 분포 결정요인부터 살펴보도록 한다(<표 8-6>). OLS와 로짓 분석이 기본적으로 일관된 결과를 보여주고 있으므로 로짓 결과를 기준으로 살펴보면, 성별의 경우는 근무지 선택에 영향을 미치지 않는 것으로 나타났다. 반면 나이의 경우 진입변호사의 나이가 한 살 증가할수록 2014년에 "서초, 강남"으로 진입할 확률이 증가하는 것으로 나타났다. 소속 변수의 경우, 법무법인 소속변호사는 개인변호사와 차이가 없는 것으로 나타났으며, 합동사무소 소속 변호사나 사내변호사는 개인변호사보다 2014년에 "서초, 강남"으로 진입할 확률이 낮은 것으로 나타났다. 다만 후자의 경우 계수의 크기가 작기 때문에 크게 의미를 부여할 만한 차이라고 보기는 어렵다.

결국 진입에 대한 회귀분석 결과는 모든 변수들을 동시에 고려할 때 "서초, 강남"으로 진입하는 확률을 증가시키는 유의미한 요인은 연령인 것으로 해석해 볼 수 있다.

표 8-6 진입변호사의 지리적 분포 결정 모형

변수명	종속변수: 2014년 위치 (기타 = 0, 서초, 강남 = 1)		
	OLS	LOGIT	
		β	탄력성
성별 (여자=1)	0.042	0.261	0.021
	[0.027]	[0.164]	[0.012]
나이(2014년)	0.049***	0.301***	2.675***
	[0.011]	[0.702]	[0.648]
나이^2	−0.000***	−0.003***	−0.983
	[0.000]	[0.001]	[0.278]
소속(기준=개인)			
법무법인	0.001	0.001	0.000
	[0.024]	[0.152]	[0.017]
합동사무소	−0.546***	−2.554***	−0.148***
	[0.043]	[0.257]	[0.022]
사내변호사	−0.254***	−1.240***	−0.025***
	[0.055]	[0.287]	[0.009]
상수	−0.327	−5.469***	
	[0.243]	[1.517]	
관측치	1,383	1,383	
R^2	0.143	0.114	

주: 괄호 안은 표준오차. * p < .1 ** p < .05 *** p < .01

3. 퇴　출

다음으로는 퇴출변호사의 지리적 분포 결정요인을 살펴보기로 한다. 퇴출
변호사에 대한 분석은 퇴출변호사와 지속변호사를 합한 1,414명(＝477＋937)을
대상으로 진행하였다. 즉, 2006년에 등록한 변호사 가운데 어떤 변호사가

표 8-7 퇴출변호사의 지리적 분포 결정 모형

변수명	종속변수: 2014년 퇴출 여부 (지속 = 0, 퇴출 = 1)		
	OLS	LOGIT	
		β	탄력성
2006년의 위치 (서초, 강남=1)	−0.308***	−1.366***	−0.711***
	[0.028]	[0.135]	[0.078]
성별(여자=1)	0.091**	0.432**	0.027**
	[0.041]	[0.198]	[0.011]
나이(2006년)	−0.019***	−0.089***	−2.522***
	[0.006]	[0.033]	[0.935]
나이^2	0.000***	0.001***	1.368***
	[0.000]	[0.000]	[0.418]
소속(기준=개인)			
법무법인	0.0219	0.11	0.029
	[0.0253]	[0.128]	[0.033]
합동사무소	−0.228***	−1.027***	−0.052***
	[0.051]	[0.260]	[0.016]
사내변호사	0.164**	0.738**	0.008***
	[0.071]	[0.353]	[0.002]
상수	0.912***	1.892**	
	[0.155]	[0.786]	
관측치	1,414	1,414	1,414
R^2	0.120	0.092	

주: 괄호 안은 표준오차. * p < .1 ** p < .05 *** p < .01

2014년까지의 기간 동안 퇴출을 하였다면, 해당 변호사의 개인적 특성과 소속형태가 어떤 영향을 미쳤는지를 분석해본 것이다.

<표 8-7>은 회귀분석 결과이다. 진입의 경우처럼 로짓 추정 결과를 중심으로 살펴보면, 먼저 2006년에 "서초, 강남"에 위치했을수록 2014년에 퇴출할 확률이 0.7% 낮아지는 것으로 나타났다. 이는 2006년에 "서초, 강남"에서 영업을 했던 변호사일수록 2014년에 변호사 업계를 나갈 확률이 낮음을 의미한다. 성별의 경우 진입과 달리 퇴출 여부에는 영향을 미쳤으며, 여성변호사일수록 2014년에 퇴출할 확률이 0.03% 높아졌다. 나이의 경우 나이가 한 살 증가할수록 2014년에 퇴출할 확률이 낮아졌다. 소속 변수를 살펴보면 합동사무소 소속변호사와 사내변호사가 개인변호사와 비교해서 통계적으로 유의미한 차이를 보이지만, 탄력성 크기가 매우 작기 때문에 사실상 별 차이를 보이지 않는 것으로 나타났다.

4. 이   주

마지막으로 이주변호사의 지리적 분포 결정요인을 살펴보도록 한다. 퇴출과 마찬가지로 이주변호사에 대한 분석은 이주변호사와 지속변호사를 합한 1,112명(=175+937)을 대상으로 진행하였다. 즉, 2006년에 등록한 변호사 가운데 어떤 변호사가 2014년까지의 기간 동안 다른 지역으로 이주를 하였다면, 해당 변호사의 개인적 특성과 소속형태가 어떤 영향을 미쳤는지를 분석해본 것이다.

<표 8-8>은 회귀분석 결과이다. 먼저, 2006년에 "서초, 강남"에 위치했을수록 2014년까지의 기간 동안 이주할 확률이 1.7% 낮은 것으로 나타났다. 즉, 2006년에 "서초, 강남"에서 영업을 했던 변호사들이 "기타" 지역 변호사에 비해 다른 지역으로 덜 이주하였음을 의미한다. 이전의 분석과는 달리 나이와 성별의 경우 모두 유의하지 않은 것으로 나타났으며, 소속의 경우는 세 변수 모두 유의한 차이를 보였다. 법무법인, 합동사무소, 사내변호사일수록 개인변호사보다 2014년에 이주할 확률이 낮은 것으로 나타났으나, 그 크기는 유의미한 수준은 아닌 것으로 나타났다.

| 표 8-8 | 이주변호사의 지리적 분포 결정 모형 |

변수명	종속변수: 2014년 이주 여부 (지속 = 0, 이주 = 1)		
	OLS	LOGIT	
		β	탄력성
2006년 위치 (서초, 강남=1)	−0.397***	−2.644***	−1.745***
	[0.023]	[0.201]	[0.145]
성별 (여자=1)	0.001	0.049	0.004
	[0.035]	[0.310]	[0.024]
나이(2006년)	−0.003	0.002	0.069
	[0.007]	[0.065]	[2.328]
나이²	0.000	−0.000	−0.085
	[0.000]	[0.001]	[1.293]
소속(기준=개인)			
법무법인	−0.050**	−0.487**	−0.162**
	[0.021]	[0.199]	[0.068]
합동사무소	−0.351***	−2.594***	−0.168***
	[0.044]	[0.499]	[0.037]
사내변호사	−0.255***	−1.584**	−0.021*
	[0.079]	[0.664]	[0.011]
상수	0.553***	0.169	
	[0.184]	[1.255]	
관측치	1,112	1,112	
R^2	0.220	0.225	

주: 괄호 안은 표준오차. * p < .1 ** p < .05 *** p < .01

이상의 분석 결과는 Ⅱ.에서 Ⅳ.에 걸쳐 개별적으로 살펴본 요인들이 회귀분석에서도 대체로 확인되고 있음을 보여준다. 개인 특성과 관련해서는 성별은 탈퇴에 있어서만 영향을 미치는 반면 나이는 진입, 탈퇴에 중요한 영향을 미치는 것으로 나타났다. 소속의 경우, 개인변호사와 법무법인은 진입, 탈퇴 등에 있어 별 차이를 보이지 않는 반면, 사내변호사나 합동사무소 변호사들은 진입, 탈퇴, 이주 모두 차이를 보이는 것으로 나타났다. 단, 이상에서 열거한 차이들은 통계적으로 유의미한 차이임을 의미할 뿐, 경제적으로 크게 의미를 부여할 만한 차이라고 보기는 어렵다. 향후 변호사의 개인 특성에 대한 보다 상세한 자료를 확보하여 분석을 수행함으로써, 변호사 나아가 전문서비스 산업의 지리적 분포에 대해 보다 심도있는 이해를 도모하고 의미있는 정책시사점을 도출해 보기로 한다.

Ⅶ. 결   론

해방 이후 우리나라 변호사들은 서울에 집중되어 왔으며, 2000년대에 들어서는 서울 내에서도 서초구와 강남구에 집중되어 왔다. 이러한 집중에 대해서는 두 가지 해석이 가능하다. 먼저, 지리적 집중은 효율성을 증진시키는 자연스러운 움직임의 결과일 수 있다. 법원 인근에 사무실을 둠으로써 얻는 다양한 이점, 그리고 동종의 산업이 모임으로써 얻어지는 집적 효과가 상호작용한 결과 집중이 일어났을 수 있다. 하지만 오랜 기간 동안 변호사 공급이 제한되면서 다른 지역으로의 변호사 공급이 원활하게 이루어지지 않았기 때문에 집중현상이 발생하였을 가능성도 배제할 수 없다. 어떠한 요인이 집중을 야기하였는지를 파악하는 작업은 전문서비스 산업의 지리적 분포라는 현상에 대한 이해를 심화시킴은 물론, 해당 서비스를 이용하는 소비자 후생 증진을 위해 어떤 노력이 필요한가를 이해한다는 측면에서 중요한 정책적 함의도 내포한다.

본 논문은 2000년대에 일어난 변호사 수의 급격한 증가가 이러한 지역적 분포에 어떤 영향을 미쳤는지 실증적으로 분석함으로써 이 문제에 대한 답을 궁구하였다. 2000년대 중반부터 최근까지 약 10년 동안 우리나라의 변호사 수는 두 배 가량 증가하였다. 만일 변호사의 "서초, 강남" 집중 현상이 불충분한 변호사 공급에서 비롯되었다면, 이와 같은 급격한 변호사 수 증가는 지리적 집중을 완화하였을 수 있다. 반대로 변호사의 지리적 집중이 효율성의 결과라면, 변호사 공급의 증대는 오히려 집중을 심화시킬 수도 있다.

서울변호사회에 등록한 "ㄱ"성을 가진 변호사들의 지역 분포를 분석한

결과, 서초구와 강남구에 위치한 변호사의 비율은 2006년 65%이던 것이 2014
년 76%로 11%p. 증가하였다. 이러한 변화를 야기한 원인을 파악하기 위해 변
호사들의 진입, 퇴출, 이주 등을 분석해 본 결과, "서초, 강남"으로의 집중도가
상승한 것은 "기타" 지역에 비해 이 지역으로 진입과 이입이 2~3배 가량 높은
수준으로 이루어진 반면, 두 지역에서의 퇴출 수준은 큰 차이를 보이지 않았기
때문이었다. 여기에다가 변호사의 개인적 특성까지 고려해서 분석해본 결과에
따르면, 새로 변호사 면허를 취득한 30~40대 변호사들이 근무지를 "서초, 강
남" 지역으로 선택한 것이 집중도 상승을 주도한 가장 중요한 요인이었던 것
으로 판명되었다.

　　본 연구는 자료의 한계로 인해 현상에 대한 평가와 대안 제시를 시도하기
보다는 변호사 지역분포의 현황을 파악하는 데 주력하였다. 이러한 변호사의
지역적 집중이 소비자 후생에 미치는 영향이 무엇인지 그리고 어떤 정책이 필
요한지 파악하는 작업은 그 자체가 별도의 논의를 필요로 할 정도로 중요하면
서도 쉽지 않은 과제이다. 단, 본 연구의 결과가 변호사 수가 늘어나더라도 지
역집중 문제가 해소되지 않는다거나 혹은 인력 증대 외에 지역분포 개선을 위
한 정부 개입이 필요함을 함축하지 않는다는 점은 언급할 필요가 있다. 변호사
선발 관련 규제가 철폐될 경우 변호사 인력이 지금 보다 큰 폭으로 증가하게
될 텐데, 이것은 집적효과의 유무와는 별개로 변호사들이 그동안 다루지 않던
새로운 수요를 발굴하는 노력을 배가시킬 것이고 지역 분포에도 큰 변화를 가
져올 가능성이 높기 때문이다. 향후 이 문제에 대한 후속 작업을 진행하기로
한다.

부표 1 성별, 지역별 변호사 분포

(A) 인원

	2006			2014		
	기타	서초, 강남	합계	기타	서초, 강남	합계
남	487	920	1,407	447	1,514	1,961
여	79	103	182	147	387	534
전체	566	1,023	1,589	594	1,901	2,495

(B) 진입 및 퇴출

	진 입			퇴 출		
	기타	서초, 강남	합계	기타	서초, 강남	합계
남	234	723	957	198	205	403
여	111	315	426	42	32	74
전체	345	1,038	1,383	240	237	477

자료: 본문 참조.

부표 2 연령별, 지역별 변호사 분포

(A) 인원

	2006			2014		
	기타	서초, 강남	합계	기타	서초, 강남	합계
30 미만	60	63	123	36	83	119
30-39	284	405	689	308	748	1,056
40-49	107	302	409	162	594	756
50-59	35	114	149	47	295	342
60 이상	80	139	219	41	181	222
전체	566	1023	1,589	594	1,901	2,495

(B) 진입 및 퇴출

	진 입			퇴 출		
	기타	서초, 강남	합계	기타	서초, 강남	합계
30 미만	36	83	119	29	17	46
30-39	250	661	911	104	105	209
40-49	42	215	257	38	54	92
50-59	11	64	75	18	24	42
60 이상	6	15	21	51	37	88
전체	345	1,038	1,383	240	237	477

자료: 본문 참조.

김두얼, "법학전문대학원과 법조인력 공급규제", KDI FOCUS, 제5호, 2009.

김두얼·이시욱, "법률분야 전문자격사제도의 개선방안", **법경제학연구**, 제7권 제2호 2009.

대한변호사협회, **2006 회원명부**, 2006.

법률신문사, 한국법조인대관, 2013.

법무부, **법무부 여성통계**(2008), 2008.

_____, **법무부 여성통계**(2014), 2014.

서순복, "이른바 '무변촌'의 해소와 소규모 간이법원에 관한 서설적 연구", **법학논총**(조선대
    학교 법학연구원), 제19권 제1호, 2012.

서울변호사회, **2014 회원명부**, 2014.

손창완, "법률서비스시장의 진입규제와 변호사가 전속적으로 제공하는 법률서비스의 범위
    (상, 하)", **법조**, 제58권 6, 7호, 2009.

한상희, "법률서비스 소외지역의 해소방안에 관한 연구", **입법학연구**, 제6집, 2009.

_____, "우리 변호사 체계의 문제점 – 법치와 경쟁력 확보를 위한 실태분석 –", **민주법학**,
    제43호, 2010.

황승흠, "변호사 직무의 성격과 법률서비스 전달체계의 개선 방향", **법과 사회**, 제27권,
    2004.

대한변호사협회(www.koreanbar.or.kr)

대한법무사협회(www.kjaa.or.kr)

법무부(www.moj.go.kr)

법률신문사(www.lawtimes.co.kr)

서울지방변호사회(www.seoulbar.or.kr)

제 9 장

로펌은 무엇을 원하는가?
— 세계화의 한국 법률시장에 대한 영향

캐롤 실버 · 이재협 · 박지윤 저
김재원* · 윤형석** · 조은별*** 역

Ⅰ. 들어가며

어떻게 국내외 참여자들의 이익을 조화시키면서도 시장을 개방할 것인가 하는 문제는 경제학자들과 정책입안자들 사이의 가장 뜨거운 토론 주제 중 하나라고 할 수 있다.[1] 법률시장(legal service market) 역시 그 예외는 아니다. 법률시장을 개방하자는 측은 대체로 다음과 같이 주장한다. "국경을 넘나드는 것이 기술 발전으로 말미암아 용이해지고 투자를 막아오던 규제 장벽 등이 줄어듦에 따라 기업들의 각종 행동을 뒷받침하는 법률 서비스에 대한 수요가 생긴다. 그렇다면 기업들의 활동 범위가 전 세계적으로 넓어진 만큼, 그들을 고객으로 삼는 변호사들의 활동 범위도 넓어져야 한다." 이러한 주장의 중요한

---

  * 공군법무관, 서울대학교 법과대학 박사과정.
 ** 서울대학교 법학전문대학원 전문석사과정.
*** 서울대학교 법학전문대학원 전문석사과정.

 1) 예를 들어 Joseph E. Stiglitz, *Capital Market Liberalization, Economic Growth, and Instability*, 28 World Dev. 1075, (2000) 참조 (아시아 경제 위기에 따라 자본시장의 개방에 대해 다시 생각해볼 필요성을 역설하고 있음).

부분 중 하나는, 투자자들이 그들의 모국 출신의 법률가를 선호하기 마련이기 때문에 법률시장의 개방이 곧 투자와 경제성장을 촉진시킨다는 것이다.

법률시장의 개방을 논함에 있어서, 시장개방론자들은 글로벌 로펌(global law firms)[2]과 국내 로펌(local firms)이 제공할 수 있는 서비스가 다름을 은연중에 전제하고 있다. 글로벌 로펌과 국내 로펌 간 차이는 실무 분야나 산업, 거래 유형, 실정법, 법 문화 등에 따른 전문지식의 차이와 연결될 수 있을 것이다. 소속 변호사들이 준수하게 될 법조윤리(professional norms)도 다를 수 있어서, 예컨대 이익상충의 문제나 반응 정도(responsiveness), 소통 기술 등과 같은 점에 있어서의 차이로 인한 문제를 야기할 수도 있다. 하지만, 이견이 있을 수 있겠으나, 이것이 곧바로 일 처리의 질적 측면에서의 차이와 연결되지는 않는다. 가장 중요한 질문은 글로벌 기업 환경이 다른 종류의 전문지식과 경험, 접근을 요구하느냐 아니냐 하는 것이다.

각종 연구들은 시장개방의 잠재적 결과로서 국내 시장의 행위자들이 글로벌 시장 행위자들과 경쟁하기 위하여 그들에 맞설 전문지식을 갖추게 될 것이라는 점을 지적한다.[3] 법률시장의 경우, 이러한 결과는 글로벌 로펌과 국내 로펌, 그리고 그 클라이언트 기업들 사이에서의 변호사들의 교류에 의해 적어도 부분적으로나마 뒷받침될 것이라고 한다. 그리고 이러한 교류는 결과적으로 국내 변호사들로 하여금 새로운 법률 전문지식을 쌓게 하여 국내 로펌들도 새로운 지식을 갖출 수 있게 한다고 설명된다.[4] 이러한 변호사들의 교류는 또

---

2) 이 글에서 우리는 그들의 모국 바깥에 복수의 사무소를 개설하고 있는 로펌들을 "글로벌 로펌"이라는 단어로 칭하고자 한다. 일반론으로서 Carole Silver, Nicole De Bruin Phelan & Mikaela Rabinowitz, *Between Diffusion and Distinctiveness in Globalization: U.S. Law Firms Go Glocal*, 22 Geo. J. Legal Ethics 1431, (2009) 참조 ("글로벌 로펌"이라는 용어를 사용). "해외 로펌(foreign law firms)"이라는 단어는 한국 바깥에 기반을 둔 로펌을 일컫는 데 사용한다.

3) Sida Liu, *Globalization as Boundary-Blurring: International and Local Law Firms in China's Corporate Law Market*, 42 Law & Soc'y Rev. 771, 791, (2008); Yves Dezalay & Bryant G. Garth, Dealing in Virtue: International Commercial Arbitration and the Construction of a Transnational Legal Order pp. 263~65, (1996); Carole Silver, *The Variable Value of U.S. Legal Education in the Global Legal Services Market*, 24 Geo. J. Legal Ethics 1, 36, (2010) 등 참조 (전문지식의 발전 경로를 설명하고 있음).

4) Liu, *supra* note 3, pp. 789~91; 일반론으로서 Mihaela Papa & David B. Wilkins, *Globalization, Lawyers and India: Toward a Theoretical Synthesis of Globalization Studies and the Sociology of the Legal Profession*, 18 Int'l J. Legal Prof. 175, (2011) 참조 (지식의 개방, 글로벌화에 대해 설명하고 있음).

한 글로벌 로펌들의 특징적인 법조윤리들을 융합시킬 기회로 작용하기도 한다.[5] 글로벌 로펌들을 포함한 해외 로펌들의 국내 전문지식에의 접근이라는 이익도 무시할 수 없다. 글로벌 로펌들이 성장하는 과정에 대한 연구들은, 글로벌 로펌들이 진입하고자 하는 대상 시장에 자리잡고 있는 변호사들의 지식과 경험을 밑천삼아 성장한다고 말한다.[6] 또한 그 연구들은 이러한 맥락에서 글로벌 로펌들이 변호사들의 이동성을 가능케 하는 제도들로부터 이익을 취한다고 이야기한다. 변호사들의 교류를 가능하게 하거나 심지어 촉진시키는 제도들은 이러한 잠재적 이익들을 뒷받침하는 것이다. 하지만 목표는 무조건적 개방이 아닌 제한적 개방이고, 안정성과 성장이 균형을 이루는 개방이다.[7]

개방의 결과에 대하여 이해해 보는 방법 중 하나는 국내 로펌들과 글로벌 로펌들이 규제의 변화에 따라 어떻게 고용 및 승진에 대한 결정을 달리하는지에 초점을 두어 고찰하는 것이다. 로펌들은 그러한 결정들을 함에 있어서 특정한 경험이나 이력, 자격 등을 우대할 것이고 그러한 점들에 대한 그들의 선호는 그 직업군 내에서의 계층화의 원인이 된다. 세계화로 인한 영향의 흐름은 로펌들의 특정 이력이나 자격에 대한 선호의 변화에서 드러나게 되고, 또한 그 변화들이 규제의 완화로 인하여 만들어진 새로운 경쟁 관계를 통해서도 드러나게 된다.

이러한 과정들을 연구할 수 있는 중요한 기회가 한국의 법률시장 개방을 통해 만들어졌다. 2009년까지 해외 로펌에게는 공식적으로 한국에 진출하는 길이 닫혀 있었다.[8] 수개의 무역협정과 관련 제도에 따라 해외 로펌들은 이제 한국에서 사무소를 개설할 수 있게 되었다. 미국계 로펌(U.S. based law firms)에게는 한—미 FTA의 발효일인 2012년 3월 15일이 법률시장의 개방일이 된다. 유럽계 로펌(European Union—based law firms)에게는 위 날짜보다 다소 빠른

---

5) Liu, *supra* note 3; Papa & Wilkins, *supra* note 4도 참조.

6) 일반론으로서 Silver, Phelan & Rabinowitz, *supra* note 2 참조.

7) 예컨대 Dani Rodrik, *Has Globalization Gone Too Far?*, 39 Cal. Mgmt. Rev. 29, 43, (1997) 참조 ("정책입안자들이 경제적, 사회적 목표들을 줄세우는 데 있어서, 자유무역 정책들이 자동적으로 최우선에 서게 되지는 않는다."); Dani Rodrik, *How to Save Globalization from its Cheerleaders* 31 (Kennedy Sch. of Gov't, Working Paper No. RWP07−038, 2007), http://papers.ssrn.com/sol3/papers.cfm?abstract_id=1019015에서 확인 가능.

8) 외국법자문사법(법률 제9524호, 2009. 3. 25. 제정).

2011년 7월 1일이 한-EU FTA의 발효일로서 시장 개방일이 된다. 이 협정들은 5년에 걸쳐 그들의 효율성을 고려하여 장벽을 점진적으로 줄여나가는 것으로 계획되어 있는 바, 이를 통한 활동 확대를 기대하고 있다.[9]

한국 법률시장의 개방이 시작됨과 거의 동시에, 한국의 법학 교육과 변호사 자격 제도에 대한 중대한 변화 또한 시작되었는데,[10] 이는 한국에서 변호사 자격을 취득하는 데 필요로 하는 시간과 자원의 양을 완전히 바꾸는 것이다. 정규 법학 교육에 필요한 시간이 길어진 만큼, 졸업생들이 변호사시험을 통과하여 정식 변호사 자격을 갖출 확실성은 올라갔다. 한국의 새로운 법학 교육 및 변호사 자격 제도는, 외국에서 법학 교육을 받고 자격을 취득하여 한국 법학 교육과 변호사 자격 체제를 우회하도록 했던 기존의 인센티브 구조에 변화를 줄 것이다.

연구 대상지로서의 한국의 중요성은, 글로벌 로펌들의 경우 최근에야 비로소 한국 시장에 접근할 수 있었는데 반해, 국내에서는 국제적인 업무를 주로 취급하고자 하는 소수의 대형 로펌들이 법률시장 개방 이전에 먼저 그 대상 시장을 확대하여 활동해옴으로써 성장했다는 점이다. 이러한 소수의 대형 로펌들은 많은 연구의 대상이 되었고, 우리 연구는 이 풍부한 토대에 기반을 두

---

9) 한국이 가입한 거의 대부분의 FTA에서 단계적 법률시장 개방이 명시되었다. 한-EU 자유무역협정과 한미 자유무역협정에서는 예를 들면 5년간 3단계에 걸친 개방의 발효가 예정되어 있다. 한미 자유무역협정 부속의정서 II (2007. 6. 30. 합의, 2010. 12. 5. 개정) (http://www.fta.go.kr/webmodule/_PSD_FTA/us/doc/2E_all.pdf에서 확인 가능), 한-EU 자유무역협정 부속의정서 7-A-4 (2010. 10. 6. 합의), (http://fta.go.kr/webmodule/_PSD_FTA/eu/doc/Full_Text.pdf에서 확인 가능). Anthony Lin, *British Firms Face Hurdles on the Road to Seoul*, Asian Law (2011. 3. 28.)도 참조 (영국 변호사 자격을 가진 변호사들이 한국에서 영국 로펌 사무소를 열 수 있도록 할 필요가 있다는 설명을 하고 있음: "클리포드 챈스의 가장 높은 한국 변호사는 미국 뉴욕주 변호사 자격을 가진 변호사지, 영국 변호사 자격을 가진 사람이 아니다.").

10) 새로운 법학교육 시스템은 3년 과정의 미국 J.D. 프로그램을 모델로 하고 있다. 법학전문대학원 설치 및 운영에 관한 법률 (법률 제8544호, 2007. 7. 27. 제정, 2011. 7. 21. 법률 제10866호로 개정) 참조. 2009년부터 총 2000명의 학부 졸업생들이 전국 25개 로스쿨에 입학하였다. 일반론으로서 Youngjoon Kwon, *Recent Reform in Korean Legal Education*, 13 J. Kor. L. 1, 13 (2013) 참조. 새로운 법학교육 및 자격 제도의 도입 이전에는, 사법시험을 통과하고 사법연수원에서 2년간 교육을 받았어야 했다. *Id.* pp. 4~7. 이러한 구 제도는 2017년까지 점진적으로 폐지될 것이다. 변호사시험법 (법률 제9747호, 2009. 5. 28. 제정) 부칙 제1~2조 참조. 첫번째 변호사시험은 새로운 법학 교육 및 자격 제도가 도입되어 첫번째 졸업생들이 배출되던, 그리고 처음으로 로스쿨의 졸업이 변호사 자격의 취득요건이 된 2012년에 치러졌다. 위 법 부칙 제5조 제1항 참조.

고 있다.[11] 국내 로펌과 글로벌 로펌 —경쟁자이자 협력자로서 법률시장에서 서로 만나는— 의 고용 경향성을 비교해 봄으로써, 우리는 향후 다른 연구들의 새로운 시작점이 되기를 기대한다. 또한, 우리는 한국 법조 직역에 대한 많은 연구 성과에 기대고 있는 바, 국내 대형 로펌들이나 그 소속 변호사들의 커리어에 대한 많은 연구들이 그 중 하나이다.

우리는 한국 법률시장에 대한 간단한 일별로부터 논의를 시작하고자 한다. 우리의 초점은 한국 법률시장에서 국제적인 업무를 취급하고자 기업 클라이언트들을 주로 유치하는 대형 로펌들과, 그 로펌들이 성장해온 제도적 배경들에 두고자 한다. 그 다음, 한국 시장에서의 잠재적인 경쟁자라고 할 수 있는 두 그룹의 로펌에서 근무하고 있는 변호사들의 프로필로 구성된 원자료를 만들어보고자 한다. 이때의 두 그룹 중 하나는 국내 대형 로펌들로 하고, 다른 하나는 홍콩에 지사를 두고 한국 관련 업무를 취급하는 미국계 로펌들(홍콩에서 서울은 비행거리가 짧기도 하고, 홍콩은 한미 FTA 발효 이전까지 그러한 류의 업무에 있어서 선호되는 장소이기도 했다)로 하고자 한다.[12] 두 그룹 각각의 변호사들

---

11) 예컨대 Kim Seong−Hyun, *The Democratization and Internationalization of the Korean Legal Field, in* Lawyers and the Rule of Law in an Era of Globalization 217 (Yves Dezalay & Bryant G. Garth eds., 2011); 김진원, **한국의 로펌**, 리걸타임즈, (2009); Lee Kuk−Woon, *Corporate Lawyers in Korea: An Analysis of the 'Big 4' Law Firms in Seoul, in* Judicial System Transformation in the Globalizing World: Korea and Japan 231 (Dai−Kwon Choi and Kahei Rokumoto eds., 2007); Moon Jaewan, Impact of Globalization on Korean Legal Profession (unpublished manuscript) (on file with author); Oh Soogeun, *Globalization in Legal Education of Korea*, 55 J. Legal Educ. 525, (2005); Tom Ginsburg, *Transforming Legal Education in Japan and Korea*, 22 Penn St. Int'l L. Rev. 433, (2004); Song Sang−Hyun, *Legal Education in Korea and the Asian Region*, 51 J. Legal Educ. 398, (2001); Jeanne Lee John, Comment, *The KORUS FTA on Foreign Law Firms and Attorneys in South Korea—A Contemporary Analysis on Expansion into East Asia*, 33 Nw. J. Int'l L. & Bus. 237, (2012) 등 참조.

12) 홍콩은 미국에 기반을 둔 로펌들 가운데 한국 관련 실무를 수행하는 회사들이 주로 사무소를 낸 곳이었다. 예컨대 Anthony Lin, *The Right People at the Right Time*, Am. Lawyer, Jan. 1, 2011 (Cleary Gottlieb과 Simpson Thacher 등의 로펌들이 한국에서의 변호사 사무소 설립이 불가능한 시기에 홍콩을 한국 관련 실무를 수행하기 위한 사무소 개설지로 결정한 과정 등에 대해 설명하고 있음); Kim Peter, *Korean Times*, International Bar Association, Feb. 2, 2010 at 51−52, http://www.ibanet.org/Article/Detail.aspx?ArticleUid=B4DACD34~E9A2−4A88−A6C2−01C51890BF2A에서 확인 가능 ("[국제적인 로펌들의] 한국 관련 팀들은 대부분 홍콩, 도쿄, 상하이 등에서 일하고 있다"); 등 참조. 또한 *Long−Distance Practice*, Am. Lawyer, Jan. 1, 2011 (8개의 엘리트 미국, 영국 로펌들이 한국 관련 실무를 하면서 한국 바깥에서 사무실을 두고 있고, 그 중 7개가 홍콩에 사무실을 두고 있다는 내용)도 참조.

의 배경과 경력을 비교하는 것은 그 로펌들의 고용 경향성을 보여주게 될 것이다. 그들 사이에서, 우리는 세 종류의 변호사들을 연구대상으로 삼는다: (1) 한국 변호사 자격을 갖고 한국 로펌에서 근무하는 변호사들, (2) 외국 변호사 자격을 갖고 한국 로펌에서 근무하는 변호사들, (3) 외국 변호사 자격을 갖고 미국계 로펌의 홍콩 지사에서 근무하는 변호사들이 그들이다. 그들의 배경과 경력을 탐구해보면서 우리는 그들의 대체가능성을 가늠해보고, 개별 변호사들이 로펌들 사이에서 얼마만큼 이동성을 갖는지를 살펴보며, 이런 것들과 규제의 변화가 한국 법률시장 내에서 선호와 기회들의 변화와 어떻게 연결되는지도 고찰해 보고자 한다. 아래 항들에서 우리는 법학 교육, 실무 경험, 성별에 특별히 초점을 맞추어, 로펌들의 선호 성향과 그에 대응한 변호사들의 노력을 비교하고자 한다. 그리고 미래 연구들에 대한 제안으로 결론을 맺고자 한다.

II. 한국의 상황: 로펌, 변호사, 법률시장

여기서 우리가 초점을 두고자 하는 부분은 한국 법조의 일부분에 지나지 않는다.[13] 우리는 개방이 다른 직역들과 상관이 없다고 이야기하려는 것이 아니라, 다른 직역에 대한 세계화의 영향은 다른 이들의 연구 과제로 남겨두고자 한다. 우리의 연구는 글로벌 기업 클라이언트들을 대상으로 하는 대형 로펌들에 국한될 것이다.

이러한 소수의 국내 대형 로펌들은 창립자의 개인적인 해외 관련 경력을 기반으로 하여 국제 기업 클라이언트를 유치하며 세워진 것이다.[14] 그들은 국내 기업 클라이언트에 큰 비중을 두지 않았었는데, 왜냐하면 전통적으로 한국 기업들은 전문적인 법률적 조언을 찾지 않았었기 때문이다.[15] 하지만 해외의,

---

13) 더 넓은 범위에서의 분석은 Kim Jae Won, *The Ideal and the Reality of the Korean Legal Profession*, 2 ASIAN PAC. L. & Pol'y J. 45 (2001) 참조.

14) 김진원, *supra* note 11, 76~91면.

15) Lee, *supra* note 11, p. 231 참조 (국내 사무와 국제 사무의 차이를 설명하고 있음: "어떤 점에서는, 국제 사무란 법과 법률가들이 정부의 간섭 없이 작동할 수 있는 유일한 영역이었다. 왜냐하면 모든 중요한 국내 사무에 대한 사업적 결정들은 전적으로 관료제 정부에 의하여 독점되고 조정되어 왔기 때문이다.")

특히 미국에 기반한 기업들은 변호사에 의존하는 것이 익숙했고, 이러한 국내 로펌들은 그 기업들이 한국에서 사업을 시작하고자 할 때 만들어진 인바운드 수요에 부응하고자 했던 것이다.

이러한 로펌들의 국제적인 측면은 우선 그들의 창립자의 개인적인 궤적을 반영한다는 공통점이 있다. 이 역사는 다른 이들에 의해 많이 연구되었으므로 여기서 반복하지는 않겠으나, 중요한 지점은 그들의 보편적인 경로이다: 한국에서 공부하여 한국 변호사로서의 자격을 갖춘 다음—그 자체로 굉장히 고된 일인데[16]— 미국에서 추가적인 법학 교육을 받는다. 몇몇은 외국 유학생들에게 보편적인 대학원 학위(LL.M이나 S.J.D.)를 받고, 몇몇은 변호사시험 응시자격을 주는 기본적인 3년 과정의 J.D. 과정을 밟았다.[17] 제도상 허락된다면, 그들은 귀국하기 전 미국 변호사가 되기 위해 변호사시험에 응시하기도 했고, 그리하여 귀국 후 코카콜라, 포드자동차, 뱅크오브아메리카 등을 대리하였다.[18]

---

16) 이 시기 한국에서 변호사로서의 자격을 취득하는 것이 얼마나 어려웠는지에 대해서는 Kim Chang Rok, *The National Bar Examination in Korea*, 24 WIS. INT'L LJ. 243, 245~46, (2006) 참조 ("시험에 합격하는 데 성공하는 수는 1978년까지는 100명 이하, 1981년부터 1994년까지는 300명 정도였다. 1995년부터 조금씩 늘었음에도 불구하고 그 수는 1000명 정도에 머물렀다. 2005년 8월 기준으로 이러한 엄격한 장벽을 넘어선 사람의 수는 10,768명에 불과했다. 이처럼 해서, 4,800만 인구가 사는 한국 국민들은 4,484명마다 한 명의 변호사를 둘 수밖에 없었던 것이다. 이러한 비율은 미국에 비하면 17배 이상 많은 수이고, 영국과 독일의 8배 이상 많은 수이며, 프랑스의 3배 이상 많은 수이다.")(각주 생략); Kim Hyung Tae, *Legal Market Liberalization in South Korea: Preparations for Change*, 15 PAC. RIM L. & POL'Y J. 199, 206, (2006) ("역사적으로, 그 시험의 합격률은 1~2퍼센트를 맴돌았다.")(각주 생략).

17) Kim Seong−Hyun, *supra* note 11, pp. 222~223 ("거의 모든 로펌의 창립자들은 미국 대학교를 졸업했고 판사나 검사로서의 커리어를 가진 사람들이었다. 하지만 법률가로서의 자격은 한국에서 갖추었다. KCL이나 중앙, 김신유 등의 로펌들은 국제 사무에 특화한 합동법률사무소에 가까웠지, 대형 상업 로펌이라고 볼 수는 없었다. 그 로펌들은 구성원들을 인맥이나 학연 등에 의하여 뽑아왔다. 미국 스타일의 로펌을 세워 그들의 경영 방식을 정식으로 도입한 것은 김앤장이었다(김진원, 1999: 72~73). 1972년, 하버드 로스쿨에서 J.D. 학위를 취득한 김영무 변호사와 그의 서울대 동기였던 장수길 변호사는 기업 형태의 법률 서비스 제공 로펌을 만들었다. 김앤장은 사법연수원 과정을 막 끝낸 어린 변호사들을 뽑아 국제 사무를 취급하는 법을 가르쳤다. 김앤장은 그들에게 미국에서의 유학 기회를 제공하였다. 이런 방법들은 빠르게 다른 로펌들로 퍼져 나가서, 최근에는 더 많은 수의 변호사들이 판사나 검사로서의 경험 없이 그들의 법률가로서의 커리어를 로펌에서 시작한다. 그들은 그 다음 미국 로스쿨로 보내져 LL.M. 학위를 따고 미국에서의 법적 테크닉들을 배워오도록 지원받는다.").

18) Yves Dezalay & Bryant G. Garth, Asian Legal Revivals: Lawyers in the Shadow of Empire 127, (2010); 또한 Lee, *supra* note 11, p. 232도 참조 (한미합동법률사무소(현재 법무법인 광장)의 설립자인 이태희 변호사가 대한항공 설립자의 사위였음을 설명하고 있음: "후원자들은 [로펌의] 설립자들과 그 로펌을 위한 보호자로서 두 가지 방식으로 기능했다. 그들은 경제적

이렇듯 오늘날, 몇몇 크고 성공한[19] 국내 대형 로펌들은 서로 유사한 국제적인 토대를 갖추고 있다.[20] 하지만 그들은 둘째로 한국에서의 로펌 모델을 발전시킨 데 있어서도 그 공적을 인정받는다는 공통점이 있다.[21] '로펌'이라는 것이 무엇인지가 한국에서 알려지지 않았던 로펌들의 초기 성장기에는 '로펌 변호사'라는 말과 '국제변호사'라는 말이 대체로 동의어로 인식되었다.[22] 최근에 들어 로펌들은 그들의 업무 영역을 해외로 나가려는 한국 기업들의 법률 사무와 한국 기업들의 국내 법률 사무에 대한 법적 조언에까지 넓혔지만, 동시에 그들의 주요 고객이 되어 왔던 해외 기업 고객들 또한 소홀히 하지 않았다.[23] "국제업무로 먼저 큰 다음 국내업무를 취급한다"는 한국 대형 로펌들의 발전 경로는 한 국내 연구자에 의해 "국제적인 법률 서비스의 국내화"라고 표현되기도 하였다.[24]

으로 실적을 채워주면서 동시에 정치적으로서는 방패막의 역할을 해준 것이다.").

19) 2007년 5월 기준으로 한국 법률시장의 총 규모는 1조 4천억 원에 이른다. 이항수 기자, 「국내 1조 4000억 시장, 6대 로펌이 절반 차지」, 조선일보, 2007. 3. 29, (http://news.chosun.com/site/data/html_dir/2007/03/29/2007032901097.html)에서 확인 가능. 이 가운데 절반은 930명 (전체 변호사의 11%)의 변호사를 보유하고 있는 6대 로펌이 가져갔다. Id. 그 6대 로펌들이 2012년에는 1,500명의 변호사를 보유하게 되었다. (법무부 통계, 2012년 5월 기준). 위 6대 로펌의 수입 예상은 다음과 같다: 김앤장 법률사무소: $390,909,909; 법무법인 태평양: $172,727,270; 법무법인 광장: $139,090,900; 법무법인 세종: $118,181,810; 법무법인 율촌: $112,727,270; 법무법인 화우: $92,727,270. 인베스트조선, 2013. 3, (http://invest.chosun.com/site/data/html_dir/2013/03/12/2013031202090.html)에서 확인 가능, 달러 환산은 2013. 3. 13. 기준 1$를 1100원으로 계산하였음) 이 글에서 우리는 위 로펌들 가운데 5개 로펌에 집중하기로 한다. 2014. 10. 31. 기준으로 한국에는 전체 16,620명의 변호사들이 있고 760개 이상의 로펌들이 있다(대한변호사협회 자료, http://www.koreanbar.or.kr/info/info07.asp 참조). 로펌들 사이의 합병 또한 잦다. 6대 로펌들 중 절반 이상이 다른 로펌들과 합병한 적이 있다: 김앤장 법률사무소와 법무법인 태평양, 법무법인 율촌은 합병한 적이 없지만, 법무법인 세종, 법무법인 광장, 법무법인 화우는 다른 주요 로펌과의 합병을 통해 변호사 수를 늘린 바 있다. Kim, *supra* note 14, p. 127 참조.

20) 실제로 태평양을 비롯한 몇몇 한국의 유수 로펌들은 해외 사무소를 개설하였다. Kim, *supra* note 14, pp. 189~193 참조.

21) Neil Chisholm, *Legal Diffusion and the Legal Profession: An Analysis of the Processes of American Influence on South Korea's Lawyers*, 26 COLUM. J. ASIAN L. 8~9, (2013), http://idv.sinica.edu.tw/nchis/20130925.pdf에서 확인 가능.

22) Kim, *supra* note 14, p. 118.

23) 1997년 경제위기에 따른 IMF 구제금융 지원은 로펌들에게 많은 사업 기회를 가져다 주었다. 기업인수합병이나 기업 도산 수의 증가는 로펌들의 사업 기회 증가에 기여하였을 뿐만 아니라 법률가들의 역할을 키우는 방향으로 한국 경제가 재구조화되는 데 기여하였던 것이다. *Id.* pp. 110~117, 120 참조.

24) Interview with Korean legal market participant-observer (2009). 이전에는 한국 기업들은

이러한 국내 대형 로펌들은 다음과 같은 세 번째 공통점도 공유한다. 그들의 국제적인 창립자들과 더불어, 각 로펌들은 또한 투ー트랙으로 고용 및 발전 방향을 추구함으로써 그들의 국제적인 정체성을 발전시켜 나갔다. 한편에서는 한국 변호사 자격을 갖춘 변호사들로 하여금 해외에서 공부하도록 장려했다. 로펌에 들어오기 전에 해외에서 법률교육을 받지 않은 변호사들에게는 관대한 휴직 정책을 적용하고, 심지어 재정적 지원까지 해주어, 변호사들로 하여금 그들의 업무를 일시정지하고 외국에서 공부하고 올 수 있도록 했다.25) 또 다른 한편에서는 로펌들은 그들의 해외 기업 고객들을 상대하기 위하여, 한국 국적을 가졌거나 한국계로서 한국과 연관이 있는 해외 변호사 자격26)을 보유한 또 다른 부류의 인력자원을 고용했다.27) 이러한 국제변호사들이 한국 변호사 자격을 보유하지 못했음에도 불구하고, 그들은 로펌에서 영구적으로 글로벌 고객들을 위한 중요 자원으로 일할 수 있었다.28)

일본에서와 같이 관료들로부터 많은 조언을 구하곤 했다. 일본에 대해서는 Dan Fenno Henderson, *The Role of Lawyers in Japan*, *in*, Japan: Economic Success and Legal System 28 (Harald Baum ed., 1997) 참조 ("우리가 영미법계의 커먼로가 판사들에 의해 만들어진다고 하고, 독일법 시스템이 교수들에 의해 만들어지고 다듬어진다고 한다면, 미국 법률 시스템에서의 주요 역할은 법률가들이 담당하고 있다. 이런 맥락에서 일본은, 관료들이 그 역할을 담당하고 있다." (각주 생략)). 또한 Kim, *supra* note 14, p. 120 참조 (국내 기업 사무에 대한 법률 자문들이 그 전까지는 개인 개업 변호사들에 의해 처리되었다는 내용).

25) Lee, *supra* note 11, p. 236 (김앤장 법률사무소, 법무법인 태평양, 법무법인 광장 등의 유학 지원 프로그램에 대한 설명: "한국 로펌들에는 젊은 한국 변호사들이 7년 정도 그들의 소속 로펌에서 헌신하고 난 다음 해외로 나가 법과 기업에 대해 더 공부할 기회를 주도록 하는 프로그램이 패턴으로서 발견된다.") 또한 *Id.* p. 248 참조 (로펌들이 그들의 소속 변호사들에 대하여 LL.M. 학위를 취득하고 오도록 경제적 지원을 한다는 내용).

26) 해외 변호사 자격을 갖춘 변호사란 이 글에서 한국 변호사 자격이 없는 변호사를 가리키는 것으로 한다. 한국 변호사 자격을 갖추었으면서 해외 변호사 자격도 갖춘 변호사들은 "복수 자격자"라고 일컫는다.

27) 외국 변호사를 고용하는 이 정책은 기업들의 법무팀에서 사내 변호사를 고용하는 데에도 영향을 끼쳤다. Park Chung-a, *In-House Lawyers Take on Enhanced Role*, Korea Times, April 30, 2007, http://www.koreatimes.co.kr/www/news/special/2009/05/206_2043.html (예를 들어 삼성의 경우 171명의 변호사가 66명의 한국 변호사와 105명의 해외 변호사로 구성되어 있음을 설명하고 있음. 그 숫자는 4년 전에 비해 두 배로 는 것이라고 함.). 이재협, "사내변호사와 법치주의", 인권과 정의 제400호, 54 (2009)도 참조.

28) Liu, *supra* note 3 ("한국 로펌들은 그들의 실무 영역을 외국 로펌들과 직접 경쟁할 수 있는 영역들로 확장했다. 게다가, 최근에는 외국에서 교육받은 변호사들을 직접 고용하여 국제적인 거래에 대해 그들의 고객들에게 자문할 수 있도록 하기까지 했다."); Yves Dezalay & Bryant G. Garth, *International Strategies and Local Transformations: Preliminary Observations of the Position of Law in the Field of State Power in Asia: South Korea*, <Raising the Bar: The Emerging Legal Profession in East Asia> (William P. Alford ed., 2007) p. 91

법률시장 개방이 한국 법률시장을 어떻게 만들었는지를 이해하기 위한
시작점은 한국에서의 변호사의 역할이 무엇인지를 아는 데 있다. 이국운 교수
에 따르면, "1990년대 중반 이전에는, 한국 변호사들은 사법 영역이라는 좁은
울타리 속에 머물러 있었다: 정치의 세계도, 기업의 세계도 한국 사회 내에서
법률가들의 영역이 아니었다."[29] Dezalay와 Garth는 한국 변호사들이 전후(戰後)
경제성장 과정과 상관이 없었다고 설명하여, 비슷하게 묘사했다.[30]

한국 변호사들이 배출된 방법이 이러한 글로벌 한국 법률시장의 구성과
중요한 상관이 있다. 핵심 요소는 사법시험이다. 전통적으로 한국에서는, 사법
시험은 판사와 검사로서의 역할을 수행할 사람을 길러내는 기능을 제1의 기능
으로 했다. 한국의 사법시험은 낮은 합격률로 악명이 높았다.[31] 1981년부터
2002년까지 22년 동안 응시자들의 평균 합격률은 2.65%였다.[32] 지원자들은
대학교에서 법률 교육을 받을 것을 요구받지 않았고, 심지어 대학교육을 받을
것을 요구받지도 않았다. 2002년에 당선된 노무현 대통령은 그야말로 이른바
"대학교육을 받지 않은 인권변호사"였던 것이다.[33] 그러나, 모든 사법시험 통

("한국인들 중에 외국에서 공부한 사람들은 큰 혜택을 받은 사람들로, 대부분의 한국인들에
게 불가능한 '양다리 걸치기'를 실천에 옮길 수 있는 사람들이다. 당연히 (…) 그들은 굉장히
계층화된 사회의 대표가 될 수 없다. 하지만 동시에, 우리의 법에 대한 집중은 정확히 반대
편향을 가져다 주었다. 한국의 변호사들은 (…) 중심에 있으면서 동시에 경계에 서 있기도
하다. (…) 한국에서의 일반적인 궤적에서 벗어나 미국—한국에서는, 다른 나라에서처럼 (…)
국제 화폐로서의 달러화가 중요한 만큼 중요한 하나의 증명으로 기능하는—으로 우회하는 것
의 이점이란, 그러한 우회가 그들로 하여금 경계들을 넘나들며 다른 이들에게는 가능성의 제
약으로 작용하는 계층화를 뛰어넘을 수 있게 해 주었다는 것이다."). 또한 Moon, *supra* note
11, p. 6 (이른바 '한국인 외국 변호사'에 대해 설명하고 있음. "사법시험에 떨어진 뒤 1년
과정의 LL.M. 코스를 미국 로스쿨에서 마치고 뉴욕 주 변호사시험에 합격하여 한국에 돌아온
뒤 외국법 전문가가 아니라 한국법 전문가로서 활동하는 이른바 '한국인 외국 변호사'들의
행태에 대하여, 한국 법조계에서 많은 비판의 목소리가 있었다.").

29) Lee, *supra* note 11.
30) Dezalay & Garth, *supra* note 28, pp. 102~104.
31) Yoon Dae-Kyu, *The paralysis of legal education in Korea*, Legal Reform in Korea 37, 39
(Tom Ginsburg ed., 2004)("그런 시스템 하에서는, 그 직업에의 진입을 위한 치열한 경쟁이
전개되었다. 많은 능력 있는 젊은이들은 그들의 모든 것을 걸어 바늘 구멍 같은 시험 과정을
통과하고자 했다. 그 시험의 준비과정은 그 자체가 모 아니면 도의 도박과도 같았다. (…) 이
것은, 대부분의 지원자들이 결국은 그들의 긴 준비 시간과 고된 노력에도 불구하고 불합격할
운명이라는 점을 고려하면 인적 자원의 심각한 손실이라고 할 수밖에 없다."). 또한 Setsuo
Miyazawa, Kay-Wah Chan & Ilhyung Lee, *The Reform of Legal Education in East Asia*, 4
Ann. Rev. L. & Soc. Science 333, 351, (2008) 참조 ("실제로 한국 사법시험 지원자들은 전
업 대학생들이면서 몇 년을 학원을 다니며 시험을 준비한다.").
32) Yoon, *supra* note 31, p. 40; Table 3.2 참조.

과자들은 대법원의 사법연수원에서 2년 간 교육을 받도록 요구되었다.

　이러한 비정상적인 사법시험 합격률은 그 시험에 합격하여 변호사, 판사, 검사로서의 업무를 수행하는 자들에게 엘리트로서의 지위를 부여했다.[34] 또한 변호사가 되고자 하는 학생들로 하여금 그들의 진로 계획에 심각한 불확실성을 초래했다. 법률 관련 커리어에 관심을 가진 한국인들에게 다른 길들이 매력적으로 다가갔던 것은 한국의 자격 체계가 '확실성'을 거절했기 때문이다. 몇몇 법대 졸업생들에게는 그 '다른 길'이란 예컨대 기업의 법무팀 등을 말하는데, 이런 곳에서는 변호사 자격증이 필요치 않았다.[35] 또 다른 길로는 외국에서의 법학 교육과 외국 변호사 자격이 또한 선택지가 되었다.

　Bryant Garth와 Yves Dezalay가 설명했듯이,[36] 엘리트가 그들의 권력을 후대를 위하여 재생산할 수 있는 능력은 한국의 사법시험 시스템으로 인해 좌절되었다. 낮은 사법시험 합격률과 그로 인한 불확실성은 잘 나가는 변호사들로 하여금 그들의 자식들이 가업을 잇도록 하는 것을 불가능하게 했다. 하지만 법률 교육 및 자격에의 접근성과 확실성이 있는 미국에서는 이러한 자격 체계의 비정함을 우회할 수 있는 메커니즘을 제공했다. 한국 엘리트들이 자제들에게 해외에서의 법률 교육과 자격 취득을 경제적으로 지원했던 것은 한국 부모들이 외국 유학을 포함한 교육 전반에 높은 가치를 두고 있음을 보여준다. 한국 엘리트들의 자제들에게 미국 변호사 자격은, 대물림을 가로막는 사실상의 '규제 장벽'을 우회하여 유수의 국내 로펌들의 자리를 획득할 수 있는 기회를 주는 하나의 방법이었던 것이다. 이러한 한국 엘리트 자제들은, 한국에서는 변호사 자격을 취득하지 못했을지라도, 예측가능하고 관대한 미국의 변호사 자격 제도 하에서는 변호사 자격을 취득할 수 있었을 사람들이라 할 것이다.

33) Tom Ginsburg, *Introduction: The Politics of Legal Reform in Korea*, *in* Legal Reform in Korea 6 (Tom Ginsburg ed., 2004).
34) Kim Jaewon, *Legal Profession and Legal Culture During Korea's Transition*, *in* Raising the Bar: The Emerging Legal Profession in East Asia 51 (William P. Alford ed., 2007).
35) 그러나 이제는 기업들이 한국 자격을 갖춘 변호사를 고용하는 경우들이 더 많아졌다. 아울러 기업 법무팀들은 외국 변호사들도 상당한 수로 채용한다. Lee, *supra* note 27, pp. 55~59; Park, *supra* note 27 참조.
36) Dezalay & Garth, *supra* note 28, pp. 95~96.

현재 법학 교육 및 법률가 자격 시스템의 틀은 새롭게 형성되고 있다. 과거에 법학 교수들에 의해 이루어졌던 법학 교육은 이제 법학전문대학원 프로그램 안에서 이뤄질 것이다.37) 교육인적자원부 산하 법학교육위원회의 인가를 받고 25개의 법학전문대학원이 2008년 출범했다. 이러한 개혁의 결과 변호사가 되기 위해서는 법학전문대학원을 졸업하는 것이 조건이 되었다.38) 각 법학전문대학원의 학생 수는 매해 변호사시험에 응시할 총 정원을 고려하여 교육부가 결정한 대로 엄격히 제한되었다.

법무부는 매해 변호사시험에 합격하게 될 인원의 수를 결정한다.39) 이때 법학전문대학원 졸업자들이 학업과 과외 활동에 충분히 전념할 수 있게 하기 위하여, 법학전문대학원 졸업자들의 수와 변호사시험 합격자들의 수 사이의 연관관계를 신중히 고려하여 그 수를 정한다. 기존 사법시험 체제하에서의 낮은 합격률은 학생들로 하여금 엄청난 양의 에너지(그리고 다른 종류의 자원들)를 시험 준비에 소모하게 했다. 새로운 체제는 변호사시험 합격률을 올려줌으로써 법학전문대학원에서의 경험에서 더 많은 것을 얻어갈 수 있도록 의도되었다.

한국에서의 변호사시험 합격률이 올라간 만큼, 한국을 떠나 해외에서 법학 교육을 받고 변호사 자격을 취득해 올 필요는 줄어들었다. 만약 합격률이 충분히 높다면 —예를 들어 응시자의 2/3 정도까지 된다면40)— 한국 학생들이 외국에서 법률 교육을 받을 필요는 상당 부분 없어질 것이다.

동시에 법학전문대학원제도의 도입은 한국에서 법학을 공부하는 학생들의 법조계 진입 통로(available slots)를 좁혔다. 제도개혁 이전에 전국의 약 100개의 대학교에서 매년 9,000여 명에 이르는 학생들이 법학을 공부하였고, 구제

37) Kwon, *supra* note 10, p. 1.
38) 변호사시험법 (법률 제9747호, 2009. 5. 28. 제정) 제5조 제1항.
39) 초기 3회의 변호사시험들(2012~2014년 시행)의 합격자 수는 대략 1,500명이었는데, 이는 대체로 전체 로스쿨 정원(2,000명)의 75% 정도에 해당하는 수였다. 다가올 해들의 변호사시험 합격자 수는 아직 미정이며 뜨겁게 논쟁중이다. Kim Yong-Sup, *Status and Problems of Selecting Successful Candidates for Bar Examination*, 142 Just. 188, 199, (2014).
40) 이것은 뉴욕주 변호사시험의 합격률과 비슷한 수준인데, 예를 들어 2012년의 경우 모든 응시자를 기준으로 하면 당시 합격률은 61%였고, 7월에 처음으로 응시한 초시자들의 합격률은 76%였다. National Conference of Bar Examiners, 2012 Statistics, http://www.ncbex.org/assets/media_files/Bar-Examiner/articles/2013/8201132012statistics.pdf 참조.

도하의 사법시험을 치를 자격을 갖추었다.[41] 현재 그 숫자는 인가받은 25개의
법학전문대학원에 다니는 학생 2,000명으로 제한되어 있고, 그 학생들만이 변
호사시험을 치를 배타적인 자격을 얻는다.[42] 법학전문대학원에 입학하지 못한
학생들은 외국에서 법학 공부를 계속할 수도 있으며,[43] 이러한 방식으로 미국
로스쿨에 입학하는 학생들의 물결은 구제도 때와 마찬가지로 계속될 수도
있다.

　　제도의 개혁으로 인하여 특정 학생들이 다른 학생들보다 특혜를 누린다
고 볼 수도 있다. 예를 들어 영어 능력은 한국의 법학전문대학원 입학에 있어
고려되는 요소이다. 또한 국제적 마인드도 학교에서 성공하는 데 중요한 요소
로 작용할 수 있다.[44] 이러한 자질들은 경제적 특권층에 속한 학생들이 갖추
기 더 쉬울지도 모른다.[45]

　　한국 법학교육제도의 개혁과 평행선상에 있는 또 다른 변화는 해외 로펌
의 한국 사무소 설립이 가능해졌다는 점이다. 정부는 해외 로펌에 대한 장벽을
낮추는 데 동의하였고 외국 변호사 자격 제도를 시행하면서 그 절차를 시작하
였다. 2009년 제정된 외국법자문사법(Foreign Legal Consultant Act)에 따르면 해
외 로펌들은 외국법자문법률사무소(Foreign Legal Consultant Offices or FLCOs)를

41) 안경봉, 로스쿨체제에서의 바람직한 학부 법학교육의 방향, 대학교육(2010년 3월), http://magazine. kcue.or.kr/last/popup.html?vol=164&no=3882.
42) 법학전문대학원 설치·운영에 관한 법률에 따르면 법학전문대학원을 인가받은 대학은 반드시 법학에 관한 학사학위과정을 폐지하여야 한다. [법학전문대학원 설치·운영에 관한 법률], 법률 제 8852호, 제8조. 따라서 법학전문대학원을 둔 25개의 대학은 법학부 학생들을 2009년부터 선발하지 않았다. 이 학교들의 대부분은 많은 수의 법학부 학생들을 입학시켜 왔었다; 모두 합하여 매년 4700여 명의 입학생이 있어 왔다.
43) 학생들은 현재 남아있는 학사학위과정에서 법학을 공부할 수 있긴 하나 변호사시험 응시 자격을 얻을 수는 없다. 게다가 학부 때 법학을 전공하였다는 사실이 로스쿨 입학에 있어 유리하게 작용하지 않는다. 많은 사람들이 시간이 지날수록 법학 학사학위과정에 대한 관심이 줄어들 것이라고 예상하고 있다.
44) Lee Jae-Hyup, Legal Education in Korea: Some Thoughts on Linking the Past and the Future, 44 KYUNG HEE L. REV. 47, 55 (2009).
45) 한 주간 잡지는 새로운 법학전문대학원 제도가 경제적 특권층과 명문 대학교의 졸업생들을 선호한다고 주장하는 기사를 실었다. 한겨레(2009. 2. 27), http://h21.hani.co.kr/arti/cover/cover_general/ 24406.html. 법학전문대학원의 학비는 일반적으로 한국의 대학 학비보다 비싸다(20~40%). 그래서 일부는 법학전문대학원이 돈스쿨로 변질되어 가고 있다고 비판한 바 있다. 2012년 국·시립 법학전문대학원의 평균 학비는 1040만원($9,127)이었고, 사립 법학전문대학원의 경우 2075만원($18,863)이었다. 달러 환산가격은 2013년 3월 13일 환율을 기준으로 책정되었다. $1=1100원. Kwon, *supra* note 10, 19~20.

설립할 자격을 얻는다.[46] 외국법자문사(Foreign Legal Consultants or FLCs)로 등록된 변호사만이 현 제도하에서 한국의 외국법자문법률사무소에서 일할 수 있는 것이다. 한국의 외국법자문사법은 외국 변호사를 규제하는 다른 국가의 제도와 유사하다.[47] 외국법자문사법에 따르면 외국 변호사들은 등록되어야 하며, 이는 한국 정부당국에 활동하고 있는 변호사에 대한 정보를 제공한다. 또한 본법은 외국법자문사의 자문활동범위를 자신의 전문 영역으로 제한한다. 외국법자문사는 (국제법뿐만 아니라) 원자격국의 법(the law of jurisdiction)에 따라 자격을 승인받는다.[48] 이 때문에 본법은 외국 변호사들이 원자격국의 법과 관련하여 실무 경험을 쌓기를 요구한다. 마지막으로, 외국법자문사 지위는 해외 로펌에서 업무를 수행하는 외국 변호사에게만 필수적이다. 비록 미래에는 달라질 수도 있겠으나 본법은 한국 로펌에서 또는 한국 기업의 자문 부서에서 업무를 수행하는 외국 변호사에게 외국법자문사 자격을 요구하는 것으로 해석되지는 않는다. 고용주의 성격에 따라 외국법자문사 등록에 관한 규정사항을 적용할 수 없다는 점은 해외 로펌과 국내 로펌이 외국 변호사 서비스를 이용하는데 동등한 지위에 있지 않음을 의미한다. 본장에서 묘사된 변화의 양상은 세계화가 변호사의 양산방식과 변호사 서비스 시장에 미치는 모습을 반영한다.[49] 시장의 클라이언트측과 신입 변호사의 공급측 모두 변화를 느끼고 있을 것이다. 이러한 변화의 양상은 법률시장이 계획된 단계를 거쳐 해외 로펌과 외국 변호사들에게 점점 더 직접적으로 개방됨에 따라 달라질 것이다.[50] 그러나

---

46) 외국법자문사법, 제16조 http://elaw.klri.re.kr/kor_service/lawView.do?hseq=24533&lang=ENG.

47) 개괄적으로, Choi Kyungho, Korean Foreign Legal Consultants Act: Legal Profession of American Lawyers in South Korea, 11 ASIAN−PACIFIC L. & POL'Y J. 100 (2009) 참조. 미국의 외국법자문사 관련 규정에 대해서는 Silver, Regulating International Lawyers: The Legal Consultant Rules, 27 HOUSTON J. INT'L L. 527 (2005) 참조. 외국법자문사 규제의 기원에 대한 논의로는 SYDNEY M. CONE, INTERNATIONALTRADEIN LEGAL SERVICES: REGULATION OF LAWYERS AND FIRMS IN GLOBAL PRACTICE (1996).

48) Liu, *supra* note 3 참조. (외국법자문사법은 외국법자문사에게 국제중재절차에서 자문역할을 수행하는 권한을 부여함을 명백히 하고 있다.)

49) Richard L. Abel, Revisioning Lawyers, in LAWYERS IN SOCIETY: AN OVERVIEW (Richard L. Abel and Philip S.C. Lewis eds., 1996); Richard L. Abel, Using the Theories: Comparing Legal Professions, in LAWYERS, A CRITICAL READER (Richard L. Abel ed., 1997); Papa and Wilkins, *supra* note 4 (경제, 지식, 통치라는 세 가지의 세계화 과정을 설명하고 있다).

50) Sheppard Mullin (law firm), Korea Passes Foreign Legal Consultant Act, ANTITRUST L. BLOG, http://www.antitrustlawblog.com/2009/04/articles/article/korea−passes−foreign−legal−

개방 전이라도, 변호사 시장은 외국에서 받는 법학교육의 중요성과 외국 변호사의 존재로 인하여 세계화의 영향을 받고 있다. 이에 대하여 더 자세히 후술한다.

III. 한국 법률시장 참여자: 변호사

이 절에서는 이 연구의 데이터를 개관하고자 하는데, 법학교육, 실무 경험, 성별이라는 사항에 중점을 둔다. 데이터는 자격(credential), 인성(characteristics) 그리고 이력(experience)에 대한 로펌들의 선호를 비교하는 목적으로 한국 그리고 미국 소재의 로펌 웹사이트에서 추출되었다. 앞서 설명하였듯이 데이터는 3개의 변호사 그룹을 비교한다: (1) 한국 로펌에서 업무를 수행하고 있는 한국 변호사, (2) 한국 로펌에서 업무를 수행하고 있는 외국 변호사 그리고 (3) 미국계 로펌의 홍콩 지사에서 일하면서 한국 관련 문제에 집중하고 있는 변호사. 세 번째 집단(이른바 "홍콩 변호사"라고 불린다)은 재외국민과 한국계 미국인을 포함한, 민족적으로 한국인(ethnically Korean)으로 분류될 수 있는 자들에 한한다. 이러한 제한을 둔 것은 한국 로펌에서 일하는 외국 변호사(그룹2)와 홍콩 변호사 간의 대체가능성과 본질적 유사성을 알아보기 위해서이다. 우리는 그룹2와 그룹3이 한국의 사법시험 체제의 규제방식에 의해 유사하게 영향을 받을 것이라고 예상하였다. 사법시험의 낮은 합격률과 합격을 위해 준비하며 투자하는 시간이 무의미할지 모른다는 결과에 대한 불확실성이 법조계에 종사하고픈 학생들을 "밀어낸다"는 것이다.[51] 따라서, 우리는(민족적으로든 국적에 의해서든) 한국에서의 경험과 개인적 접점을 모두 가지고 있는 미국계 로펌의 변호사들에 초점을 맞추었다. 그룹2와 그룹3 모두 주로 '민족적으로 한국인'인 변호사들로 구성되어 있다는 것이 일반적인 견해이다. <미국 변호

---

consultant − act − opening − the − countrys − legal − service − market − to − law − firms − in − foreign − countries − that − are − parties − to − effective − free − trade − agreements − with − korea/(4/13/2009) 참조.

51) Dezalay and Garth, *supra* note 28, 95~96면 참조. (낮은 변호사시험 합격률의 영향을 설명하고 있다.)

사 > (American Lawyer)에 기고한 Anthony Lin에 따르면, "사실상 미국계 로펌에서 수행하는 모든 한국 관련 업무는 한국인 또는 한국계 미국인 변호사들에 의해 이끌어지거나 주로 그들로 채워진다".52) 김성현은 그룹2를 대부분 "한국계 미국인 변호사들 … 그들 중 다수는 미국으로 이민간 자들이지만, 한국에서 대학을 졸업하고 미국 변호사 자격증을 얻는 한국인의 수가 급속하게 증가하고 있다"고 설명하였다.53) 그러므로 우리의 초점은 미국(또는 다른 국가)에서 공부하도록 "내밀려" 한국과 홍콩에서 일하는 외국 변호사(그룹2와 그룹3) 풀을 구성하는 변호사들에 맞추어졌다. 본질적으로 우리는 국내 로펌과 미국계 로펌이 서로 다른 특징이나 이력을 선호하는지 여부와 한국의 제도방식에 의하여 가장 직접적인 영향을 받는 변호사들에게 비슷한 기회를 제공하는지 여부를 알고 싶었다.54)

데이터는 2011년에 수집되었다. 아래에 데이터 수집과 코딩 방법을 설명하고, 변호사들을 앞서 언급한 세 개의 그룹으로 범주화하면서 데이터의 전체적 특징을 분석했다. 그리고 나서 우리는 한국 로펌과 미국계 로펌 사이의 선호도를 구별하기 위하여 로스쿨 평판과 성별을 포함한 특정 기준들을 기초로 그룹들을 비교했다.

우리는 5개의 국제업무에 특화된 한국 대형 로펌들의 웹사이트상에 표시된 각 변호사의 프로필로부터 신상정보를 검토하고 코드화했다.55) 코드화한 특징들 중에는 로펌 내의 지위(파트너, 어쏘시에이트 등), 성별, 교육(대학과 로스쿨에서의 취득학위), 언어, 업무 분야와 과거 직장 이력이 있었다. 모든 관련 정보들이 변호사 프로필에 공개되었다고는 확신할 수는 없으나 데이터는 오직 공개된 정보만을 반영하였다. 예컨대 과거 직장 이력에 관한 설명은 다른 정보의 범주와 같이 일관되게 기록될 수 없을 것이다. 우리는 총 5개의 한국 로펌에서 일하고 있는 1,510명의 변호사들의 신상 정보를 수집하였다.

---

52) Anthony Lin, Seoul Proprietors, AM. LAWYER, Oct. 2007.

53) Kim Seong-Hyun, *supra* note 11, 10면.

54) 그러나, 우리는 재외국민과 민족적으로 한국인인 자들을 일관되게 구분할 수 없었고 미국계 로펌에 관하여 두 그룹 정보를 모두 얻었다(한국 민족성 또는 민족적으로 한국인이라는 용어는 두 그룹 모두를 지칭하는 데 사용될 것이다).

55) 한국 로펌으로부터의 데이터는 2011년 5~6월 사이에 수집되었다.

미국계 로펌에 관하여, 우리는 어떤 로펌이 한국에 특화된 업무를 수행하고 있는지와 이러한 업무를 수행하는 변호사들이 근무하고 있는 곳이 어딘지를 알아내기 위하여 미국계 로펌 웹사이트를 조사하기 시작하였다. 홍콩이 가장 많은 것으로 드러났고,[56] 우리는 인바운드이든 아웃바운드이든 한국 문제와 고객을 주된 업무로 삼는 변호사들이 근무하고 있는 홍콩 지사를 가진 미국계 로펌들을 찾아내는 데 주력하였다. 그 결과 14개의 로펌들을 찾아냈고 이후 업무에 참여하는 변호사들의 프로필을 검토하였다. 조사는 민족적으로 한국인이면서 동시에 한국 관련 업무에 참여하는 변호사들을 찾아내는 것을 목표로 하였다. 민족적으로 한국인이라는 증거는 변호사의 이름, 사진, 언어 그리고, 특정 경우에는, 학교 정보와, 한국에서 했던 다른 활동들과 국적을 기초로 하였다. 결과적으로 민족적으로 한국인으로 분류될 수 있는 59명의 변호사를 찾았고 그들의 프로필을 위에 언급한 한국 로펌 변호사들의 경우와 같은 특징들로 코드화하였다.[57]

국제 기업 업무에 특화된 변호사와 한국계 로펌 집단 전체에 관하여든, 한국에 특화된 업무와 관련이 있는 글로벌 로펌에 관하여든 표본으로부터 대표성을 입증해내는 것은 불가능하다. 연구를 위하여 선정한 5개의 한국 로펌에 대해 포괄적으로 접근하였다고 하더라도 우리는 국제업무에 특화된 다른 기업들(corporate firms)을 평가하는 데 필요한 정보를 가지고 있지 않다. 또한, 우리가 미국계 로펌에서 일하고 있는 변호사들의 한국 민족성에 대하여 초점을 맞춤으로써 이 로펌에서 한국 관련 업무에 참여하고 있는 더 광범위한 변호사 그룹을 반영하지 못할 수도 있다. 그보다는 우리의 연구는 데이터 속 특정 변호사들의 프로필에 반영된 선호에 관한 사례 연구에 해당한다. 다음의 분석은 시장 개방과 로스쿨 졸업자들의 위 로펌들로의 유입 이전과 이후의 한국 법률 서비스시장을 연구하는 데 하나의 이정표를 제시한다.[58]

---

56) Lin, *supra* note 52 참조. (홍콩이 이러한 업무들이 수행되는 일반적 장소임을 확인하고 있다).

57) 미국계 로펌에 대한 데이터는 2011년 10월에 수집되었다.

58) 한국 로펌들은 새로운 법학전문대학원제도 하의 졸업생들이 법률 시장에 처음으로 나온 2012년부터 채용하기 시작하였다. 따라서 2011년 데이터는 이러한 변화를 비교하는데 매우 적합하다.

표 9-1	데이터집단 속 변호사들의 일반적 특성(n=1569)[59]
한국 변호사	79.0%
한국 외 다른 국가에서만 변호사 자격을 얻은 변호사	21.0%
미국 변호사	28.6%
성별: 남성의 비율(%)	80.9%
민족적으로 한국인	97.2%

데이터집단 속 변호사들의 일반적 특징은 <표 9-1>에 나타나 있다. 일반적으로 대부분의 변호사들은 세 가지 특징을 공유한다: 그들은 한국에서 변호사 자격을 취득하였고, 민족적으로 한국인이며 남성이다. 한국에서 변호사 자격을 취득하지 않은 변호사들 중 대부분(84.1%)은 미국에서 변호사 자격을 취득하였다.

우리는 한국 로펌에서 일하고 있는 1,230명의 한국 변호사들을 찾아냈고, 그들 모두는 민족적으로 한국인이었다. <표 9-2>는 이 그룹의 기본적 특징 중 일부를 나타낸다. 구체적으로, 조사 대상 변호사들이 다녔던 대학교와 법학 학사학위를 취득하였는지 여부를 나타내고 있다. 조사 대상 변호사들이 속하였던 한국의 사법시험 체제하에서 최초의 법학 학위는 학사 과정에서 취득한 법학사(LL.B.)이다. 교육은 다음에 더 자세히 논의된다; 우리의 초점은 세 개의 명문 대학교에 초점을 맞추고 있음을 지적하고자 한다 서울대학교, 고려대학교 그리고 연세대학교("SKY") 세 학교는 우리의 샘플에서 상당한 비중을 차지하고 있다.[60]

---

59) 변호사 시험 합격은 배타적이지 않으므로, 한국, 미국 그리고 다른 곳에서 자격을 취득한 사람들이 세 그룹 모두에 보고되었다.

60) Andrea Matles Savada and William Shaw, South Korea: A Country Study, WASHINGTON: GPO FOR THE LIBRARY OF CONGRESS (1990). (http://countrystudies.us/south-korea/37.htm에서 확인 가능). (군의 최고계층이 사관학교 출신이라는 점을 제외하고는, 전후 한국의 엘리트는 한 가지 특징을 공유하고 있다. 그들은 가장 명성 높은 대학교들의 졸업생이다. 이러한 학교들의 위계가 잘 정립되어 있는데, 위계의 가장 정점에 서울대학교가 있고 연세대학교와 고려대학교가 이를 뒤따른다. Lin, *supra* note 52, 2면도 참조. 한국인의 생각 속에서는 서울대학교가 미국인들이 하버드대학교에 대해 생각하는 것보다도 더 크게 여겨지는 학교라고 설명하고 있다.)

| 표 9-2 | 한국 로펌에서 일하는 한국 변호사들의 일반적 특성(n=1240) |

	5개의 로펌에서 일하고 있는 모든 한국 변호사들의 비율(%)
성별:	
(ⅰ) 남성의 비율(%)	83.1%
교육:	
(ⅰ) SKY에서 학위를 취득한 비율(%)	92.0%[61]
(ⅱ) LL.B(법학학사학위)를 취득한 비율(%)[62]	78.1%
(a) SKY LL.B를 취득한 비율(%)	91.2%
외국 변호사 자격:	
(ⅰ) 외국에서 제2변호사 자격을 취득한 비율(%)	14.3%

비슷한 정보가 <표 9-3>의 한국에서 변호사 자격을 취득하지 않았으나 한국 로펌과 일하고 있는 변호사들(그룹2, "외국 변호사들"로 지칭하는 자들)에게서도 드러난다. 여기서 외국 변호사 그룹의 한국과의 연결성 정도의 다양성에 대해 언급하는 것은 의미가 있다. 거의 3분의 1(30.0%)이 한국에서 학사학위를 취득한 강한 연결고리를 갖고 있었다. 또 다른 45.9%는 상대적으로 느슨한 연결고리를 가지고 있는 것으로 나타났는데, 그들은 민족적으로는 한국인이나 미국에서 대학교를 졸업하였다.[63] 반면에 외국에서 자격을 취득한 변호사들 중 일부는 성인이 될 때까지 한국과 적은 연결고리를 갖거나 아무런 연결고리를 갖지 못하였다.[64] 이들은 프로필 분석을 기초로 할 때, 민족적으로

---

61) 2014년 3월에 5개의 로펌 웹사이트 조사를 통해 수집한 최근의 정보에 따르면 5개의 로펌에서 채용한 SKY 졸업생의 비율은 감소하는 듯 보인다: 2014년 3월 5개의 로펌은 2012년부터 (한국) 로스쿨을 졸업한 133명의 변호사를 채용했다. 그들 중 104명(78.1%)은 SKY 로스쿨 졸업생이었다. 이와 밀접하게 106명(79.6%)은 SKY에서 학사학위를 취득하였다. 이는 2011년 데이터에 비교하여 약간 줄어든 모습이나, SKY가 여전히 지배적이다.

62) LL.B는 법학학사학위이다.

63) Hilary Potkewitz, Law Firms' Seoul Food, CRAIN'S NEW YORK BUSINESS (JAN. 20, 2008), http://www.crainsnewyork.com/article/20080120/SUB/771027369/law-firms-seoul-food (25살의 카르도소 로스쿨(Cardozo School of Law) 3학년 학생인 오유리 씨는 서울에서 태어났고, 미국에서 9학년 때부터 있었다고 묘사하고 있다).

64) Jeffrey D. Jones의 프로필 참조. (http://www.kimchang.com/frame2.jsp?lang=2&b_id=87&mode=view&idx=2416). (Jeffrey Jones를 1980년부터 한국에서 업무를 수행해 왔으며, 한국에서 활동중인 대부분의 외국 투자자들과 관련을 맺어온 외국 변호사로 묘사하고 있다).

표 9-3	한국 로펌에서 일하는 외국 변호사들의 일반적 특성

	5개의 한국 로펌에서 일하고 있는 외국 변호사의 비율(%)
성별:	
(i) 남성의 비율(%)	72.2%
교육:	
(i) 한국에서 학사학위를 취득한 비율(%)	30.0%
(a) LL.B(법학학사학위)를 취득한 비율(%)	34.6%
(ii) 미국에서 법학 학위를 취득한 비율(%)	83.3%
(a) 미국에서 법학 학위와 더불어 학사학위도 취득한 비율(%)	62.7%
(b) 미국에서 법학학위를 취득하였고 한국에서 학사학위를 취득한 비율(%)	34.2%
변호사 자격을 취득한 지역(최소 5명 이상의 변호사들이 있는 지역만을 표시)	
(i) 미국에서 자격을 취득한 외국 변호사의 비율(%)	84.1%
(ii) 중국에서 자격을 취득한 외국 변호사의 비율(%)	5.6%
(iii) 캐나다에서 자격을 취득한 외국 변호사의 비율(%)	2.6%

한국인인 외국 변호사들 중 대략 15.9%를 차지하였고, 한국에서 학사 학위를 취득한 바도 없었다.

　<표 9-4>는 민족적으로 한국인이고 미국계 로펌의 홍콩지사에서 한국에 특화된 업무를 수행하고 있는 홍콩 변호사(그룹3)의 일반적 특징을 보여준다.

　<표 9-4>가 보여주듯이, 데이터집단에서 압도적으로 많은 수의 변호사들이 한국 변호사 자격증을 가지고 있었다. 그러나 한국 로펌에서 일하는 변호사들 중 4분의 1 이상(28.6%)은 한국 외 다른 국가에서 변호사 자격을 취득하였다. 이들 중 일부는 한국에서도 변호사 자격을 취득하였다. 이러한 사실은 해당 로펌들이 외국에서 변호사 자격을 취득하기 위하여 상당한 정도의 투자를 하고 있음을 보여주며, 그들의 자국 본사들의 특징인 해외지향적 전략을 반영한다. 한국 로펌 본사에서의 한국 변호사와 외국 변호사의 집합은 미국계 로펌들이 그들의 해외 지사와 그곳에서의 업무에 대하여 취하는 "글로컬(glocal)"

표 9-4	홍콩 소재 미국계 로펌에서 일하는 한국인계 변호사들의 일반적인 특성 ("홍콩 변호사들")(n=59)

	홍콩 변호사의 비율(%)
성별	
(ⅰ) 남성	72.9%
교육:	
(ⅰ) 한국에서 학사학위를 취득한 비율(%)	23.7%
(a) 한국 SKY 대학교에서 학사학위를 취득한 비율(%)	100%
(b) 한국에서 LL.B(법학학사학위)를 취득한 비율(%)	21.4%
(ⅱ) 미국 로스쿨을 졸업한 비율(%)	76.3%
(a) 미국 로스쿨을 졸업하고 J.D.(법학박사학위)를 취득한 비율(%)	97.8%
변호사 자격을 취득한 지역(최소 4명의 변호사들이 나타낸 곳만을 표시):	
(ⅰ) 미국에서도 변호사 자격을 취득한 홍콩 변호사의 비율(%)	76.3%

접근방식을 그대로 보여준다.[65] 미국계 로펌에 대한 글로컬 접근방식은 해외지사에 있어서 해당 지역에 대한 지식을 가지고 있으며 그 지역에서 교육받고 변호사 자격을 갖춘 변호사들과 로펌의 본사와 의사소통해나가고 로펌의 미국 정체성을 대표하는 미국 로스쿨 졸업생들 모두를 결합시키는 것을 포함한다. 그러나 글로컬 전략은 대부분의 미국계 로펌에서 본사 직원 채용에까지 다다르지는 못했다. 이 전략은 그들 로펌의 해외지사로 제한된다. 한국 로펌들이 자국에서 글로컬 전략을 추구하는 방식을 보다 잘 이해하기 위하여, 우리는 다음 부분에서 한국 로펌 변호사들의 특성, 자격 그리고 이력을 분석하였다.

분석은 변호사와 로펌 모두를 아우르는데, 이는 둘 다 제도, 법학교육 그리고 다른 요소들의 변화로 인하여 영향을 받을 것으로 예상되는 잠재적 경쟁

---

65) Roland Robertson, Comments on the "Global Triad" and "Glocalization", in GLOBALIZATION AND INDIGENOUS CULTURE (Inoue Nobutaka ed., 1997) 참조. (http://www2.kokugakuin. ac.jp/ijcc/wp/global/15robertson.html에서 확인 가능). ('글로컬리제이션(glocalization)'이 세계화와 국지화 경향 두 가지의 동시성 함께 존재를 의미하기 때문이다.); Roland Robertson, Globalization Theory 2000+: Major Problematics, in HANDBOOK OF SOCIAL THEORY 458, (George Ritzer and Barry Smart, eds., 2001)도 참조. (글로컬리제이션의 개념을 세계적 균질화와 지역적 차별화로 지나치게 단순화된 이분화에 대한 교정으로, 세계시장과 지역 시장, 문화, 정체성 그리고 관습 사이의 상호작용에 대한 생각을 그 특징으로 한다고 소개하고 있다). Silver, Phelan and Rabinowitz, supra note 2도 참조(글로벌 로펌에 대하여 설명하고 있다).

자들이기 때문이다. 잠재적 경쟁자들은 첫째, 국제적인 한국 법률시장에서 고객들을 대표하는 데 특화된 한국 그리고 미국계 로펌들이고, 둘째는 외국에서 변호사 자격을 갖춘 개인들(그룹2)과 미국계 로펌의 홍콩지사에서 근무하는 변호사들(그룹3)이다. 그들은 로펌을 구성하고 로펌들이 국경을 넘어서 고객과 한국의 국제적 법률시장에 참여하고 있는 다른 사람들에게 보다 더 잘 다가갈 수 있도록 돕는다. 두 단계 —개인과 로펌— 의 비교를 통하여 우리는, 로펌의 선호도와 변호사 프로필에 있어서의 차이를 드러내는 양자간의 상호작용을 조명하고자 한다.66) 이는 그들의 정체성과 관련하여 기회와 도전을 제시할 것이다. 또한, 미국(그리고 다른 외국) 로펌이 서울로 오고, 새로운 법학전문대학원 제도가 변호사시험을 통과한 졸업생들을 배출하여 그들이 더 개방되고 어쩌면 더 경쟁적인 맥락 속에서 변호사 업무를 시작함에 따라, 개방의 결과를 다루는 후속 연구에 기준을 제시하고자 한다.

1. 법학 교육: 법률 서비스에 관한 한국 시장의 세 가지 요소

교육은 로펌과 로펌의 클라이언트들이 인식하고 있는 자원 투자 방식이다. 교육은 한국 내부와 외부 모두에서 중요한 이력과 학력을 얻는 하나의 경로이다. 일부 경우에, 교육은 또한 변호사업무를 하기 위한 보다 형식적인 자격으로 이어지기도 한다. 그러나, 자격을 취득하는 목적 이외에도 우리가 연구하는 변호사들의 학력(educational credential)은 평판의 중요성과 특정 맥락에서 유창성과 안락함을 획득하는 것의 중요성을 반영한다. 이는 교육이 사회적 이동성(social mobility) 수단으로 작용하는 한국에서 특별한 의미를 지닌다.67) 동시에, 로펌들에게 교육은 로펌의 평판과 더불어 뛰어난 인재를 두고 성공적으로 경쟁할 수 있는 능력을 강화시키는 신호로 작용할 수 있다.68) 이 부분에서

---

66) Swethaa Ballakrishnen, "Why is Gender a Form of Diversity?: Rising Advantages for Women in Global Indian Law Firms," 20 IND. J. GLOBAL LEGAL STUD. 1261, (2013) (로펌과 개별 변호사 둘다를 연구하는 것의 상호작용과 중요성을 논의하고 있다).

67) BRUCE CUMINGS, KOREA'S PLACE IN THE SUN: A MODERN HISTORY 59, (1996)를 개괄적으로 참조 (시스템을 지탱하고 있는 실질적인 접착제는 교육이었다).

68) Silver, *supra* note 3, pp. 10~12 (중국 로펌들이 실질적인 전문분야를 개발해나가고 있었음에 따라 WTO 분쟁에 있어서의 중국 로펌의 경험 미숙에 대하여 설명하고 있다.)

우리는 가능한 범위 내에서 세 그룹의 변호사들의 학력을 분석하고 비교한다.

변호사들이 첫 법학 학위를 취득한 교육기관의 평판에 우선 초점을 맞추어 보도록 한다. 한국 로펌에서 일하고 있는 한국 변호사들(그룹1)의 경우, 한국 사회에 존재하는 위계질서가 그들의 경험을 구성하고 그들이 다닌 학교를 크게 강조하게 한다.[69] 이 변호사들은 학연을 통하여 중요한 관계를 맺고, 그들 사이의 관계는 한국에서 고객을 얻고, 고객을 대표하는데 필요한 것들 중 큰 가치를 지닌 도구이다. 미국에서 교육받고 변호사 자격을 취득한 변호사로서, 유수의 한국, 영국, 그리고 미국계 로펌과 다양한 관련 업무를 수행해왔던 강효영은 말한다, "한국 로펌에 들어가는 젊은 변호사들은 그들이 예컨대 서울대학교에서 알게된 선배의 멘토링과 조언을 기대할 수 있다는 점을 알고 있다. 사실, 한국 사회에서 이러한 학연은 평생 지속되며 졸업생의 직업적 네트워크의 대부분은 물론이고 사회적 네트워크의 큰 부분을 차지한다."[70] 평판은 따라서 실질적 결과를 가져올 뿐만 아니라 그 자체로도 가치가 크다.

한국 변호사들에게 교육적 평판의 근원은 학위 취득기관이다. 이와 대조적으로 외국 변호사와 홍콩 변호사 그룹(각각 그룹2와 그룹3)은 미국 J.D.와 관련이 있다. <표 9-2>에서 드러났듯이, 92%의 한국 변호사들은 세 개의 명문 대학교인 SKY 대학교 중 한 곳에서 학사학위를 취득하였다.[71] 한국 로펌에

---

69) 사실, 한국과 강한 유대관계를 맺고 있는 일부 변호사들은 우리에게 한국에서 대학과의 연결뿐만 아니라 고등학교 또한 매우 중요하다고 설명하였다. Brendon Carr, Dominance of SKY universities nearly complete in legal profession, KOREAN TOP NEWS (Oct. 26, 2008)를 읽어보아라, http://koreantopnews.com/Business/Dominance_of_SKY_Universities_Nearly_Complete_in_Legal_Profession/에서 확인 가능. (한국 사회와 언제였든지간에 접점을 가지고 있는 사람이라면 학연, 그리고 이로 인한 대학 입학시험의 중요성에 친숙할 것이다. 수도에 위치한 세 개의 대학교 서울대(S), 고려대(K), 그리고 연세대(Y)의 불경스러운 삼두정치는 해머로크 정도의 영향력과 힘을 지니고 있어 십대들은 덜 좋은 대학교에 가기보다는 일년을 기다려 시험을 한 번 더 치르거나, SKY졸업장 없는 인생의 운명에 대해 희망이 없음을 느끼며 스스로 목숨을 끊는다.). Sunwoong Kim, Rapid Expansion of Higher Education in South Korea: Political Economy of Education Fever, in THE WORLDWIDE TRANSFORMATION OF HIGHER EDUCATION 223 (Alexander Wiseman ed., 2008)을 개괄적으로 참조.

70) Lin, *supra* note 52, p. 2.

71) (2012년 이래로 채용된 SKY 졸업생의 비율과 관련하여) *Supra* note 62 참조. (채용에 있어서 SKY의 지배가 소폭 감소한 것에 대하여 5개 회사 중 하나의 전직 파트너가 제시한 한 가지 가능한 설명은 대형 로펌들 중 일부가 비-SKY 법학전문대학원 졸업생들을 포함하는 채용 형태로 다각해야 한다고 느꼈기 때문이다. 이 정보원은 최소 1개의 회사가 SKY가 아닌 법학전문대학원 출신의 신입 변호사들을 채용하기 시작했다고 전했다.).

서 근무하고 있는 한국 변호사의 약 4분의 3(71.0%)은 SKY 대학 중 하나에서
법학사를 취득한 것으로 보고되었으며, 달리 말하면 SKY 대학 중 한 곳에서
졸업한 학생들 중 77.3%가 그 대학에서 법학사를 취득하였다. 그러나 서울대
학교의 영향력은 이 수치들에 나타난 것보다도 강력하다. 어느 학사학위든지
SKY 대학 중 한 곳에서 학위를 취득한 한국 변호사 중 80%를 조금 넘는 비율
(80.4%)의 변호사들이 서울대학교를 졸업하였다. 동시에 SKY에서 법학사를 취
득한 변호사 중 78.3%가 서울대학교에서 학위를 취득하였다.

　　SKY 대학, 그리고 특히 서울대학교의 우세함에 대한 한 가지 해석은 대형
로펌들이 위 대학 출신들을 강하게 선호한다는 것이다. 하지만 명문대학교 졸
업생들의 편중을 해석하는 것은 한국의 사법시험의 역할과 복잡하게 얽혀 있
다. 데이터집단의 변호사들이 속해 있던 사법시험 제도 하에서는, 낮은 합격률
로 인하여 시험 통과 자체가 장래의 고용주들에게 자질과 관련하여 강한 신호
로 작용하였다. 미국에서는 반대로 변호사시험을 통과할 확률이 상당히 높아
변호사시험 통과만으로는 자질을 보장하지 못한다.

　　이와 밀접하게, SKY 졸업생의 우세에 대한 또다른 설명은 법학교육제도
의 개혁을 이끌었던 낮은 <u>사법시험 합격률</u>로부터 비롯된다. 이에 따르면, 우리
의 데이터집단에 속한 변호사들 거의 대부분이 변호사 자격을 취득하였던 시
기 동안에 한국에서 사법시험 합격자 수는 매우 적었기 때문에 사법시험 합격
자 풀에서 SKY 졸업생 특히 서울대학교 졸업생이 우세하였고 이 점이 우리 데
이터집단의 한국 대형 로펌들에 SKY 그리고 서울대학교 졸업생들이 편중된
주된 설명이라는 것이다. 즉, 이 주장에 따르면 한국 로펌들은 SKY 졸업생들
을 선호하는 것이 아니라 사법시험 통과자 풀에서, 결과적으로는 SKY 졸업생
들이 지배적인 사법연수원 졸업생들 풀에서 뽑은 것에 불과하다는 것이다.[72]
두 설명 중 어떤 것이 한국 로펌의 채용 결정에 영향을 미쳤는지를 알기 위해
서는 향후(법학교육 개혁 이후의 채용분석을 포함하여) 더 많은 연구가 필요하다.

　　한국 로펌이 한국 변호사의 학위 기관과 관련하여 엘리트 학력을 선호한

---

72) 1963년에서 1998년까지의 사법연수원 졸업생의 누적 숫자는 17,303명이었다. 이 중 SKY 졸
　　업생은 11,994명(69.3%)이었다. 이와 비슷한 SKY 졸업생의 우세가 1998~2007사법연수원 졸
　　업생 데이터에서도 관찰된다(64.9%).

다는 점을 명확하게 하기 어렵다면, 한국 변호사의 한국 외 학력을 고려함으로써 그러한 경향을 확인할 수 있을 것이다. 외국에서의 법학 교육과 자격 취득과 관련하여 미국은 지배적 위치에 있다. 이는 그룹2와 그룹3의 변호사들에게도 마찬가지다. 변호사 자격 취득과 관련하여 한국 로펌에서 근무하고 있는 변호사 중 4분의 1을 약간 넘는(26.8%) 숫자가 미국에서 변호사 자격을 얻는다. 이는 한국 변호사 중 14.3%를 포함하며, 그룹2 외국 변호사의 84.1%를 포함한다. 홍콩 변호사의 4분의 3(76.3%) 이상 역시 미국에서 변호사 자격을 취득하였다. 그러나 교육과 관련하여 미국과의 관계는 더 강하다. 연구 대상 변호사들 중 거의 40%(38.9%)가 J.D.이든 LL.B이든 다른 학위이든 간에 미국 로스쿨을 졸업하였다. 그러나 미국의 중요성은 데이터집단의 한국 외에서 학위를 취득한 변호사들의 92.7%가 미국 로스쿨의 졸업생이라는 사실에서 보다 정확하게 드러난다.[73]

<표 9-5>는 각 세 개의 그룹에서 미국 법학 학위를 취득한 변호사의 비율과 그 중 J.D. 또는 LL.B를 취득한 변호사의 비율을 보여준다. 일반적 양상은 꽤 명확하다. 한국 변호사들(그룹1)은 LL.B를 선호하는 반면에 한국 로펌에 있는 외국 변호사들(그룹2)과 홍콩 변호사(그룹3)는 J.D.를 선호한다. (J.D.에 대한 선호는 그룹3이 제일 강하다).

미국의 강한 영향력은 여러 요소와 관련이 있다. 국제 상거래에서의 영어

표 9-5 변호사들의 미국 교육 경험(n=1569)			
	한국 변호사 (그룹1)	한국에서 근무하는 외국 변호사 (그룹2)	홍콩 변호사 (그룹3)
미국 법학 학위를 취득한 비율(%)	27.2%	83.3%	76.3%[74]
LL.B(법학학사학위)를 취득한 비율	95.3%	11.6%	2.2%
J.D.(법학박사학위)를 취득한 비율	1.8%	87.6%	97.8%

73) 이는 방문학자(Visiting scholars)나 학위취득 없이 미국 법학 교육을 받은 변호사들을 고려하지 않은 수치이다.

74) 추가적으로 홍콩 변호사 중 8.5%는 첫 법학 교육을 미국 외 영어권의 관습법 관할국가에서 받았다. 나머지 홍콩 변호사들의 경우 그들이 법학 교육을 받은 곳을 표시할 수 있을 정도의 충분한 정보를 갖고 있지 않았다.

가 갖는 중요성은 영어권 국가에서 공부하는 것에 보다 큰 비중을 두게 한다. 한국의 대형 로펌에의 미국 고객들의 중요성은 한국 학생들을 수용하는 국가로서 미국의 역할을 공고히 한다. 또한, 변호사 자격을 얻을 확률 역시 중요하다. 미국의 몇몇 주는 그들의 출신국에서의 변호사 자격 취득 여부와 상관없이 외국 로스쿨 졸업생들을 환영하며,[75] 시민권 소지 여부는 미국에서 변호사 시험을 치르는 데 장벽이 되지 않는다.[76]

한국 변호사 그룹의 미국 법학 교육과 관련하여서도 엘리트 학력에 대한 선호는 똑같이 두드러진다. 학교별 명성을 나타내는 U.S. News 순위표를 이용하였을 때, <표 9-6>은 미국에서 LL.M을 취득한 한국 변호사 중 45% 이상이 상위 10위에 속하는 로스쿨에 다녔다는 사실을 보여준다. U.S. News 순위는 물론 특정 학교의 매력이나 장래의 고용자들에게 보내는 신호를 결정짓는 또다른 영향요소들 — 특정 교수진의 존재와 미국 내 변호사연구프로그램에 대한 실질적 관심, 로스쿨의 위치와 졸업생 사이의 유대관계 등 — 과는 사뭇 다른 평판을 단지 대략적으로 평가한 것일 수도 있다. 하지만 U.S. News는 지원자들에게 중요하게 고려된다. U.S. News의 순위는 숫자 하나만으로 학교의 명성을 알 수 있는 간편함을 가지고 있어, 학교들의 명성 간 미묘한 차이를 이해하는 일을 단순화시킨다. 전 세계의 학생들이 특정 로스쿨을 어떻게 선택했는지를 설명하는 데 이 순위표가 일반적으로 인용되고 있다.[77]

<표 9-6>은(<표 9-5>에서 나타난) 미국 법학 학위를 취득한 변호사들의 로스쿨 학력을 분석하기 위하여 세 그룹의 변호사들을 비교한다. 각각의 그룹에 대하여 우리는 그 그룹에서 지배적으로 취득하고 있는 학위만을 살펴본다: 한국 변호사(그룹1)의 경우 LL.M이며, 그룹2와 그룹3의 경우는 J.D.이다. 결과를 보면 두 개의 J.D. 그룹 사이에 두드러지는 차이가 나타난다. 상위 10

---

75) Routes to Qualifying, THE LAW SOCIETY 참조, (http://www.lawsociety.org.uk/careers/ becoming−a−solicitor/routes−to−qualifying/에서 확인 가능).
   (해외에서 교육을 마친 변호사들에게 자격을 부여하는 것에 대한 새로운 규제방식은, 예를 들어 영국에서는 지원자가 자국에서 변호사 자격을 취득할 것을 요구한다.)
76) In Re Griffiths, 413 U.S. 7, (1973) (외국인의 변호사 활동을 금지한 코네티컷 주의 제도가 수정헌법 14조의 평등보호조항을 위배하였다고 판단).
77) Carole Silver, The Case of the Foreign Lawyer: Internationalizing the U.S. Legal Profession, 25 FORDHAM INT'L L.J. 1039, text and notes 43~45 and 53, (2002) 참조.

위 로스쿨을 졸업한 비율이 홍콩 변호사(그룹3)의 경우, 외국 변호사(그룹2) 그룹의 경우보다 두 배 이상으로 높다.

우선, 한국 변호사(그룹1)과 다른 두 그룹 사이의 직접적 비교는 차치한다. 같은 로스쿨에 진학하더라도 한국 변호사들이 추구하는 학위 과정(LL.M)이 갖는 차이는 그들이 상위권 로스쿨을 다닌다는 사실에 근거한 모든 추론을 복잡하게 만들어버린다. 한국 변호사들(그룹1)에게는 <표 9-6>에서도 나타났듯이 LL.M을 취득한 로스쿨이다. LL.M 과정에 입학하기 위한 경쟁은 J.D.과정 입학을 위한 경쟁과는 상당히 다른데, 이는 후자만이 LSAT 성적을 요구하고 U.S. News 로스쿨 순위를 시사하기 때문이다. 따라서, <표 9-6>으로부터 한국 변호사에 대하여 평판이 주는 신호가 예컨대 홍콩 변호사에 대한 신호와 유사하다거나, 한국 변호사 그룹이 높은 순위의 로스쿨을 다녔다는 사실이 서울의 같은 로펌에서 근무하는 외국 변호사와 비교하여 한국 변호사들의 자질을 나타낸다고 결론지어서는 안 된다. LL.M을 취득한 한국 변호사들은 로스쿨 입학에 있어서 J.D.를 취득한 변호사들과 같은 자리를 두고 경쟁하는 것이 아니다. 사실 일부 로스쿨의 경우, 두 그룹은 같은 교실에서 공부한다 하더라도 직접적 경쟁자라고 볼 수 없는데, 이는 정책상 LL.M 과정 학생들과 J.D.과정 학생들에게 다른 성적 부여제도를 운용하기 때문이다. 그럼에도 불구하고 한국 변호사 그룹에서 LL.M 취득 로스쿨의 평판은 학사 학위에 있어 SKY(특히 서울대학교)가 매우 중시되는 것과 마찬가지로 지배적이다. 이는 SKY 졸업자들이 변호사시험 합격자들을 과잉대표한다는 사실과 별개로 우리가 연구한 한국

표 9-6 학위를 취득한 미국 로스쿨의 U.S News 순위

학위를 취득한 로스쿨의 U.S News 순위	한국 변호사, LL.M 취득 경우(n=317)(1)	한국 로펌의 외국 변호사 (n=192)(2)	홍콩 변호사, J.D. 취득 경우(n=44)(3)
1-10	46.4%	22.4%	56.8%
11-25	41.0%	29.7%	36.4%
26-50	11.4%	20.3%	2.3%
51-100	1.3%	22.9%	4.5%
101 이상	-	4.7%	-

의 대형 로펌들이 SKY학력을 선발기준으로 활용할 수 있다는 것을 보여준다. 입학에 관하여 그룹 간 비교가 가능한지 여부와 상관없이, 엘리트 로스쿨과의 관계는 강한 신호를 보낸다.

더 직접적인 비교는 <표 9-6>에 포함된 두 개의 J.D. 졸업생 그룹(그룹 2와 3) 간의 비교를 통해 가능하다. 이들은 졸업 후 취업시장에서 보다 직접적인 경쟁관계에 있다. 홍콩 변호사 그룹을 이들 중 민족적으로 한국인인 변호사들로 제한함에 따라 우리는 그들이 갖고 있는 한국 관련 전문지식이 큰 장점이 될 수 있는 서울 또는 홍콩 근처에서 근무하는데 잠재적 이익을 가진 변호사들에 초점을 맞추었다.

두 J.D. 졸업생 그룹을 살펴보았을 때, 각 그룹의 졸업생들이 J.D.를 취득한 로스쿨의 U.S News 순위 차이는 매우 크다. 홍콩 변호사 그룹(그룹3)이 외국 변호사 그룹(그룹2)보다 상위 10위 로스쿨에 다닌 비율이 두 배 이상으로 높은 것으로 나타났다.[78] 이 현상을 설명하기 위해서는, 미국 로펌과 한국 로펌의 채용이 결정되는 맥락을 살펴보아야 한다. 홍콩 변호사 그룹(그룹3)[79]에 속한 로펌들과 같은 엘리트 미국 로펌들은 일반적으로 신입 로스쿨 졸업생을 채용하는 데 있어 상대적으로 엄격한 기준을 적용하는데, 그 기준 중(U.S News 순위가 제공하는 것을 포함한) 미국 로스쿨 평판이 두드러지게 중요하다. 일반적으로 엘리트 미국 로펌들의 채용은 상위 순위에 있는 로스쿨 졸업생들을 대상으로 하는 경향이 있고, 따라서 우리의 데이터집단에 속한 홍콩 변호사들의 93% 이상이 U.S News 상위 20위권 로스쿨에서 J.D.를 취득하였다는 사실은 놀라운 일이 아니다.

그렇다면 무엇이 외국 변호사들(그룹2)에 대한 한국 로펌들의 다른 성향을 설명하는가? 로스쿨 평판은 그들에게 무의미한가? 이는 한국 변호사들이 LL.M을 취득하는 로스쿨에 대한 자료와 일관되지 않는다. 자료는 SKY 대학이 한국 대학 중 우세적인 양상을 반영하듯 똑같이 순위를 의식하는 모습을 보인

---

78) 물론, 홍콩 J.D. 그룹의 변호사 수는 미국 J.D.를 취득하고 한국 로펌에서 일하고 있는 외국 변호사의 수에 비해 상당히 적다. (서울에 있는 미국에서 J.D.를 취득한 외국 변호사 그룹의 숫자의 4분의 1보다도 적다).

79) 홍콩 변호사 그룹에 포함된 로펌들은 그 명성이 높다. 그들은 <The American Lawyer>지에서 발간되는 미국에서 최고로 수익을 올리는 대형 로펌 리스트에 등재되어 있다.

다. 어쩌면 이에 대한 정답은 외국 변호사가 맡게 되는 역할 속에 있을지도 모른다. 이에 대하여 후술하겠다.

2. 실무 경험을 중심으로

국내 로펌에 소속된 국내 변호사들의 화려한 학력은, 로펌들이 국내 변호사를 채용하는 데 있어서 변호사가 졸업한 법학전문대학원의 명성을 일관되게 주요 평가요소로 삼고 있음을 알게 해준다. 그러나 외국 변호사를 채용하는데 있어서는 변호사의 학력이 그만큼 중시되지 않는 경향이 보인다. 이러한 차이를 설명하는 요인으로 국내 로펌이 주로 채용하고자 하는 대상인, 미국 변호사 자격을 취득하고 뛰어난 성과를 창출하는 한국 국적을 가지거나 민족적으로 한국인인(ethnic Korean) 변호사 수가 적다는 점을 들 수 있다. 또한, 외국 변호사들 입장에서는 국내 로펌에 소속되기보다는 미국 로펌의 홍콩 지사에 소속되어 한국 관련 업무를 처리하는 것이 보다 매력적으로 다가오는 측면도 있다. 한 변호사에 따르면, 국내 로펌에 소속된 외국 변호사들은 자신들의 역할이 국내 변호사에 종속되어 있다는 인식을 가지고 있으며, 이에 불만을 토로한다.[80] 한국 변호사들이 외국 변호사들을 얕잡아 보는 사례들도 있다.[81] 이러한 맥락에서 국내 대형 로펌들이 국내 변호사와 외국 변호사의 직책을 달리 설정하고 있다고 볼 수 있다. 국내 대형 로펌의 외국 변호사들은 변호사, 외국 변호사, 선임 외국 변호사로 주로 지칭되고, 구성원 변호사라는 직책은 거의 수여되지 않는다.[82] 물론 구성원 변호사라는 명칭이 수여되지 않아도, 개별적 계약을 통해 외국 변호사에게 구성원 변호사에 상응하는 보수 및 역할이 제공

---

80) See Int. #2 (on file with author) (국내 변호사로서 미국 J.D. 학위과정 수료 중. 국내 로펌에서 근무하며 국내 법률 사무 수행).

81) Chisholm, *supra* note 21, at 19 ("국내 변호사들이 외국 변호사들의 역할을 부차적으로 보는 이유는, 국내 변호사들이 외국 변호사들을 얕보기 때문이다.").

82) See Int. #11 (on file with author) (외국 변호사가 구성원 변호사로 지칭되지 않는 데에는 두 가지 이유가 있다. 첫째, 변호사법은 변호사가 변호사 아닌 자와 이익을 분배하는 것을 금지하고 있다. 외국 변호사는 변호사법이 규율하고 있는 변호사에 해당하지 않는다. 따라서 변호사법 문언상으로 외국 변호사는 로펌의 이익을 분배받는 구성원 변호사가 될 수 없다. 둘째, 변호사윤리장전은 외국 변호사에게 적용되지 않는다. 외국 변호사를 감독하는 국내 변호사에게 윤리장전이 적용되면서, 외국 변호사에게 윤리장전의 내용이 간접적으로 적용된다.).

될 수 있다. 다만, 앞서 언급된 요소들이 종합적으로 작용하여 외국인 변호사의 채용에 있어 외국 로펌, 특히 미국 로펌이 유리한 고지를 선점하게 된다고 볼 수 있다.[83]

채용 선호도를 이해하는 데 있어 외국 변호사의 역할이 무엇인지 알 필요가 있다. 국내 로펌에서 외국 변호사들은, 국내 로펌의 국제 경쟁력 제고 및 해외 업무 수행에 있어 핵심적인 역할을 담당하며, 기업 고객들을 변호하는 일상적인 업무도 담당한다. 한미 양국의 로펌에서 근무한 변호사에 따르면, 기업 법무 분야에서 외국 변호사들은 국내 법원에서 국내 고객을 변호하지 못한다는 점 외에는 국내 변호사와 다름 없는 업무를 담당하고 있다고 한다. 구체적으로, 외국 변호사들은 외국법에 대해 자문을 제공하며, 계약 조항들을 점검하며, 기업 고객을 대신하여 계약 협상을 진행한다.[84] 또 다른 변호사에 따르면, 국내 로펌들은 외국 변호사들을 채용하여, 이들로 하여금 인바운드(해외 기업의 한국 내 사건) 법무와 아웃바운드(한국 기업의 해외 사건) 법무를 담당하게 하였다. 외국 변호사들은 주로 인바운드 법무에 전념하였는데, 과거에는 아웃바운드 사건의 수가 인바운드 사건에 비해 적었기 때문이다. 그러나 한국 경제의 성장으로 인해 아웃바운드 사건의 수도 증가해왔다.[85] 이러한 관찰과 달리 Chisholm은, 국내 로펌에서 외국 변호사들의 역할은 통상적으로 로펌의 해외 고객들을 응대하는 데 있어 필요한 영어를 구사하는 역할에 국한되었음을 지적하였다.[86] Chisholm이 의견을 구한 몇몇 인사들은 위의 제한적 역할이 외국 변호사들의 유일한 역할이라고 하였으나, 이 언급에 대해서 Chisholm 자신은 동의하지 않음을 결론에 명시하고 있다.[87] 국내 로펌에서 외국 변호사가 수행하는 역할을 일률적으로 단정할 수 없다. 각 로펌의 인사정책과 개별 변호사의 특성에 따라 외국 변호사가 담당하는 역할에 차이가 있다. 다만 외국 변호사가 로펌 업무에 깊숙이 참여하는 경우와,[88] 제한적·종속적 역할만 담당하는 극

---

83) Int. #9 (on file with author) (미국 로펌에서 근무하고 있는 변호사).
84) Int. #4 (on file with author) (한국 국적의 미국 변호사로, 미국 로펌과 한국 로펌 근무 경험 있음).
85) Int. #2 (on file with author).
86) Chisholm, *supra* note 21, p. 19.
87) Id.
88) 이와 관련하여, 인터뷰 대상자는 다음과 같이 설명하였다. IMF 위기 시기(1997~98)에 영어를

단적인 경우[89] 모두 존재한다.

법률시장이 규제 변화에 대응하고 있는 현재 상황에서, 외국 변호사의 역할과 가치에 대한 논쟁은, 외국 변호사들이 국내외 로펌들에 자신들의 가치를 입증할 기회를 제공하고 있다. 국내 로펌들의 입장에서 외국 변호사들이 갖고 있는 해외 사안에 대한 전문성은 대체 불가능하다. 반면, 한국 법률 시장(legal services market)에 새로 진입하는 외국 로펌들의 입장에서는, 한국에서 활동하고 있는 외국 변호사들은 한국에 특화된 지식을 제공한다는 점에서 귀중한 자원이다. 상술하자면, 국내 로펌들에게 외국 변호사들의 외국 문화에 대한 이해도와 탁월한 언어 구사력은 해외 법무에서 국내외 고객들을 변호하는 데 있어서 반드시 필요하다. 국내 변호사가 해외 LL.M. 프로그램을 이수한다고 해도 외국 문화를 이해하고, 외국어를 구사하는 데 한계가 있을 수밖에 없다. 이와 달리, 외국 로펌들에게는 외국 변호사들의 한국 경험이 매력적으로 다가온다. 국내 로펌에 근무한 외국 변호사들은 외국 로펌들의 경쟁자인 국내 로펌들의 속사정까지 파악하고 있으며, 국내의 다양한 법률 사건을 처리하면서 고객, 규제권자, 기업 임원, 관료들과 폭넓은 인맥을 형성하였다. 이러한 경험이 축적되며 쌓은 국내 사안에 대한 외국 변호사의 전문성은, 외국 로펌들이 국내 법률시장에 연착륙하는 데 있어 큰 도움으로 작용할 개연성이 크다.

해외 로펌들이 국내에 지사를 설립할 수 있게 되면서, 변호사들의 특정 자격과 이력의 가치가 재조명될 수 있다. 해외 로펌들은 외국 변호사들의 전문성을 활용하기 위해 노력할 것으로 보인다. 이들 해외 로펌들의 채용에 있어 변호사들이 졸업한 법학전문대학원의 명성이 걸림돌이 되지는 않을 것으로 예상된다. 신규 변호사 채용에 있어서는 출신 법학전문대학원의 명성이 주요 요소로 작용할 수 있으나, 경력 변호사 채용, 더 나아가 해외 법률 시장에서의 변호사 채용에 있어서 출신 학교의 영향력은 그리 크지 않다. 법률 시장의 개방은 외국 변호사들이 자신들의 한국 법률경력을 이용하여 자신의 몸값을 높

능숙히 구사하면서 미국 관계자를 변호하거나 공격할 변호사에 대한 수요가 많았다. (실제이 시기에 많은 한국계 미국인들이 한국에 거주하기 위해 한국에 입국하였다.) 수요가 많았으므로, 조건을 충족한 변호사들은 쉽게 좋은 일자리를 구했으며, 구성원 변호사로 승진하는 경우도 많았다. 구성원 변호사로 승진한 후, 비슷한 경력을 가진 변호사들을 신규로 채용하였다. 개중에는 같은 로스쿨을 졸업한 동문들도 있었다. Int. #10 (on file with author).

89) Moon, *supra* note 11, pp. 12~13 (높은 가치와 낮은 가치 모두 설명).

이는 단초가 될 수 있다. 구체적으로, 국내 로펌에 소속되어 있는 외국 변호사가 해외 로펌으로 이직하거나, 현재 소속되어 있는 국내 로펌이나 다른 국내 로펌과 새로운 근로계약을 체결하는 경우를 상정할 수 있다. 또한 기업 법무팀에 소속된 외국 변호사들이 외국 로펌으로 이직하는 경우도 빈번할 것으로 보인다.[90] 종합하자면, 국내 로펌에서 근무하고 있는 외국 변호사들의 상대적으로 낮은 출신 로스쿨 평판도 국내 로펌에서 외국 변호사들의 제한적인 역할을 설명하는 하나의 요인이며, 이들이 미국 로펌의 홍콩 지사에 근무하지 못하는 이유 중 하나이다. 하지만 한국 법률 시장이 개방되고 국내외 로펌 간의 경쟁이 심화되면서 외국 변호사들의 상대적으로 낮은 출신 로스쿨 평판도 더 이상 걸림돌이 되지 않을 것으로 예상된다.

다만 외국 변호사들이 자신들의 경력을 최대한으로 활용하는 데 있어, 외국로펌과 이들 로펌에 소속된 변호사들을 규율하는 「외국법자문사법」의 자격 제도가 소정의 장애물이 될 수 있다. 앞에서 언급하였듯이, 법률시장이 개방되는 과정의 일환으로 외국 로펌과 이에 소속된 변호사들을 규율하는 규제 제도가 도입되었다. 이 제도에 따르면, 외국 로펌의 서울 지사에 소속된 외국 변호사는 외국법자문사의 자격승인을 받아야 한다. 외국법자문사의 자격승인을 받기 위한 요건으로, 외국 변호사는 외국법자문사 자격승인 신청 전에 일정 기간 이상 법률 사무를 수행한 경력이 있어야 한다. 이 요건은 외국 변호사가 변호사자격을 취득한 원자격국의 법령 등에 관한 자문 업무를 충실히 수행할 수 있는 역량을 갖추도록 하는 의도가 있다.[91] 미국 로펌에 위 규정을 적용하면, 서울 지사에 소속된 외국 변호사들은 일정 기간 이상의 법률 사무 경력을 갖추고 있어야 하며, 그 기간 중 최소한 1년은 미국에서 법률 사무를 수행해야 함을 의미한다.[92] 국내 로펌에서 근무하고 있는 몇몇 외국 변호사들은 이러한

---

90) Int. #9 (on file with author).

91) 외국법자문사법 제4조 제1항. '신청인이 외국법자문사의 자격승인을 받기 위하여는 외국 변호사의 자격을 취득한 후 원자격국에서 3년 이상 법률 사무를 수행한 경력이 있어야 한다.
외국법자문사법 제4조 제3항. '신청인이 대한민국에서 고용계약에 따라 사용자에 대하여 원자격국의 법령에 관한 조사·연구·보고 등의 사무를 근로자인 자기의 주된 업무로 수행한 경우에는 그 업무 수행 기간을 2년 이내의 범위에서 대통령령으로 정하는 바에 따라 제1항의 기간에 산입할 수 있다.
See also FOREIGN LEGAL CONSULTANT ACT GUIDEBOOK (pp. 25~29).

92) 외국법자문사법 제4조 제3항.

「외국법자문사법」의 자격승인 요건을 충족하지 못하는 경우가 있을 수 있으며, 규정을 충족하지 못하는 외국 변호사들의 경우 경쟁이 심화되는 개방된 법률시장에서 이직을 고려하며 자신의 몸값을 높이는 데 한계가 있을 수밖에 없다.

본 논문의 저자들은 국내 로펌 홈페이지에 게재된 소속 구성원들의 프로필을 참조하여 외국 변호사의 경력사항에 관한 정보를 수집하였다. 모든 외국 변호사들이 프로필에 현재 근무 중인 국내 로펌에 합류하기 전, 미국에서의 법률 사무 수행 경력을 기재하였는지는 확실치 않다. 다만 외국 변호사들이 미국에서의 법률 사무 수행 경력을 기재한 몇몇 사례가 있었다. 따라서 외국 변호사들이 그러한 경력을 기재하지 않는 경향이 있더라도, 이러한 경향이 국내 로펌이 외국 변호사들로 하여금 국내 로펌 근무 이전에 외국에서 수행한 법률 사무 경력을 의도적으로 기재하지 않도록 하는 정책 때문은 아니라고 간주할 수 있다. 구체적인 수치를 보자면, 미국 로스쿨을 졸업하고 국내 로펌에 근무하고 있는 외국 변호사의 25.3%만이 미국에서 법률 사무 수행 경력이 있었다.[93] 이와 달리 국내 변호사의 3%만이 미국에서의 법률 사무 경력이 있었다. 반면, 미국 로펌의 홍콩 지사에 소속된 외국 변호사의 7%만이 미국에서 법률 사무 경력이 있다고 기재하였으나, 이는 정확한 수치가 아니라고 추측된다. 홍콩 지사에서 근무하는 외국 변호사 중, 이전에 같은 로펌의 미국 본사에서 근무한 경력이 있는 변호사들이 별도로 미국 본사에서의 경력을 기재했을 것인지 명확하지 않기 때문이다.

미국에서의 법조 실무 경력은 국내 로펌에 소속된 외국 변호사 집단의 가치를 책정하는 데 있어 가장 중요하게 작용한다. 법조 실무 경력은 외국법자문사의 자격승인을 받기 위한 요건이며, 이 요건을 충족하여 외국법자문사의 자격승인을 받은 후에야, 국내 로펌의 외국 변호사들은 개방된 한국 법률 시장에서 다른 로펌으로의 이직을 무기로 자신의 몸값을 최대화 할 수 있기 때문이다. 「외국법자문사법」의 규정들은 국내 로펌과 그 소속 외국 변호사들에게는

---

93) 미국 로펌에서의 근무 경력을 미국에서의 법률 사무 수행 경력으로 계산하였다. 다만 미국 로펌에서 근무하였다고 하더라도, 명시적으로 미국이 아닌 타국에서 법률 사무를 수행하였다고 기재한 경우, 제외하였다.

적용되지 않는다.[94] 외국법자문사법이 국내 로펌에 적용되지 않음으로써 초래되는 결과는 다음과 같다. 첫째, 원자격국에서 법률사무를 수행하지 않은 외국 변호사들의 기회가 제한된다. 둘째, 외국 변호사들이 두 소집단으로 분화된다. 즉, 외국 로펌과 국내 로펌 모두에 취직 가능한 외국 변호사들과, 외국법자문사법 규정이 적용되지 않는 국내 로펌에만 취직 가능한 외국 변호사들로 구분된다. 이는 세계화가 기존에 존재하는 집단 간 균열을 심화시키는 속성과 맥락을 같이 한다.

이처럼, 외국 변호사들의 이력을 구성하고 있는 다양한 요소들이 상호작용하여 개별 외국 변호사의 추후 채용 가능성을 증대시키기도, 낮추기도 한다. 외국 변호사가 졸업한 미국 로스쿨의 평판도는 졸업 직후 미국에서 첫 직장을 구하는 데 주요하게 작용한다. 통계적으로도 출신 로스쿨의 평판도와 로스쿨을 갓 졸업한 신규 변호사들이 법률 사무에 종사할 기회 사이에 높은 상관관계가 있음이 밝혀졌지만[95] 법조 실무 경력이 축적되면서 출신 로스쿨의 평판도가 가지는 영향력은 감소한다. 하지만 미국에서 첫 직장을 구하는 데 있어서 출신 로스쿨의 명성이 가지는 영향력으로 인해, 외국 변호사들이 한국 법률 시장의 개방으로 인한 기회를 활용하는 데 출신 로스쿨의 명성이 제약 요소로 작용할 수 있다. 더 나아가, 한국의 「외국법자문사법」은 외국 변호사가 졸업한 로스쿨의 평판도가 가지는 영향력을 간접적으로 강화하는 체계를 가지고 있기 때문에, 출신 로스쿨은 외국 변호사가 한국에 진출한 해외 로펌과 관계를 형성하는 데 있어 지속적으로 영향을 미치게 된다. 「외국법자문사법」의 요건을 충

---

94) 외국법자문사법은 국내에 진출한 해외 로펌에 근무하고자 하는 외국 변호사에게만 적용된다. 이 경우 외국 변호사는 외국법자문사의 자격승인을 받은 후에야 국내에 진출한 해외 로펌에 고용될 수 있다. 외국법자문사법 3조. 일례로, 국내 대형 로펌 중 한 곳에 근무하고 있는 청년 외국 변호사는 외국법자문사의 자격승인을 신청하지 않았다. 이 청년 변호사의 경우 11~25위권에 있는 로스쿨을 졸업한 후, 미국에서 3년 동안 법률 사무를 수행하였다. 국내 로펌에 합류하기 전 원자격국에서 3년 법률 사무를 수행한 경력이 있어 외국법자문사 자격승인 요건을 갖추었으나, 선배 외국 변호사가 국내 로펌에 근무하는 기간 동안에는 외국법자문사 자격승인을 받지 않아도 된다고 조언하여 신청하지 않았다. 선배 외국 변호사는, 외국법자문사 자격승인은 외국법자문법률사무소로 이직할 때 필요하다는 언급을 했다고 한다. Int. #12 (on file with author).

95) Alfred L. Brophy, Ranking Law Schools with LSATs, Employment Outcomes, and Law Review Citations, (2014), http://papers.ssrn.com/sol3/papers.cfm?abstract_id=2456032에서 확인 가능 (U.S. News에서 발표되는 출신 로스쿨 순위와, 졸업 후 9개월 내에 J.D. 학위를 요건으로 하는 정규직 채용 사이에 상한 상관관계가 있음).

족시킬 수 있는 방안을 도출하기 위해 해외 로펌과 외국 변호사들이 협력할 가능성도 있다. 일례로, 해외 로펌이 한국에 활동 중인 외국 변호사로 하여금 일정 기간 동안 해외 로펌의 미국 본사에서 근무토록 하는 방안을 생각해 볼 수 있다. 다만, 이러한 방안은 로펌 입장에서 많은 비용을 지출해야 하며, 해외 로펌이 한국에 체류 중인 외국 변호사를 채용한 이유는 이들의 한국적 사안에 대한 전문성을 활용하기 위함인데, 이들을 미국 본사에서 근무하게 하는 것은 채용한 목적과 상반된다. 또 다른 방안으로, 국내 로펌과 해외 로펌 사이의 협력을 통해 「외국법자문사법」의 요건을 회피하는 경우를 상정할 수 있다. 만약 이와 같은 회피가 활성화된다면, 「외국법자문사법」의 규정들을 국내 로펌에 소속된 외국 변호사들에까지 일률적으로 적용하라는 요구가 증가할 것으로 보인다.

결론적으로, 변호사가 미국에서 법조 실무 경력을 쌓을 기회를 획득하는 것과 출신 로스쿨의 명성 사이에 상관관계가 존재함을 알 수 있었다. 이 상관관계로 인해 앞으로 출신 로스쿨의 평판도가 가지는 중요성은 더욱 강조될 수 있다. 국내 로펌에서 근무하고 있는 외국 변호사들 중 한국 변호사들에 비해 열악한 대우를 받고 있다는 생각을 하는 외국 변호사들은 미국 로펌으로의 이직을 염두에 둘 것이다. 한국에 진출한 미국 로펌의 경우, 미국에서 변호사 자격을 취득하고 한국에서 법률 사무를 수행한 경력이 있는 이들 외국 변호사들을 필요로 하기 때문이다. 그러나 「외국법자문사법」은 외국 변호사들이 외국법자문사의 자격을 취득하기 위한 요건으로 원자격국에서 최소한 1년의 법률 사무 수행 경력을 요구하고 있다. 미국에서 변호사 자격을 취득한 외국 변호사들의 경우, 미국 법률 시장의 신규 변호사 채용 정체 현상으로 인해 위 요건을 충족하기 어려워지고 있다. 그리고 한국 국적을 가진 또는 민족적으로 한국인인(ethnically Korean) 미국 로스쿨 졸업생들 중 일부는 체류 신분의 문제로 인해 미국 내에서 직장을 구하기 더더욱 어렵기도 하다.

3. 성별을 중심으로

로펌들의 변호사 채용 경향을 분석하는 세 번째 방법으로 로펌의 여성 변호사 채용 비율을 살펴볼 수 있다. 세계화가 법조 직역에 미친 영향을 연구한 자료에 따르면, 다국적 조직들은 여성의 참여에 보다 우호적인 입장을 취한다. Swethaa Ballakrishnen에 따르면, 인도 법률 시장이 개방되면서, '다국적 기업과 국내 기업'을 주요 고객으로 하는, 기업법무에 특화된 새로운 대규모 로펌이 등장할 수 있는 조건이 마련되었다. 인도의 대형 로펌들은 과거와는 다른 형태로 사세를 확장하였다. 이들 대형 로펌의 등장에 있어 두드러지는 특성 중 하나는 여성 변호사 수의 양적 증가 및 성공한 여성 변호사의 사례가 많아졌다는 점이다.'96) 같은 맥락에서, 여성들이 세계화로 인한 기회를 포착하여 보다 적극적으로 활용하는 것으로 보여진다. 미국 로스쿨의 LL.M. 학위를 취득한 외국인 졸업생들의 경력을 추적한 Silver의 선행연구에 따르면, 여성 졸업생들이 남성 졸업생들보다 LL.M. 학위를 취득하고 미국에 거주하는 비율이 높았다.97)

　<표 9-7>에서 볼 수 있듯이, 국내 로펌에 근무하고 있는 외국 변호사 중 여성의 비율과, 미국 로펌의 홍콩 지사에 근무하고 있는 외국 변호사 중 여성의 비율은 약 28%로 거의 비슷한 전체 변호사 대비 여성 변호사 비율을 보이고 있다. 이 비율은 미국 내 대형 로펌에서 여성 변호사가 차지하는 비율인 1/3과 유사한 수준이다.98) 반면, 국내 로펌에 근무하는 국내 변호사 중 여성 변호사의 비율은 17%로 다른 비교집단에 비하면 그 비율이 낮은 편이다. 하지만 전체 한국 변호사의 수 대비 여성 변호사의 비율이 약 10%인 것에 비하면

표 9-7 세 그룹의 남성 변호사 비율

	한국 변호사 (그룹1) (n=1240)	한국에서 근무하는 외국 변호사 (그룹2) (n=270)	홍콩 변호사 (그룹3) (n=59)
남성 변호사의 비율(%)	83.1%	72.2%	72.9%

96) Ballakrishnen, *supra* note 67, pp. 1262~3, (2013) (각주 생략).
97) Carole Silver, States Side Story: 'I like to be in America:' Career Paths of International LL.M. Students, 80 FORDHAM L. REV. 2383, 2398, (2012).
98) Emily Barker, Stuck in the Middle, AM. LAW (June 1, 2009), http://www.americanlawyer.com/PubArticleTAL.jsp?id=1202430856584&Stuck_in_the_Middle (LexisNexis 접속 필요).

표 9-8 한국 로펌에서 근무하는 변호사의 채용 경향

		2006년 이전	2006~2011년
한국 변호사 (1)	남성	91.2%	77.9%
	여성	8.8%	22.1%
외국 변호사 (2)	남성	78.9%	73.0%
	여성	21.1%	27.0%

높은 편이며, 최근 사법시험·변호사시험 합격자 중 여성의 비율은 비약적으로 높다.[99]

　　세 비교집단에서 여성 변호사가 차지하는 비율은 한국의 전체 변호사 대비 여성 변호사의 비율보다 높다. 하지만 국내에 근무하는 외국 변호사 집단과 미국 로펌의 홍콩 지사에 소속된 외국 변호사 집단의 여성 변호사 비율이 상대적으로 높다는 바는, 세계화로 인해 변화된 환경이 여성들에게 더 많은 기회를 제공하고 있음을 추론할 수 있게 해준다. 더 많은 정보를 수집하기 전에는, 세계화로 인한 여성 변호사들의 비중 확대가 변호사를 지망하는 집단구성의 변화에 의한 것인지, 다국적 고객의 특정한 선호도에 기인한 것인지 확실하게 단언할 수 없다. 다만 여성 변호사들의 능숙한 외국어 구사력이 여성 변호사 수의 증가와 관련성이 있어 보인다. 국내 로펌에 근무하는 외국 변호사들에게도 외국어 구사력은 반드시 갖추어야 할 중요한 자질이다. 그리고 중국 법률시장의 세계화에 대한 Sida Liu의 연구에 따르면, '외국 로펌의 선임 구성원 변호사들이 확인하듯, 외국 로펌은 소속 변호사의 원활한 영어 구사를 요구한다. 이러한 요구가, 여성 변호사들이 대체로 영어 구사력이 뛰어나다는 점과 연관되어, 외국 로펌에서 여성 변호사의 수가 남성 변호사보다 많아지는 결과로 이어진다.'[100]

---

99) 대한변호사협회, **변호사백서**, 2010, p. 38 (전체 변호사 대비 여성 변호사의 비율). 전체 변호사 대비 여성 변호사의 비율은 점진적으로 증가해왔다. 2009년 기준 신규 등록한 변호사의 27.7%가 여성이었다. 2009년 사법시험 합격자 중 여성의 비율이 35.6%인 만큼, 여성 변호사의 비율 증가는 계속될 것으로 보인다. Id. at 39. 본 원고에서 조사한 전체 변호사 중 (한국과 홍콩에서 근무하고 있는 변호사, 국내, 외국 변호사 모두 포함) 중 19.89%가 여성이었고, 80.11%가 남성이었다.

100) Liu, *supra* note 3, p. 791. See also Carole Silver, Agents of Globalization in Law, LSAC

저자들이 취합한 통계에 따르면, 국내 로펌들은 최근에 들어 여성 변호사 채용을 늘려왔다. <표 9-8>은 2006년~2011년, 2006년 이전 두 시기에 걸친 국내 로펌의 채용 현황을 남자 변호사 비율, 여자 변호사 비율을 기준으로 분석한 결과이다. 로펌 홈페이지에 공개된 변호사 프로필에 나타난 각 변호사의 로펌 합류 연도를 참조하자면, 2006년을 기점으로 로펌들이 채용 인원을 획기적으로 증가하였다.[101] 채용 인원의 확대는 여성 변호사들의 증가로 이어졌다. <표 9-8>에서 볼 수 있듯이, 2006년 이전보다 2006년~2011년 기간에 채용 변호사 중 여성 변호사의 비율이 높으며,[102] 국내 변호사 중 여성 변호사의 비율과 외국 변호사 중 여성 변호사의 비율 사이의 차이도 2006년~2011년 기간에 상당 부분 감소하였다.

동일 기간 미국 로펌의 홍콩 지사에 근무하는 외국 변호사 집단의 채용 관련 정보는 구할 수 없었다. 그러나 홍콩 지사에 근무하는 외국 변호사 집단의 사례는 앞으로 여성 변호사의 미래가 어떻게 될 것인지에 대한 이정표를 제시한다. 최근의 한 연구에 따르면, 홍콩 지사에서 여성 변호사들이 상당한 성공을 거두고 있다고 한다. 연구자들은 이러한 성공의 요인으로 사회적 관행의 변화와 함께 로펌의 고객인 기업의 최고위층에 여성이 많아지고 있는 현상을 지적하였다.[103] 또한 Boutcher와 Silver의 연구는 미국 로펌의 홍콩 지사에서 근무하고 있는 여성 변호사들이 구성원 변호사로 승진할 확률이, 동일 미국

RESEARCH REPORT (2009) (미국 LL.M. 학위에 지원할 때 여성은 남성에 비해 영어 실력 향상을 할 동기가 적음을 언급. 실제 남성 응답자 중 56%가 영어 구사 향상을 LL.M. 학위 지원 동기로 선택한 반면, 여성의 경우 41%만 선택하였다. 이러한 통계는 더 많은 수의 여성들이 자신들의 영어 구사력이 충분하다는 인식하에 LL.M. 학위에 지원함을 의미하는 것으로 보인다.

101) 전체 변호사 수와 관련된 통계도 2006년 이후 여성 변호사의 급속한 증가를 뒷받침하고 있다. 2005년 말을 기준으로 전체 여성 변호사의 수는 391명이었다. 2009년 말에는 그 수가 두 배 이상 증가하여, 1013명의 여성 변호사가 활동하였다. 변호사백서, *supra* note 99, p. 38.

102) 2014년 3월을 기준으로 국내 5대 로펌은 55명의 여성 로스쿨 출신 변호사를 채용하였다. 전체 채용 인원인 133명의 변호사 중 42.3%에 해당하는 비율이다. *supra* note 62.

103) Steven A. Boutcher and Carole Silver, Gender and Global Lawyering: Where are the Women?, 20 IND. J. GLOBAL LEGAL STUD. 1139, 1162, (2013) (citing Jessica Seah, Female Lawyers Find Hong Kong a Good Career Fit, LAW.COM (June 13, 2012, 12:00 AM), http://www.law.com/jsp/article.jsp?id=1202558150716&thepage=1.)에서 확인 가능. 이 보고서는 홍콩의 경우 기업 최고위층 직위 가운데 35%를 여성이 차지하였고, 영국의 경우 그 비율은 23%이고, 미국의 경우 그 비율이 15%라고 하였다. Id.

로펌의 본사에서 근무하고 있는 여성 변호사들이 구성원 변호사가 될 확률보다 높음을 밝혔다. 이러한 연구들을 종합하였을 때, 미국 로펌의 홍콩 지사에 근무하는 외국 변호사 중 여성 변호사의 비율이 예상보다 낮다고 평가할 수 있다. 다만, 본 논문의 경우 이 집단의 표본이 59명이라는 점에서 추가적인 사항들을 도출하는 데 한계가 있다. 후속연구가 이 부분을 보완하여 연구를 발전해주길 바란다.

Ⅳ. 결　　론

　　본 논문은 로펌들이 한국 법률시장을 담당할 변호사를 어떻게 채용하는지를 분석하여, 로펌들이 변호사의 어떠한 자격요건과 특성에 주목하는지를 살펴보았다. 한국 법률시장은 아직 전면적으로 개방되지는 않았으나, 세계화의 흐름이 이미 많이 반영되어 있다. 구체적으로, 변호사 양성제도 및 교육방법을 둘러싼 논란, 국내 대형 로펌의 해외 진출 확대, 국내 로펌에 근무하고 있는 상당한 수의 외국 변호사의 존재에서부터 한국 법률시장도 세계화로부터 자유로울 수 없음을 알 수 있다.

　　세계화는 기존에 존재하는 위계질서를 확고히 하는 경향이 있으며, 한국 법률시장에서도 그러한 양상이 보이고 있다. 한국 법조계에서 가장 큰 구분은 한국에서 변호사 자격증을 취득한 변호사들과 외국(주로 미국)에서 법학 교육 과정을 이수하고 변호사 자격을 취득한 외국 변호사 사이의 구분이다. 과거 변호사를 규율하는 제도는, 외국 변호사들의 독립적인 한국 법률 사무의 수행을 금지하였다. 이러한 금지는 외국 변호사들이 법률 사무를 수행하는 데 있어 국내 변호사에게 의존하는 결과를 가져왔다.

　　위의 제한을 우회하기 위한 하나의 방법은 홍콩에서 법률 사무를 수행하는 것이다. 그러나 홍콩에서 한국과 관련된 법률 사무는 제한적이며, 한국 국적의 외국 변호사들에게 제공되는 기회 역시 많지 않다. 국내 로펌에 근무하는 외국 변호사의 수가 미국 로펌의 홍콩 지사에 근무하는 외국 변호사의 수의 4배에 이른다. 또한, 비록 국내 로펌과 미국 로펌의 홍콩 지사에 근무하는 외국 변호사는 미국 로스쿨에서 J.D. 학위를 취득한 공통점을 가지지만, 국내 로펌의 외국 변호사와 홍콩 지사의 외국 변호사가 서로 대체가 가능하다고 볼 수 없다. 출신 로스쿨의 평판도에 차이가 있기 때문이다.

출신 로스쿨의 평판도에 따른 차별적 대우는 향후 외국 변호사들이 활동하는 데 있어 장애물이 될 수 있다. 과거에는, 미국 로스쿨을 졸업하고 변호사 자격을 취득한 외국 변호사들 중 다국적 로펌에 취직하지 못한 이들에게, 한국 로펌에 취직하는 매력적인 대안이 존재하였다. 그러나 더 이상 이러한 대안이 존재하기 어려워졌다. 외국 변호사들이 한국 법률 시장의 개방으로 인한 혜택을 누리기 위해서는 「외국법자문사법」의 외국법자문사 자격승인 요건인 원자격국에서의 법률 사무 수행 경력을 충족하고, 외국 로펌의 한국 사무소에 취직해야 한다. 그러나 미국 로스쿨 졸업생들이 미국 법률 시장에서 법조 실무 경력을 쌓기 위해서는 힘든 경쟁을 거쳐야 한다. 이러한 경쟁을 뚫고 졸업 후 바로 사적 영역에서 법률 실무를 수행할 수 있는 몇 안 되는 기회를 얻기 위해서, 출신 로스쿨의 높은 평판도가 더욱 중요하게 작용한다.

세계화로 인해 국내 로펌들이 다국적 로펌에서 한국과 관련된 사건들을 다루고 있는 외국 변호사들의 채용에 보다 적극적으로 나설 필요성이 강조되고 있다. 현재에도 국내 대형 로펌들에 다국적 로펌에 근무한 이력이 있는 외국 변호사들이 많이 근무하고 있다. 다만 이러한 인재들을 지속적으로 유치하기 위해서는, 외국 변호사들이 국내 변호사에 비해 부차적인 업무를 담당하는 일부 구조에 대한 개선 노력이 필요할 수 있다.[104]

법률시장이 개방된다고 해서 위에 언급된 기존 구분들이 없어지지는 않을 것이다. 그러나 세계화의 흐름은 여성 법조인들이 성장할 수 있는 기회를 제공할 것으로 보인다. 본 논문의 저자들이 분석한 통계에 따르면, 국내 변호사 중 여성 변호사의 비율이 다른 두 비교집단에서 여성 변호사가 차지하는 비율보다 낮았다. 다만, 2006년을 기점으로 하여 국내 변호사 중 여성의 수가 늘어나고 있음을 알 수 있었다.[105] 더 나아가 로펌의 특정 고객들, 특정 세부

---

104) Moon, *supra* note 11.

105) 아래의 기사는 군법무관 중 여성의 수가 늘어나고 있음을 지적하였다. 현재 전체 군법무관 중 1/3이 여성이다. 최지숙, [로스쿨 출신에 군법무관 인기], 서울신문, 2014. 4. 3, http://go.seoul.co.kr/news/newsView.php?id=20140403025001 참조.

분야가 여성의 참여 증대와 상관관계가 있다고 볼 수 있다. 이 상관관계의 단기적, 장기적 영향은 후속연구에서 다루어져야 할 것이다.

한국 법률 시장이 전면적으로 개방되고 국내외 로펌 간의 경쟁이 격화되면서, 지금의 시점에서 미처 예상하지 못한 요인들이 법률 시장의 운용에 있어 중요하게 등장할 것이다. 한국에 진출한 다국적 로펌의 정책들은 국내 로펌의 운영에 영향을 미칠 것이고, 국내 로펌의 변화에 다국적 로펌들도 반응하여 또 다른 혁신을 도모할 것이다. 국내 로펌과 한국에 진출하는 미국계 로펌의 시작점은 실질적으로 유사하다. 국내 로펌과 미국계 로펌이 선호하는 변호사의 자격요건과 전문성은 모두 '글로컬' 정책에 기반을 두고 있기 때문이다. 다만, 미국계 로펌의 경우 해외 사무소의 운영에 있어서만 글로컬 정책을 적용하고 미국 본사의 경우 미국 로스쿨에서 학위를 취득하고 미국에서 변호사 자격을 취득한 변호사들을 중심으로 운영한다. 이와 대조적으로, 국내 로펌의 경우 한국 본사의 운영에 있어서도 글로컬(glocal) 정책을 도입하였다는 점에서 그 정도에 있어 차이가 있다. 그러나 이러한 정책으로 인해 한국 법률 시장에서 서로 다른 문화의 혼합이 이루어지고 있는지는 확실하지 않다. 한국에서 활동하고 있는 외국 변호사의 대다수는 한국 국적을 가지고 있거나 민족적으로 한국인(ethnic Koreans)이기 때문이다. 이처럼 글로컬 정책은 한국적 맥락에서 또 다른 변형을 거치는데, 이는 미국 로펌의 중국 지사에서 일어난 일련의 사건들과 유사한 모습을 보인다. 일련의 사건이라 함은, 중국 당국이 해외 로펌이 중국 변호사를 채용하는 행위를 금지하자, 중국 국적자들이 미국 로스쿨을 졸업하고 미국에서 변호사 자격을 취득하여 미국 로펌의 중국 지사에 취직한 바를 지칭한다.[106]

한국 법률 시장에서 해외 로펌들이 몸집을 키워나가는 과정에서, 해외 로펌들이 전직 판·검사 출신의 변호사를 채용하기 위해 적극적으로 나설 것으로 예상된다. 국내 로펌을 설명하는 데 있어 이들 전관 변호사는 중요한 위치를 차지한다.[107] 저자들이 수집한 자료에 따르면, 국내 로펌에서 근무하는 변호

---

106) Silver, *supra* note 3 p. 40 참조 (중국 국적자들이 미국 변호사 자격을 취득하는 지름길인 J.D. 학위 취득에 가장 열성적이며, 그 이유는 중국 변호사는 중국 법률 시장에 진출한 해외 로펌에 합류할 수 없기 때문이다).

107) e.g., KIM, *supra* note 11, p. 9 (법원과 검찰의 정기인사 시기에 현직 법관과 검사를 대상

사의 10% 내외가 로펌 근무 이전에 판사로 재직하였으며, 5% 내외가 검사로
재직하였다. 이들 전관 출신의 변호사들 중 아직 미국 로펌의 홍콩 지사에 합
류한 변호사는 없다. 그러나 국내에서 로펌 간 경쟁이 격화된다면 이러한 추세
는 바뀔 수 있다. 물론 법률 시장 개방을 규율하는 제도가 이들 전관 변호사의
자유로운 이직을 제약할 것이다. 현재 시점에서 외국 로펌들은 직접적으로 국
내 변호사를 고용할 수 없다.[108] 그러나 국내 변호사의 직접 고용이 허용되는
장래의 시점에서는, 미국 로펌을 비롯한 해외 로펌들이 전관 변호사들을 채용
하고자 할 것임을 예상할 수 있다.[109]

　본 논문을 통해 저자들은 법률 시장의 개방과 세계화가 한국 법률 시장에
초래할 영향을 분석할 수 있는 분석틀을 도출하고자 하였다. 이 과정에서 한국
법률 시장의 개념을 폭넓게 정의하여, 국내 변호사 외에도 다국적 기업을 변호
하는데 주요한 역할을 하는 주체들까지 법률 시장 개념에 포함하였다.[110] 같
은 맥락에서 한국이라는 지리적 경계에 국한하지 않고, 미국 로펌들의 홍콩 지
사까지 분석 대상으로 삼았다. 국내에서 해외 로펌의 법률 사무 수행이 금지되
었을 때, 미국계 다국적 로펌들이 홍콩 지사를 통해 한국 관련 법률 사무를 수
행하였기 때문이다.

　분석 대상에 어떤 주체와 대상을 포함시키는지에 따라, 분석에서 도출할
수 있는 결론이 복잡해진다. 앞에서 통계를 설명하는 데 있어 누차 언급하였듯
이, 세 종류의 변호사 집단 그리고 두 가지 형태의 로펌을 기준으로 한 비교는
완벽할 수 없다. 집단 사이의 몇몇 차이점의 경우 법률 시장에서의 경쟁이 심

　　으로 한 로펌 간의 채용경쟁이 격화됨을 설명).

108) 계획된 한국 법률 시장의 개방 방식은 다음과 같다. 한미 FTA가 발효된 후 2년 이내 이루
　　어질 2단계 개방에서는, 미국 로펌들은 한국 로펌들과 업무제휴를 할 수 있으며, 국내법률사
　　무와 미국법률사무가 혼재된 법률사안을 한국 로펌과 공동으로 수임할 수 있고, 한국 로펌과
　　의 수익분배가 허용된다. FTA가 발효된 후 5년 이내에 이루어질 마지막 단계인 3단계 개방
　　에서는, 미국 로펌은 한국 로펌과 합작사업체를 설립할 수 있으며, 일정 요건 하에 한국변호
　　사를 직접 고용할 수 있다. 최근 통과된 외국법자문사법은 한국 법률 시장의 1단계 개방과
　　관련된 규율을 담고 있다. Sheppard Mullin, Korea Passes Foreign Legal Consultant Act,
　　ANTITRUST LAW BLOG (Apr. 13, 2009), http://www.antitrustlawblog.com/2009/04/articles/
　　article/korea−passes−foreign−legal−consultant−act−opening−the−countrys−legal−servic
　　e−market−to−law−firms−in−foreign−countries−that−are−parties−to−effective−free−t
　　rade−agreements−with−korea/.

109) DEZALAY AND GARTH, *supra* note 18, p. 125.

110) '법률 서비스'라는 개념 자체가 정의하기 모호해진다.

화되면서 발생되는 선호의 변화를 로펌과 개별 변호사들이 인식하면서, 차이
가 무색해질 수 있다. 일례로, 국내 변호사들은 미국 로스쿨에서 주로 LL.M.
학위를 취득하고, 국내 로펌이나 홍콩 지사의 외국 변호사들은 미국 로스쿨의
J.D. 학위를 취득하는 뚜렷한 차이가 점차 줄어들 가능성이 있다. 이러한 변화
의 방향을 정확히 예측하기는 어렵다. 새로 도입된 법학전문대학원과 변호사
시험제도, 해외 유학을 통해 외국 학문을 배우고자 하는 학생들의 의지, 입학
허가 결정에 있어 언어 구사력이 차지하는 비중 등과 같은 요인이 변화의 방
향을 결정하게 될 것이다. 또한, 앞으로도 외국에서 법학 학위를 취득하고 외
국 변호사 자격을 취득하는 경향이 있을지에 대해서는 다음의 요소들이 상호
작용할 수 있다. 비록 변호사시험의 합격률이 사법시험보다 높지만 한국 법학
전문대학원에 입학할 수 있는 정원은 제한되어 있고, 한국에 진출한 외국 로펌
들이 보다 많은 채용에 나선다면, 외국 법학 학위 취득 및 외국 변호사 자격
취득 움직임은 계속될 것이다. 다만, 이때 외국이 현재와 같이 압도적으로 미
국을 지칭할지는 별도로 논의되어야 할 사안이다.[111]

　　최근에 이루어진 한국 법률 시장의 개혁은, 변호사들이 여러 선택지 중에
성공적인 변호사 생활로 이어질 수 있는 특정한 경력과 자격요건을 선택하는
과정에 있어 상당한 영향력을 행사할 것이다. 위와 같은 선택은 국내 변호사와
국내 로펌, 외국 변호사와 미국계 로펌 간의 작용에 의해서도 영향을 받을 것
이다. 본 논문은 법학전문대학원과 변호사시험제도가 도입되기 전 시기와, 국
내에 해외 로펌들이 사무소를 설립할 수 있는 시기 이전의 모습을 간략하게나
마 묘사하고자 하였다. 이 시기 주체들의 선호와 기존 정책의 결과를 살펴보면
서 본 논문은 세계화의 영향과 그 영향의 흐름을 일정 정도 규명하고, 후속연
구가 진행될 수 있는 기반을 제공하고자 하였다.

---

111) Carole Silver, Coping with the Consequences of "Too Many Lawyers": Securing the Place
of International Graduate Law Students, 19 INT'L J. LEGAL PROF. 227, 239 (2012) (미국
로스쿨이 더 많은 외국 학생들을 유치하기 위해 새로운 교육과정을 도입할 가능성이 있다고
언급. 다만, 새로운 교육과정의 도입으로 인해 외국인 학생들이 오히려 미국 로스쿨에 지원
하지 않을 수도 있다).

김용섭, "변호사시험 합격자 결정방법의 현황과 과제", **저스티스**, 제142호, 2014.

김진원, **한국의 로펌**, 리걸타임즈, 2009.

법무부, FOREIGN LEGAL CONSULTANT ACT GUIDEBOOK, 2009.

법학전문대학원 설치 및 운영에 관한 법률 (법률 제8544호, 2007. 7. 27. 제정, 2011. 7. 21. 법률 제10866호로 개정).

변호사시험법 (법률 제9747호, 2009. 5. 28. 제정).

안경봉, "로스쿨체제에서의 바람직한 학부 법학교육의 방향", **대학교육**, 2010, (http:// magazine.kcue.or.kr/last/popup.html?vol=164&no=3882에서 확인 가능).

외국법자문사법 (법률 제9524호, 2009. 3. 25. 제정).

이재협, "사내변호사와 법치주의", **인권과 정의**, 제400호, 2009.

한-EU 자유무역협정 부속의정서 7-A-4 (2010. 10. 6. 합의) (http://fta.go.kr/webmodule /_PSD_FTA/eu/doc/Full_Text.pdf에서 확인 가능).

한미 자유무역협정 부속의정서 II (2007. 6. 30. 합의, 2010. 12. 5. 개정) (http://www.fta.go.kr/ webmodule/_PSD_FTA/us/doc/2E_all.pdf에서 확인 가능).

Abel, Richard L., "Revisioning Lawyers", *Lawyers in Society: An Overview* (Richard L. Abel and Philip S. C. Lewis eds., 1996).

_____, "Using the Theories: Comparing Legal Professions", *Lawyers, A Critical Reader* (Richard L. Abel ed., 1997).

Anthony Lin, British Firms Face Hurdles on the Road to Seoul, Asian Law, Mar. 28, (2011).

_____, Seoul Proprietors, Am. Lawyer, Oct. (2007).

_____, The Right People at the Right Time, Am. Lawyer, Jan. 1, (2011).

Ballakrishnen, Swethaa, "Why is Gender a Form of Diversity?: Rising Advantages for Women in Global Indian Law Firms", 20 *IND. J. GLOBAL LEGAL STUD.* 1261 (2013).

Barker, Emily, Stuck in the Middle, Am. Lawyer, June 1, (2009).

Boutcher Steven A., and Carole Silver, "Gender and Global Lawyering: Where are the Women?", 20 *IND. J. GLOBAL LEGAL STUD.* 1139, 1162 (2013).

Brophy, Alfred L., Ranking Law Schools with LSATs, Employment Outcomes, and Law Review Citations (2014), http://papers.ssrn.com/sol3/papers.cfm?abstract_id=2456032.

Carr, Brendon, Dominance of SKY universities nearly complete in legal profession, Korean Top News, Oct. 26, (2008), http://koreantopnews.com/Business/Dominance_of_SKY_Universities_Nearly_Complete_in_Legal_Profession/

Chisholm, Neil, "Legal Diffusion and the Legal Profession: An Analysis of the Processes of American Influence on South Korea's Lawyers", 26 *COLUM. J. ASIAN L.* 8~9 (2013).

Choi Kyungho, "Korean Foreign Legal Consultants Act: Legal Profession of American Lawyers in South Korea", 11 *ASIAN−PACIFIC L. & POL'Y J.* 100 (2009).

Cone, Sydney M., *International Trade in Legal Services: Regulation of Lawyers and Firms in Global Practice* (1996).

Cumings, Bruce, *Korea's Place in the Sun: A Modern History* (1996).

Dezalay Yves, & Garth, Bryant G., "International Strategies and Local Transformations: Preliminary Observations of the Position of Law in the Field of State Power in Asia: South Korea", *Raising the Bar: The Emerging Legal Profession in East Asia* (William P. Alford ed., 2007).

_____, *Asian Legal Revivals: Lawyers in the Shadow of Empire* (2010).

_____, *Dealing in Virtue: International Commercial Arbitration and the Construction of a Transnational Legal Order* (1996).

Ginsburg, Tom, "Introduction: The Politics of Legal Reform in Korea", *Legal Reform in Korea* (Tom Ginsburg ed., 2004).

_____, "Transforming Legal Education in Japan and Korea", 22 *PENN ST. INT'L L. REV.* 433 (2004).

Henderson, Dan Fenno, "The Role of Lawyers in Japan", *Japan: Economic Success and Legal System* (Harald Baum ed., 1997).

In Re Griffiths, 413 U.S. 7 (1973).

John, Jeanne Lee, Comment, *The KORUS FTA on Foreign Law Firms and Attorneys in South Korea—A Contemporary Analysis on Expansion into East Asia*, 33 Nw. J. Int'l L. & Bus. 237 (2012).

Kim Chang−Rok, "The National Bar Examination in Korea", 24 *WIS. INT'L L.J.* 243 (2006).

Kim Hyung−Tae, "Legal Market Liberalization in South Korea: Preparations for Change", 15 PAC. RIM L. & POL'Y J. 199 (2006).

Kim Jae－Won, "Legal Profession and Legal Culture During Korea's Transition", *Raising the Bar: The Emerging Legal Profession in East Asia* (William P. Alford ed., 2007).

_____, "The Ideal and the Reality of the Korean Legal Profession", 2 ASIAN PAC. L. & Pol'y J. 45 (2001).

Kim Seong－Hyun, "The Democratization and Internationalization of the Korean Legal Field", *Lawyers and the Rule of Law in an Era of Globalization* (Yves Dezalay & Bryant G. Garth eds., 2011).

Kim, Peter, Korean Times, International Bar Association, Feb. 2, (2010), http://www.ibanet.org/Article/Detail.aspx?ArticleUid＝B4DACD34－E9A2－4A88－A6C2－01C51890BF2A

_____, Long－Distance Practice, Am. Lawyer, Jan. 1, (2011).

Kim, Sun－Woong, "Rapid Expansion of Higher Education in South Korea: Political Economy of Education Fever", *The Worldwide Transformation of Higher Education* (Alexander Wiseman ed., 2008).

Kwon Young－Joon, "Recent Reform in Korean Legal Education", 13 *J. Kor. L.* 1 (2013).

Lee Jae－Hyup, "Legal Education in Korea: Some Thoughts on Linking the Past and the Future", 44 *KYUNG HEE L. REV.* 47 (2009).

Lee Kuk－Woon, "Corporate Lawyers in Korea: An Analysis of the 'Big 4' Law Firms in Seoul", *Judicial System Transformation in the Globalizing World: Korea and Japan* (Dai－Kwon Choi and Kahei Rokumoto eds., 2007).

Liu, Sida, "Globalization as Boundary－Blurring: International and Local Law Firms in China's Corporate Law Market", 42 *LAW & SOC'Y REV.* 771, 791 (2008).

Miyazawa, Setsuo, Kay－Wah Chan & Ilhyung Lee, "The Reform of Legal Education in East Asia", 4 *Ann. Rev. L. & Soc. Science* 333 (2008).

Moon Jae－Wan, "Impact of Globalization on Korean Legal Profession" (unpublished manuscript) (on file with author).

National Conference of Bar Examiners, 2012 Statistics, http://www.ncbex.org/assets/media_files/Bar－Examiner/articles/2013/8201132012statistics.pdf.

Oh Soo－Geun, "Globalization in Legal Education of Korea", 55 *J. Legal Educ.* 525 (2005).

Papa Mihaela, & Wilkins, David B., "Globalization, Lawyers and India: Toward a Theoretical Synthesis of Globalization Studies and the Sociology of the Legal Profession", 18 *Int'l J. Legal Prof.* 175 (2011).

Park, Chung－a, In－House Lawyers Take on Enhanced Role, Korea Times, April 30,

(2007), http://www.koreatimes.co.kr/www/news/special/2009/05/206_2043.html

Potkewitz, Hilary, Law Firms' Seoul Food, CRAIN'S NEW YORK BUSINESS, Jan. 20, (2008), http://www.crainsnewyork.com/article/20080120/SUB/771027369/law — firms — seoul — food.

Robertson, Roland, "Globalization Theory 2000+: Major Problematics", *Handbook of Social Theory* (George Ritzer and Barry Smart, eds., 2001).

_____, Comments on the "Global Triad" and "Glocalization", in GLOBALIZATION AND INDIGENOUS CULTURE (Inoue Nobutaka ed., 1997) (http://www2.kokugakuin. ac.jp/ijcc/wp/global/15robertson.html에서 확인 가능)

Rodrik, Dani, "Has Globalization Gone Too Far?", 39 *Cal. Mgmt. Rev.* 29 (1997).

_____, "How to Save Globalization from its Cheerleaders" (Kennedy Sch. of Gov't, Working Paper No. RWP07 — 038, 2007) (http://papers.ssrn.com/sol3/papers.cfm? abstract_id=1019015에서 확인 가능).

Savada, Andrea Matles & William Shaw, South Korea: A Country Study, WASHINGTON: GPO FOR THE LIBRARY OF CONGRESS (1990), http://countrystudies.us/ south — korea/ 37.htm

Sheppard Mullin (law firm), Korea Passes Foreign Legal Consultant Act, ANTITRUST L. BLOG, Apr. 13, (2009), http://www.antitrustlawblog.com/2009/04/articles/article/korea — passes — foreign — legal — consultant — act — opening — the — countrys — legal — service — market — to — law — firms — in — foreign — countries — that — are — parties — to — effective — free — trade — agreements — with — korea, Routes to Qualifying, THE LAW SOCIETY, http://www.lawsociety.org.uk/careers/becoming — a — solicitor/routes — to — qualifying/

Silver, Carole, "Agents of Globalization in Law", *LSAC Research Report* (2009).

_____, "Coping with the Consequences of "Too Many Lawyers": Securing the Place of International Graduate Law Students", 19 *INT'L J. LEGAL PROF.* 227 (2012).

_____, "Regulating International Lawyers: The Legal Consultant Rules", 27 *HOUSTON J. INT'L L.* 527 (2005).

_____, "States Side Story: 'I like to be in America:' Career Paths of International LL.M. Students", 80 *FORDHAM L. REV.* 2383 (2012).

_____, "The Case of the Foreign Lawyer: Internationalizing the U.S. Legal Profession", 25 *FORDHAM INT'L L.J.* 1039 (2002).

_____, "The Variable Value of U.S. Legal Education in the Global Legal Services Market", 24 *Geo. J. Legal Ethics* 1, (2010)

_____, Nicole De Bruin Phelan & Mikaela Rabinowitz, "Between Diffusion and Distinctiveness in Globalization: U.S. Law Firms Go Glocal", 22 *Geo. J. Legal Ethics* 1431 (2009).

Song Sang−Hyun, "Legal Education in Korea and the Asian Region", 51 *J. Legal Educ.* 398 (2001).

Stiglitz, Joseph E., "Capital Market Liberalization, Economic Growth, and Instability", 28 *World Dev.* 1075 (2000).

Yoon Dae−Kyu, "The paralysis of legal education in Korea", *Legal Reform in Korea* (Tom Ginsburg ed., 2004).

「국내 1조4000억 시장, 6대로펌이 절반 차지」, 조선일보, 2007. 3. 29, (http://news. chosun.com/site/data/html_dir/2007/03/29/2007032901097.html).

「그대는 20대−SKY−강남 출신」, 한겨레21, 2009. 2. 27, (http://h21.hani.co.kr/arti/ cover/cover_general/24406.html).

「로스쿨 출신에 군법무관 인기」, 서울신문, 2014. 4. 3, (http://go.seoul.co.kr/news/ newsView.php?id=20140403025001).

일본의 신입변호사의 커리어(진로) 결정 요인

미야자와 세츠오(宮澤節生) 저

심지현* 역

Ⅰ. 이 글의 배경과 대상

내가 주재하는 법사회학자 그룹(단체) 「변호사사회 구조 연구회」에서는, 2008년부터, 일본의 변호사에 대해 2개의 조사프로젝트를 실시했다.[1]

하나는 변호사 인구 전체 중 랜덤샘플로 정한 3,000명을 대상으로 한 2007년 12월부터 2008년 2월에 걸쳐 실시한 우편조사로, 304명으로부터 대답을 얻었다(회수율 10.1%; 이하 「2008년 조사」로 부름). 이 조사의 주 목적은 법과대학원에 있어서 양성해야 할 「법조마인드와 스킬」에 관해 변호사의 의견을 파악하는 것이기도 했지만, 동시에 대답한 변호사들의 특성(속성)에 관해 자료를 수집하여, 전문분야를 중심으로 변호사 프로페션(전문직) 내부 구조를 분석하는 것도

---

* 서울대학교 법학전문대학원 전문석사과정.
1) 구성원은 시기에 따라 조금씩 변화했다. 2008년 당시에는, 나 외에 후지모토 아키라, 부시마타 아쯔시, 카미나가 유리코, 아게이시 케이이치, 이시다 쿄코, 오오사카 에리, 2011년 당시에는, 나 외에 후지모토 아키라, 부시마타 아쯔시, 아게이시 케이이치, 이시다 쿄코, 쿠보야마 리키야, 그리고 2014년부터는 나 외에 후지모토 아키라, 부시마타 아쯔시, 케이이치, 이시아 쿄코였다. 이 글은 나와 후지모토, 부시마타, 아게이시, 이시다의 공저로 발표해야만 하는 것이나, 실제로는 나 혼자서 집필한 것으로, 나만이 책임을 져야 한다고 생각하고 있기 때문에, 나 단독 명의로 발표하기로 했다.

의도했다. 「변호사사회 구조 연구회」라는 명칭은 후자의 조사목적에 기반한 것으로, 그 명칭의 배경에는, 1975년과 1994년~95년의 시카고의 조사(이하 「시카고 조사」로 부름)[2]로 밝혀진 미국의 변호사사회 구조와 비교검토를 하고 싶다는 연구관심이 있었다.

또 하나로는, 2009년 변호사등록을 했던, 즉 제62기 변호사[3]에 대한, 전체조사가 있다. 이것은, 법과대학원 진학 또는 구사법시험 준비단계부터 조사시점의 직장, 업무까지의 과정에서 경험했다고 생각되는 사항이나, 그것들의 경험내용이나 현재의 상황에 관한 평가를 물음으로써, 신입변호사의 커리어 (진로)형성에 작용하는 요인을 발견하고자 하는 의도에 의한 것이다. 조사는 2회 실시했다. 제1회 조사는 2011년 1월부터 2개월에 걸쳐 실시되어, 당시 제62기 변호사 전원 2,121명에게 조사표를 (우편으로) 보내, 621명에게서 대답을 얻었다(회수율 29.3%; 이하 「2011년 조사」로 부름).[4] 제2회 조사는, 2014년 1월부터 3개월에 걸쳐 진행되어, 당시의 제62기 변호사 2,087명에게 조사표를 보내, 406명으로부터 대답을 얻었다(회수율 19.5%; 이하 「2014년 조사」로 부름).[5] 일본에서

---

2) John P. Heinz and Edward O. Laumann, *Chicago Lawyers: The Social Structure of the Bar*(NY: Russell Sage Foundation, 1982)(revised ed., Chicago: Northwestern University Pressand the American Bar Foundation, 1994 ; 이하에서는 「*Chicago Lawyers*」로 표기한다); John P. Heinz, Robert L. Nelson, Rebecca L Sandefur, and Edward O. Laumann, *Urban Lawyers: The New Social Structure of the Bar*(Chicago: University of Chicago Press, 2005; 이하에서는 「*Urban Lawyers*」로 표기한다).

3) 일본에서는, 사법시험에 합격한 자는, 최고재판소가 관리하는 사법연수소에서 사법수습을 받아야만 한다. 사법수습 종료후에는 변호사로서 등록하여, 또는 판사보 또는 검사에 임관된다. 종료했던 사법수습 기수가 몇기인지는, 법조인으로서 경험을 추정하는 가장 간편한 지표가 된다. 제62기에는, 법과대학원 종료를 수험 요건으로 하지 않은 구 사법시험에 합격하여 1년 반의 사법수습을 종료하고, 2009년 9월에 대다수가 변호사로 등록했던, 소위 현 62기와, 법과대학원 종료를 요건으로 하는 신사법시험에 합격해서 1년간의 사법수습을 종료해, 2009년 12월에 대다수가 변호사로 등록했던, 소위 신 62기가 포함되어 있다. 또한, 구제도에 있어서도 신제도에 있어서도, 사법수습생은, 사법수습의 전 기간을 사법연수소에서 보내는 것은 아니고, 사법수습기간의 대부분은, 각지의 지방재판소에 배속되어, 각지의 재판소, 검찰청, 법률사무소에서 연수를 받고 있다.

4) 621명 중, 구사법시험 합격자는 85명(13.7%), 신사법시험 합격자는 536명(86.3%)으로, 남성은 433명(69.7%), 여성은 186명(30.0%)이었다(성별에 대해 무응답한 자 2명).

5) 406명 중, 구사법시험 합격자는 51명(12.1%), 신사법시험 합격자는 354명(87.2%)(사법시험의 구별에 대해 무응답한 자 2명)으로, 남성은 289명(71.2%), 여성은 113명(27.8%)이었다(성별에 대해 무응답한 자 4명). 사법시험의 구별과 성별의 분포로부터, 2011년 조사의 대답자 구성과, 2014년 조사의 대답자 구성이 크게 차이가 없기 때문에, 2011년 조사의 결과와 2014년 조사의 결과를 비교하는 것이 허용될 수 있다고 생각된다.

동일한 시기에 변호사가 된 자 전원을 대상으로 조사를 반복했던 전례는 없어서, 제62기 변호사에 대한 우리의 조사는 일본의 변호사 연구에 있어 획기적인 의의를 갖고 있다고 평가된다.

  이러한 두 개의 프로젝트에 의한 3개의 조사 결과는, 아래 기재의 논문을 통해 보고되었다. ①부터 ⑦의 최초에 기재해둔 바는, 이 글의 이하 부분에서 인용하는 경우를 약칭한 것이다. 각각의 일본어 논문은 아오야마 학원대학의 기관 리포지토리(http://www.agulin.aoyama.ac.jp/opac/repository/1000)에 수록되어 있어, 무료로 전문 다운로드가 가능하다.

  ① 2008년 조사 제1호: 宮澤節生・藤本亮・武士俣敦・神長百合子・上石圭一・石田京子・大坂恵里,「法科大学院教育に期待される『法曹のマインドとスキル』に対する弁護士の意見－2008年全国弁護士調査第1報－」(「법과대학원 교육에 기대되는 『법조의 마인드와 스킬』에 대한 변호사의 의견 －2008년 전국변호사조사 제1호－」), 青山法務研究論集第2号(2010年)

  ② 2008년 조사・업무분야 평가논문: 宮澤節生・久保山力也,「弁護士界内部における業務分野の『評価』－2008年全国弁護士調査から－」(「변호사세계 내부의 업무분야 『평가』－2008년 전국변호사 조사로부터－」), 青山法務研究論集第3号(2011年)

  ③ 2008년 조사 제2호: 宮澤節生・武士俣敦・石田京子・上石圭一,「日本における弁護士の専門分化－2008年全国弁護士調査第2報－」(「일본의 변호사 전문분화 －2008년 전국변호사 조사 제2호－」), 青山法務研究論集第4号(2011年)

  ④ 2011년 조사 제1호: 宮澤節生・石田京子・久保山力也・藤本亮・武士俣敦・上石圭一,「第62期弁護士第1回郵送調査の概要－記述統計の提示－」(「제62기 변호사 제1회 우편조사의 개요 －기술통계의 제시－」), 青山法務研究論集第4号(2011年)

  ⑤ 2011년 조사 제2호: 宮澤節生・石田京子・久保山力也・藤本亮・武士俣敦・上石圭一,「第62期弁護士の教育背景, 業務環境, 専門分化, 満足感, 及び不安感－第1回郵送調査第2報－」(「제62기 변호사의 교육배경,

업무환경, 전문분화, 만족감, 및 불안감 －제1회 우편조사 제2호－」), 青山法務研究論集第6号(2013年)

⑥ 2014년 조사 제1호: 宮澤節生・石田京子・藤本亮・武士俣敦・上石圭一, 「第62期弁護士第2回郵送調査第1報－調査の概要と記述統計－」(「제62기 변호사 제2회 우편조사 제1호 －조사의 개요와 기술통계－」), 青山法務研究論集第9号(2014年)

⑦ 2014년 조사 제2호: 宮澤節生・石田京子・藤本亮・武士俣敦・上石圭一, 「第62期弁護士第2回郵送調査第2報－二変量解析から多変量解析へ－」(「제62기 변호사 제2회 우편조사 제2호 －이변량분석으로부터 다변량분석으로－」), 青山法務研究論集第10号(2015年)

⑧ Setsuo Miyazawa, Atsushi Bushimata, Keiichi Ageishi, Akira Fujimoto, Rikiya Kuboyama & Kyoko Ishida, "Stratification or Diversification?: 2011 Survey of Young Lawyers in Japan," in Setsuo Miyazawa, Weidong Ji, Hiroshi Fukurai, Kay－Wah Chan & Matthias Vanhullebusch (eds.), *East Asia's Renewed Respect for the Rule of Law in the 21st Century: The Future of Legal and Judicial Landscape in East Asia* (Leiden & Boston: Brill/Nijhoff, 2015).

이하의 논문에서, 제62기 변호사에 대한 2011년 조사와 2014년 조사의 주요한 시각을 소개하고, 변호사 등록 후 약 1년에서 3년에 어떤 변화가 있었는지, 혹은 변화가 없었는지, 검토하고자 한다. 또한, 상기의 보고서를 본문 중에 인용하는 경우의 체제는 아래의 예와 같다.

예 ① 단순집계표의 인용: 2008년 조사 제1호・간 1－1 ＝ 2008년 조사 제1호 단순집계표의 사이 1－1

예 ② 본문 중의 표의 인용 : 2011년 조사 제2호・표 2－1 ＝ 2011년 제2호의 표 2－1

예 ③ 본문 중의 그림의 인용 : 2014년 조사 제2호・그림 2－1 ＝ 2014년 조사 제2호의 그림 2－1

II. 법과대학원 교육에 대한 평가

2011년 조사에서는 86.3%가 신사법시험 합격자이고, 2014년 조사에서는 87.2%가 신사법시험 합격자로, 그 합격자 전원이 법과대학원을 수료했기에, 최초로 법과대학원 교육의 「유익성」에 대해 평가하게 했다. 그 결과는 아래와 같다(2014년 조사 제2호·표 2−2). <표 10−1>의 수치는 '유익하였다' 또는 '어느 쪽이냐고 묻는다면 유익한 쪽이었다'라고 답한 응답자의 비율이다.

표 10-1 법과대학원 교육의 유익성에 대한 평가

	2011년 조사	2014년 조사
법지식의 습득	85.2%	86.12%
변호사가 되기 위한 동기부여	61.6%	65.06%
변호사 윤리의 습득	66.7%	72.16%
실무기술의 습득	49.3%	53.26%
특정분야로의 관심의 획득	68.7%	67.14%
등록지에 관한 정보	29.6%	29.75%
취직처에 관한 정보	33.6%	32.20%
사무소경영	9.2%	질문 안함
법정보조사능력	질문 안함	83.52%
인적 네트워크 구축	질문 안함	82.10%

<표 10−1>을 보면, 가장 평가가 높은 것은 「법지식의 습득」으로, 3년 간의 실무경험을 거치고도 감소하지 않았다. 또한, 2014년 조사에서만 한 질문이지만, 「법정보조사능력」과 「인적 네트워크 구축」에 관한 평가도 현저히 높다. 변호사등록 후 4년 이상 경과한 시점인데도, 법과대학원에서의 법정보조사 교육과 동급생 간 네트워크가 유익하다고 평가되고 있다. 게다가, 「변호사 윤리의 습득」에 관한 유익성 평가가, 3년간 크게 긍정적인 방향으로 변화되었음을 지적하고 싶다. 이 변화는, 유의수준 10%로 의미가 있다. 변호사 경

험을 쌓는 것으로 법과대학원의 법조 윤리 교육의 유익성이 보다 강하게 인식 되었다고 한다면, 법과대학원의 존재의의를 보이는 하나의 의의로 말할 수 있 을 것이다.

이에 대해, 「실무기술의 습득」에 있어서 법과대학원이 유익했다고 하는 사람은, 2011년에도 2014년에도 50%에 조금 미치지 않는다. 이것은 리걸 클리 닉과 같은 임상적 프로그램을 개설하는 것이 의무화되지 않았고, 법과대학원 에 의한 실무기술에 관한 교육에 큰 차이가 있음을 반영한다고 생각된다. 또 한, 「등록지에 관한 정보」와 「취직처에 관한 정보」에서 유익했다고 하는 사람 은 30% 정도였다. 등록지는 취직처에 의해 결정되는 것이지만, 취직처를 결정 하는 것이 사법시험 합격 후의 사법수습기간 중임을 생각해보면, 이 결과는 이 해할 수 있다. 게다가, 「사무소 경영」에 대해 유익했다고 한 사람은 10%에도 달하지 않는다. 이것은, 사무소 경영에 관한 수업을 하고 있는 법과대학원이 거의 없음을 생각하면, 당연한 결과이다.

Ⅲ. 사법수습에 대한 평가

사법시험에 합격한 자는 사법수습을 받지 않으면 안 된다. 거기서, 법과 대학원에 대해 물었던 것과 같은 평가를 물어보았다. 결과는 아래와 같다(2014년 조사 제1호·표 2-8). <표 10-2>의 수치는 '유익하였다' 또는 '어느 쪽이냐고 묻는다면 유익한 쪽이었다'라고 응답한 사람들의 비율이다.

「법정보조사능력」에 대해서는 법과대학원보다도 유익성 평가가 조금 낮 고, 「법지식의 습득」과 「특정분야로의 관심의 획득」에 관한 유익성 평가가 법 과대학원에 관한 것과 거의 같은 정도임을 제외하면, 유익성 평가의 수준은 법 과대학원보다 더 높다. 「사무소 경영」에 있어서 유익하다고 한 사람은 6배 가 깝게 있다(하지만 50%에 지나지 않는다), 「실무기술의 습득」에 있어서는 거의 전 원이 유익하다고 평가해서, 그 비율은 40%나 더 높다. 「취직처에 관한 정보」 에 있어서 유익하다고 한 사람은 20% 이상 많았고, 「등록지에 관한 정보」에서 유익하다고 한 사람은 30% 이상 많았다. 「사무소 경영」, 「취직처에 관한 정보」,

| 표 10-2 | 사법수습의 유익성에 대한 평가 |

	2011년 조사	2014년 조사
법지식의 습득	84.3%	86.70%
변호사가 되기 위한 동기부여	80.0%	83.74%
변호사 윤리의 습득	76.8%	73.40%
실무기술의 습득	91.4%	93.10%
특정분야로의 관심의 획득	57.0%	64.69%
등록지에 관한 정보	68.1%	60.89%
취직처에 관한 정보	59.3%	53.09%
사무소경영	52.3%	질문 안함
법정보조사능력	질문 안함	78.82%
인적 네트워크 구축	질문 안함	90.10%

「등록지에 관한 정보」에서 사법수습이 법과대학원보다도 유익성 평가가 높았던 것은, 사법수습이 취직 직전 단계에서 행해지는 것임을 고려하면 당연한 것으로, 법과대학원 제도의 존재 의의를 부정하는 것이 아니다. 가장 문제가 되는 것은 「실무기술의 습득」에 있어서 유익성 평가에 차이가 있는 점이다. 법지식은 법과대학원에서 습득하고 있고, 사법시험에서 확인되고 있으므로, 「실무기술의 습득」이야말로, 사법수습이 법과대학원을 명백하게 능가하고 있는 사항이라고 말할 수 있기 때문이다. 이 상황은, 법과대학원의 존재 의의를 낮게 평가하는 한편, 사법수습의 강화를 요구하는 것으로 연결되게 된다. 그리고, 만약 그렇게 된다면, 사법연수소의 수용능력이 사법시험 합격자 수 억제를 불러일으킬 위험성이 있다고 생각된다.[6)]

---

6) 사법수습의 연장은, 2016년 3월 시점에서는, 아직 검토되지 않고 있다. 그러나, 정부는, 2015년 6월에, 「2010년 쯤에 3,000명」의 신규 법조인을 양성한다는 사법제도 개혁 의회의 제언(2001년 6월)을 공식으로 철회하고, 「1,800명보다 축소한다고 해도, 실제 합격자 수는 1,500명 정도는 배출되기 위해 필요한 조치(또는 방안 등)를 추진한다」라는 애매한 목표로 후퇴했다. 실제 합격자 수는 2008년에 2,065명이 피크였고, 2014년에는 1,810명까지 떨어졌고, 합격률은 22.6%에 멈췄다. 정부의 새로운 방침은, 이 수준보다도 후퇴하는 것으로서, 1,500명까지 떨어뜨려달라는 일본 변호사 연합회의 요구에 응한 것으로 이해할 수 있다.

Ⅳ. 변호사의 이동성과 취직의 소재지·규모

1. 변호사의 이동성

사법수습이 끝나면, 법조삼자(판사, 검사, 변호사) 중 변호사가 되기를 선택한 사람은 어딘가의 직장에 취직해서, 어딘가의 변호사회에 등록하게 된다. 최초로 지적하고 싶은 것은, 신입변호사의 이동성이 예상 외로 높다는 점이다 (2014년 조사 제2호·표 3-1). 2009년 9월 이후 또는 12월 이후에 등록했음에도 불구하고, 2011년 1월~2월의 단계에서 이미 11.1%가 직장 이동을 경험했고, 2014년 1월~3월의 시점에서는 45.5%가 1회 이상 직장이동을 경험해서, 3회 이동해서 4번째의 직장이라고 하는 사람도 1.2% 존재한다(2014년 조사 제2호· 표 3-7).

2. 직장이동의 방향

그렇다면, 변호사의 이동에는 어떤 패턴을 확인할 수 있을까. 2001년 이래 사법제도 개혁의 주요 목적 중 하나는 변호사 접근성을 전국적으로 개선하는 것이었으므로, 문제는, 「대도시에서 지방으로」라고 하는 이동 패턴이 나타나는가 하는 것이다. 2014년 조사에서 직장을 이동했다고 대답한 자 중, 최초의 소속변호사회와 현재의 소속변호사회를 대답했던 자 188명의 이동 패턴을 정리하면, <표 10-3>과 같다(2014년 조사 제2호·표 3-8).

어떤 변호사 카테고리에서도, 동일한 카테고리 내의 이동이 가장 많았으나, 그 다음으로 많은 것은, 「도쿄삼회」, 「오사카」 또는 「그 외 고등법원 소재지」에서 「기타」의 변호사회로의 이동이었다. 이것은, 「대도시에서 지방으로」의 이동을 뜻한다. 즉, 보다 큰 도시의 직장에서 최초 실무경험을 쌓은 뒤에 「지방」의 변호사회로 이동하고 있는 것이라 할 수 있다. 이런 이동 패턴은, 사법제도 개혁이 기대했던 점이라 말할 수 있다.

| 표 10-3 | 직장을 이동한 변호사의 최초의 변호사회와 현재의 변호사회 |

		현재의 변호사회				
		도쿄3회[7]	오사카	그 외 고등법원 소재지[8]	기타	합계
최초의 변호사회	도쿄3회	58	0	2	17	77
	오사카	1	13	0	4	18
	그 외 고등법원 소재지	1	0	18	9	28
	기타	5	0	2	53	60
	합계	65	13	22	83	183

3. 「소쿠도쿠(即独)」 「노키벤(軒弁)」이라는 선택

지금까지 「취직」이라는 말을 사용했으나, 최근, 「취직」으로 말할 수 없는 형태로 변호사로서 시작하는 경우가 나타나고 있음이 지적되고 있다. 소위 「소쿠도쿠(即独)」와 「노키벤(軒弁)」이다. 「소쿠도쿠(바로 개업, 即独)」는, 기존의 법률사무소나 사내법무부에 취직하지 않고 처음부터 자신의 법률사무소를 개설하는 것이고, 「노키벤(軒弁)」은, 형식적으로는 기존의 법률사무소에 소속되어 있지만 급여를 지급받지 않고, 자신이 담당하는 사건의 수입만으로 생활하는 것이다. 이것은, 신입변호사의 전통적인 시작과는 다르기 때문에, 기존의 변호사 중에는, 변호사의 취직난을 증명하는 것으로서 사법시험 합격자 수를 줄여야 할 것을 요구하는 것에 대한 증거라고 하는 등, 충분한 실무 연수를 받지 않은 채 변호사 업무를 행한 것에 의해 변호사 업무의 질의 저하를 초래하고 있다고 비판하는 사람이 나타나고 있다.

우리의 조사에서는, 2011년 조사에 있어서 「소쿠도쿠(即独)」, 「노키벤(軒弁)」의 상황을 파악하고 있다(2011년 조사 제1호·표 6-2). 거기서 「소쿠도쿠(即独)」로 판단되는 것은 「민간 법률사무소에서 유일한 변호사인 『경영변호사』」라는

---

7) 일본에서는 각 지방재판소의 관내에 변호사회가 하나씩 존재하지만, 도쿄지방재판소 관내에만 3개의 변호사회가 존재한다.

8) 삿포로, 센다이, 나고야, 카가와, 히로시마, 후쿠오카이다.

카테고리고, 「노키벤(軒弁)」으로 판단되는 것은 「민간법률사무소의 『독립채산 (採算)변호사』」라는 카테고리이다. 여기에 해당되는 사람들은, 구시험합격자의 8.2%(7명)와 신시험합격자의 7.1%(38명), 전체의 7.2%(45명)이다.

그리고, 다변량분석에 의해, 「소쿠도쿠(即独)」 또는 「노키벤(軒弁)」이 되는 것에 작용하는 유의미한 요인이 발견되고 있다(2011년 조사 제2호·표 4－13). 연령이 「40대 이상」인 사람이나, 직장선택 이유가 「회사 일이 자유」, 「프로보노 활동이 자유」, 「성별을 살리는 일」, 「출산휴가·육아휴가」, 「시간적 여유」 등의 근무조건인자가 높은 사람에 「소쿠도쿠(即独)」, 「노키벤(軒弁)」이 되는 경향이 높았고, 직장선택 이유가 「입소처 등의 채용성」, 「하고 싶은 일을 할 수 있는 것」, 「경제적 조건」 등의 업무내용인자가 높은 사람에게는 그런 경향이 낮았다. 따라서, 「소쿠도쿠(即独)」, 「노키벤(軒弁)」에는, 「중년에 변호사가 된 사람이 가정생활을 위한 시간을 확보해가면서 공익적인 활동에 종사함」이라는 이미지가 얻어질 수 있는 것으로, 반드시 부정적으로 평가해야 할 것이 아니라, 오히려 변호사로서 있어야 할 형태 중 하나를 보이고 있다고 생각된다.

4. 대규모 사무소로의 취직

「소쿠도쿠(即独)」, 「노키벤(軒弁)」이 극히 불안정한 실무형태라고 한다면, 가장 안정적인 실무형태로 생각되는 것은 대규모 법률사무소에 취직하는 것이다. 그렇다면, 대규모 법률사무소에 취직한 자는 어떤 신입변호사인가. 일본에서 최대 규모의 법률사무소는 소속변호사가 500명 정도 되지만, 우리의 조사에서는 401명~500명이 최대 규모로, 2011년 조사의 최초의 직장의 1.1%가 이에 해당하여(2011년 조사 제1호·문 9), 2014년 조사에서 조사시점의 직장의 0.8%가 여기에 해당했다(2014년 조사 제1호·문 4－C－5). 그러나, 그렇다면 너무나도 그 수가 적기 때문에, 2014년 조사에서는 변호사 51명 이상의 사무소에 주목하여(출신 법과대학원을 대답한 자 344명 중 5.8%, 20명이 해당), 관련요인을 분석했다. 그 결과, 출신 법과대학원이 큰 요인으로 나타났다. 2014년 조사에서 대답자 15명 이상이 있었던 법과대학원과, 참고례로서 도쿄대학을 특정해 표시하면, <표 10－4>와 같이 된다(2014년 조사 제2호·표 3－21).

법과대학원	대답자수	최초 직장이 대규모	현재 직장이 대규모
도쿄	27	8(29.6%)	6(22.2%)
쿄토	7	1(14.3%)	1(14.3%)
히토쯔바시	19	2(10.5%)	3(15.8%)
게이오 기주쿠	21	2(9.5%)	3(14.3%)
코우베	15	1(6.7%)	1(6.7%)
칸사이가쿠인	17	1(5.9%)	0(0.0%)
츄오우	32	1(3.1%)	1(3.1%)
와세다	19	0(0.0%)	1(5.3%)
메이지	16	0 0.0%)	0(0.0%)
그 외	171	5(2.9%)	4(2.3%)
합계	344	21(6.1%)	20(5.8%)

표 10-4 출신 법과대학원과 대규모 사무소 소속

이것을 보면, 변호사 51명 이상의 대규모 법률사무소에 소속된 변호사는 전체의 6% 정도를 넘지 않지만, 그 3분의 1은 도쿄대학 출신자로, 도쿄대학 출신자 중 대규모 법률사무소에 소속한 자의 비율은, 전 법과대학원 출신자 평균의 5배에 가깝다. 교토대학·히토쯔바시대학·게이오기주쿠대학이 거의 같은 수준으로 제2그룹을 형성하고 있으나, 도쿄대학과는 꽤 차이가 있다. 그리고 이들 이외의 법과대학원 출신자가 대규모 법률사무소에 소속된 비율은 극히 적다. 이러한 결과는, 변호사 진로 형성 요인으로서 출신 법과대학원을 주목할 필요성을 명백하게 나타낸다.

5. 변호사 과소지(過疎地)의 선택

일본에서는, 소속변호사가 100명을 넘는 대규모 법률사무소는 도쿄와 오사카 이외에는 존재하지 않는다. 소속변호사 51명 이상의 범위로 확대해도, 대규모 법률사무소가 대도시밖에 존재하지 않는다는 상황은 바뀌지 않는다. 그렇다면, 대도시의 정반대에 위치하고 있는 변호사 과소지에서 실무를 하고 있는 자는, 어떤 변호사들일까.

2001년 이후의 사법제도 개혁의 커다란 목적 중 하나가 변호사 접근성의 전국적 개선이었던 점에 입각하여, 앞서, 신입변호사 직장이동의 지배적 방향이 「대도시에서 지방으로」라는 것이었음을 지적했다. 그것은 소속변호사회의 카테고리라는 커다란 구분에 의한 것으로, 여기서는 보다 자세하게, 市町村(역자주: 우리나라의 시읍면과 유사한 일본의 행정 구획의 명칭) 수준에서 검토해본다. 구체적으로는 「도쿄 이외의 변호사회에 등록」해서, 동시에 「변호사가 10명 미만인 시읍면(市町村)」에 사무소가 있는 변호사를 「변호사 과소지에 등록한 변호사」로 정의해서, 그 특징을 검토했다.

해당자는, 2011년 조사에서는 83명(13.37%)으로, 2014년 조사에서는 39명(9.60%)이다(2014년 조사 제2호·표 3−5). 이 비율의 감소는, 변호사 과소지에서 변호사가 이탈한 결과로서 이해해야 할 것이 아니고, 전국 각지에서 변호사가 증가한 결과로 변호사 10명 미만의 시읍면(市町村)이 감소했다는 것으로 해석해야 한다.

그리고, 2011년 조사를 대상으로 다변량분석을 한 결과(2011년 조사 제2호·표 4−20), 유의성을 보인 요인은, 「출신지」「생가·고향과 가깝다」 등의 출신지 인자, 「수습지」 등의 학습지 인자, 「회사 일이 자유」, 「프로보노 활동이 자유」, 「성별을 살린 일」, 「출산휴가·육아휴직」, 「시간적 여유」 등의 근무조건인자, 그리고 「변호사 과소지를 희망」 등의 과소지 지향인자가 있었다.

또한, 2014년에 변호사 과소지에서 실무를 했었던 자의 출신 법과대학원을 주목해보면, <표 10−4>에 등장했던 법과대학원 중, 와세다대학 출신자 19명 중 5명이 변호사 과소지에서 실무를 하던 것을 제외하면, 칸사이대학 출신자가 2명이고, 도쿄대학·히토쯔바시대학·고베대학·츄오우대학·메이지대학의 출신자가 각 1명 변호사 과소지에서 실무를 하고 있을 뿐이다(2014년 조사 제2호·표 3−16). 즉, 변호사 과소지에서의 변호사 접근성을 확대하고 있는 것은, 와세다대학 출신자를 예외로 하면, 보다 소규모의 법과대학원 출신자라는 것이 된다.

이러한 결과는, 대규모 법과대학원에 있어서도 변호사 과소지에서의 실무 의의와 가능성에 대해 충분한 정보제공을 할 필요성과, 소규모 법과대학원을 유지해야 하는 현실적 필요성을 보여주고 있다.

V. 업무분야의 담당 상황

다음으로 검토할 것은, 일본의 신입변호사는 어떤 업무분야에서 종사하고 있는가에 대한 것이다. 이를 밝히기 위해 우리는, 2011년, 2014년 조사 모두에 서 36개의 업무분야를 정해, 각 업무분야를 어떤 정도로 담당하고 있는지 질 문했다. 선택지는 「전혀 시간을 쓰지 않았다」, 「거의 시간을 쓰지 않았다」, 「어느 정도 시간을 썼다」, 「상당한 시간을 썼다」의 4개로, 「어느 정도 시간을 썼다」 또는 「상당한 시간을 썼다」의 대답을, 해당 분야를 「담당하고 있다」는 것으로 정리했다. 각 분야의 「담당 변호사」의 비율은 <표 10−5>와 같다(2014 년 조사 제2호·표 4−5).

표 10−5 업무분야 담당(「담당 변호사」의 비율)

	분 야	2014년 조사	2011년 조사	증감
1	가족·친족·국내사건	78.3	70.1	△
2	형사변호	70.5	81.0	▼
3	유언·상속	70.1	58.1	△
4	임의정리·개인회생(個人再生)	68.6	70.1	
5	교통사고·원고측	65.8	53.0	△
6	채권회수	51.0	54.6	
7	부동산임대차·대주 측	39.6	46.7	▼
8	노동문제·노동자 측	37.0	33.4	
9	그 외 기업법무	36.9	34.3	
10	부동산 매매	35.1	31.8	
11	소비자 문제·소비자 측	33.1	37.0	
12	소년사건	31.9	37.0	▼
13	파산관재인	31.5	12.4	△

14	기업도산·정리·회생(再生)	31.4	34.8	
15	노동문제·사용자 측	31.0	31.9	
16	건축 분쟁	29.8	29.6	
17	이웃관계 문제	27.9	28.2	
18	교통사고 피고·보험회사	26.2	20.0	△
19	부동산임대차·차주 측	22.8	28.2	▼
20	노동재해	20.8	17.3	
21	기업합병·인수	15.8	17.5	
22	의료사고 환자 측	15.1	11.3	
23	섭외·국제무역	13.1	13.3	
24	행정사건·개인대리	12.3	10.0	
25	지적재산	10.0	12.0	
26	범죄피해자 지원	9.9	5.5	
27	소비자문제·업자 측	9.0	10.7	
28	독점 금지	8.3	8.9	
28	가족·친족·국제사건	8.3	6.8	
30	환경·공해문제	7.3	4.9	
31	의료사고 의사·병원 측	7.0	6.1	
32	외국인의 인권	6.8	4.9	
33	행정사건·행정기관 대리	5.5	4.7	
34	세금문제 개인·영세 기업 대리	3.5	2.0	
35	행정사건·기업 대리	3.3	2.6	
36	세금문제·기업 대리	1.6	2.0	

주) △: 현저히 증가한 분야 ▼: 현저히 감소한 분야

　　이것에 의하면, 2011에 가장 「담당 변호사」가 많았던 것은 「형사변호」로, 「가족·친족·국내사건」과 「임의정리(任意整理)·개인파산」이 비슷한 비율로 그 뒤를 잇는다. 거기에 비해, 2014년에 가장 많았던 것은 「가족·친족·국내사건」으로, 「형사변호」는 2위로 후퇴하고, 「유언·상속」이 현저히 가까운 비율로 3위가 되었다. 3년 간의 실무경험을 거친 뒤 사건 선택의 자유도가 증가했다고

한다면, 「형사변호」의 「담당 변호사」가 1할 가깝게 감소한 것은 흥미롭다. 그러나, 그것이, 「변호사 경험의 증가와 함께 형사사건을 피하게 된다」는 것을 의미하는지, 「형사사건에의 관심이 많은 사람만이 형사변호를 하게 된다」는 것을 의미하는지는, 지금은 판단할 수 없다. 한편, 「파산관재인」의 「담당 변호사」가 12.4%에서 31.4%로 증가한 것은, 많은 재판소에 의해 파산관재인의 임명이 일정 부분의 실무경험을 요구하기 때문에 의한 결과일 것이다. 이 점을 제외하면, 많은 변호사가 담당하고 있는 실무분야의 구성에는, 이 3년 간 근본적인 변화는 발생하고 있지 않는 것으로 생각된다.

거기에 비교해서, 변호사 랜덤 샘플을 대상으로 한 2008년 조사에서의 「담당 변호사」의 비율은, 명백한 차이가 인정된다. 2008년 조사에서는 37개의 분야를 설정해서, 대답의 선택지는 「전혀 시간을 쓰지 않았다」, 「거의 시간을 쓰지 않았다」, 「어느 정도 시간을 썼다」, 「상당한 시간을 썼다」, 「대부분의 시간을 썼다」의 5단계로, 「어느 정도 시간을 썼다」, 「상당한 시간을 썼다」, 「대부분의 시간을 썼다」의 3개를, 해당 분야를 담당하고 있는 것으로 분석했다 (2008년 조사 제2호·표 3−1). 그렇게 하면, 「담당 변호사」의 비율은, 제1위 「개인파산」 63.9%, 제2위 「유언·상속」 62.3%, 제3위 「채권회수」 55.1%, 제4위 「형사변호」 49.1%라는 결과가 된다. 즉, 2008년의 전체 변호사 중에서의 비율과 비교하면, 2011년과 2014년의 제62기 변호사는, 같은 실무분야를 상당히 높은 비율로 담당하고 있으며, 특히 「형사변호」를 담당하는 비율은 2014년에도 2할이나 높다는 것이 된다.

2008년 조사의 대답자에는, 제62기 변호사 중 실무경험에서 상담하는 실무경험 5년 미만(변호사 등록이 2003년 이후)이라는 자가 22.3% 밖에 포함되어 있지 않고, 과반수는 10년 이상의 실무경험이 있는 자였다(2008년 조사 제1호·F5). 그렇다고 한다면, 하나의 가능한 가설로, 신입변호사의 단계에서는 많은 분야를 담당하나, 실무경험을 쌓아가면서 서서히 담당분야를 축소해간다는 것이 있을 수 있다. 이 가설을 검증하기 위해서는, 제62기 변호사를 보다 더 장기적으로 추적해야 한다.9)

---

9) 다행히도 우리들은, 2015년도부터 5년간, 새로운 조사 자금을 확보하여, 제62기 변호사의 조사를 계속하는 것과 함께, 제67기 변호사의 조사에도 착수하게 되었다. 또한, 연구대표자는

VI. 전문분야

우리는, 더욱 더, 각 실무분야의 담당 상황에 대한 답을 준비하여, 전문분야의 현황을 검토했다. 그 출발점은, 「시카고 조사」에서 사용한 연구방법 10)과 같은 것으로, 업무분야 사이의 근접성을, 같은 변호사가 복수분야를 동시에 담당하는 확률로 측정하는 것이다. 척도로 사용한 것은, Kulczynski의 유사성 척도2(K2)로 불리는 것이다. <그림 10-1>에서 설명하는 것처럼, 이것은 임의의 업무분야 한 쌍이다. 이에 대해, 한쪽을 담당할 경우 다른 한쪽도 담당할 조건부 확률의 평균(Average Conditional Probability)을 의미하는 것이다. 이 글에서는, 이 척도를 ACP로 부르기로 한다. 그리고, ACP 값을 이용해서 계층 클러스터 분석을 했다.11) 계층 클러스터 분석의 결과는 덴드로그램(dendrogram, デンドログラム)이라고 불리는 그래프로 표시된다. 2014년 조사에서 확인된 36

그림 10-1 업무분야 간의 근접성 척도(K2)

		분야 Y	
		담당함	담당 안 함
분야 X	담당함	a	b
	담당 안 함	c	d
ACP → Kulczynski 2 $K2(x,y) = (a/(a+b)+a/(a+c))/2$ $0 =< K2 <= 1$			

후지모토 아키라로 교체되었다.

10) *Chicago Lawyers*, Chapter 2; Urban Lawyers, Chapter 2.

11) 클러스터 분석이란, 일반적으로 말하면 동질적인 「그룹 나눔을 행하기 위해 적당한 「유사도(類似度)」또는 「상이도(相違度)」를 이용해서 「가까운 것」(neighborhood)를 찾아, 순차적 수속에 의해 그 「유사도」 또는 「상이도」가 정의하는 클러스터를 찾아내는 알고리즘의 총칭」이 될 것이나, 구체적인 방법으로는 몇 가지 종류가 있다. 여기서는, *Chicago Lawyers*나 *Urban Lawyers*와 같이, 「계층 클러스터 분석」을 선택하였고, 클러스터 간의 거리를 측정하는 방법으로는, 「가장 멀리 떨어진 이웃 방법(최원린법, 最遠隣法)(farthest neighbor)」으로 불리는 방법을 선택했다.

개의 업무분야의 덴드로그램은 <그림 10−2>이다. <그림 10−2>에서 세로로 그어진 선은, 업무분야의 클러스터를 식별하기 위해서 적절하다고 생각되는 ACP 값을 임의로 선택해 놓은 것이다.

<그림 10−2>를 보면, 네모난 상자로 둘러친 부분으로, 3개의 업무분야 클러스터가 식별가능하다. 가장 위에는, 「지적재산」(담당 변호사 10.0%), 「독점금지」(이하 같음 8.3%), 「그 외 기업법무」(36.9%), 「외교·국제거래」(13.1%), 「기업합병·인수」(15.8%) 등을 포함하는 것으로서, 「대기업 고객유형」으로 부르는 것이 가능하다. 그에 비해서, 가장 아래에는, 「건축분쟁」(29.8%), 「이웃관계소송」(27.9%), 「소비자문제·소비자측」(33.1%), 「노동문제·노동자측」(37.0%), 「교통사고·원고측」(65.8%), 「가족·친족·국내사건」(78.3%), 「유언·상속」(70.1%), 「임의정리·개인회생(個人再生)」(68.6%), 「형사변호」(70.5%) 등을 포함하는 커다란

그림 10−2 2014년 조사에 의한 클러스터 분석 결과

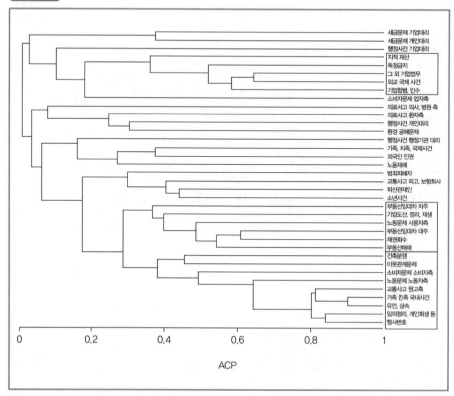

클러스터가 형성되어 있고, 「개인 고객유형」으로 부를 수 있다. 그리고, 한 가지 더, 「개인 고객유형」의 바로 위에, 「부동산 임대차·차주 측」(22.8%), 「기업 도산·재생·정리」(31.4%), 「노동문제·사용자 측」(31.0%), 「부동산 임대차·대주 측」(39.6%), 「채권회수」(51.0%), 「부동산 매매」(35.1%) 등을 포함하는 클러스터가 형성되어 있으며, 「중소기업 고객유형」으로 부를 수 있다. 덴드로그램을 보면, 「개인 고객유형」과 「중소기업 고객유형」은, 세로 축의 선을 조금씩 왼쪽으로 이동해보면(즉, 클러스터 식별의 ACP 값을 조금씩 내려보면) 같은 클러스터를 형성하는 것으로서, 공통성이 높고, 일본 변호사의 전통적 업무분야를 형성하고 있는 것으로 생각된다. 그에 비해, 「대기업 고객유형」과 「개인 고객유형」 및 「중소기업 고객유형」의 ACP는 0으로, 전혀 다른 업무유형을 형성하고 있다고 할 수 있다.

「시카고 조사」에 따르면, 미국의 대도시(구체적으로는 시카고)의 변호사 사회는, 대기업 고객을 대상으로 하는 대규모 법률사무소의 변호사와, 개인 고객을 대상으로 하는 개인·소규모 법률사무소의 변호사로 명확하게 나눠져 있고, 그것은 게다가, 변호사의 출신 계층, 인종적·종교적 배경, 출신 로스쿨의 순위, 변호사 사회에 있어서 위신(威信) 등의 차이와 명확히 결합되어 있어서, 대기업 고객 변호사를 변호사 사회의 계층에서 상위에 두는 「사회구조」를 형성하고 있다. 우리의 조사에서도, 2008년 조사에서 이미 「개인 고객유형」과 「대기업 고객유형」이 식별되었다(2008년 조사 제2호·그림 3−1). 그에 더해, 제62기 변호사에 대한 2011년에도, 변호사 등록 후 불과 1년 조금 경과했던 시점에 있었음에도 불구하고, 「개인 고객유형」과 「대기업 고객유형」이 식별되었다(2011년 조사 제2호·그림 5−2). 시카고의 변호사 사회의 수준으로 나타난 정도로 「대기업 고객유형」을 담당하고 있는 변호사의 비율은 높지 않고, 특정 분야에 집중되어 있지도 않다. 그러나 「대기업 고객유형」으로 불리는 업무분야를 상대적으로 더 많이 담당하는 변호사층이 나타나고 있는 중인 것도 사실이다.

거기서 문제가 되는 것은, 시카고의 변호사 사회에서 지적되는 것과 같은, 「사회적 출신 → 출신 로스쿨 → 소속 사무소 규모 → 고객 유형 → 변호사 사회에서의 위신(威信)」이라고 하는 사회구조도 형성되고 있는가 아닌가 하는 것이다. 우리의 조사에서는, 성별 또는 연령과 같은 가치중립적인 속성 이외의 사회적 출신에 관한 자료는 수집하고 있지 않지만, 출신 법과대학원은 파악하고 있다. 거기서, 2014년 조사의 각 대답자에 대해서, 「대기업 고객유형」의 업무분야, 「개인 고객유형」의 업무분야, 「중소기업 고객유형」의 업무분야의 각각에 대한 담당 정도를 나타내는 4단계 대답의 평균치를 계산해서,[12] 그 값의 차이를 설명하는 요인을, 다중회귀분석을 이용하여 가능한 한 발견하려고 노력했다.

그 결과, 「개인 고객유형」의 담당에 대해서는, 고등법원(고등재판소)이 존재하지 않은 지역의 변호사회에 소속된 것, 「재야성(在野性)을 갖는 것이 가능하다」는 것이 변호사 직업을 선택한 이유였던 것 등이 플러스로 유의미한 편회귀계수(偏回歸係數)를 보였으며, 도쿄대학·게이오기주쿠대학 출신인 것, 도쿄삼회 소속인 것 등이 마이너스로 유의미한 회귀계수를 가지는 것으로 나타났다(2014년 조사 제2호·표 4-7). 그에 비해, 「대기업 고객유형」의 담당에 대해서는, 남성인 것, 도쿄대학·게이오기주쿠대학·히토쯔바시대학 출신인 것, 소속사무소의 규모, 도쿄삼회 소속, 「경제적 안정」과 「지적 흥미가 깊다」가 변호사 직업을 선택한 이유였던 것 등이 플러스로 유의미한 회귀계수를 나타냈고, 고등법원이 존재하지 않는 변호사회에 속한 것, 「재야성」을 변호사 직업 선택이유로 한 것 등이 마이너스로 유의미한 회귀계수를 가지는 것으로 나타났다(2014년 조사 제2호·표 4-8). 이 결과를 전체적으로 보면, 변호사 등록 후 4년을 조금 지난 시점에 이미, 「개인 고객유형」 담당이 많은 변호사와, 「대기업 고객유형」 담당이 많은 변호사가, 출신 법과대학원, 변호사 직업을 선택하는 동기, 소속변호사회 등에 있어서 대조적인 존재라고 생각할 수 있다.

그렇다면, 일본의 변호사 사회에 있어서도, 시카고의 변호사 사회에서 보여지는 것과 같은 사회 계층이 형성되고 있다고 생각할 수 있는 것일까. 이 점에 대해서는, 변호사의 소득에 대한 검토를 한 뒤에, 다시 고찰해보도록 한다.

---

12) 전 대답자에 있어서 평균치는, 「개인 고객유형」이 2.56, 「중소기업 고객유형」이 2.0, 「대기업 고객유형」이 1.49였다. 「개인 고객유형」이 일본의 변호사의 중심적인 업무이고, 「대기업 고객유형」이 소수파의 업무분야인 것은, 이들 수치로부터도 이해할 수 있다.

VII. 소득과 불만족·불안감

1. 소 득

우리들은 2011년 조사에서는 2010년의 「소득」을 질문하고, 2014년 조사에서는 2013년의 「소득」을 질문했다. 여기서 「소득」이란 「세금 포함」한 것으로서, 「확정신고를 한 경우에는 신고 소득」으로 정의했다(2011년 조사·문 15; 2014년 조사·문 15). 또한, 「수입」 또는 「매출」의 전액을 의미하는 것이 아니라, 경비를 포함해서 각종공제를 한 뒤의 금액으로, 과세 전의 금액에 해당한다. 응답자의 분포는 <표 10-6>과 같다.

표 10-6 소득분포

소 득 액	2010년(응답자 614)	2013년(응답자 403)
200만엔 미만	1.0%	1.2%
200만엔 이상~500만엔 미만	18.4%	14.1%
500만엔 이상~1,000만엔 미만	68.9%	55.8%
1,000만엔 이상~2,000만엔 미만	11.7%	26.6%
2,000만엔 이상	0.0%	2.2%

(p=.0000).

이것에 의하면, 2013년에도 과반수 이상이 500만엔 이상~1,000만엔 미만인 것에 변함은 없으나, 1,000만엔 이상~2,000만엔 미만이 3년 간 배로 증가하여, 2,000만엔 이상인 사람이 처음으로 등장했다. 이러한 변화는 유의수준 0.0000으로 유의한 것이다. 변호사 전체의 소득이 저하하고 있다는 것이 많은 변호사들의 주장이나, 우리의 조사에서는 소득격차가 확대되고 있다고는 말할 수 있으나, 전체적으로는 가난해지고 있다고는 말할 수 없다.

또한, 일본변호사연합회(이하 일변연(日弁連))[13]가 2010년에 한 조사에서는

---

13) 일변연은 변호사 전국 단체이다. 일본의 변호사는, 각지의 변호사회(단위회로 불린다) 중 어느 한 곳과 일변연 두 곳에 등록해야만 한다.

2009년의 소득을 응답하게 하고 있으나, 가장 경력 연수가 적은 경력 5년 미만의 자(대답자 329명)에서는, 200만엔 미만이 6% 약간, 200만엔 이상~500만엔 미만이 약 26% 정도, 500만엔 이상~1,000만엔 미만이 44% 정도, 1,000만엔 이상~2,000만엔 미만이 약 17%, 2,000만엔 이상이 6% 약간으로 되어 있다.[14] 우리는 2014년 조사보다도 소득격차가 더 큰 것에 주의해야만 한다. 또한, 우리의 2014년 조사에서는, 2,000만엔 이상의 자는 일변연 조사보다는 적으나, 200만엔 미만인 자도 1,000만엔 이상~2,000만엔 미만인 자도 일변연 조사보다는 훨씬 적고, 오히려 500만엔 이상~1,000만엔 미만인 자나, 1,000만엔 이상~2,000만엔 미만인 자는, 일변연 조사보다도 상당히 많다. 즉, 같은 정도의 경험을 가진 변호사에 있어서는, 2009년의 일변연 조사보다도 우리의 2014년 조사 쪽이, 대답자 전체의 소득분포는 개선되어 있는 것이다. 이러한 것도, 최근 특히 젊은 변호사들의 소득이 감소하고 있다는 주장을 부정하는 것이다.

물론, 우리의 데이터에 대한 반론도 존재한다. 즉, 소득수준이 높은 사람이 응답률이 높은 것이 아닌가 하는 것이다. 이 반론의 타당성을 검토하기 위해서는, 대답하지 않은 자의 소득을 조사해야 하므로, 여기서는 결론을 낼 수 없다. 그러나, 우리의 조사에 있어서 소득이 높은 사람의 응답률이 높았다고 하기 위해서는, 같은 점에 대해 일변연 조사에서도 답변해야 할 것이다. 그렇다고 한다면, 우리의 조사와 일변연 조사에 의한 소득 카테고리의 비율을 비교하는 것은 가능하다고 말할 수 있다.

2. 소득 변화의 방향

우리의 2014년 조사에서는, 2010년과 비교해서 2013년의 소득이 증가했는지, 감소했는지를 질문했다(2014년 조사 제2호·표 6-3). 대답의 선택지는, 「감소했다」, 「굳이 고르자면 감소했다」, 「변화없음」, 「굳이 고르자면 증가했다」,

---

14) 『弁護士業務の経済的基盤に関する実態調査報告書2010』, 自由と正義62巻臨時増刊号(2011年), 127면, 그림 28-1-2-1-3. 이 데이터는 수치가 아니라 그래프로 나타나 있기 때문에, 본문에 나타난 수치는 그래프에서 읽어낸 개략적인 수치이다. 게다가, 이 일본변호사조사는, 변호사 전체로부터 추출했던 샘플 10,000명에게 조사표를 송부해서, 17.95%로부터 대답을 얻었다. 이하에서는, 이 조사를 「일변연조사」라고 부른다.

「증가했다」의 다섯 개였다. 전체(대답자 403명)에서는 「감소했다」가 9.9%인 반면, 「증가했다」는 33.0%로서, 이 데이터로부터도 전체 소득이 향상되고 있다고 말할 수 있다. 다만, 「감소했다」와 「증가했다」의 비율은 소득수준에 의해 크게 차이가 있다. 소득 200만엔 미만(응답자 5명)에서는, 「감소했다」가 80.0%인 것에 비해서, 1,000만엔 이상~2,000만엔 미만(응답자 107명)에서는 「증가했다」가 57.0%으로, 2,000만엔 이상(응답자 9명)에서는 「증가했다」가 88.9%였다. 즉, 전체적으로 소득이 향상되고 있는 것과 동시에 소득 격차가 확대되고 있다는 점을, 여기서도 확인할 수 있다.

3. 소득의 규정요인

소득의 규정요인에 대해서는, 우리는 많은 요인에 대해서, 이변량분석과 다변량분석을 둘 다 시행했다. 이변량분석으로 가장 관심을 모으는 것은, 아마도 출신 법과대학원과의 관계일 것이다. 그것은 <표 10-7>과 같다(2014년 조사 제2호·표 6-4). 비교를 용이하게 하기 위해서 1,000만엔 이상의 비율이 높은 순서로 배열했다.

표 10-7 출신 법과대학원과 2013년의 소득

출신 법과대학원	소 득			응답자 수
	500만엔 미만	500만엔 이상 1,000만엔 미만	1,000만엔 이상	
도쿄	7.4%	37.0%	55.6%	27
게이오기주쿠	0.0%	52.4%	47.6%	21
츄오우	18.8%	46.9%	34.4%	32
히토쯔바시	11.1%	55.6%	33.3%	18
쿄토	0.0%	71.4%	28.6%	7
와세다	10.5%	63.2%	26.4%	19
그 외	18.1%	58.3%	23.6%	216
합계	15.0%	55.6%	29.5%	340

여기서는, 도쿄대학과 게이오기주쿠대학의 출신자에서 소득 1,000만엔 이상의 비율이 명백하게 높고, 대규모 법률사무소에 소속된 자와 유사한 패턴이 나타나고 있다. 그리고 소득 1,000만엔 이상의 비율은, 동경 23구 내의 소속 변호사 51명 이상의 사무소에 소속한 자(19명)로 최대(73.7%)이므로, 「출신법과대학원 → 소속 법률사무소의 소재지·규모 → 소득」이라는 패턴을 상정하는 것이 가능할 것이다. 다만, 1주당 노동시간과 소득의 교차 분석표에서는, 소득 1,000만엔 이상의 자의 비율이, 노동시간 40시간 이하의 사람에서는 20.5%인 것에 비해서, 노동시간 60시간을 초과하는 사람에서는 39.5%가 되어, 노동시간과 소득 사이에 유의한 상관관계가 나타난다.

그 외, 성별에 대해서도 흥미로운 결과가 나타나고 있다. <표 10−8>과 같다(2014년 조사 제2호·표 6−5).

표 10-8 성별과 2013년의 소득

성별·혼인관계	소 득			응답자 수
	500만엔 미만	500만엔 이상	1,000만엔 이상 1,000만엔 미만	
남성·배우자 있음	11.7%	52.9%	39.4%	189
남성·배우자 없음	18.6%	50.5%	31.0%	97
여성·배우자 있음	21.7%	62.2%	14.9%	74
여성·배우자 없음	13.2%	86.9%	13.2%	38
합계	15.3%	56.0%	28.6%	398

소득 500만엔 미만의 비율이, 배우자가 없는 남성이 배우자가 없는 여성보다도 높은 것은 의외의 결과로 나타나고 있으나, 소득 1,000만엔 이상의 비율에 주목하면, 남녀 간의 차가 확연하게 드러나며, 남성 변호사의 비율이 여성 변호사의 비율의 3배에 가깝다.

여성 변호사가 처해 있는 불리한 상황은, 워크 라이프 밸런스(일과 삶의 균형, ワークライフ·バランス)의 관점에서 이해할 수 있다. 「변호사 커리어를 쌓아가며 가정일을 하는 것이 부담이 된다」고 한 자는, 배우자가 있는 남성 변호사

에서는 18.8%에 지나지 않지만, 배우자가 있는 여성 변호사에서는 48.6%에 달한다(2014년 조사 제2호·표 6-6). 또한, 변호사 등록 후에 본인 또는 배우자가 출산한 변호사에서는, 「변호사 커리어를 쌓아가며 육아를 하는 것이 부담이 된다」고 한 자는, 남성에서는 39.1%였으나, 여성에서는 88.5%이다. 그리고, 육아의 부담이 노동시간에 미치는 영향은, 남녀 간에 차이가 있다. 즉, 「육아가 부담이 된다」고 대답한 남성 변호사의 35.9%가 주당 60시간 이상을 일하고 있으나, 같은 입장의 여성 변호사는 12.5%에 지나지 않는다(2014년 조사 제2호·표 6-8). 이상을 종합적으로 보면, 「여성인 것 → 가사·육아의 보다 무거운 부담 → 적은 노동시간 → 낮은 소득」이라는 패턴을 상정할 수 있다.

　　여기서 특히 흥미로운 것은, 자신 혹은 배우자가 출산한 경우에, 배우자의 직업에 의한 「부담」의 차이이다(2014년 조사 제2호·표 7-9). 「생활비를 얻는 것」에 있어서는, 남성 응답자(89명)의 52.8%가 「부담이 된다」고 대답하고 있는 것에 비해, 여성 응답자(27명)는 29.6%만이 「부담이 된다」고 대답하고 있는 것으로, 남성 쪽이 가계유지자로서의 책임을 보다 크게 느끼고 있다고 말할 수 있다. 그런데, 「가사」에 있어서는, 남성 응답자(87명)의 27.6%만이 「부담이 된다」고 대답하고 있는 것에 반해서, 여성 응답자(26명)는 65.4%가 「부담이 된다」고 대답하고 있고, 특히 「법조인」이 배우자인 여성 변호사(10명) 중에서는 90.0%가 「부담이 된다」고 대답하고 있다. 또한 「육아」에 대해서도, 남성 응답자(90명)의 38.9%만이 「부담이 된다」고 대답하고 있는 것에 비해, 여성 응답자(26명)는 88.5%가 「부담이 된다」고 대답하고 있어, 특히 「법조인」이 배우자인 여성 변호사(10명)의 100%가 「부담이 된다」고 대답하고 있다.

　　이와 같이, 일반적으로 선진적인 직업으로 알려진 변호사에게, 실제로는 전통적인 성별역할분화가 가장 강하게 관찰되고 있는 것이다.[15] 더구나, 성별 격차는, 변호사 등록 후 5년 이내라고 하는, 변호사 커리어의 초기 단계에서,

---

15) Mayumi Nakamura, "Legal Reform, Law Firms, and Lawyers Stratification in Japan," *Asian Journal of Law and Society*, Vol.1, Issue1, (2014), p. 120은, 2010년의 「일변연조사」자료(전주14)의 2차분석에 의해, 「젠더 간 격차는, 각자의 커리어 최초시기에 주로 나타나는 것(최초의 사무소의 규모에 영향을 미친다)이 아니라, 각자의 커리어의 중간단계, 즉 육아기간에 나타난다」고 서술하고 있다. 나카무라가 「커리어의 중간단계에서 나타난다」고 하고 있는 격차가, 우리의 조사에서는, 변호사 등록 후 5년 이내라고 하는 「커리어의 초기단계」에 있어서 이미 나타난 것이 된다.

이미 나타나 있다. 변호사계에서의 여성 변호사의 지위 향상은, 사회전체에 있어서 성별역할관념의 변화일 뿐이 아니라, 보다 직접적으로는, 변호사계 내부의 성별역할에 관한 관념의 변화를 필요로 한다고 생각된다.

　이상과 같이, 소득에 작용하는 요인은 다수 상정할 수 있으므로, 다변량 분석에서 많은 요인을 투입하여, 다른 요인의 영향을 통제한 각 요인의 정밀한 영향을 검토해야 한다. 거기서, 우리는, 「소득 500만엔 이상~1,000만엔 미만」을 참조 카테고리로서, 「소득 500만엔 미만」이 되는 것에 기여하는 요인과, 「소득 1,000만엔 이상」이 되는 것에 기여하는 요인을 발견하기 위해서, 다항 로지스틱 분석을 시행했다. 이용한 변수는, 노동시간, 직장 내 지위, 직장의 소재지, 출신법과대학원, 젠더와 혼인관계, 젠더와 미취학아동의 유무, 개인고객에 시간을 쏟는 비율과 대기업 고객에 시간을 쏟는 비율 등이 있었다. 그런데 안타깝게도, 유의미한 변수는 거의 발견되지 않았다. 생각해볼 수 있는 한 가지 원인은, 다중공선성(多重共線, multicollinearity)이다. 즉, 상관관계가 큰 다수의 변수를 사용했기 때문에 이해할 수 없는 결과가 생겼다는 것이다. 이것이 원인인지 아닌지를 검토하기 위해서는, 상관관계가 큰 변수를 삭제해서 분석을 다시 하지 않으면 안 된다. 이 작업은, 우리의 장래 과제로 남아 있다.

4. 변호사의 만족도

　앞서 지적한 것과 같이, 변호사 전체로서의 소득이 감소하고 있고, 그 경향이 젊은 변호사에 있어서 특히 크다는 지적이, 빈번하게 주장되고 있다. 만약 정말로 그렇다면, 많은 변호사가 불안감을 겪고 있을 것이다. 여기서 우리는 전반적인 만족도, 수입의 만족도, 시간관리의 자유도에 관한 만족도, 일상업무의 내용에 관한 만족도라는, 네 종류의 만족도를 질문했다. 여기서는 전반적인 만족도에 관한 결과를 보고하고자 한다. 질문은, 「당신은, 현재, 변호사로서 직업생활에 있어서, 전반적으로 어느 정도로 만족하고 있습니까」라는 것으로, 대답의 선택지는 「불만족」, 「굳이 고르자면 불만족」, 「굳이 고르자면 만족」, 「만족」의 4개이다(2011년 조사 제1호·문 16-1 ; 2014년 조사 제1호·문 12-1).

응답의 분포를 나타내보면, <표 10-9>와 같다(2014년 조사 제2호·표 6-20).

표 10-9 전반적 만족도

	2011년 조사(응답자 617)	2014년 조사(응답자 404)
불만족	4.9%	2.2%
굳이 고르자면 불만족	19.0%	18.1%
굳이 고르자면 만족	53.2%	57.2%
만족	23.0%	22.5%

이것을 보면, 「만족」 또는 「굳이 고르자면 만족」이라는 대답은 어느 쪽이든 80% 가깝다. 변호사는 전체적으로 만족감이 높고, 그 만족감은 3년간 낮아지지 않았다.

만족감의 규정요인으로 쉽게 상정할 수 있는 것은 소득이다. 2014년 조사에서 소득과 전반적 만족도의 교차 분석을 한 결과 <표 10-10>과 같았다(2014년 조사 제2호·표 6-21).

표 10-10 연간소득과 전반적 만족도(2014년)

소득	불만족	굳이 고르자면 불만족	굳이 고르자면 만족	만족	응답자 수
200만엔 미만	0.0%	50.0%	25.0%	25.0%	4
200만엔 이상 ~500만엔 미만	7.0%	29.8%	47.4%	15.8%	57
500만엔 이상 ~1,000만엔 미만	1.3%	16.9%	57.8%	24.0%	225
1,000만엔 이상 ~2,000만엔 미만	1.9%	13.1%	63.6%	21.5%	107
2,000만엔 이상	0.0%	22.2%	44.4%	33.3%	9
합계	2.2%	18.2%	57.2%	22.4%	402

(p=.051)

확실히, 소득과 만족도는 유의수준 약 5%로 서로 상관관계가 있다. 그러나, 소득 200만엔 이상인 자는 60% 이상이 「만족」 또는 「굳이 고르자면 만족」 이라고 대답하고 있어, 전반적으로 만족도가 높은 상황이다. 게다가 극단적으로 소득이 낮은 자를 제외하면, 소득에 상관 없이, 「변호사이다」라는 자체에 만족감이 높다. 이 결과는, 소득이 감소했던 자와 소득이 증가했던 자를 비교해도 변하지 않는다. 소득이 증가했던 자(134명) 중에서는 85.8%가 「만족」 또는 「굳이 고르자면 만족」이라고 대답한 것에 비해, 소득이 감소했던 자(39명) 중에서는 61.5%가 「만족」 또는 「굳이 고르자면 만족」이라고 대답하고 있는 것에 지나지 않는다. 소득의 증감과 만족도는 유의수준 7%의 상관관계를 보이고 있으나(2014년 조사 제2호·표 6−22), 그렇다고 하더라도, 소득이 감소하고 있는 자도 60%가 직업에 만족하고 있다.

이러한 결과에 대해서, 「만족감이 높은 자의 응답률이 높았던 것이다」라는 식의 비판이 있을 수 있다. 그러나 그 타당성은 대답하지 않았던 자에 대해서 조사를 시행하지 않으면 확인할 수 없다.

5. 장래에 대한 불안감

그러나, 앞서 기술한 만족감은 「현 상황」에 대한 것으로서, 「장래」에 대해서는 「불안감」이 높다. 2011년 조사에서도 2014년 조사에서도, 우리는, 「당신은, 변호사로서 자신의 장래에 불안을 느끼는 일이 있습니까」라고 질문했다(2011년 조사 제1호·문 18 ; 2014년 조사 제1호·문 15−1). 대답의 선택지는, 「불안하지 않다」, 「굳이 고르자면 불안하지 않다」, 「굳이 고르자면 불안하다」, 「불안하다」의 4개였다. 2011년과 2014년의 결과는 <표 10−11>과 같았다(2014년 조사 제2호·표 6−32).

즉, 「현 상황」에 있어서 압도적으로 만족감을 느끼고 있음에도 불구하고, 「장래」에 대해서는 압도적으로 불안감이 높고, 그 불안감은 3년 사이에 증가하고 있다. 그리고, 불안감과 소득 또는 소득의 증감 사이에는 유의미한 상관관계가 있으며(2014년 조사 제2호·표 6−34 ; 표 6−35), 불안감과 앞서 기술한 만족감과의 사이에는 유의미한 상관관계가 있다(2014년 조사 제2호·표 6−37).

표 10-11 장래에 대한 불안감

	2011년	2014년
불안하지 않다	4.0%	3.2%
굳이 고르자면 불안하지 않다	4.0%	3.2%
굳이 고르자면 불안하다	24.4%	15.6%
불안하다	26.5%	30.9%
응답자	619	404

(p<0.01)

여기에 더해서, 우리는, 2014년 조사에 있어서, 「자신의 사건 처리 능력」, 「안정적인 수입의 확보」, 「새로운 고객의 확보」, 「고객의 신용 획득」, 「징계 청구를 받을 가능성」, 「변호 과오를 일으킬 가능성」, 「변호사회의 회무(会務) 부담의 정도」, 「무상의 공익 활동의 부담」, 「자기연마, 스킬 업 등의 시간의 확보」, 「사무소에서 독립할 수 있는지 어떤지」, 「결혼·출산·육아·간호에 있어 일(work)·삶(life)·밸런스(balance)의 확보」라는 11개 항목에 대해서, 장래에

표 10-12 구체적인 장래에 대한 불안감(2014년)

불안감의 대상 항목	「불안하다」, 「굳이 고르자면 불안하다」의 비율
「새로운 고객의 확보」	79.8%
「안정적인 수입의 확보」	77.5%
「자기연마, 스킬 업 등의 시간의 확보」	60.5%
「자신의 사건 처리 능력」	57.3%
「변호사 과오를 일으킬 가능성」	54.4%
「결혼·출산·육아·간호에 있어 일·삶·밸런스의 확보」	52.4%
「고객의 신용 획득」	45.9%
「징계 청구를 받을 가능성」	41.0%
「변호사회의 회무 부담의 정도」	29.6%
「사무소로부터 독립할 수 있는지 어떤지」 (단, 37.9%는 「직장의 성질상 해당하지 않는다」고 대답)	28.3%
「무상의 공익활동의 부담」	26.2%

대한 불안감을 질문했다(2014년 조사 제1호·문 15-4). 그렇게 한 결과, 「불안하다」 또는 「굳이 고르자면 불안하다」는 비율은 <표 10-12>와 같았다.

즉, 불안감의 요소로 가장 큰 것은 고객과 수입의 확보, 자기 능력의 향상이었다. 이것들은, 고객 또는 시장과 자기의 능력에 의존하는 직업의 성격상 당연한 것으로서, 앞서 기술한 높은 불안감은, 고객이나 시장의 수요에 맞추어, 그를 위한 자기 능력 계발을 촉진하는 것으로 볼 수도 있을 것이다.

Ⅷ. 출신 법과대학원과 변호사계의 「사회계층」

우리의 변호사 조사는, 본 논문의 서두에서 밝혔듯이 「시카고 조사」에서 힌트를 얻어 계획되었다. 그 결과, 「시카고 조사」에서 발견되었던 것과 같은 「사회구조」가 일본의 신입 변호사 내에서도 나타나고 있는지에 대해서 검토해 봐야 한다.

「시카고 조사」에서는, 출신 계층이나 인종적·종교적 배경이 입학할 수 있는 로스쿨의 랭킹을 결정하여, 출신 로스쿨의 랭킹이 소속 법률사무소의 규모와 고객·업무분야를 결정하고, 고객·업무분야의 차이가 변호사계에 있어서 「위신」(prestige)을 결정한다는 「사회구조」가 발견되었다. 시카고의 변호사계는, 대규모 사무소에서 대기업을 고객으로 하여 비즈니스 관계 업무를 담당하는 「북반구」와 개인사무소·소규모 사무소에서 개인을 고객으로 하는 「남반구」로 이분화되어 있고, 「북반구」의 변호사 쪽이 「위신」이 명백하게 높다고 한다.16) 이러한 「사회구조」는, 「사회계층」(social stratification)이라고 불러도 될 것이다.

일본의 사회조사에서는 출신 계층이나 인종적·종교적 배경을 질문하는 것이 일반적으로 회피되는 것이어서, 그 점에 대해서는 우리의 조사에서도 묻지 않았다. 그러므로, 우리의 조사에서는 출신 계층이나 인종적·종교적 배경과 출신 법과대학원과의 관계를 분석하는 것은 불가능하다. 그러나, 이미 반복해서 언급했던 것과 같이 출신 법과대학원에 대한 질문을 했기 때문에, 「시카

---

16) *Chicago Lawyers*, Chapter 4; *Urban Lawyers*, Chapter 4.

고 조사」의 로스쿨 이후의 과정에 대응하는 분석을 하는 것은 가능하다.

「시카고 조사」에서는, 시카고, 콜럼비아, 하버드, 미시건, 스탠포드, 예일의 6개 학교를 「엘리트」 로스쿨로, 노스웨스턴(Northwestern), 조지타운, 위스콘신, 버지니아, 뉴욕 등을 「프레스티지」 로스쿨로, 일리노이, 미네소타, 노트르담, 조지워싱턴 등을 「지역」(regional) 로스쿨로, 그리고 시카고켄트(Chicago Kent), 드폴(DePaul), 로욜라(LOYOLA), 존마셜 등을 「지방」(local) 로스쿨로 부르고 있고, 4개의 그룹 각각을 일괄해서 분석했다.17) 그에 대해, 우리 조사에서, 대규모 사무소에 대한 소속가능성과 소득이라는 점에서, 도쿄대학이 미국의 「엘리트」 로스쿨에 대응되는 것이고, 게이오기주쿠대학과 히토쯔바시대학이 그에 이어 「프레스티지」 로스쿨에 대응되는 것으로 생각된다. 2010년의 「일변연조사」 자료18)를 이차분석했던 나카무라도, 대학 이름을 익명으로 분석하여, 「가장 현저하게 알 수 있었던 점은 A대학에 관한 것이었다. 그 출신자는, 최대 규모의 사무소에 압도적으로 많이 직장을 갖고 있다고 생각된다. 이런 경향은 시간이 흐를수록 증가되고 있고, 또한 법과대학원 제도 도입 후에 더 증가되고 있다.」라고 지적하면서, 「법과대학원 제도의 도입은, 보다 다양한 배경을 가진, 보다 광범위한 사람들에게 법조계 진입의 문을 열어줌으로써, 점점 평등화를 신행시키는 것처럼 보이」지만, 「그 평등화 과정의 아래에는, 숨겨진 차별이 증가하고 있는 것일지도 모른다.」고 언급하고 있다.19) 여기서 「A대학」은 명백하게 도쿄대학이다.

문제는, '대규모 사무소에 대한 소속가능성과 소득수준에 관해 도쿄대학 출신자, 혹은 그에 더해서 게이오기주쿠대학 출신자, 히토쯔바시대학 출신자 등이 갖는 이점을, 「사회계층」이라는 개념에서 이해해도 좋은가'라는 점이다. 왜냐하면, 시카고의 변호사계에 있어서 「사회계층」은, 업무분야의 「위신」에 입각해서 이해되는 것인데, 미국 변호사계에 있어서 각 업무분야의 「위신」과, 일본 변호사계에 있어서 각종 업무분야의 「위신」은, 다를 수 있기 때문이다.

「시카고 조사」에서, 「위신」은 「특정의 역할 또는 직무에 부여되는 상대

17) *Chicago Lawyers*, p. 10; *Urban Lawyers*, p. 24.
18) 前注 14의 보고서 210면에 따르면 일본변호사협회 연합조사 응답자의 12%(193명)가 법대 출신이었다.
19) Nakamura, 前注 15, p. 121.

적인 명예(relative honor)」로 정의되어 있다.[20] 그리고, 조사대상 변호사의 4분의 1을 추출하여 1975년 조사에서는 30개의 업무분야를, 1995년 조사에서는 45개의 업무분야를 각각, 「변호사 직역 전체 사이에서의 일반적 위신(general prestige)」에 대해, 「걸출하다」(outstanding)로부터 「부족하다」(poor)까지 총 5개의 단계로 평가하였다.[21] 그리고, 「걸출하다」 또는 「평균이상」이라는 상위 2개의 평가의 비율로 「위신」점수를 계산했다. 그 결과, 1995년 조사에서는, 최상위 5개 분야는 「유가증권」, 「상표·저작권」, 「국제사법」, 「국제공법」, 「특허」였고, 최하위 5분야는 「혼인」, 「이민법」, 「소년법」, 「부동산」, 「소비자법(소비자·채무자 측)」이 나왔으며, 1975년 조사에서의 결과도 이와 거의 같았다.[22] 즉, 대기업을 고객으로 하는 모든 분야가 「위신」이 높았고, 개인을 고객으로 하는 모든 분야의 「위신」이 낮다는 점이 명백하였으며, 그 점에서, 미국의 변호사계에는 「사회계층」이 형성되어 있다고 말할 수 있을 것이다.

　여기서 주의해야 할 것은, 「시카고 조사」가 「위신」을 단일한 척도로 측정하고 있다는 점이다.

　「시카고 조사」의 「위신」측정법은, 「위신」이 일차원적인 변호사계에서는 타당한 것으로서, 미국 변호사계에서는 그 가정이 맞을지도 모른다. 그러나, 일본의 변호사계에서는 그러한 가정은 맞지 않을 가능성이 있다. 왜냐하면, 「재야정신」이라는 단어가 쓰여 온 것처럼, 형사사건, 공해문제, 소비자문제 등, 개인고객을 위해서 국가나 대기업을 상대로 하는 업무를 맡는 변호사가, 이상적인 변호사의 전형적 모습이었기 때문이다.

　거기서 우리는, 「2008년 조사」에 있어서, 37개의 분야에 대해, 모든 응답자를 상대로, 「지적·기술적 난이도가 높다고 생각하는가」, 「사회적 의의가 높다고 생각하는가」, 「수익성이 높다고 생각하는가」라는 3개의 척도에 대해 각 평가를 구했다. 그 결과, 변호사 전체 샘플을 대상으로 한 「2008년 조사」에서는, 「지적·기술적 난이도」에서는 최상위 5개 분야가 「의료사고·원고 측」, 「지적재산」, 「기업합병·매수」, 「건축분쟁」, 「의료사고·피고 측」이었던 것에 비

20) *Urban Lawyers*, p. 81.

21) *Chicago Lawyers*, pp. 57~58; *Urban Lawyers*, p. 81.

22) *Urban Lawyers*, p. 85.

해, 최하위로 5개 분야는 「부동산 임대차·차주 측」, 「부동산 임대차·대주 측」, 「가족·친족·국내사건」, 「개인파산·소비자 파산」, 「소비자 문제·피고 측」 으로, 「시카고 조사」에 있어서의 「위신」평가에 가까운 경향성이 나타났다. 그 러나, 「사회적 의의」에서는, 최상위 5개 분야가 「형사변호」, 「소년사건」, 「소 비자문제·원고 측」, 「범죄피해자 지원」, 「환경·공해문제·원고 측」으로, 「시 카고 조사」에서 「위신」이 가장 낮다고 된 개인고객 분야가 높게 평가되었다 (2008년 조사·업무분야 평가논문 : 표 2). 그리고, 3차원 평가의 주성분 분석에 의 하면, 「사회적 의의」는 「지적·기술적 난이도」 및 「수익성」과 대극적 위치에 있어(2008년 조사·업무분야 평가논문 : 표 2), 일본의 변호사계에 있어서 「위신」 평가가 다차원적이라는 점이 명백히 드러났다. 게다가, 이러한 경향성은, 소속 변호사회의 규모, 성별, 연령에 있어서 차이가 없었다(2008년 조사·업무분야 평 가논문). 이는, 일본 변호사계에서, 「지적·기술적 난이도」나 「수익성」에 의한 「위신」과는 별개로, 「사회적 의의」가 높은 「위신」을 얻는 것이 가능하다는 것 을 의미한다.

　　그러나, 「2008년 조사」의 결과는, 구제도에 의해 양성된 구세대 변호사가 다수를 차지했기 때문인 것으로, 새로운 제도에 의해 양성된 신입변호사에게 는 다른 경향성이 나타날 가능성이 있다. 그래서, 「2014년 조사」에서, 36개의 분야에 대해, 「2008년 조사」와 같은 3차원 평가를 구해보았다. 그 결과, 「지 적·기술적 난이도」 측면에서 평가가 가장 높은 것이 「의료사고·환자 측」, 「건축분쟁」, 「의료사고·의사·병원 측」, 「외교·국제사건」, 「지적재산」, 「독점 금지」 등인 것에 비해, 「사회적 의의」 측면에서 가장 평가가 높은 것은 「소년 사건」, 「형사변호」, 「소비자문제·소비자 측」, 「범죄피해자 지원」, 「환경·공 해문제」 등이었다(2014년 조사 제2호·표 5-2·표 5-3). 즉, 6년이 지나, 변호사 양성제도가 바뀌어서, 신입변호사만이 대상으로 한 조사임에도 불구하고, 업 무분야 「위신」평가에, 거의 변화가 없었다. 이러한 일본 변호사계의 「위신」평 가 안정성의 원인을 찾는 것은, 그 자체로서 흥미로운 연구과제이다. 예를 들 어, 「새로운 세대에서도 종래의 『위신』평가를 공유하는 사람들이 변호사직을 선택하고 있다」는 가설이 가능할 수 있다. 또는, 「변호사가 되고 난 뒤부터 종 래의 『위신』평가에 사회화된다」는 가설도 가능할 수 있다.

어느 쪽이 되었든, 여기서 중요한 결론은, 일본 변호사계는, 「대기업 고객을 상대로 한 업무분야의 『위신』이 높고, 개인고객을 상대로 한 업무분야의 『위신』은 낮다」는 단순한 「위신」구조로 되어 있지는 않다는 점이다. 그 의미는, 「일본 변호사계에, 출신 법과대학원을 중심적 요인으로 하는 미국과 같은 의미의 『사회계층』이 생기고 있다.」는 말은, 아직 시기상조라는 것이다.[23]

IX. 결   론

결론으로 말할 수 있는 점은, 일본 변호사 커리어 형성과정과 그 요인에 관한 실증연구는 우리의 조사에 의해 막 시작된 것으로, 앞으로도 계속할 필요가 있다는 점이다. 본 논문의 주된 대상이었던 제62기 변호사가 성장·변화하는 과정을 계속해서 추적할 필요가 있고, 법과대학원과 변호사계 쌍방의 상황 변화에 기초해 최근 세대의 변호사에 대한 조사도 시작할 필요가 있다. 다행히, 우리 조사 팀은 제62기 변호사에 대한 조사를 계속하는 것과 동시에, 2014년에 변호사 등록을 한 제67기 변호사에 대한 조사를 시작할 자금을 획득할 수 있었다. 제67기 변호사에 대한 최초 조사를 2016년 2월에 실시했기 때문에, 그에 대한 제1호는 올해 안으로 출판될 것이다.[24]

---

23) 그 결과, 우리는, Setsuo Miyazawa, et al., "Stratification or Diversification? 2011 Survey of Young Lawyers in Japan," Setsuo Miyazawa, et al. (eds.), *East Asia's Renewed Respect for the Rule of Lawinthe 21st Century: The Future of Legal and Judicial Landscapes in East Asia*, Brill/Nijhoff, 2015에서는, 「사회계층」이 아니라 「다양화」(diversification)라는 말을 사용했다.

24) 연구대표자는, 미야자와 세쯔오로부터 후지모토 아키라로 바뀌었다.

참고문헌

Heinz John P., & Edward O. Laumann, *Chicago Lawyers: The Social Structure of the Bar* (1982).

Heinz, John P., Robert L. Nelson, Rebecca L. Sandefur, & Edward O. Laumann, *Urban Lawyers: The New Social Structure of the Bar* (2005).

Miyazawa, Setsuo, Atsushi Bushimata, Keiichi Ageishi, Akira Fujimoto, Rikiya Kuboyama & Kyoko Ishida, "Stratification or Diversification?: 2011 Survey of Young Lawyers in Japan," *East Asia's Renewed Respect for the Rule of Law in the 21st Century: The Future of Legal and Judicial Landscape in East Asia* (Setsuo Miyazawa, Weidong Ji, Hiroshi Fukurai, Kay–Wah Chan & Matthias Vanhullebusch eds., 2015).

Nakamura, Mayumi, "Legal Reform, Law Firms, and Lawyers Stratification in Japan," *Asian Journal of Law and Society*, Vol. 1, Issue 1 (2014).

Setsuo Miyazawa, Atsushi Bushimata, Keiichi Ageishi, Akira Fujimoto, Rikiya Kuboyama & Kyoko Ishida, "Stratification or Diversification?: 2011 Survey of Young Lawyers in Japan," in Setsuo Miyazawa, Weidong Ji, Hiroshi Fukurai, Kay–Wah Chan & Matthias Vanhullebusch (eds.), East Asia's Renewed Respect for the Rule of Law in the 21st Century: The Future of Legal and Judicial Landscape in East Asia (Leiden & Boston: Brill/Nijhoff, 2015).

宮澤節生・藤本亮・武士俣敦・神長百合子・上石圭一・石田京子・大坂恵里,「法科大学院教育に期待される『法曹のマインドとスキル』に対する弁護士の意見－2008年全国弁護士調査第1報－」(「법과대학원 교육에 기대되는『법조의 마인드와 스킬』에 대한 변호사의 의견 －2008년 전국변호사조사 제1호－」), 青山法務研究論集第2号(2010年)

宮澤節生・久保山力也,「弁護士界内部における業務分野の『評価』－2008年全国弁護士調査から－」(「변호사세계 내부의 업무분야『평가』－2008년 전국변호사 조사로부터－」), 青山法務研究論集第3号(2011年)

宮澤節生・武士俣敦・石田京子・上石圭一,「日本における弁護士の専門分化－2008年全国弁護士調査第2報－」(「일본의 변호사 전문분화 －2008년 전국변호사 조사 제2호－」), 青山法務研究論集第4号(2011年)

宮澤節生・石田京子・久保山力也・藤本亮・武士俣敦・上石圭一, 「第62期弁護士第1回郵送調査の概要－記述統計の提示－」(「제62기 변호사 제1회 우편조사의 개요 －기술통계의 제시－」), 青山法務研究論集第4号(2011年)

宮澤節生・石田京子・久保山力也・藤本亮・武士俣敦・上石圭一, 「第62期弁護士の教育背景, 業務環境, 専門分化, 満足感, 及び不安感－第1回郵送調査第2報－」(「제62기 변호사의 교육배경, 업무환경, 전문분화, 만족감, 및 불안감 －제1회 우편조사 제2호－」), 青山法務研究論集第6号(2013年)

宮澤節生・石田京子・藤本亮・武士俣敦・上石圭一, 「第62期弁護士第2回郵送調査第1報－調査の概要と記述統計－」(「제62기 변호사 제2회 우편조사 제1호 －조사의 개요와 기술통계－」), 青山法務研究論集第9号(2014年)

宮澤節生・石田京子・藤本亮・武士俣敦・上石圭一, 「第62期弁護士第2回郵送調査第2報－二変量解析から多変量解析へ－」(「제62기 변호사 제2회 우편조사 제2호 －이변량분석으로부터 다변량분석으로－」), 青山法務研究論集第10号(2015年)

찾아보기

공저자 약력

김두얼
서울대학교 경제학 학사
UCLA 경제학 박사
한국개발연구원(KDI) 연구위원(2006~2012)
명지대학교 경제학과 교수(2013~현재)
Asian Historical Economics Society 회장(2015~현재)
Asian Law and Economics Association, 총무(Secretary, 2015~현재)
한국법경제학회 부회장(2015~현재)

김영규
서울대학교 경영대학 졸업
서울대학교 대학원 경영학과 졸업(경영학 석사)
미국 Carnegie Mellon University, Master of Information Systems Management(정보시스템
　경영 석사)
미국 University of Chicago, Booth School of Business MBA(경영학 석사)
미국 University of Chicago, Booth School of Business, Organizations and Markets, PhD
　(경영학 박사, 조직이론전공)
미국 Harvard Law School Program on the Legal Profession Postodoctoral Research
　Fellow(박사후연구원)
현 미국 Harvard Law School Center on the Legal Profession Affiliated Faculty(연구협력교수)
　고려대학교 경영대학 조교수

김지희
서울대학교 사회학과 학사, 석사 졸업
닐슨, 과학기술정책연구원(STEPI) 근무
서울대학교 언론정보학과 박사과정 수료
서울대학교 언론정보연구소 연구원

김화리
Syracuse University 경제학과 졸업
고려대학교 대학원 경영학과 재학(석사 과정)

문재완
서울대학교 법과대학 졸업
미국 Indiana University Maurer School of Law, LL.M.(법학 석사) 및 S.J.D.(법학 박사)
사법개혁위원회 전문위원
외국법자문사법제정위원회 위원
한국언론법학회 회장
현 한국외국어대학교 법학전문대학원 교수

박지윤
Northwestern University(BA, Economics & International Studies double major)
Columbia University(MA, Quantitative Methods in the Social Sciences)
Director of Data Science, ESPN

이재협
서울대학교 사회과학대학 인류학과 학사
미국 University of Pennsylvania 미국학 박사
미국 Northwestern University School of Law J.D.(미국 뉴욕주 변호사)
외교통상부 통상전문관
서울중앙지방법원 시민사법위원
현 서울대학교 법학전문대학원 교수

이준석
서울대학교 법과대학 졸업
서울대학교 법과대학원 석박사통합과정 수료(법정책학)
사법연수원 제41기 수료
현 김앤장 법률사무소 변호사

이준웅
서울대학교 언론정보학과 학사
서울대학교 언론정보학과 석사(인간 커뮤니케이션 전공)
미국 펜실베이니아대 애넨버그 커뮤니케이션 스쿨 박사(정치 커뮤니케이션 전공)
한국조사연구학회 부회장
서울대학교 언론정보학과 교수

전초란
명지대학교 경제학 학사
명지대학교 경제학 석사과정

최유경
이화여자대학교 법과대학 졸업
서울대학교 법과대학 법학 석사
미국 University of California Berkeley Law LL.M.(법학 석사) 및 J.S.D(법학 박사)
Centerfor the Law and Society Visiting Scholar
대법원 사법정책연구원 연구위원
현 이화여자대학교 법학전문대학원 강사

황현정
성균관대학교 정치외교학과 졸업
서울대학교 언론정보학과 석사
서울대학교 언론정보학과 박사 과정 수료

Carole Silver
The University of Michigan(BA, History(high honors))
Indiana University(Bloomington)(JD, summa cum laude)
Member of the Illinois Bar
Professor of Global Law & Practice, Northwestern University Pritzker School of Law

미야자와 세츠오
LL.B., LL.M., S.J.D., Hokkaido University
M.A., M.Phil., Ph.D. in sociology, Yale University
Senior Professor of Law & Senior Director of the East Asian Legal Studies Program,
  University of California Hastings College of the Law
Professor Emeritus, Kobe University
Adjunct Lecturer, Aoyama Gakuin University & Waseda University
President, Asian Law & Society Association

대한민국의 법률가: 변화하는 법조에 관한 경험적 탐구

초판인쇄   2016년 9월 8일
초판발행   2016년 9월 28일

엮은이   이재협
지은이   김두얼·김영규·김지희·김화리·문재완·박지윤·이준석·이준웅·
            전초란·최유경·황현정·Carole Silver·미야자와 세츠오
펴낸이   안종만

편 집   배근하
기획/마케팅 조성호
표지디자인   권효진
제 작   우인도·고철민

펴낸곳   (주) **박영사**
            서울특별시 종로구 새문안로3길 36, 1601
            등록 1959. 3. 11. 제300-1959-1호(倫)
전 화   02)733-6771
f a x   02)736-4818
e-mail   pys@pybook.co.kr
homepage   www.pybook.co.kr
ISBN   979-11-303-2900-0   93360

정 가   20,000원